W0382674

FEMMES D'ÉTAT

DE CLÉOPÂTRE À ANGELA MERKEL

Sous la direction de
Anne Fulda

FEMMES D'ÉTAT

DE CLÉOPÂTRE À ANGELA MERKEL

L'ART DU POUVOIR

PERRIN

© Perrin, un département de Place des Éditeurs, 2022

92, avenue de France
75013 Paris
Tél. : 01 44 16 08 00

ISBN : 978-2-262-09649-6

Dépôt légal : août 2022

Mise en pages : Peter Vogelpoel

Le Code de la propriété intellectuelle interdit les copies ou reproductions destinées à une utilisation collective. Toute représentation ou reproduction intégrale ou partielle faite par quelque procédé que ce soit, sans le consentement de l'Auteur ou de ses ayants cause, est illicite et constitue une contrefaçon sanctionnée par les articles L 335-2 et suivants du Code de la propriété intellectuelle.

Sommaire

PRÉFACE

De l'exercice du pouvoir féminin

PAR ANNE FULDA

De l'Antiquité à nos jours, elles sont ou ont été reines, impératrices, chefs de gouvernement ou présidentes. Un pouvoir que souvent, du moins concernant les souveraines, elles n'ont pas vraiment souhaité, mais qui s'est plutôt imposé à elles au gré des circonstances. Un pouvoir qu'elles n'ont pas – ou rarement – fantasmé ou idéalisé, manière d'assouvir un désir de conquête ou d'apaiser un orgueil démesuré, mais qu'elles ont exercé – le plus souvent avec autorité et talent – aux quatre coins de la planète.

De Cléopâtre à Catherine de Médicis en passant par Aliénor d'Aquitaine, de Marie-Thérèse d'Autriche à la reine Victoria, de Cixi à Élisabeth II en passant par Indira Gandhi, Golda Meir, Margaret Thatcher, Aung San Suu Kyi ou Angela Merkel, ces femmes – bien plus nombreuses qu'on ne le croit – ont pourtant su diriger leur pays, leur royaume ou leur empire avec maestria. Et, une fois au sommet, elles ont pris goût, elles aussi, à l'art et la manière de diriger.

C'est leur vie, leur exercice quotidien du pouvoir que nous entendons retracer dans ce livre qui n'a pas de précédent, avec la volonté d'embrasser de façon synthétique les siècles et les continents. Pour ce faire, des contributeurs de prestige, historiens et journalistes, ont dressé le portrait et scruté au plus près l'action de vingt dirigeantes. Avec un parti pris : celui de s'éloigner des rives anecdotiques de la « petite histoire » et de son flot de clichés volontiers machistes.

Une manière de prouver que le plafond de verre féminin que certains évoquent n'est pas infranchissable, puisqu'il a déjà été percé. De s'attarder sur des exemples édifiants, mais qui sont toutefois plus l'exception que la règle. Aujourd'hui encore, malgré l'évolution des mœurs et de la société, malgré les révolutions et évolutions successives de la condition féminine, de Mai 68 à « Me too », la conquête du pouvoir demeure en effet associée, dans beaucoup de pays, à la virilité; à la confirmation d'une supposée puissance masculine, la force physique valant brevet de supériorité intellectuelle.

C'est en effet une évidence : le pouvoir du monarque, surtout lorsqu'il est absolu, s'est longtemps exercé et décliné au masculin. Et cela a eu des conséquences jusque dans la France républicaine, où les réminiscences monarchiques demeurent profondément ancrées.

Pendant longtemps, comme le relèvent notamment Simone Bertière et Élisabeth Badinter, être une femme a été perçu comme un handicap majeur. Selon le précepte *Tota mulier in utero* (« Une femme est tout entière dans son utérus »), l'épouse du souverain devait avant tout accomplir une mission : mettre au monde des enfants, et de préférence des fils. Marie-Thérèse d'Autriche a su bousculer ce schéma en conjuguant ses rôles d'épouse et de mère de seize enfants, tout en régnant sur le plus grand empire d'Europe pendant quarante ans. Elle a alterné virilité et féminité; a fait bouger les lignes; en se révélant presque plus moderne que des femmes politiques contemporaines qui, pour la plupart, s'imposent une forme de neutralité physique, en adoptant un vestiaire quasiment asexué. Une manière d'endosser une sorte de cuirasse censée éviter la cohorte d'accusations ou de soupçons qui accompagne régulièrement, et depuis des siècles, les femmes lorsqu'elles exercent des fonctions traditionnellement réservées aux hommes. Depuis toujours, en effet, c'est la même petite musique qui revient. Lorsque l'on parle de femmes au pouvoir, on les décrit volontiers comme manipulatrices ou manipulées, gouvernant sous la coupe d'un homme (comme Anne d'Autriche avec Mazarin, Édith Cresson avec Abel Farnoux, « son Raspoutine », disait de lui Jacques Chirac). On les dépeint dispendieuses, frivoles, un peu sottes et aimant le luxe, griefs qui furent répétés jusqu'à plus soif concernant Marie-Antoinette. Seules exceptions venant confirmer la règle, l'intelligence ou le sens politique reconnus d'une Cléopâtre (et encore), d'une Catherine de Médicis, d'une Élisabeth Ire ou, plus récemment, d'une Margaret Thatcher ou d'une Angela Merkel, qui ne vont pas cependant en général sans des commentaires peu amènes concernant leur physique. Les clichés ont la peau dure ! Et s'il y a eu des avancées indéniables concernant l'éducation des femmes, la féminisation des métiers, leur participation au plus haut niveau dans les sphères de l'économie, de la science et de la recherche, la politique demeure un monde à part, un monde d'hommes. Et singulièrement dans des régimes présidentiels où « la fonction suprême » est encore nimbée d'une haute charge symbolique et de forts attributs régaliens.

Étonnamment, en effet, des deux côtés de l'Atlantique, en France comme aux États-Unis, jamais une femme n'a encore été élue présidente, alors que dans le même temps d'autres tabous ont volé en éclats : aux États-Unis, l'élection d'un président catholique (Kennedy), puis d'un président noir (Obama). En France, l'installation à l'Élysée d'un chef de l'État en concubinage, puis seul, précédant un président de 39 ans qui n'avait jamais été élu et était marié à une femme de vingt-quatre ans son aînée.

« Au fond de la psyché collective française et américaine, un interdit jusqu'ici a empêché qu'il en soit autrement », analysait Marc Fumaroli.

En cause, poursuivait l'historien, côté américain, « le caractère viril » de l'élite législatrice qui a mené à bien la révolution et la Constitution, avant d'élire en 1789 le général George Washington pour premier président de la jeune République parlementaire. Et, côté français, la loi salique, selon laquelle les femmes de la maison de France ne peuvent pas prétendre au trône, assurant la « légitime » succession de mâle en mâle. Ainsi, après Catherine de Médicis, autre exception qui confirme la règle, les reines de France ne purent exercer le pouvoir suprême que provisoirement comme régentes, et au nom de leur fils aîné en bas âge. Ou alors en usant de leur pouvoir d'influence, comme le fit tardivement Marie-Antoinette : une facette de cette reine que l'on connaît peu et dont elle tenta – en vain – de se servir pour faire évoluer Louis XVI, dépressif et inerte face aux signes avant-coureurs de l'explosion de 1789.

La Révolution française demeura imprégnée de l'idée que l'influence des femmes sous l'Ancien Régime – qu'elles fussent épouses légitimes ou favorites – était néfaste, et n'œuvra guère – c'est un euphémisme – pour favoriser leur accession au pouvoir. Pis : elle fit de Marie-Antoinette, traînée dans la boue et diffamée par des pamphlets d'une violence inouïe, une figure emblématique, puis sacrificielle, de la haine des hommes envers un sexe décrété inférieur et censé incarner tous les vices.

Il fallut donc attendre en France la Libération pour que des femmes puissent potentiellement arriver au pouvoir. Lorsque le gouvernement du Front populaire nomme pour la première fois, en 1936, des ministres femmes, celles-ci ne peuvent en effet ni voter ni être élues ! Ce n'est que le 21 avril 1944 que le général de Gaulle octroie par ordonnance le droit de vote aux femmes françaises, soit près de un siècle après l'instauration du suffrage universel masculin en 1848 (droit qu'elles exercent pour la première fois en

1945, lors des élections municipales). Et ce n'est qu'en 1991 que François Mitterrand nomme pour la première fois une femme Premier ministre, Édith Cresson, dont les onze mois au pouvoir s'apparentèrent à un véritable lynchage médiatique, assorti de commentaires sexistes avilissants. Auparavant, il y eut certes de rares figures comme celles de Simone Veil, dont le nom demeure attaché à la loi sur l'IVG, mais qui a été également la première présidente du Parlement européen (1979) et la première femme ministre d'État (1993). Mais depuis, et même si deux femmes – Ségolène Royal et Marine Le Pen – ont accédé au second tour de la présidentielle (en 2007, 2017 et 2022) et qu'Élisabeth Borne a été nommée Première ministre, après la réélection d'Emmanuel Macron, le 24 avril 2022 ; et même si une quatrième se distingue – Christine Lagarde, première femme à avoir été ministre de l'Économie dans un pays du G8 et à avoir exercé les fonctions de directrice générale du FMI et de présidente de la BCE –, Matignon (depuis plus de trente ans) et l'Élysée demeurent bel et bien des bastions masculins.

Une situation encore plus étonnante si on la compare à celle de deux proches voisins. L'Allemagne, sur laquelle la chancelière Angela Merkel a quasiment régné pendant seize ans (de 2005 à 2021), faisant de celle que l'on a surnommée « Mutti » (maman) l'une des femmes les plus influentes du monde. Mais aussi l'Angleterre, qui fait figure de nation modèle, comme en témoignent les quatre portraits retenus dans ce livre : Élisabeth Ire, immense souveraine qui a fait de son royaume un Empire en battant l'Invincible Armada ; Victoria, qui a incarné l'évolution politique, d'usage et d'image, métamorphosant la souveraine en arbitre au-dessus des partis, puis en icône au couchant de son règne ; Élisabeth II, qui a compris que le pouvoir actuel reposait avant tout sur l'image et a su en jouer avec maestria, ce qui lui a permis de surmonter les crises à répétition au sein de sa famille. Et enfin Margaret Thatcher, qui n'était pas à proprement parler féministe mais qui a conduit d'« une main de fer dans un gant de velours » la révolution conservatrice sans jamais empiéter sur les prérogatives de sa souveraine, et ouvert la voie, des années plus tard, à la nomination au 10, Downing Street de Theresa May (2016-2019).

Face à ce tableau impressionnant, face aux figures de proue de ces vingt femmes puissantes qui ont toutes laissé une empreinte durable sur leurs pays respectifs – avec évidemment des ombres et des faux pas –, on peut se demander, sans verser dans un féminisme caricatural et vindicatif, pourquoi le pouvoir ne se conjugue pas davantage au féminin. Au fil des siècles, on ne peut en effet que relever, quel que soit le régime, que les femmes au pouvoir sombrent rarement dans l'hubris et la volonté de puissance de nombreux hommes. Que la conduite de leurs pays figure le plus souvent pour elles comme une mission à accomplir, sans jouissance narcissique, ni dérive courtisane, ni esprit de conquête. Pour paraphraser la célèbre formule de Christine Lagarde concernant la crise financière de 2008 – « Si Lehman Brothers s'était appelée Lehman Sisters, la situation des banques aurait été bien différente » –, il est certain que si davantage de femmes avaient exercé le pouvoir, bien des guerres auraient pu être évitées.

1

Cléopâtre (69-30 av. J.-C.), superstar de l'Antiquité

PAR ROBERT SOLÉ

Cléopâtre VII, qui a régné en Égypte de 51 à 30 av. J.-C., est un mythe, une légende. Cette séductrice a suscité tant d'écrits, fait l'objet de tant d'insultes, inspiré tant d'artistes, qu'elle donne souvent l'impression de nous échapper. À la fois grecque et égyptienne, dernière souveraine d'une dynastie menacée, elle a été une actrice de premier plan dans un bassin méditerranéen en plein bouleversement. Sa vie, ponctuée d'alliances et d'assassinats, de coups de foudre et de trahisons, n'a pas été un long fleuve tranquille, c'est le moins que l'on puisse dire. Que d'aventures ! Que de rebondissements ! À 18 ans, Cléopâtre VII hérite d'un empire ptolémaïque en crise, plus divisé que jamais, sur lequel Rome exerce une sorte de protectorat. Deux décennies plus tard, après qu'elle a séduit successivement César et Antoine, les deux Romains les plus puissants de l'époque, son suicide clôt une histoire de trois siècles : l'Égypte cesse d'être grecque pour devenir romaine.

L'histoire commence en 331 av. J.-C., quand Alexandre le Grand chasse les Perses qui occupaient la terre des pharaons et fonde la ville qui porte son nom. Après s'être fait reconnaître fils des dieux de l'Égypte, le Macédonien continue ses conquêtes en Asie, mais meurt à Babylone huit ans plus tard. Ses principaux généraux se partagent alors l'Empire. L'Égypte échoit à Ptolémée, fils de Lagos, qui se fait couronner roi. La dynastie lagide est née. Se posant à la fois en fils d'Alexandre et en héritiers des anciens pharaons, les Ptolémées vont diriger pendant trois siècles le plus riche et le plus puissant des royaumes hellénistiques.

Leur histoire fourmille de mariages consanguins, de luttes de palais, d'assassinats en tous genres. Les femmes y occupent une place unique dans l'Antiquité. Vers 276, Ptolémée II épouse même sa propre sœur, Arsinoé. Cette union incestueuse, contraire aux usages grecs, a fait scandale, mais c'était une manière de manifester la nature divine du couple royal : Arsinoé devenait la déesse Philadelphe (« Celle qui aime son frère ») et était associée aux dieux locaux. Au temps des pharaons, la déesse Isis n'était-elle pas, à la fois, l'épouse et la sœur d'Osiris ? Les Égyptiens appréciaient cette manière de rejoindre leur propre religion. L'exemple était donné, les prochains rois n'auraient plus qu'à le suivre. L'historien Michel Chauveau souligne :

> Ainsi, couple après couple, le panthéon dynastique s'enrichissait-il régulièrement, prolongeant toute une généalogie sacrée qui enracinait toujours plus la maison des Ptolémées sur le sol de l'Égypte.

Un siècle plus tard, en 180 av. J.-C., Cléopâtre Ire exerce une brève régence après la mort de son mari. Pour la première fois, une femme gouverne seule. Mais c'est Cléopâtre VII qui va, comme personne avant elle – et après elle, d'ailleurs –, prendre réellement les rênes du pouvoir.

Une reine polyglotte

Cléopâtre voit le jour en 69 av. J.-C. à Alexandrie, la nouvelle capitale. Une ville résolument tournée vers la Méditerranée, *ad Aegyptum* (près de l'Égypte). C'est une cité de 300 000 habitants, au cosmopolitisme très hiérarchisé : les Grecs (eux-mêmes divisés entre citoyens et « Hellènes ») logent dans le centre, les Juifs dans le quartier est et, au bas de l'échelle, dans les quartiers pauvres de l'ouest, les Égyptiens. Alexandrie, que l'historien grec Strabon qualifie de « comptoir du monde », se situe au croisement de plusieurs routes commerciales. C'est le port de céréales le plus important de la Méditerranée. Les visiteurs sont éblouis par son fameux phare en calcaire blanc, l'une des sept merveilles du monde. Cette tour lumineuse de 135 mètres de hauteur, qui doit son nom à la petite île de Pharos où elle a été édifiée, est surmontée d'une immense statue de Zeus.

Alexandrie s'affirme comme le centre névralgique et intellectuel de la Méditerranée grâce à sa bibliothèque où l'on a voulu « réunir tout le savoir du monde ». Ce rêve d'universalité a pris corps avec des bibliothécaires aux noms immenses : Ératosthène, Aristophane, Callimaque… Les navires débarquant à Alexandrie doivent déclarer les ouvrages qui se trouvent à bord. Ceux-ci sont livrés aux copistes, avant d'être restitués à leurs propriétaires. Parfois, on garde les originaux et on renvoie des copies. C'est le « fonds des navires »…

Une institution jumelle, le musée (ou « sanctuaire des Muses », selon la tradition athénienne), est dotée d'instruments d'observation des astres, de salles de dissection anatomique, d'échantillons de flore exotique… Bibliothèque et musée constituent une communauté scientifique où des philosophes, des médecins et des mathématiciens renommés, venant de tout le pourtour méditerranéen, travaillent et vivent quelque temps ensemble. Un cosmopolitisme intellectuel à nul autre pareil s'épanouit ainsi, au milieu des livres.

Cléopâtre a côtoyé ces savants et bénéficié de leur érudition. Elle a lu les grands auteurs (Homère, Euripide…), appris l'art de la rhétorique en étudiant les discours de Démosthène, montré du goût pour diverses disciplines comme la médecine ou l'astronomie. Elle parle plusieurs langues, dont l'égyptien, contrairement à la quasi-totalité de ses prédécesseurs.

Son arrivée au pouvoir, en 51 av. J.-C., ne pouvait pas se passer dans de pires conditions. À tous les maux d'une dynastie en déclin (intrigues et complots, défaites militaires, corruption de hauts fonctionnaires, révoltes de la population locale…) s'ajoutent des récoltes calamiteuses qui menacent de famine une partie du pays. De surcroît, les caisses sont vides, le père de la jeune femme, qui était affublé du sobriquet d'« Aulète » (« flûtiste »), ayant dépensé des fortunes pour récupérer le pouvoir dont il avait été chassé.

Cléopâtre doit partager le trône avec son frère cadet, Ptolémée XIII, qui est nominalement son époux : dans le royaume lagide, une souveraine ne peut régner qu'en étant associée à un homme. La jeune reine tente de remettre de l'ordre dans le royaume, malgré le poids d'une bureaucratie très lourde. Elle s'appuie pour cela sur les « stratèges » qui dirigent la quarantaine de « nomes » (circonscriptions territoriales) et dont l'un des rôles principaux est la collecte des impôts.

Cléopâtre fait en sorte de gouverner seule pendant plus de un an, frappant des monnaies à son unique effigie, ce qui mobilise contre elle les tuteurs de son frère cadet. Ils ne tardent pas à la reléguer au second rang : dans les textes officiels, le roi est nommé avant sa sœur. Elle disparaît même entièrement dans une décision du Sénat romain qui accorde au seul Ptolémée XII le titre d'« ami et allié du peuple romain ». On ignore si la reine délaissée quitte de son plein gré Alexandrie trois ans après avoir été couronnée, ou pour fuir une émeute destinée à l'évincer. Toujours est-il qu'après un séjour en Haute-Égypte, elle se réfugie en Syrie, en attendant de pouvoir reconquérir son royaume.

Une véritable guerre a lieu au même moment au sein de la superpuissance romaine où Jules César affronte Pompée. Ce dernier, vaincu à Pharsale, en Grèce, croit trouver refuge en Égypte, puisqu'il était lui-même venu en aide au père de Cléopâtre. Mais à peine a-t-il mis le pied sur le sol égyptien, en octobre 48 av. J.-C., qu'il est assassiné par des partisans de Ptolémée XIII. Cléopâtre n'est pour rien dans ce crime, censé attirer les bonnes grâces de César. Celui-ci débarque à son tour et, n'ayant rien à gagner d'un royaume ravagé par une guerre civile, cherche à réconcilier le frère et la sœur.

À la conquête de César

On ne sait pas exactement comment Cléopâtre, qui craint d'être assassinée par le clan adverse, retourne à Alexandrie et se présente devant César. Arrive-t-elle de nuit, cachée dans une barque ? Enveloppée dans un tapis, comme le veut la légende ? Le fondateur de l'Empire romain naissant, plus âgé qu'elle d'une trentaine d'années, tombe en tout cas sous son charme.

Certains auteurs de l'Antiquité attribuent à Cléopâtre une beauté presque divine. On ne possède pourtant d'elle aucune image fiable. Dans des pièces de monnaie frappées à son effigie, elle apparaît avec un visage empâté et un nez plutôt proéminent. Différents témoignages s'accordent cependant pour vanter son intelligence, sa culture raffinée, sa voix mélodieuse… Plutarque écrit :

> Sa beauté n'était pas, à elle seule, incomparable ni susceptible de fasciner ceux qui la voyaient, mais sa compagnie

avait un charme irrésistible et son apparence, jointe à la séduction de sa conversation et à son caractère qui se répandait, si l'on peut dire, dans toute sa manière d'être, laissait un aiguillon dans les cœurs.

Une minuscule chose peut engendrer des effets démesurés, suggère Pascal quand il dit de son fameux nez :

> S'il eût été plus court, toute la face de la Terre aurait changé.

Ce n'est pas un trait physique qu'évoque le philosophe, mais l'amour, ce je-ne-sais-quoi dont les conséquences peuvent être, selon lui, « effroyables ».

Difficile cependant de savoir quelle est la part de sentiment et la part de politique dans l'union entre Cléopâtre et César. On se posera la même question plus tard, quand la reine deviendra la maîtresse, puis l'épouse d'Antoine. Dans les deux cas, il existe chez elle le souci premier d'être au mieux avec l'homme fort de Rome, non seulement pour préserver sa couronne, mais pour rendre au royaume lagide l'envergure qu'il possédait au temps de son apogée deux siècles plus tôt.

César était sans doute arrivé avec l'intention de coloniser l'Égypte, mais il a changé d'avis. Pourquoi confier une province aussi riche à un subordonné qui serait tenté de prendre son autonomie ? Mieux vaut jouer la carte du protectorat. Aussi choisit-il de laisser le pouvoir aux cosouverains lagides – mais en réalité à Cléopâtre, et à elle seule. Cela provoque une rébellion, conduite par l'eunuque Pothin, maître des Finances du royaume. Lequel convainc le chef de l'armée qu'il serait humiliant pour ses troupes de devoir obéir à une femme. Commence alors la « guerre d'Alexandrie » qui met César en grande difficulté eu égard à son infériorité numérique. Il décide d'incendier sa flotte pour que celle-ci ne tombe pas en mains ennemies. Le feu s'étend au port et à des bâtiments annexes de la bibliothèque... Le Romain ne pourra reprendre le dessus qu'après avoir reçu des renforts de Syrie.

Reine de toute l'Égypte

Ptolémée XIII avait pris la tête du combat contre César, mais il meurt noyé dans le lac Maréotis en tentant de fuir. Sa disparition laisse donc tout le champ libre à Cléopâtre. À la demande de son allié et amant, elle épouse cette fois, pour la forme, son plus jeune frère (devenu Ptolémée XIV), âgé d'à peine 13 ans. Dion Cassius écrit :

> Régner avec lui était une pure fiction. Elle l'accepta d'autant plus facilement qu'elle gouvernait seule et passait son temps avec César.

Le couple entreprend alors une croisière sur le Nil, escorté par des dizaines de navires. Il ne s'agit pas seulement d'une escapade amoureuse : pour César, c'est une découverte du pays conquis, et pour Cléopâtre, une tournée triomphale avec le soutien éclatant de Rome.

Le Romain part ensuite combattre ses ennemis en Syrie et en Cilicie (Anatolie méridionale), laissant apparemment sa maîtresse enceinte. Afin de lever toute ambiguïté, l'enfant qui naîtra sera appelé Césarion. Il aura droit à un temple construit à sa gloire, à Memphis, capitale des premiers pharaons.

Quelle revanche pour sa mère ! Avec quelle rapidité la souveraine proscrite, qui avait été contrainte de s'exiler, se retrouve seule au pouvoir, protégée par trois légions romaines laissées sur place par César ! Comme ses prédécesseurs, elle gouverne par ordonnances, édits et instructions. Comme eux, en période de famine, elle n'hésite pas à privilégier la capitale au détriment du reste du pays : tous les marchands sont contraints d'acheminer à Alexandrie le blé et les légumes qu'ils ont achetés, sous peine de mort… Les caisses étaient à peu près vides quand Cléopâtre a accédé au pouvoir. Le pays a été ensuite économiquement éprouvé par les affrontements qui ont marqué le début du règne. S'y sont ajoutées des crues insuffisantes du Nil, provoquant des révoltes paysannes. Face à tous ces défis, la souveraine choisit de dévaluer d'un tiers la monnaie locale pour favoriser les exportations. À partir de 47, l'Égypte, qui reste un important carrefour commercial et un grand producteur de blé, connaît alors une relative prospérité.

Au cours de son règne, Cléopâtre adopte des rituels pharaoniques que ses prédécesseurs avaient souvent négligés. Elle favorise les prêtres des grands sanctuaires, leur octroyant des terres et divers avantages fiscaux. Elle finance des travaux entrepris dans les temples pour s'assurer du soutien du haut clergé et de l'ensemble du peuple égyptien, qui est très religieux. S'identifiant aux dieux des Grecs, mais aussi aux divinités auxquelles les pharaons s'assimilaient, comme Isis (épouse fidèle et mère exemplaire) ou Hathor (qui incarne la joie, la danse et la musique), elle se veut reine d'Égypte et pas seulement d'Alexandrie.

Au bout d'un an, César appelle sa royale maîtresse à Rome. Elle y séjourne à plusieurs reprises, dans le palais que son amant possède au Janicule, sur la rive droite du Tibre. Sa présence fait scandale car le consul est marié – il a épousé Calpurnia en quatrièmes noces. Mais le Sénat se voit contraint de décerner à Cléopâtre, ainsi qu'à son jeune frère Ptolémée XIV qui l'accompagne, le titre d'« amis et alliés du peuple romain ». Celle que l'on appelle avec mépris « l'Égyptienne » a même le droit de se faire représenter par une statue en or dans le temple de Vénus Genitrix, la déesse tutélaire du peuple romain. Cette fois, c'en est trop. Les rumeurs les plus folles circulent à propos de cette « magicienne », de cette « sorcière » qui s'emploierait à vouloir transporter à Alexandrie le siège de l'Empire…

En mars 44 av. J.-C., quelques semaines après avoir été nommé dictateur à vie, César est assassiné de vingt et un coups de poignard en plein Sénat par des conjurés qui affirment vouloir sauver la République. La prudence incite Cléopâtre à quitter Rome au plus vite, avec Césarion. Arrivée à Alexandrie, elle s'arrange pour éliminer Ptolémée XIV que lui avait imposé son amant (elle le fait empoisonner, selon Flavius Josèphe). Et elle prend comme corégent Césarion, devenu Ptolémée XV. Dans une communication à l'Académie des inscriptions et belles-lettres en 1999, Jean Bingen soulignait :

> Ce forfait est dans la tradition macédonienne des règlements de comptes dynastiques. Il s'explique peut-être par la conviction de Cléopâtre que de nouvelles intrigues de palais ou une révolte de l'armée au profit de son frère restaient possibles. Mais la reine a un autre mobile, qui va marquer la suite de son règne : l'avenir de son fils, et, à travers celui-ci, la renaissance définitive de la dynastie.

Dans la titulature fixée par le palais, la souveraine reste la « déesse qui aime son père », tandis que l'enfant est « Ptolémée aussi appelé César, le dieu qui aime son père et qui aime sa mère ». Cette double scène d'offrandes royales est gravée sur une paroi du temple de Dendérah dont elle a fait achever le naos, la grande réalisation architecturale de son règne.

Elle a désormais les mains libres, mais doit manœuvrer habilement pour n'avoir comme adversaires ni les assassins de César (Brutus et Cassius), qui contrôlent la Grèce et la Syrie, ni ses héritiers (Antoine, son fidèle lieutenant, et Octave, son petit-neveu et fils adoptif). Ces derniers l'emportent dans la nouvelle guerre civile que connaît Rome et se partagent alors l'empire en construction. Au premier, l'Orient ; à l'autre, l'Occident.

À la tête d'un empire

En 41 av. J.-C., après avoir entrepris une grande expédition contre les Parthes, Antoine convoque à Tharse, au sud de la Turquie, les souverains qui dépendent de lui en Orient. Il a notamment besoin de l'appui matériel et financier de Cléopâtre pour mener sa guerre. Celle-ci se présente en grand apparat et fait sensation. Plutarque raconte :

> Elle remonta le Cydnos sur un navire à la poupe d'or, aux voiles de pourpre largement déployées ; le mouvement des rames qui étaient d'argent se faisait au son de l'aulos mêlé à celui des syrinx et des cithares. Cléopâtre était allongée sous un dais brodé d'or, parée comme Aphrodite telle que les peintres la représentent ; des enfants qui ressemblaient aux Éros des tableaux se tenaient debout, de part et d'autre, et l'éventaient. De même, de petites servantes, parées de robes de Néréides et de Grâces, se tenaient les unes au gouvernail, les autres aux cordages…

Aucune femme avant elle n'avait mis en scène son pouvoir avec autant de faste et un tel talent. Elle est, en quelque sorte, la première « communicante » de l'histoire.

Renversant les rôles, Cléopâtre organise un dîner somptueux auquel elle convie Antoine, qu'elle subjugue totalement. Elle en profite pour lui demander – et obtenir – la tête de sa sœur Arsinoé qui pourrait menacer son pouvoir. Le Romain accepte ensuite de venir passer l'hiver avec elle à Alexandrie. Commence alors une liaison de plus de dix ans.

Les deux amants, entourés de quelques privilégiés, organisent à Alexandrie des fêtes extravagantes où les meilleurs vins coulent à flots. Cette joyeuse compagnie s'adonne à ce qu'on appelle une « vie inimitable ». À Rome, l'écho de ces fêtes ne fait que nourrir l'aversion pour « l'Égyptienne ». Pour Plutarque, il est clair qu'elle a « éveillé et déchaîné » chez Antoine « beaucoup de passions encore cachées et endormies, étouffant et détruisant ce qui, malgré tout, pouvait encore en lui rester de bon et de salutaire ».

Son biographe Maurice Sartre explique :

> [En réalité], la « vie inimitable » n'est rien d'autre que la vie réservée aux dieux, inaccessible aux simples mortels.

Cléopâtre s'étant présentée à lui en Isis / Aphrodite, Antoine s'est identifié à Osiris / Dionysos, et ce couple mène la seule vie digne de lui, comme le comprennent très bien les Alexandrins, habitués depuis Alexandre à la divinisation de leurs souverains. Maurice Sartre ajoute :

> Les adversaires d'Antoine et de Cléopâtre n'ont vu que mascarade et pitrerie grotesque dans ce qui était la base d'une politique religieuse conduite lucidement et avec une certaine efficacité.

À la fin de l'hiver 40, Antoine part combattre les Parthes qui occupent la Syrie et la Judée. Six mois plus tard, Cléopâtre accouche de jumeaux, une fille et un garçon. Antoine et Octave se disputent la succession de César, chacun d'eux ayant des raisons de se considérer comme son héritier. Une entente est néanmoins conclue et sera concrétisée par un mariage : le gouverneur des provinces orientales épouse Octavie, la sœur de son rival. Cette union n'a rien pour plaire à Cléopâtre, d'autant que le couple va passer près de deux ans à Athènes, loin d'elle. Mais ce n'est qu'une pause et, rapidement, les rapports se tendent entre les deux héritiers de César. Rompant avec Octavie à l'automne 37, Antoine s'installe à Antioche, en Syrie. Cléopâtre l'y rejoint et l'épouse. Ils ont un troisième enfant, appelé Ptolémée Philadelphe, pour marquer son ascendance lagide. À l'Égyptienne le maître de l'Orient offre Chypre, la côte syrienne ainsi que plusieurs territoires que les Ptolémées possédaient et avaient perdus, en Crète, en Cilicie et en Judée… Jamais la reine d'Égypte n'a été aussi puissante. De retour à Alexandrie, elle fait frapper des monnaies sur lesquelles elle figure avec son nouvel époux.

Au printemps 34, Antoine s'empare de l'Arménie et, l'été suivant, il célèbre ses victoires à Alexandrie au cours d'une fête spectaculaire qui scandalise Rome, et que Plutarque décrit ainsi :

> Antoine avait rempli le gymnase d'une foule immense et placé sur une estrade d'argent deux trônes d'or, l'un pour lui, l'autre pour Cléopâtre, ainsi que d'autres trônes plus petits pour leurs enfants. Il proclama d'abord Cléopâtre reine d'Égypte, de Chypre, d'Afrique et de Syrie et déclara roi avec elle Césarion, le fils présumé du premier César qui avait laissé Cléopâtre enceinte. En second lieu, il donna aux fils qu'il avait eus avec Cléopâtre le nom de rois des rois ; il attribua à Alexandre l'Arménie, la Médie et le pays des Parthes quand il serait soumis ; et à Ptolémée la Phénicie, la Syrie et la Cilicie. […] Cléopâtre était vêtue ce jour-là de la robe sacrée d'Isis ; elle la porta désormais toutes les fois qu'elle sortait en public et elle rendait ses audiences en tant que nouvelle Isis.

Plutarque y voit « une exhibition théâtrale et arrogante », mais surtout « antiromaine ».

Pour Cléopâtre, une nouvelle ère commence. Elle le souligne en adoptant une double datation – l'an 35, qui est le dix-septième de son règne, sera aussi l'an II – et se lance dans une intense activité diplomatique. Elle conclut un traité avec le roi d'Arménie, un autre avec le roi des Mèdes contre les Parthes, prend le parti des adversaires d'Hérode, le roi de Judée, son voisin et concurrent qu'elle n'avait pas réussi à embaucher à son service et qui lui dispute certains territoires. Désireuse de restaurer la puissance lagide, elle cherche par tous les moyens à récupérer les régions qui appartenaient à ses ancêtres.

Entre Antoine et Octave, la rupture est consommée. La guerre des mots cède la place à la guerre tout court. Comme un affrontement symbolique entre Orient et Occident, deux forces immenses se font face au sud de l'Épire le 2 septembre 31. Si l'armée d'Octave compte 70 000 fantassins, 12 000 cavaliers et 400 navires, celle d'Antoine, largement financée par sa royale épouse, est encore plus fournie. La reine d'Égypte a tenu à être présente, à la tête de son escadre personnelle, près du cap Actium, où va s'engager la bataille navale décisive.

La flotte d'Antoine est rapidement encerclée par celle de son adversaire. Rien n'est joué, mais Cléopâtre, craignant pour le trésor qu'elle transporte dans son vaisseau amiral aux voiles pourpres (de l'or, des bijoux, des meubles précieux…), prend brusquement le large, réussit à briser le blocus et à se mettre à l'abri. La voyant fuir, Antoine la rejoint au lieu de continuer le combat, précipitant le désastre. À en croire Plutarque, ils resteront trois jours sans se parler, se reprochant mutuellement leur lâcheté. Les censeurs de l'Égyptienne ne se priveront pas d'affirmer qu'elle a été, une fois de plus, le mauvais génie du Romain. Horace écrit :

> Tremblante, elle s'enfuyait loin de l'Italie. Octave, faisant force de rames, la poursuivait comme l'épervier fond sur les douces colombes, comme le chasseur rapide traque le lièvre dans les plaines de l'Hémonie neigeuse : il fallait enchaîner ce monstre envoyé par le Destin.

De retour en Égypte, Cléopâtre fait une rentrée triomphale, avec des navires couverts de guirlandes, comme si elle venait de remporter une grande victoire. Mais elle sait parfaitement que les défections se multiplient dans le camp d'Antoine et que, tôt ou tard, Octave débarquera à Alexandrie. À défaut de pouvoir se défendre contre le vainqueur, elle se demande comment elle pourrait lui échapper et, en attendant, s'emploie à prévenir une sédition.

Contre toute attente, Octave se rend à Rome au lieu de se précipiter en Égypte. Ses adversaires connaissent donc un sursis. À Alexandrie, Cléopâtre organise une fête fastueuse pour célébrer l'anniversaire de son époux. Avec Antoine et quelques amis, elle constitue une nouvelle confrérie dont les membres s'engagent à mourir ensemble. Pourtant, le couple n'est plus aussi solidaire. Chacun tente secrètement d'amadouer Octave et de sauver sa peau par des gestes de bonne volonté, des messages qui se veulent amicaux ou de somptueux cadeaux.

Le poison ou le serpent

La suite de l'histoire n'est connue qu'à travers les récits très orientés de Dion Cassius et de Plutarque, dans lesquels Cléopâtre est rarement à son avantage. Quand Octave débarque enfin à Alexandrie en juillet 30 av. J.-C., Antoine veut se battre, tandis que Cléopâtre cherche à négocier. Sans succès. Elle se réfugie alors dans l'immense mausolée dont elle avait ordonné la construction, emportant un trésor considérable qu'elle menace de livrer aux flammes.

Qui fait croire à Antoine que Cléopâtre s'est suicidée ? Désespéré, il se transperce le corps de son épée pour mettre fin à ses jours. Puis, mourant, il demande à être conduit auprès de sa bien-aimée et expire, semble-t-il, dans ses bras.

L'on en vient alors à la scène finale de cette tragédie qui, au fil des siècles, sera décrite de dix manières différentes. Plutarque lui-même, qui avance plusieurs hypothèses, reconnaît que personne ne sait exactement ce qui s'est passé. Dans le scénario n° 1, Cléopâtre offre son bras à un cobra qu'elle gardait dans un vase ou qu'on lui a fait apporter dans un panier de figues. Dans le scénario n° 2, au moyen d'une aiguille, elle s'administre un poison. Enfin, dans le scénario n° 3, c'est bien un serpent qui lui donne la mort, mais il attaque la reine au sein et non au bras. C'est cette dernière version, plus suggestive, qui sera privilégiée dans la littérature et la peinture.

Toujours est-il qu'elle s'est suicidée pour ne pas tomber entre les mains de son ennemi, qui lui aurait certainement infligé une humiliation publique en l'exhibant à Rome avant de l'éliminer. Plutarque écrit :

> Octave estimait que cela ornerait et embellirait fortement son triomphe s'il pouvait la prendre et la mener vivante à Rome.

Dion Cassius, lui, veut nous persuader que, lors d'une entrevue avec le vainqueur, cette diablesse de 39 ans, décidément incorrigible, aurait tenté de le séduire par « de douces œillades et des paroles caressantes ». Le même auteur ajoute :

> Insatiable de voluptés et de richesses, tantôt pleine d'une noble ambition et tantôt d'un arrogant mépris, Cléopâtre conquit par l'amour le royaume d'Égypte, et, après avoir espéré acquérir l'empire de Rome par ce même moyen, échoua et perdit le sien.

La phrase suivante est plus exacte :

> Elle subjugua les deux plus grands Romains de son temps, et se donna elle-même la mort à cause du troisième.

Pour lui succéder, elle comptait sur son fils Césarion. Mais celui-ci est assassiné quelques jours plus tard sur l'ordre d'Octave, qui épargne en revanche les trois enfants qu'elle a eus avec Antoine : ils sont envoyés à Rome. Comme chacun le sait, Octave deviendra à la fois le premier empereur de Rome sous le nom d'Auguste et un nouveau pharaon d'Égypte. Le pays lui sera directement rattaché, compte tenu de son importance stratégique et de sa richesse qui est intacte : ce sera l'un des plus précieux greniers de Rome.

De Shakespeare à Elizabeth Taylor

Octave a suscité de nombreuses œuvres de propagande destinées à noircir Cléopâtre en lui attribuant tous les défauts du monde. Y sont évoquées la soif incessante de richesse de « l'ambitieuse et avare princesse » (Dion Cassius), la sensualité débridée de « la putain couronnée » (Pline), la férocité sans bornes d'une femme qui « a si cruellement persécuté ceux de son propre sang qu'il n'en restait plus un seul en vie » (Flavius Josèphe)...

Victime de machisme, comme toutes les femmes de pouvoir, Cléopâtre a payé aussi le fait d'être étrangère : « l'incestueuse fille des Ptolémées » que fustige Lucain était non seulement grecque, mais égyptienne. Ses mœurs orientales, jugées forcément dissolues, ne menaçaient-elles pas les valeurs (pourtant bien relatives...) de la « vertueuse » République romaine ?

Les auteurs de l'Antiquité ont inspiré de nombreux autres récits au fil des siècles, jusqu'à ce que Shakespeare fasse de la légende un chef-d'œuvre en 1606 avec son *Antoine et Cléopâtre*, l'histoire d'une folle passion conduisant les amants à leur perte.

L'opéra prend la relève, avec un *Jules César en Égypte* de Haendel (1724), puis deux *Cléopâtre* : l'une de Berlioz en 1829, l'autre de Massenet en 1914. Le théâtre n'est pas en reste. En 1890, Sarah Bernhardt incarne l'Égyptienne fatale dans une pièce de Victorien Sardou. Huit ans plus tard, c'est une femme capricieuse et frivole, coiffée à la garçonne, que Bernard Shaw met en scène, en attendant que le cinéma s'en empare.

Georges Méliès ouvre le bal dès 1899, suivi de Cecil B. DeMille (1934), puis surtout de Joseph Mankiewicz (1963). Les actrices les plus en vue ne se font pas prier pour endosser le rôle : Claudette Colbert, Vivian Leigh, Sophia Loren, Elizabeth Taylor… Qui pourrait encore douter de la beauté de Cléopâtre ?

Les peintres, eux, n'ont eu aucun scrupule à représenter cette star antique sous toutes les formes. Tiepolo en a même fait une blonde aguichante, dévoilant une gorge laiteuse. Son suicide est prétexte à des scènes spectaculaires, très sensuelles, avec un serpent lové sur sa poitrine.

La publicité ne manque pas de se servir de cette icône. Cléopâtre donne son nom à des cigarettes, des parfums, des savons, des boîtes de sardines, des bâtons de colle, un nettoyant pour carrelages et même un produit contre les fuites urinaires…

Réduire la dernière grande souveraine de l'Égypte à une séductrice serait puéril. Si elle a fait usage de ses charmes, c'était dans un but politique bien précis : conclure une alliance avec Rome en évitant une colonisation de l'Égypte ; s'appuyer sur un pouvoir étranger tout en cherchant le soutien de ses sujets ; reconstituer le royaume lagide dans toute son étendue. On peut dire qu'elle y a réussi, au moins provisoirement, avant de tout perdre et d'être conduite au suicide.

Les pharaons les plus célèbres ont laissé une pyramide (Khéops), des temples (Ramsès II), un trésor funéraire (Toutankhamon)… De cette reine mythique, en revanche, il ne reste quasiment rien, sinon des récits, rédigés pour la plupart par ses détracteurs. Mais la légende, bien ancrée, demeure et se métamorphose au fil des siècles. Cléopâtre laisse à la postérité l'image d'une souveraine aussi puissante qu'irrésistible.

Bibliographie sélective

BENOIST-MÉCHIN Jacques, *Cléopâtre ou le rêve évanoui*, Paris, Tempus, 2010.

CASSIUS Dion, *Histoire romaine*, Paris, Les Belles Lettres, s.d.

CHAUVEAU Michel, *L'Égypte au temps de Cléopâtre*, Paris, Hachette, « La Vie quotidienne », 1997.

FLAMMARION Édith, *Cléopâtre, vie et mort d'un pharaon*, Paris, Gallimard, « Découvertes », 1993.

PLUTARQUE, *Les Vies des hommes illustres*, tome II, Paris, Gallimard, « Bibliothèque de la Pléiade », 1937.

SARTRE Maurice, *Cléopâtre, Un rêve de puissance*, Paris, Tallandier, 2018.

2

Brunehaut (543-613), la maudite

PAR BRUNO DUMÉZIL

Pour ceux qui le connaissent encore, le nom de Brunehaut a fort mauvaise réputation. Il évoque immédiatement ces obscurs temps mérovingiens, où la barbarie, la bêtise et la soif de vengeance auraient dominé la société occidentale. L'évocation de cette reine appelle également le souvenir d'une certaine Frédégonde : ces deux terribles mégères auraient déchaîné une guerre civile qui ensanglanta la fin du VIe et le début du VIIe siècle. Construite longtemps après les faits, cette légende noire fut largement relayée par l'école de Jules Ferry : Brunehaut et Frédégonde illustraient tout ce que la IIIe République redoutait, c'est-à-dire le pouvoir public assumé par des femmes et la présence de personnalités « germaniques » sur le territoire national. Il fut dès lors commode d'accuser cette reine au nom bizarre d'avoir été une étrangère qui n'aurait gouverné que par la seule violence.

Princesse espagnole

Brunehaut vit le jour vers 543. Elle était la fille d'un couple de la haute aristocratie gothique résidant dans le sud de l'Espagne. Depuis le milieu du Ve siècle, les Wisigoths occupaient la péninsule Ibérique, où ils avaient construit un brillant royaume. Ses parents, Athanagild et Goïswinthe, choisirent pour leur seconde fille le nom de Brunehilda, formé sur les deux radicaux *Brun* (« cuirasse ») et *Hild* (« combat ») – mais il n'est pas évident qu'à cette date les Wisigoths parlassent encore couramment la langue germanique de leurs lointains ancêtres. Brunehilda / Brunehaut vivait dans un univers profondément méditerranéen et elle bénéficia d'une éducation à la romaine. Aucun de ses correspondants ne l'envisagea comme une barbare et encore moins comme une « Germaine », terme presque oublié au VIe siècle. Les textes qu'elle nous a laissés furent composés dans un latin de très haute qualité, qui était sans doute sa principale langue de communication.

Depuis 531, les Wisigoths d'Espagne ne disposaient plus d'une famille royale stable et les coups d'État étaient fréquents pour s'emparer du trône. Les Francs du nord des Pyrénées s'amusaient de la situation et parlaient d'une « maladie gothique » qui aurait poussé les Espagnols à assassiner leur roi de temps en temps. En 554, le père de Brunehaut fut à son tour saisi de cette affection. Avec le soutien de l'empereur byzantin Justinien, Athanagild renversa le roi Agila et parvint à se saisir de la couronne. Le prix à payer fut toutefois lourd, puisqu'il lui fallut laisser s'installer les armées de l'empire d'Orient sur une large bande côtière allant de Carthagène à Malaga. Dès le début des années 560, Athanagild semble avoir pris conscience que cette présence constituait sans doute la première étape d'une reconquête totale de l'Espagne. Cherchant à nouer une alliance de revers contre les Byzantins, Athanagild se rapprocha des Francs. Vers 566, il accepta de donner la main de sa fille Brunehaut au roi Sigebert Ier.

L'ambassadeur qui vint à Tolède pour chercher la princesse nous a laissé une poignée de lettres. Adepte d'un latin alambiqué, il signait ses missives « Gogo », ce qui était sans doute un pseudonyme. Brunehaut découvrit la géopolitique européenne en compagnie de ce Gogo, qui resta proche d'elle pendant une quinzaine d'années. Le royaume des Francs était alors immense, puisqu'il allait des Pyrénées aux confins de la Saxe et de la Bretagne jusqu'à la Vénétie. Le pouvoir y était détenu par une seule famille royale, celle des descendants de Clovis, à qui on donna par la suite le nom de Mérovingiens[1]. Cette stabilité dynastique n'interdisait pas les partitions territoriales, avec des sous-royaumes qui apparaissaient pour répondre à des besoins familiaux ou géopolitiques. En 566, Brunehaut allait épouser Sigebert Ier, roi des Francs de l'Est qui tenait ainsi la Champagne, l'Auvergne, la Rhénanie, l'Alémanie, la Thuringe et la Bavière. Ce sous-royaume commençait alors à prendre le nom d'Austrasie, le « royaume de l'Est ». Mais deux des frères de Sigebert gouvernaient aussi des territoires : Gontran dirigeait la Burgondie, s'étalant sur les vallées du Rhône et de la Saône, et Chilpéric la Neustrie, correspondant au Bassin parisien.

Sigebert Ier se considérait comme le plus puissant des Mérovingiens. Son mariage avec Brunehaut, qui fut célébré au printemps 566, donna lieu à une cérémonie grandiose, pour laquelle la Cour fit venir un poète italien, Venance Fortunat, qui composa un poème nuptial dans la grande tradition des épithalames latins. Il chanta la grande beauté de la jeune épousée… mais le contraire eût été étonnant ! Nous ne saurons jamais à quoi elle ressemblait, car le haut Moyen Âge ne pratiquait pas l'art du portrait. Lors de son mariage, Brunehaut se convertit à la religion des Francs : alors que les Wisigoths considéraient que le Fils était inférieur au Père dans la Trinité, les Mérovingiens tenaient toutes les Personnes divines pour égales. Née dans la confession

1. Cette dynastie royale, qui apparut vers le milieu du Ve siècle, conserva le trône jusqu'en 751.

homéenne, Brunehaut devint ainsi une catholique nicéenne, à la plus grande satisfaction de son époux qui fit composer un nouveau poème pour l'occasion. Par la suite, la dévotion de la reine alla à des saints présents dans l'espace gaulois, notamment à Martin de Tours, le grand moine-évêque mort à la fin du IVe siècle. Plus largement, elle ne conserva que peu de liens avec l'Espagne wisigothique, même si elle continua de correspondre avec sa mère Goïswinthe.

Épouse du roi des Francs

Au lendemain de ses noces, Brunehaut reçut de Sigebert Ier de multiples cadeaux formant son *morgengabe*, un type de douaire franc qui permettait d'affronter un éventuel veuvage. Il y avait là des bijoux et des vêtements précieux, mais surtout de nombreux domaines fonciers répartis à travers toute l'Austrasie, notamment à Reims, à Cologne et à Metz. Ces biens, possédés en propre, étaient gérés par des intendants que la reine pouvait choisir elle-même. On sait qu'elle procéda par la suite à des échanges et à des accroissements, ce qui témoigne d'un intérêt bien compris pour la gestion domaniale.

Sigebert semble avoir accordé une grande importance à son épouse, peut-être parce qu'elle était une princesse étrangère, à la différence des femmes de petite naissance que ses frères avaient jusque-là épousées. Mais, à notre connaissance, il ne lui confia aucune responsabilité politique. De fait, la principale « qualité » attendue d'une reine mérovingienne était la fécondité. Stérile, Brunehaut eût très facilement pu être répudiée, puisque le divorce était encore légal au VIe siècle. Mais elle mit au monde trois enfants : deux filles, Ingonde et Chlodoswinthe, et un garçon, nommé Childebert II, né en 570. La mère d'un héritier mâle voyait par essence sa stature renforcée. Son influence à la Cour grandit et elle fut désormais en mesure de se construire une clientèle d'obligés. On sait notamment qu'elle participa au choix d'un clerc auvergnat pour occuper le prestigieux siège épiscopal de Tours en 573. Celui que nous appelons Grégoire de Tours devint en retour un fidèle propagandiste de la reine[2]. Cette dernière noua également des relations avec plusieurs personnalités spirituelles des Gaules, dont le vieil évêque Germain de Paris.

Le mariage de Sigebert Ier avec Brunehaut avait constitué une provocation au sein du petit monde des rois francs. Ulcéré par cette union, le frère de Sigebert, Chilpéric de Neustrie, négocia à son tour avec le roi d'Espagne Athanagild pour obtenir la main de la sœur aînée de Brunehaut, Galswinthe. En échange, il dut promettre un *morgengabe* énorme, constitué des cités de Bordeaux, Limoges, Cahors, Béarn et Bigorre. En retour, Chilpéric espérait peut-être hériter de l'Espagne, car le roi des Wisigoths n'avait pas d'enfant mâle. Mais l'affaire tourna court. Athanagild mourut en 568 et, la même année, sa veuve Goïswinthe se remaria avec un aristocrate, Léovigild, à qui elle transmit la couronne wisigothique. Quant à Galswinthe, elle s'estima délaissée par son mari et menaça de demander le divorce, en conservant bien sûr pour elle les cinq cités aquitaines. On la retrouva morte dans son lit, probablement étranglée à la demande de Chilpéric. Celui-ci pleura abondamment lors des funérailles, mais cela ne l'empêcha pas de se remarier très vite avec une de ses anciennes compagnes, Frédégonde.

Le devenir du *morgengabe* laissé par la défunte sœur de Brunehaut n'était pas très clair. Les cinq villes allaient-elles revenir à son mari et peut-être assassin ? À sa mère

---

2. Grégoire de Tours (v. 539-v. 593) fut l'auteur le plus prolifique du VIe siècle. Resté célèbre pour son œuvre historique, il composa aussi de nombreuses vies de saints, des recueils de miracles et même un traité sur le mouvement des étoiles.

Goïswinthe, pour la seconde fois reine d'Espagne ? À sa cadette Brunehaut, épouse de Sigebert ? Loin de se laisser aller à l'émotion, le palais d'Austrasie mena une longue campagne de propagande visant à convaincre l'aristocratie que le meurtre de Galswinthe réclamait vengeance. Dans l'entourage de Brunehaut, on composa par exemple une élégie sur la mort de la princesse, texte en apparence innocent, mais dont le sens politique pouvait être compris par les lettrés qui connaissaient leurs classiques : l'œuvre reprenait un poème de Claudien sur le *Rapt de Proserpine*, mais en plaçant la figure de Chilpéric en lieu et place de Hadès, dieu des enfers ! Une fois les grands convaincus des droits de Brunehaut, il devenait possible d'agir. Environ cinq ans après la mort de Galswinthe, Sigebert se déclara convaincu qu'il lui fallait venger sa belle-sœur. Ayant obtenu le soutien de Gontran de Burgondie, il déclencha une guerre à outrance contre leur frère. Brunehaut participa modestement à l'entreprise : elle reçut les suppliques des villes qui préféraient rejoindre l'Austrasie plutôt que de subir un sac. En somme, elle joua le rôle attendu d'une reine, vectrice de paix, pendant que le roi assumait la direction de la guerre.

Veuve et reine mère

Jusqu'à l'âge de 25 ans, Brunehaut s'était contentée d'assurer les fonctions ordinaires d'une reine franque, c'est-à-dire la reproduction, la représentation et la médiation. Seules des circonstances exceptionnelles l'amenèrent à devenir un personnage central de la scène politique mérovingienne. Circonstances dramatiques : à l'automne 575, Chilpéric, assiégé dans Tournai, fit assassiner Sigebert Ier. Nul n'avait su prévoir un tel attentat. Jusque-là triomphante, l'Austrasie n'était plus sûre d'avoir de roi, et la coalition militaire qu'elle avait réunie se défit en quelques semaines. Quelques grands parvinrent à sauver le petit Childebert II, âgé de 5 ans, et à le ramener à l'Est. Mais sa mère Brunehaut fut abandonnée dans la débandade. Capturée à Paris par son beau-frère Chilpéric, elle fut dépossédée de ses trésors et enfermée à Rouen sous la garde de l'évêque de la ville, Prétextat.

Ce geôlier était aussi le parrain de l'un des fils de Chilpéric, Mérovée. Ce prince né d'un premier lit craignait d'être déshérité si jamais Frédégonde donnait de nouveaux fils au roi de Neustrie. Brunehaut montra alors toutes ses qualités de tacticienne en acceptant de l'épouser, avec la bénédiction de Prétextat. L'affaire commençait à ressembler à une tentative de coup d'État. Informé de la situation, Chilpéric intervint immédiatement : après avoir mené son armée contre Rouen, il enferma Mérovée dans un monastère et déposa Prétextat. Mais Brunehaut avait profité de sa courte liberté pour reprendre contact avec les hommes forts d'Austrasie, dont Gogo, qui s'occupait de son fils Childebert II. Dans un tel contexte, Chilpéric préféra libérer sa prisonnière, qui ne pouvait guère être plus dangereuse à l'extérieur qu'à l'intérieur.

De retour en Austrasie en 576, Brunehaut abandonna aussitôt son rôle forcé d'épouse de Mérovée. Lorsque ce dernier parvint à s'échapper de son monastère, il n'obtint pas de véritable soutien. Abandonné de toutes parts et pourchassé par les armées de son père, Mérovée finit par se suicider en 577. Une seconde fois veuve, Brunehaut préféra se présenter comme la reine mère du petit Childebert II. Elle participa alors à un conseil de régence dans lequel figuraient son ami Gogo, le duc de Champagne Loup, l'évêque de Reims Égidius et quelques autres personnalités de premier plan. Incapable de s'y imposer, elle joua les utilités en mobilisant son réseau de correspondants à l'étranger. En 579, elle obtint ainsi un grand succès diplomatique en parvenant à marier sa fille aînée, Ingonde, à Herménégild, héritier désigné du roi d'Espagne Léovigild. L'affaire n'était pas des plus canoniques : la seconde épouse de Léovigild, Goïswinthe, était la mère de Brunehaut, ce qui signifie qu'Ingonde et Herménégild étaient des parents beaucoup trop proches aux yeux de l'Église. En outre, le prince wisigoth était hérétique et Ingonde catholique. Pour écarter les critiques, Brunehaut fit composer un panégyrique à la gloire de l'événement. Il est en outre probable qu'elle travaillât à convaincre son gendre de passer à la foi catholique; puis elle soutint discrètement Herménégild lorsqu'il entra en rébellion contre son propre père. Lorsque Ingonde mit au jour un fils, un poète célébra Brunehaut comme la grand-mère de l'Europe.

En Austrasie même, la situation devint pourtant difficile. Gogo mourut en 581 et son parti s'en trouva très affaibli. Un groupe de grands dirigés par Égidius de Reims profita de l'occasion pour prendre le contrôle du conseil de régence. Brunehaut intervint alors pour tenter de sauver la mise à ses alliés; elle apparut même sur un champ de bataille pour couvrir la retraite du duc de Champagne Loup, qui parvint ainsi à s'enfuir chez le roi Gontran de Burgondie. Suivirent deux années difficiles, où la reine fut éloignée de la gestion des affaires publiques. Mais, en 583, elle profita d'une série d'erreurs politiques d'Égidius pour attirer à elle la fidélité de plusieurs grands d'Austrasie qui la réintégrèrent dans le conseil de régence. En quelques mois, elle en prit le contrôle. L'évêque de Reims fut dès lors écarté du pouvoir, mais il put conserver son siège. Visiblement, Brunehaut tentait de ménager tous les partis et évitait toute violence inutile. À l'occasion, elle confia même à Égidius des missions diplomatiques... suffisamment compliquées pour que le prélat ne pût qu'y échouer, ce qui contribua à ruiner le peu de prestige qu'il lui restait.

Maîtresse du royaume d'Austrasie

En 584, Chilpéric, le roi de Neustrie, fut mystérieusement assassiné au cours d'une chasse dans la forêt de Chelles. Nul ne sut jamais qui avait commandité ce meurtre. Brunehaut s'approcha en toute hâte de Paris pour tenter de s'emparer de la ville. L'enjeu était de mettre la main sur le supposé fils de Chilpéric, un enfant né quelques semaines plus tôt de la reine Frédégonde : il n'avait pas encore reçu de nom et presque personne ne l'avait vu. Brunehaut jugea que le nourrisson présenté par Frédégonde n'était pas le fils du défunt ; dans ce cas, la Neustrie n'avait plus d'héritier. Comprenant qu'il en allait de la survie de leur royaume, les grands refusèrent de laisser entrer la reine d'Austrasie et préférèrent se tourner vers le roi de Burgondie, qui était lui aussi accouru à l'annonce de la mort de Chilpéric. Gontran accepta de prendre la tutelle du bébé qu'on lui présenta, à condition que la Burgondie puisse gérer le royaume de Neustrie jusqu'à sa majorité. Quant à Frédégonde, Gontran la plaça en résidence surveillée à Rouen… sous la garde de Prétextat.

Même si Brunehaut n'avait pas réussi à s'emparer de l'ensemble de la Neustrie, la crise successorale lui avait permis de mettre la main sur plusieurs cités contestées. Elle obtint également la région de Soissons en offrant à des transfuges neustriens des postes prestigieux à sa Cour. Quant à son fils Childebert II, il était devenu majeur au regard du droit franc, mais semble s'être désintéressé de la politique. Brunehaut le chargea de diriger les armées en campagne et surtout de produire des héritiers, mission dont il s'acquitta avec efficacité : Thierry II naquit en 587, Théodebert II l'année suivante. Cibles tour à tour de tentatives d'assassinat venues de Neustrie, Brunehaut et Gontran négocièrent un pacte officiel à Andelot en 587 : Childebert II fut reconnu comme l'héritier officiel de son oncle Gontran, alors que l'enfant de Frédégonde ne se voyait accorder aucun droit clair.

Brunehaut avait franchi un nouveau seuil de puissance, puisque son statut de maîtresse du royaume ne lui était plus contesté par son aristocratie. À partir des années 580, les lettres diplomatiques austrasiennes furent généralement rédigées en double exemplaire, une au nom du roi et une au nom de la reine mère. Les correspondants adressaient également leurs missives en double, avec généralement un message plus détaillé pour cette dernière dont les chancelleries étrangères savaient qu'elle détenait véritablement le pouvoir.

Le principal sujet de discussion concernait l'Italie. Les Byzantins y avaient repris pied au milieu du VIe siècle, abattant pour l'occasion le vieux royaume ostrogoth. Mais depuis 568, le peuple des Lombards avait investi le nord de la péninsule, avec le soutien probable de Sigebert Ier. Cette installation avait permis de former un État-tampon entre l'Italie byzantine et les possessions franques, lesquelles formaient un arc de la Provence à la Bavière. Brunehaut semble avoir souhaité maintenir ce *statu quo*. Bien qu'affaibli, l'Empire continuait d'agir en Occident, soit par des interventions directes, soit par des manœuvres contournées. Au début des années 580, Byzance finança par exemple le débarquement en Provence d'un aventurier, Gundovald, qui se présentait comme prince mérovingien, et qui mit à feu et à sang le royaume de Burgondie.

Très occupé sur son front oriental à lutter contre l'empire des Perses sassanides, l'empereur n'avait pas les moyens d'envoyer une armée importante pour écraser les Lombards. Il espérait que les Francs se chargeraient du travail, contre leurs propres intérêts. Pour forcer Brunehaut à obtempérer, l'empereur Maurice (582-602) utilisa le chantage. En 583, ses agents parvinrent à capturer la fille aînée de Brunehaut, Ingonde, ainsi que son petit-fils, Athanagild II. La valeur de ces otages était immense : le jeune garçon était l'héritier présomptif du trône de Tolède. En échange de leur libération, Maurice exigea que Brunehaut envoyât ses armées contre ses voisins. Brunehaut plaida et renâcla, mais il lui fallut obtempérer. Cependant, les contingents qu'elle envoya en Italie furent toujours moins importants que prévu, ses généraux subirent des retards inexplicables et ses ambassadeurs nouèrent des contacts secrets avec l'ennemi. En 590, l'armée austrasienne avait réussi à assiéger le roi des Lombards dans sa capitale de Pavie, lorsque le siège fut levé sous un motif que les Byzantins dénoncèrent comme spécieux.

Sur le plan diplomatique, la stratégie louvoyante de Brunehaut fut payante : sans rompre ouvertement avec l'Empire, elle évita d'avoir à composer avec une Italie byzantine à ses portes. À moyen terme, les Lombards acceptèrent en outre de devenir tributaires des Francs et les sommes obtenues par ce biais ne furent pas négligeables. En revanche, la reine ne put revoir sa fille Ingonde, qui mourut en captivité. Brunehaut tenta alors d'en appeler à la compassion du couple impérial byzantin, par une lettre qui nous est conservée. Elle écrit :

> Ma fille, je ne l'ai plus. Puissé-je ne pas perdre le tendre gage qu'elle m'a laissé. Je suis déjà torturée par la mort de mon enfant ; que votre intervention me relève ; que mon petit-fils, qui est votre captif, revienne vite. Voyez mes souffrances, voyez son innocence.

Las, Athanagild II mourut à son tour à Constantinople, sans doute vers 590. Cela n'empêcha pas Brunehaut de continuer à utiliser sa famille pour mener ses alliances. En 604, une arrière-petite-fille de Brunehaut partit épouser l'héritier du trône lombard d'Italie.

À l'intérieur même de son royaume, Brunehaut semble avoir aussi été connue pour une adresse confinant à la ruse.

Par exemple, en 585, un aristocrate nommé Chramnesinde fut présenté devant son tribunal. Au cours d'un dîner trop arrosé, il avait découpé la tête de l'un de ses voisins de table avec une scie. La victime, Sichaire, ne brillait certes ni par l'intelligence, ni par l'honnêteté, mais l'affaire risquait de se transformer en *faide*, un cycle de vendetta que les Francs redoutaient par-dessus tout. Brunehaut savait toutefois que Chramnesinde ne manquait pas de qualités quand il était à jeun. Lors du procès, elle annonça à l'accusé que le jugement lui serait défavorable, puis ménagea une interruption de séance, de façon à lui permettre de prendre la fuite. Brunehaut put ainsi prononcer une condamnation par contumace. La famille de Sichaire se réjouit de cette sentence. Le Trésor public s'enrichit, puisque les biens de Chramnesinde furent saisis ; ils étaient assez importants pour payer le salaire d'un duc. Quant à l'intéressé, on le laissa s'installer dans le royaume de Burgondie. Quelques années plus tard, il revint au palais et obtint une amnistie ; il devint en outre un fidèle de la reine.

Ce type d'arrangement convenait parfaitement aux gens du VIe siècle, pour qui la véritable justice n'appartenait qu'à Dieu. Sur terre, l'essentiel était de parvenir à maintenir la paix. Dans son traitement de l'affaire Chramnesinde, Brunehaut était parvenue à rétablir l'ordre public, à sauvegarder l'honneur de deux familles nobles et à épargner la vie d'un homme utile. Que demander de plus ? En Neustrie, sa belle-sœur Frédégonde avait reconstitué un petit royaume autonome à la fin des années 580, mais elle avait la réputation de ne pas être aussi adroite. Un jour, elle tenta de réconcilier à l'amiable deux familles rivales, mais sans résultat. Faute de mieux, elle les invita au palais, les enivra puis fit exécuter les deux meneurs d'un coup de hache. Par contraste, la gouvernance de Brunehaut fonctionnait avec une économie de violence qui suscitait l'admiration. Quant aux personnages troubles qu'elle employait à l'occasion, ils ne se faisaient jamais prendre, à la différence des assassins envoyés par Frédégonde ! Restons toutefois prudents sur cette différence entre les deux reines, qui est surtout mise en avant par Grégoire de Tours ; ce dernier, qui devait son poste à Brunehaut et qui faillit le perdre en 580 à cause de Frédégonde, ne constitue sans doute pas un témoin neutre.

L'apogée

En 592, le vieux roi Gontran se résolut à mourir. Il légua à Childebert II l'ensemble de la Burgondie, ce qui permit à Brunehaut de régner sur un immense territoire allant de la mer du Nord à la Méditerranée et comprenant tout le sud de la Loire. Avant de disparaître, le vieux Gontran avait toutefois accepté de reconnaître le fils de Frédégonde comme Mérovingien légitime en devenant son parrain ; on avait baptisé cet enfant Clotaire II. Brunehaut ne chercha pas à l'éliminer. Elle le confina dans l'est du Bassin parisien et en Normandie, où lui et sa mère servirent d'épouvantails : en 592, la menace qu'ils constituaient fut mise en avant pour justifier l'unité entre les grands d'Austrasie et ceux de Burgondie.

Un nouvel aléa biologique se présenta en 595, lorsque Childebert II mourut. Il laissait deux enfants, très jeunes, qui se partagèrent officiellement le royaume : Théodebert II reçut l'Austrasie tandis que Thierry II recevait la Burgondie. Toutefois, la documentation montre que Brunehaut surmonta l'épreuve : pendant sept ans, ce fut elle qui assuma une double régence en leur nom. Le monde mérovingien se trouva alors sous la direction d'une reine grand-mère, ce que la grande Clotilde, veuve de Clovis, avait essayé d'accomplir dans les années 520 mais sans y parvenir.

Pour légitimer son pouvoir, Brunehaut fit publier des lois qui réprimaient le vol, l'homicide et le rapt des femmes.

Dans ces textes, on trouve aussi des dispositions novatrices comme l'obligation du repos dominical ou l'exclusion du palais pour les hommes coupables d'inceste. Resterait à savoir si de telles lois avaient vocation à être appliquées ou si elles ne constituaient qu'un élément de discours. La reine semble dans tous les cas avoir été attachée au maintien d'une fonction publique de tradition romaine. Mais cela supposait de pouvoir payer des salaires. Afin que le Trésor public disposât de rentrées fiscales régulières, elle ordonna de faire réviser les registres de l'impôt foncier. Ceux qui s'étaient enrichis pendant les guerres civiles virent leurs contributions indexées sur le montant réel de leur patrimoine. La reine tenta également de rappeler au clergé les bienfaits de l'imposition universelle, tout en proposant un certain nombre d'aménagements sous la forme d'exemptions partielles ou de cadeaux. L'Église franque restait dans tous les cas sous son contrôle ; comme tous les souverains francs depuis Clovis, c'était elle qui choisissait les nouveaux évêques de son royaume.

Restait la personne du pape. L'évêque de Rome vivait sous contrôle byzantin mais, à partir du pontificat de Grégoire le Grand (590-604), il se mit à gagner en autonomie et à se tourner de plus en plus vers les royaumes d'Occident. Les premiers contacts entre Brunehaut et ce dernier datent de 592, pour une affaire en apparence banale. Le siège apostolique possédait plusieurs domaines fonciers en Provence, dont les revenus avaient été un temps détournés. Pour entrer dans les bonnes grâces du pontife, la reine s'assura que l'argent serait désormais versé au Trésor de Saint-Pierre, sans ponction du gouverneur ou de l'évêque d'Arles. Dès lors, le pape devint un correspondant régulier. Sous la protection du palais, des légats pontificaux se mirent à circuler dans le monde franc. Grégoire le Grand proposa par ailleurs à Brunehaut de s'engager dans un vaste projet de réforme de l'Église ; Rome entendait interdire le concubinage des clercs et l'achat des postes ecclésiastiques[3]. En la matière, Brunehaut observa la prudence qu'elle avait déjà démontrée dans son exercice de la justice civile. Généralement, elle négocia plus qu'elle n'imposa, elle pardonna plutôt que de condamner. Lorsqu'elle apprit que l'évêque de Soissons abusait de la dive bouteille, elle ferma les yeux. En revanche, elle n'hésita pas à condamner les ecclésiastiques coupables de crimes majeurs. La reine fit ainsi déposer l'évêque de Vienne Didier, qui avait été accusé de viol par une de ses fidèles. Arrivé dans le monde franc vers 590, l'abbé irlandais Colomban finit également par être exilé pour lèse-majesté. Il est vrai que ces deux hommes étaient aussi des ennemis politiques, ce qui poussait à la sévérité.

Le pape se montra globalement satisfait des résultats. Il s'appuya aussi sur la reine pour mener une grande mission destinée à évangéliser les Anglo-Saxons. La conversion du roi du Kent fut un succès pour Rome, mais aussi pour le royaume mérovingien, qui put sortir d'une diplomatie purement méditerranéenne. À terme, Grégoire le Grand n'hésita pas à célébrer la grande gloire de sa correspondante :

> Nous disons le peuple des Francs heureux plus que tous les autres peuples, car il a mérité d'avoir cette reine, pour son plus grand bien.

Quant à Frédégonde, elle mourut en 597, sans susciter éloge ou critique. Brunehaut ne l'avait sans doute jamais rencontrée en personne. La rivalité entre ces deux femmes fut sans doute réelle, mais elle ne doit pas pour autant être surévaluée. Pour survivre politiquement, elles avaient dû s'affronter en utilisant leurs enfants et petits-enfants, mais

3. À partir de Grégoire le Grand, ces dérives furent considérées comme des formes d'hérésie : on parla de nicolaïsme (mariage des prêtres) et de simonie (vente ou achat des sacrements).

il demeure impossible de parler d'une « faide royale », comme l'ont envisagé les historiens du XIXe siècle. Les émotions constituaient parfois un motif de discours, rarement le moteur des actions. Quant à Clotaire II, il ne semble pas avoir eu de grief personnel envers Brunehaut ; dans un moment de rapprochement, il accepta même de devenir le parrain de l'un de ses arrière-petits-fils.

Autour de 600, Brunehaut multiplia les donations pieuses dans une région située entre Autun et Auxerre, où elle résidait pour diriger les deux royaumes d'Austrasie et de Burgondie. Sans doute pensait-elle un jour se retirer dans l'un des monastères qu'elle y avait fondés et terminer ses jours comme l'une des saintes reines de la dynastie.

La chute

Entre 602 et 604, son incroyable destinée bascula de nouveau. Les grands d'Austrasie et de Burgondie acceptaient de plus et plus mal le principe d'une régence commune. Ceux du royaume de l'Est réclamèrent leur indépendance en prenant appui sur la jeune épouse de Théodebert II. Comprenant le péril, Brunehaut dissuada le frère de celui-ci, Thierry II, de se marier et l'encouragea à prendre plutôt des concubines, qui ne lui feraient pas d'ombre. La reine très chrétienne devint dès lors suspecte d'immoralité. On l'accusa même d'avoir pris pour amant le maire du palais de Burgondie dans l'espoir de conforter son pouvoir. De fait, les maires, de plus en plus ambitieux, incarnaient l'aristocratie régionale, et la dynastie devait composer avec eux, même s'ils restaient en théorie de simples fonctionnaires.

Obligée de choisir entre ses deux petits-fils, Brunehaut s'installa chez Thierry II de Burgondie, sans doute vers 604. Là, elle réorganisa l'administration et augmenta les disponibilités financières, avec efficacité, mais au prix d'une impopularité croissante. Ajoutons que son réseau de fidèles, formé de rhéteurs et de juristes, commençait à apparaître vieillissant. Avec une certaine maladresse, elle refusa d'y intégrer de jeunes nobles ambitieux, qui préférèrent dès lors se tourner vers Théodebert II ou Clotaire II. Tel fut le cas d'Arnulf et de Pépin de Landen, les ancêtres de la future dynastie carolingienne, qui abandonnèrent le camp de Brunehaut. La diplomatie étrangère restait toutefois un domaine d'excellence de la vieille reine, qui employa toutes ses ressources en la matière pour renforcer la Burgondie. Autour de 610, elle réussit ainsi à isoler Théodebert II d'Austrasie et même à créer une alliance de revers avec les Avars, le peuple nomade des steppes danubiennes. On conserve les lettres d'un comte wisigoth nommé Bulgar qui se dit stupéfait et horrifié d'un tel geste : impliquer des païens dans une guerre civile entre rois francs constituait une initiative inouïe. Avec le soutien des Avars, Thierry II réussit néanmoins à abattre Théodebert II : en 612, l'Austrasie et la Burgondie furent réunifiées.

Au printemps 613, Thierry II succomba brutalement à un accès de dysenterie. Brunehaut tenta alors un dernier coup d'audace en s'emparant de la régence au nom de l'un de ses arrière-petits-fils, Sigebert II. Cette fois, une majeure partie de l'aristocratie franque refusa d'être mise devant le fait accompli. Couronner un seul roi alors que Thierry II laissait quatre enfants pouvait signifier que le principe de primogéniture avait été privilégié, au détriment du partage successoral qui satisfaisait les aristocraties régionales. En Austrasie et dans l'est de la Burgondie, les grands se rangèrent dans le camp de Clotaire II, en qui ils pensèrent trouver un souverain moins autoritaire. Tel fut notamment le cas d'Arnulf et de Pépin. En quelques semaines, Sigebert II fut défait. Abandonnée de tous, Brunehaut finit par être capturée par sa propre aristocratie et livrée au roi de Neustrie.

Jusque-là petit prince de la Basse-Seine, Clotaire II réunifia le royaume. Installé à Renève, un village de la rive droite de la Saône, il mena le procès de la vieille reine, à la demande des grands qui s'étaient ralliés à lui. Une condamnation à mort fut prononcée et la mise en scène, totalement exceptionnelle, contribua à enraciner l'exécution dans les mémoires : après avoir été juchée sur un chameau, animal jugé ridicule, puis avoir été promenée à travers les rangs de l'armée, Brunehaut fut attachée à l'arrière d'un cheval lancé au galop. Ce supplice infamant, totalement anormal chez les Francs, était plutôt réservé à un homme qui aurait usurpé le trône : l'élimination de Brunehaut, âgée de près de 70 ans, ressemblait à l'exécution d'un empereur renversé à Byzance ou d'un aristocrate ayant raté son coup d'État à Tolède. De surcroît, Clotaire II ordonna que le corps de la reine fût incinéré. Sans doute entendait-il éviter qu'une réputation de sainteté n'apparût autour d'éventuelles reliques, car Brunehaut avait de nombreux amis parmi les ecclésiastiques.

Ne restait plus qu'à constituer un récit qui rendrait la reine responsable de la plupart des troubles qui avaient affecté le royaume depuis les années 560. Ce fut l'œuvre des moines irlandais, disciples de saint Colomban, et de quelques clercs rhodaniens, notamment dans la région de Vienne. Le roi wisigoth Sisebut (612-621) travailla aussi à salir la mémoire de Brunehaut, sans doute parce que sa mère Goïswinthe et son groupe avaient été éliminés d'Espagne par son propre parti. Dans les années 660, le chroniqueur Frédégaire conspua le gouvernement de cette figure devenue maudite et expliqua qu'il ne fallait pas qu'un roi se range aux avis des femmes… Ce réquisitoire permettait de critiquer la reine de son temps, Bathilde, veuve de Clovis II, qui elle aussi avait conduit une longue régence au nom de son fils Clotaire III (657-676). D'ultimes expériences de pouvoir féminin eurent cependant lieu chez les Francs dans les années 710, lorsque Plectrude, veuve du maire du palais Pépin II, entendit tenir l'essentiel du royaume. Mais un jour de Noël 800, Charlemagne s'empara de la couronne impériale en arguant que le titre de *basileus* était vacant : à Constantinople, une femme régnait, mais les Francs savaient qu'un tel être ne pouvait gouverner un royaume.

Lorsque, vers 830, un clerc carolingien recopia les lettres adressées à Brunehaut, il changea le mot « reine » en « roi ». Tout naturellement, il pensa que seul un souverain mâle avait pu disposer d'autant de pouvoir et l'exercer avec un tel discernement.

Bibliographie sélective

Bührer-Thierry Geneviève, Mériaux Charles, *La France avant la France*, Paris, Belin, 2010.

Dumézil Bruno, *La Reine Brunehaut*, Paris, Fayard, 2008.

Feffer Laure-Charlotte, Périn Patrick, *Les Francs*, 2 volumes, Paris, Armand Colin, 1987.

Lebecq Stéphane, *Les Origines franques, v^{e}-ixe siècles*, Paris, Seuil, 1990.

Le Jan Régine, *Les Mérovingiens*, Paris, PUF, 2006.

Wood Ian, *The Merovingian Kingdoms, 450-751*, Londres, Longman, 1994.

3

Aliénor d'Aquitaine (1124-1204), le pouvoir et la légende

PAR MARTIN AURELL

Aliénor d'Aquitaine (1124-1204) est incontestablement la plus célèbre des reines médiévales. La raison de cette renommée tient aussi bien dans le caractère exceptionnel de sa biographie que dans la légende – noire ou dorée selon les époques – forgée par l'imaginaire collectif autour de sa personne. Femme de pouvoir, elle a toujours cherché à gouverner l'Aquitaine, son héritage propre, parfois en opposition à ses deux maris, le roi d'Angleterre et le roi de France. Cette détermination et les tensions qu'elle entraîne sont pour beaucoup dans la fascination qu'elle continue d'exercer encore de nos jours.

Sa longue existence de quatre-vingts ans se mêle inextricablement de pouvoir. Car non seulement sa féminité ne l'exclut nullement du gouvernement royal de ses deux époux Louis VII et Henri II et de ses deux fils Richard Cœur de Lion et Jean sans Terre, mais elle use en outre de l'influence que la conjugalité et la maternité donnent à toute reine pour infléchir les décisions des siens. Ce pouvoir est peut-être de nature informelle, rarement entériné par le droit écrit. Sur le plan juridique, cependant, Aliénor peut se prévaloir de son héritage paternel de l'Aquitaine. Le veuvage renforce son autorité.

Le pouvoir découlant de son influence sur son entourage relève-t-il d'une personnalité exceptionnelle ? Le médiéviste a du mal à répondre à la question, tant les descriptions physiques ou les analyses psychologiques réalisées par les chroniqueurs du XIIe siècle sont stéréotypées. Deux de ses contemporains louent toutefois sa beauté. L'un, Guillaume de Newburgh, chanoine régulier du Yorkshire, récrimine contre le naïf Louis VII qui a perdu toute raison « à cause de la vénusté de son physique ». Le second, le Flamand Lambert de Watreloos, augustin comme le précédent, la dit *perpulchra*, « d'une beauté achevée ». De son côté, le bénédictin Richard de Devizes la veut dotée de toutes les vertus :

> Femme incomparable, belle mais chaste, puissante mais modeste, humble mais éloquente, qualités qu'on trouve très rarement chez la femme.

Si conventionnelles soient-elles, ces descriptions corroborent ce que nous apprend l'étude approfondie de sa biographie : son indéniable capacité de séduire et de convaincre au service de sa propre politique.

La royauté de France et la croisade

Au XIIe siècle, la fille nubile ne possède ni pouvoir, ni autorité, ni juridiction. Elle subit la tutelle contraignante de son père qui lui choisit, avec ses conseillers, un parti. Tel est le statut d'Aliénor jusqu'à son mariage avec le roi de France. En attendant, elle reçoit une formation littéraire qui la prépare à ses responsabilités futures. Sa mère, Aénor de Châtellerault, a pu s'occuper de sa toute première alphabétisation ; elle meurt cependant vers 1130, en même temps que Guillaume Aigret, son seul garçon. Des dames de compagnie et des précepteurs prennent alors le relais pour éduquer la jeune fille. L'héritière de l'Aquitaine apprend le latin, qui lui permet de suivre les offices religieux et de réciter les heures. C'est aussi la langue de l'administration dans laquelle sont encore rédigés tous les actes de gouvernement, les décisions judiciaires ou les documents comptables.

Le 9 avril 1137, vendredi saint, Guillaume X meurt à Saint-Jacques-de-Compostelle, où il s'est rendu en pèlerinage. Sa disparition prématurée à 38 ans rend Aliénor – âgée d'à peine 13 ans et aînée d'une seule sœur – l'héritière de toute l'Aquitaine, l'un des plus vastes et riches duchés de la chrétienté, s'étendant des Pyrénées à la Loire et de l'Atlantique au Massif central. Sur son lit de mort, le duc a proposé de la marier au jeune Louis, fils de Louis VI. Le prince est le successeur « désigné » de son père ; il a été sacré et couronné le 25 octobre 1131 à la cathédrale de Reims par le pape Innocent II.

Louis VI accepte cette offre, qui lui permet d'étendre l'emprise de sa maison au sud de la Loire. Le prince Louis rejoint sa promise avec un cortège imposant de prélats, de barons et de leurs chevaliers qui impressionne les seigneurs des lieux et étouffe provisoirement leurs velléités de révolte – l'autorité de Guillaume X, un temps excommunié pour avoir soutenu l'antipape Anaclet contre son rival Innocent II, avait en effet été contestée par l'aristocratie poitevine, gasconne et limousine.

Les noces ont lieu le dimanche 25 juillet 1137 à la cathédrale Saint-André de Bordeaux. C'est le jour de la Saint-Jacques, alors que la dépouille mortelle du père de la mariée repose depuis peu dans le chœur de l'église de Compostelle. Au cours des festivités, Aliénor est couronnée. Une semaine après les épousailles, le 1er août, Louis VI, quinquagénaire, rend l'âme : son fils devient dès lors le roi Louis VII, et son épouse reine de France. Le dimanche suivant, le couple se rend à Poitiers, où le roi est solennellement intronisé duc d'Aquitaine.

Au palais royal de Paris, Aliénor cohabite avec sa belle-mère Adélaïde de Maurienne, qui jouit d'un ascendant certain sur son fils. Dans son *Histoire de Louis VII*, l'abbé Suger de Saint-Denis, conseiller influent du jeune roi, mentionne le conflit qui oppose celui-ci à sa mère. Aliénor est peut-être pour beaucoup dans cette dispute, alors qu'elle entend intervenir dans les affaires de son mari. La présence croissante des troupes royales en Aquitaine prouve en tout cas son influence. Suger narre notamment la campagne militaire du printemps 1138 contre Poitiers pour mater la commune libre, dégagée du pouvoir comtal, que ses citoyens viennent de proclamer. Dans la foulée, Louis VII s'empare du château de Talmond, en bas Poitou, dont le seigneur a pris les armes contre lui. Le couple s'aventure ensuite en Auvergne, que les ducs d'Aquitaine contrôlaient superficiellement : il y reçoit l'hommage de ses comtes, vicomtes et châtelains. En 1141, le roi tente d'imposer son candidat à l'évêché de Poitiers contre l'avis du chapitre de la cathédrale et de l'épiscopat aquitain. Il intervient, de même, dans la querelle sur la succession de la vicomté de Limoges. Il mène ensuite une guerre sans lendemain contre le comte de Toulouse, ville sur laquelle les ducs d'Aquitaine revendiquent des droits au nom de Felipa (1073-1118), grand-mère d'Aliénor, jadis son héritière légitime.

Au retour de l'expédition militaire, le roi et la reine marient Alix-Pétronille, sœur cadette d'Aliénor et héritière potentielle d'Aquitaine. Ils lui choisissent pour mari Raoul de Vermandois, cousin du roi et son sénéchal (ou chef de son armée). Cette union présente un double intérêt politique. D'une part, elle empêche Alix-Pétronille de convoler avec un grand seigneur aquitain qui aurait pu revendiquer le duché. D'autre part, si Aliénor venait à disparaître sans descendance, l'Aquitaine demeurerait dans les mains d'un fidèle du roi. Raoul est pourtant marié depuis quelque vingt ans à Aliénor de Blois. Afin de sortir de l'impasse, les évêques de

Laon, de Noyon et de Senlis constatent la nullité de cette union en faisant valoir la consanguinité entre les époux.

Oncle de la femme renvoyée, le puissant Thibaut IV, comte de Blois et de Champagne, vit cette répudiation comme une atteinte à l'honneur de sa maison. Il obtient donc l'excommunication de Louis VII par le pape Innocent II, qui en veut au roi de s'entremettre depuis quelques mois dans les élections épiscopales. Au cours de l'année 1142, la guerre entre le Capétien et le Blésois fait rage. Louis VII et ses hommes participent notamment à l'incendie de l'église de Vitry-en-Perthois, où périssent une partie des habitants du village. La disparition d'Innocent II en septembre 1143 facilite finalement le rétablissement de la paix. La médiation de Bernard de Clairvaux[1], dont le prestige dépasse la sphère spirituelle, y est également pour beaucoup. Une *Vie* du saint cistercien raconte qu'Aliénor lui aurait demandé alors de prier pour qu'elle donne une descendance au roi ; Marie, sa fille aînée, naîtra quelques mois plus tard.

Contemporain des événements, un chanoine prémontré anonyme affirme que le massacre de Vitry ébranle profondément Louis VII et qu'il veut expier sa faute par le pèlerinage à Jérusalem. Le 24 décembre 1144, la chute d'Édesse et de son vaste comté – un des premiers États latins d'Orient créé en 1098 – pousse Eugène III, élu au siège de Pierre en février 1145, à appeler à la croisade. Jadis novice à Clairvaux, le pape cistercien demande à son mentor Bernard de la prêcher. Le jour de Pâques de 1146, à Vézelay, le futur saint, prédicateur hors pair, harangue une foule présidée par Louis VII qui prononce aussitôt le vœu de croisade. Aliénor sera de l'expédition aussi.

1. Bernard de Clairvaux (1090-1153) est un moine cistercien et l'une des plus importantes figures religieuses du Moyen Âge. Il est canonisé en 1174.

Les armées de Louis VII et de Conrad III, empereur romain germanique, traversent la Hongrie. Début octobre 1147, le roi de France et la reine sont reçus à Constantinople par l'empereur Manuel Comnène, moins coopératif qu'escompté. Il se méfie, en effet, des Latins qui ont naguère fondé des principautés en Terre sainte, indépendantes, voire concurrentes envers Byzance. La troupe de Louis VII s'engage en Anatolie où, en janvier 1148, elle est décimée par les Turcs au mont Cadmos. L'entourage du roi fait porter la responsabilité de la défaite à Geoffroi de Rancon, seigneur poitevin proche de la reine. Les rescapés parviennent finalement à Antioche, ville que l'oncle paternel d'Aliénor, Raymond, gouverne depuis une dizaine d'années. Au cours du séjour, Louis VII et leur hôte se disputent sur la stratégie à adopter. Si le premier tient à Damas, ville souvent alliée des Latins, le second, connaisseur du terrain, prône la conquête d'Alep, ce qui établirait un glacis protecteur au nord de la Syrie. Aliénor prend le parti de son oncle et les relations avec son mari en pâtissent, d'autant plus que l'échec du court siège de Damas lui donne raison. Inutile, la croisade n'a apporté aucun gain territorial. Elle a provoqué de nombreuses pertes matérielles et humaines, parmi lesquelles les comtes de Savoie et de Toulouse. Et Raymond d'Antioche, laissé seul avec ses troupes, mourra quelques mois plus tard en combattant les Turcs…

En octobre 1149, durant leur voyage de retour, Louis VII et Aliénor sont accueillis, près de Rome, par Eugène III, qui tente de les réconcilier. Quelques mois plus tard, la reine mettra au monde Alix, sa seconde fille. Louis VII, qui espérait un garçon pour assurer sa succession et éviter une guerre civile comme celle qui sévissait alors en Angleterre[2], décide

2. Au lendemain de la disparition du roi Henri Ier en 1135, sa fille l'impératrice Mathilde, épouse de Geoffroi V, comte d'Anjou, et son neveu Étienne de Blois se disputent le trône d'Angleterre pendant

alors de la répudier. Il se remarie à Constance de Castille († 1160) qui lui donnera deux filles. Le 21 mars 1152, les évêques de son domaine, réunis en concile à Beaugency, constatent la nullité du mariage à cause du lien consanguin existant entre les conjoints. Une trentaine d'années plus tard, les chroniqueurs anglais souligneront que la reine se disait convaincue d'« avoir épousé un moine plus qu'un roi ». Aliénor perd néanmoins la garde de ses deux filles, que Louis VII utilise pour se réconcilier avec les deux fils de Thibaut IV, son ennemi de toujours : Marie devient l'épouse d'Henri Ier de Champagne et Alix celle de Thibaut V de Blois. Louis VII lui-même se marie en troisièmes noces avec Adèle de Champagne, autre fille de Thibaut IV, la future mère de son héritier Philippe Auguste. Aliénor est évidemment exclue de toutes ces tractations matrimoniales. Mais alors qu'elle semble à terre, elle s'apprête à rebondir.

Maternité et révolte

Le 18 mai 1152, deux mois à peine après sa séparation d'avec le roi de France, à la cathédrale de Poitiers, Aliénor épouse Henri II Plantagenêt, duc de Normandie et comte d'Anjou, de neuf ans son cadet. Ils s'étaient rencontrés, probablement pour la première fois, l'été précédent à Paris. Henri accompagnait alors son père Geoffroi V le Bel dans des pourparlers pour cesser leurs combats en Normandie et en Poitou. Le mariage entre Henri et Aliénor forme un vaste conglomérat de principautés englobant la Normandie et l'Anjou d'une part et l'Aquitaine d'autre part. Cet « empire Plantagenêt » comprendra bientôt une large partie de la

---

une quinzaine d'années. Étienne sort vainqueur de cette guerre civile mais, pour obtenir une paix durable, il accepte qu'Henri II, fils de Mathilde, lui succède à sa mort.

Grande-Bretagne et de l'Irlande. Le 6 novembre 1153, par le traité de Wallingford, Henri II met fin à la guerre de succession d'Angleterre, s'assurant les droits de sa mère l'impératrice Mathilde sur l'île. Le 19 décembre 1154, peu après la mort du roi Étienne de Blois, il est couronné à Westminster. Et son épouse devient ainsi reine pour la seconde fois...

Entre 1153 et 1166 – elle est alors âgée de 42 ans –, Aliénor donne six garçons et trois filles à Henri II. Elle suit de près leur éducation, les amenant souvent dans ses voyages. Elle se fait cependant seconder par des nourrices qui les allaitent et les soignent. Les garçons sont confiés à des précepteurs qui les initient aussi bien aux lettres qu'aux armes. Les plus connus d'entre eux sont le chancelier Thomas Becket, entouré des meilleurs esprits de son temps, et Guillaume le Maréchal, futur régent d'Angleterre réputé être « le meilleur chevalier au monde ». Enfin, Jean et Jeanne, les deux derniers enfants du couple, sont mis en pension au monastère de Fontevraud, situé aux lisières de la Touraine, de l'Anjou et du Poitou, où les religieuses prennent en charge leur éducation.

Des mariages prestigieux éloignent les trois filles d'Aliénor, qui continue néanmoins d'entretenir une relation privilégiée avec elles. Devenue duchesse de Saxe et de Bavière, Mathilde subit, entre 1182-1185, l'exil en Normandie et en Angleterre avec son mari Henri le Lion, chassé par l'empereur du Saint Empire Frédéric Ier de Hohenstaufen, dit Barberousse. Plus tragique est la destinée de Jeanne, veuve du roi de Sicile, devenue comtesse de Toulouse : quoique enceinte, elle est contrainte de quitter son époux et meurt en couches à Rouen, auprès de sa mère, en septembre 1199. En 1200, Aliénor va jusqu'en Castille, où elle revoit sa fille homonyme, épouse d'Alphonse VIII et mère de Blanche. André le Chapelain, un clerc de l'entourage de Philippe Auguste qui lui est hostile, tournera en dérision les prétendues cours d'amour qu'elle aurait tenues avec Marie, comtesse de Champagne, née de son premier lit : il les imagine en train de siéger dans un tribunal punissant les amoureux discourtois. Même inventif, ce témoignage traduit un lien jamais rompu entre la mère et sa fille aînée, toutes deux amatrices de poésie.

Ses contemporains attribuent à Aliénor un véritable goût pour les lettres et les arts. En cela, elle rejoint Henri II, issu de la maison d'Anjou dont l'une des devises anticapétiennes devient : « Un roi illettré est un âne couronné ! » Il se peut qu'elle ait commandité pour sa dévotion le superbe psautier enluminé à Paris à la fin du XIIe siècle, aujourd'hui conservé à la Bibliothèque nationale des Pays-Bas à La Haye. C'est aussi avec un recueil de prières qu'elle demandera à être représentée sur son gisant de pierre calcaire de tuffeau polychromé dans son tombeau à Fontevraud – c'est la première sculpture connue d'une femme au livre d'heures, si répandue à la fin du Moyen Âge et à l'époque moderne.

Aliénor, on l'a dit, est familiarisée avec le latin. Elle échange des lettres dans cette langue, certes grâce à ses secrétaires qui les mettent en forme. Parmi ses correspondants figurent le pape ou Hildegarde de Bingen, la célèbre mystique et phytothérapeute rhénane. Aliénor est également la dédicataire de la traduction latine, réalisée en Sicile, des *Gynécées de Cléopâtre*, un traité grec d'obstétrique. La langue vernaculaire lui est cependant plus facile. Plusieurs auteurs en français d'oc ou d'oïl lui ont, en effet, dédié leurs œuvres : le troubadour limousin Bernard de Ventadour, le zoologiste anglo-normand Philippe de Thaon, la nonne hagiographe de Barking, enfin les historiens Wace et Benoît de Sainte-Maure.

Ses quelque dix grossesses n'empêchent pas Aliénor de participer à la vie politique, influençant les décisions d'Henri II, plus jeune qu'elle. La reine l'accompagne au cours de ses déplacements incessants dans l'immensité de l'empire Plantagenêt. Elle le pousse en particulier à se battre contre les seigneurs d'Aquitaine, souvent en révolte ; d'où le siège de Toulouse, qu'il entreprend à l'été de 1159, mais qui échoue parce que Louis VII – qui avait tenté la même aventure dix-huit ans auparavant à l'instigation d'Aliénor, déjà – réussit le premier à entrer dans ses murs.

Le chancelier Thomas Becket est également de l'expédition de 1159, où il brille par ses actes de bravoure. Trois ans plus tard, en juin 1162, il reçoit l'ordination sacerdotale et épiscopale pour occuper le siège primatial de Cantorbéry. Profondément transformé, il décide alors de se battre pour les libertés de l'Église d'Angleterre contre son ami le roi, devenu son pire ennemi. Les intellectuels de son entourage attribuent, pour partie, à l'influence néfaste d'Aliénor sur son mari la détérioration de sa relation avec l'archevêque. C'est notamment à la demande de la reine qu'Henri le Jeune, son fils aîné, est couronné et sacré, en juin 1170, par l'archevêque d'York au détriment des droits de Becket, en exil volontaire sur le continent depuis 1164. Thomas rentre aussitôt à Cantorbéry. Il est assassiné le 29 décembre 1170 par quatre chevaliers d'Henri II dans le chœur de la cathédrale, au vu du clergé et du peuple massé dans la nef pour l'office des vêpres. L'image du roi, qui doit dès lors se soumettre à une pénitence publique, est à jamais salie. Une telle perte de prestige encourage la résistance de ses ennemis, nombreux parmi les seigneurs de l'empire Plantagenêt à détester ses méthodes centralisatrices et autoritaires.

Jean, le dernier fils d'Aliénor et Henri, est né autour de Noël 1166. Le couple royal se sépare progressivement. La reine est quadragénaire et son mari a pris, aux yeux de tous, une jeune maîtresse, Rosemonde Clifford. Installée à Poitiers où elle prépare son fils Richard au difficile gouvernement de l'Aquitaine, Aliénor le fait introniser duc au cours de cérémonies grandioses qui se déroulent en 1171 à Saint-Hilaire de Poitiers et à Saint-Martial de Limoges. Deux ans plus tard, elle est au cœur de la révolte menée contre Henri II par leurs fils Henri le Jeune, Richard et Geoffroi, duc de Bretagne, qui récriminent à la fois contre la part de leur héritage accordée au cadet Jean, jusqu'alors « sans Terre », et le contrôle étroit de leurs droits et biens par leur père. Les rebelles comptent aussi sur l'aide militaire de Louis VII, dont la fille Marguerite, née de sa deuxième union avec Constance de Castille, a épousé Henri le Jeune.

Les ecclésiastiques proches du souverain voient justement en Aliénor l'inspiratrice principale du soulèvement. C'est le cas de Gervais de Canterbury :

> L'on disait que tout avait été perpétré par ses machinations et recommandations. C'était, en effet, une femme fort avisée, née d'une noble lignée, mais instable.

Abbé du Mont-Saint-Michel, Robert de Torigni la met quant à lui en tête dans la liste des rebelles, faisant au passage un mauvais jeu de mots sur son nom :

> Ainsi s'aliénèrent Aliénor et ses fils Richard, comte de Poitou, et Geoffroi, comte de Bretagne, du roi Henri.

Rotrou de Warwick, archevêque de Rouen, glose enfin sur les Épîtres aux Corinthiens et Éphésiens pour demander à la reine de se soumettre à son conjoint et maître :

> Reviens à ton mari et à notre seigneur.
> Convertis-toi…

Sa mauvaise réputation ne s'explique pas tant par son ascendant sur ses trois garçons, âgés respectivement, en 1173, de 18, 15 et 14 ans, que par sa féminité qui aurait dû l'empêcher, martèle-t-on, de se mêler de pouvoir, et plus encore de mettre en cause la domination « légitime » de son époux.

Au printemps, les seigneurs sont nombreux à prendre les armes contre les fidèles d'Henri II en Poitou, terre de prédilection d'Aliénor. Il en va de même au nord et au centre de l'Angleterre, où les comtes de Leicester, de Chester et de Norfolk font appel au roi d'Écosse. Avec Henri le Jeune et Geoffroi de Bretagne, Louis VII et le comte de Flandre pénètrent en Normandie. Henri II réagit toutefois avec vigueur, levant une vaste troupe de mercenaires qui refoule les envahisseurs et s'impose en Poitou. L'hiver, ses hommes capturent Aliénor qui tentait de s'enfuir, déguisée en homme, vers Paris ; ils l'enferment au château de Chinon.

Les hostilités reprennent au printemps de l'année suivante : Richard se révolte en Poitou et Louis VII et Philippe de Flandre assiègent Rouen. Henri II demeure cependant en Angleterre où, le 13 juillet, un groupe de ses chevaliers prend par surprise le roi d'Écosse à Alnwick (Northumberland). Une victoire décisive qui lui permet ensuite de faire lever le siège de la cité normande. Louis VII accepte alors de se réconcilier avec lui. Enfin, le 28 septembre, à Poitiers, Henri II obtient la reddition et l'hommage de Richard, seul à lui résister encore. Il lui impose notamment de mater en son nom les révoltés aquitains, naguère ses alliés. Depuis Salisbury, où elle est désormais enfermée, Aliénor a dû vivre durement la défaite de son fils préféré, qu'elle avait formé pour lui succéder en Aquitaine.

En octobre 1175, Henri II tente d'obtenir la nullité de son mariage. Il argue d'une parenté avec Aliénor au cinquième degré, la même qui avait joué pour son « divorce » d'avec Louis VII. Mais le légat pontifical envoyé en Angleterre refuse. En juin 1183, Henri le Jeune, meurt, emporté par une fièvre estivale, alors qu'il venait de nouveau de prendre les armes contre son père en Limousin. Henri II propose alors à Richard la couronne d'Angleterre en échange de l'Aquitaine, qui aurait dû être cédée à Jean. La guerre éclate pour un temps entre les deux frères. Le 21 août 1186, Geoffroi meurt à Paris au cours d'un tournoi, avant de voir la naissance, en mars 1187, de son fils Arthur de Bretagne. À l'époque, Richard se rapproche de Philippe Auguste, le nouveau roi de France qui a succédé à son père Louis VII en septembre 1180. Il combat avec lui Henri II qui meurt, abandonné de tous, à Chinon, le 6 juillet 1189. Richard Ier est couronné roi d'Angleterre le 3 septembre suivant en l'abbaye de Westminster. L'une de ses premières mesures est de libérer sa mère, âgée alors de 65 ans. Les chroniques racontent que, reconnaissante, elle libéra bien des prisonniers anglais.

La puissance du veuvage

Dès 1190, Aliénor s'occupe de marier Richard, occupé à ses préparatifs de croisade pour la reprise de Jérusalem, tombée aux mains de Saladin fin 1187. Elle lui choisit Bérengère, fille du roi Sanche VI de Navarre, région frontalière de l'instable Gascogne. L'alliance est précieuse pour le duc d'Aquitaine qui a besoin d'appuis solides pour contrôler les plus méridionales de ses principautés. Le cortège nuptial, mené par la reine mère, traverse les Alpes ; il est reçu par l'empereur Henri VI à Lodi, en Lombardie ; le 30 mars 1191, il atteint Messine.

Ce choix d'épouse déplaît au roi de France, qui reproche à Richard d'abandonner sa sœur Alix, à laquelle il a été fiancé de longue date. Veuf depuis quelques mois, Philippe Auguste souhaiterait, quant à lui, épouser Jeanne, sœur de Richard, qui vient de perdre son mari, Guillaume II de Sicile. Le roi d'Angleterre refuse, car il se méfie de l'ouverture méditerranéenne qu'une telle union donnerait aux Capétiens. Cette double désapprobation matrimoniale transforme en rivalité l'alliance initiale des deux souverains. En unissant Bérengère à son fils, Aliénor provoque en somme un duel sans merci entre les deux anciens partenaires.

En avril 1191, elle est de retour en Normandie. L'été de la même année, l'arrivée des armées de Richard et de Philippe Auguste en Terre sainte précipite la chute de Saint-Jean-d'Acre. Le roi de France considère alors sa mission comme terminée et, malade, rentre chez lui. Il reçoit dans la foulée l'hommage de Jean sans Terre qui s'engage à lui céder la Normandie en échange de son soutien pour gagner la couronne d'Angleterre. De son côté, poursuivant ses conquêtes, Richard assure aux Latins le littoral palestinien ; il négocie la paix avec Saladin, allant jusqu'à proposer – engagement sans lendemain – sa sœur Jeanne en mariage avec le frère du chef musulman. Renseigné sur la trahison de Jean cependant, il prend la voile en octobre 1192. Pressé, il traverse l'Autriche incognito, mais il est capturé par les hommes du duc Léopold avec lequel il s'était brouillé à Acre. Il est ensuite livré à l'empereur Henri VI – le fils de Frédéric Barberousse auquel il a succédé en 1191 – qui réclame une lourde rançon en échange de sa libération. Philippe Auguste et Jean intriguent alors à qui mieux mieux pour prolonger sa captivité en Rhénanie.

Aliénor ne reste pas sans réagir : elle parcourt inlassablement la Normandie et l'Angleterre, pièces maîtresses de l'empire Plantagenêt, et rencontre nombre de seigneurs laïcs et ecclésiastiques qu'elle tente de rallier au parti de Richard, dont elle s'emploie, de toutes ses forces, à obtenir la libération. Elle va jusqu'à dicter une lettre poignante au pape Célestin III (élu en mars 1191), réclamant la protection pontificale sur son fils qui jouit du statut canonique du croisé ou pèlerin : « Aliénor, par la colère de Dieu, reine d'Angleterre, duchesse de Normandie, comtesse d'Anjou et mère malheureuse », insiste sur sa maternité souffrante, tandis qu'elle évoque « la violence de [sa] douleur » ou « le chagrin qui augmente côtoyant la folie ». Le genre épistolaire se prête certes à des excès rhétoriques, mais l'affliction que la reine met en scène n'est pas feinte : elle correspond à une ferme volonté politique. Aliénor, en effet, non contente de parcourir ses terres pour obtenir l'appui des seigneurs fidèles à Richard contre Jean, récolte aussi surtout le montant de la rançon, équivalent à plusieurs années de revenus de la couronne d'Angleterre. Le 4 février 1194, son courage et son abnégation paient : elle récupère enfin son fils en échange de l'argent, de plusieurs otages et de l'hommage forcé du roi d'Angleterre à l'empereur.

Au printemps, Richard et sa mère sont de retour en Angleterre. À Nottingham, ils tiennent conseil avec leurs fidèles. À la cathédrale de Winchester, le roi procède à une cérémonie d'ostentation de la couronne, rappelant son sacre. Aliénor est à ses côtés, tout comme à Lisieux où le roi rencontre Jean et lui pardonne. Âgée de 70 ans, elle songe à abandonner toute tâche de gouvernement. Elle se retire dans le village de Fontevraud, où elle peut suivre les offices de la communauté de moniales qu'elle a toujours soutenue. C'est là qu'elle a fait enterrer son mari Henri II, dont elle veille la dépouille. En septembre 1199, elle y inhume sa fille Jeanne qui, au seuil de la mort, a demandé à y prendre le voile. De son côté, Richard mène avec succès la guerre contre Philippe Auguste, récupérant tous les territoires perdus lors de sa captivité. C'est en assiégeant Châlus, un petit château du vicomte de Limoges, qu'il est blessé à l'épaule d'un carreau d'arbalète. La gangrène se développe. Aliénor accourt à son chevet. Le 6 avril 1199, à peine quadragénaire, Richard meurt. Il est enterré lui aussi à Fontevraud, devenu la nécropole dynastique sur laquelle veille sa mère.

Le roi agonisant décide de transmettre la couronne à son frère Jean. Aliénor l'encourage dans cette décision qui écarte son petit-fils Arthur de Bretagne. Le nouveau roi part aussitôt pour l'Angleterre et la Normandie afin d'y affermir son pouvoir. Infatigable, Aliénor marche sur l'Anjou, qui a choisi le camp d'Arthur. Elle accompagne les troupes mercenaires de Mercadier, un chef militaire issu de la roture, qui lui est aussi fidèle qu'il l'était naguère à Richard. Afin de les attirer à Jean, elle accorde des libertés à Poitiers, Niort et La Rochelle, communes les plus prospères de sa principauté. C'est en Poitou également qu'elle obtient le ralliement du puissant vicomte de Thouars.

Contrairement à Richard, le nouveau roi n'est pas à la hauteur dans la lutte contre son rival français, dont les revenus ont considérablement augmenté au cours des années 1190 grâce au développement de l'administration royale et de sa fiscalité. Paris, embelli et fortifié par Philippe Auguste, dépasse alors Rouen en nombre d'habitants et en affaires. Le roi de France soutient Arthur de Bretagne, un influençable garçon de 12 ans, dont le père Geoffroi choisissait habituellement l'alliance capétienne au détriment de ses parents Plantagenêts. Aliénor déploie là encore tous ses talents diplomatiques, proposant notamment au roi de France de marier son fils avec l'une de ses proches parentes. L'hiver 1199-1200, elle voyage encore en Castille auprès de la reine, sa fille homonyme. Elle revient de ce voyage avec sa petite-fille Blanche, qui épouse le prince Louis, fils de Philippe Auguste, au lendemain du traité du Goulet (Vexin) du 18 mai 1200, instaurant une trêve entre le Capétien et le Plantagenêt.

La paix, toutefois, ne fait pas long feu : au printemps 1202, Philippe Auguste prend prétexte de l'enlèvement par le roi Jean d'Isabelle Taillefer, riche héritière de l'Angoumois, pour remettre flamberge au vent. Cette dernière avait été promise au puissant Hugues de Lusignan qui, par son mariage, devait former une vaste et puissante principauté au cœur de l'Aquitaine, englobant la Saintonge, l'Angoumois et la Marche. Pour pallier la menace, Jean s'empare donc d'Isabelle. Hugues s'en plaint au roi Philippe, dont la Cour condamne le roi d'Angleterre par contumace à la perte de toutes ses possessions continentales.

Le roi de France met Arthur de Bretagne à la tête d'une armée massée en Touraine. Pour la fuir, Aliénor quitte Fontevraud vers Poitiers. En chemin, elle doit se réfugier à Mirebeau bientôt assiégé. Le village tombe et la reine résiste avec les siens dans son donjon. Un de ses messagers prévient cependant Jean, alors en Maine. Le 1er août 1202, il accourt au galop et défait les assaillants, capturant Arthur ainsi que Hugues de Lusignan et d'autres grands seigneurs poitevins. Le courage et la ténacité d'Aliénor, presque octogénaire, sont bel et bien à l'origine de ce succès inespéré.

La victoire de la postérité

Cette victoire de Mirebeau, l'une des rares emportées par Jean, reste cependant sans lendemain. Le roi d'Angleterre, par ailleurs, se rend impopulaire par le traitement impitoyable infligé aux prisonniers – il ordonne notamment l'assassinat en secret d'Arthur, son neveu. Il abandonne en outre le théâtre continental des opérations militaires. En son absence, Philippe Auguste pénètre dans le Vexin. Le 6 mars 1204, il prend Château-Gaillard, véritable verrou du duché, construit à grands frais par Richard. La nouvelle a dû parvenir à Aliénor, retirée à Fontevraud. Elle en meurt le 31 mars ou le 1er avril. Plusieurs chroniques se font sèchement l'écho de l'événement ; l'une d'entre elles insiste davantage sur sa conversion monastique :

> Elle avait si bien amendé sa vie passée qu'elle finit par la bonifier.

Dans les semaines qui suivent, la Normandie, l'Anjou et le Poitou se rendent à Philippe Auguste. La fin de la reine coïncide avec l'effondrement de l'empire Plantagenêt qu'elle avait tant contribué à bâtir et à préserver.

La longue vie d'Aliénor, deux fois couronnée, est marquée de bout en bout du sceau du pouvoir. En tant que consort de Louis VII et d'Henri II, elle a gouverné subtilement, en exerçant son influence sur ses maris et plus encore sur ses enfants. Les interventions suivies des troupes des rois de France et d'Angleterre en Aquitaine montrent la portée de son ascendant. Aliénor est fortement attachée au pouvoir ducal dont elle a hérité de ses ancêtres. Elle tient à ce qu'il s'affirme en Poitou et Gascogne, mais aussi en Limousin et jusqu'en Auvergne. Elle tente de l'agrandir en Languedoc, en combattant Toulouse. Cette prédilection pour l'Aquitaine se concrétise dans les longs séjours qu'elle y effectue à partir des années 1165, tandis qu'elle prépare son fils Richard à lui succéder à la tête de cette principauté. La révolte qu'elle fomente en 1173 ne fait que répondre à l'autocratie de son mari qui entend y intervenir au détriment de ses droits.

La mort d'Henri II ne libère pas seulement Aliénor de sa captivité : le veuvage renforce considérablement son autorité. La moitié des quelque deux cents chartes qui portent sa marque ont été dressées dans les seules quinze dernières années de ses quatre-vingts années d'existence. Le nombre est significatif du rôle que joue la reine veuve au Moyen Âge. Son statut juridique s'affirme grâce à son héritage, mais aussi grâce à son douaire, les biens et terres que son époux lui a accordés lors du mariage et sur lesquels elle jouit à sa mort sans contrainte aucune. Le lien très étroit l'attachant à son fils Richard accroît d'autant plus son pouvoir. La longue absence du roi à la croisade et en captivité la met au premier plan. Son prestige est encore décisif dans l'affirmation tardive de Jean. Que la mort d'Aliénor accélère la défaite militaire et l'échec politique de son cadet prouve *a contrario* son savoir-faire en matière de gouvernement.

Ses contemporains les plus malveillants l'ont parfois accusée de nymphomanie incestueuse, la diffamant en tant que prétendue amante de son oncle Raymond d'Antioche ou de Geoffroi le Bel, père de son futur mari. Ils lui ont reproché sa révolte contre Henri II ou de combattre en amazone à la croisade. Cette légende noire ne reflète-t-elle pas paradoxalement l'étendue de son pouvoir que les hommes de son entourage craignaient, la fustigeant pour surcompenser leurs propres frustrations ? Sa mauvaise réputation se perpétue à la fin du Moyen Âge, où on lui attribue la beauté du diable fomentant d'innombrables conquêtes masculines, à commencer par Saladin, qui avait pourtant à peine 8 ans lors de son passage en Palestine. Toujours prêtes à éreinter l'infamie moyenâgeuse, les Lumières se font l'écho des mêmes calomnies que le virilisme de la Révolution française exagère en la comparant à Marie-Antoinette. Au XIXe siècle, Jules Michelet dénigre Aliénor qu'il décrit comme « passionnée et vindicative comme une femme du Midi ». Aussi nationalistes, d'autres historiens lui en veulent alors d'avoir rendu toute l'Aquitaine à la perfide Albion.

À l'opposé de cette image négative, dès la fin du XIXe siècle, les premières féministes britanniques et américaines se prennent d'affection pour Aliénor. Si leur morale victorienne récrimine contre la jeune fille frivole, elles admirent sa maturation progressive qui la dote d'une forte personnalité, la poussant à tenir tête aux hommes. En 1965, sa biographie à succès par Régine Pernoud reprend cette vision. Le personnage connaît une popularité encore plus grande grâce au film *Le Lion en hiver* (1968). Il est incarné par Katharine Hepburn, oscarisée pour son rôle, fervente admiratrice de la reine, qui s'est même rendue à Fontevraud pour se recueillir devant son gisant. Cette vision d'Aliénor, somme toute modérée, connaît dernièrement une évolution où pointent le *New Age* et le féminisme radical. Dans le roman populaire, elle devient parfois lesbienne, initiée à la magie du paganisme celtique, en révolte contre la lourde domination masculine et contre l'oppressant clergé chrétien. Les avatars anachroniques de sa figure en disent plus sur notre société que sur Aliénor elle-même, qui reste pour l'essentiel une grande inconnue.

Bibliographie sélective

AURELL Martin (dir.), *Aliénor d'Aquitaine*, Nantes, Conseil régional, 2004 (*Revue 303*, hors-série, 81).

AURELL Martin, *Aliénor d'Aquitaine*, Paris, PUF, 2020.

FLORI Jean, *Aliénor d'Aquitaine, la reine insoumise*, Paris, Payot, 2004.

HILLION Yannick, *Aliénor d'Aquitaine*, Paris, Ellipses, 2015.

LABANDE Edmond-René, *Pour une image véridique d'Aliénor d'Aquitaine*, La Crèche, Geste, 2005 (1re éd. 1952).

TURNER Ralph V., *Aliénor d'Aquitaine*, Paris, Fayard, 2011 (1re éd. 2009).

4

Isabelle la Catholique (1451-1504), la reine des reines

PAR JOËLLE CHEVÉ

Isabelle Ire de Castille a été la première reine d'Europe occidentale à régner souverainement, de sa propre initiative et en tant que femme, après une longue bataille de succession qu'elle a menée en vrai chef de guerre. Bien que son époux, Ferdinand d'Aragon, et elle soient désignés sous le vocable commun de « Rois Catholiques », elle a été marginalisée dans l'historiographie par ceux qui ont vu en elle l'élément féminin, donc faible, du couple, ou par ceux qui, oubliant le contexte du temps, l'ont stigmatisée au titre même de ce catholicisme. Cependant, sa popularité demeure immense, car elle a incarné, avec la *Reconquista* et la découverte du Nouveau Monde, l'union nationale et la puissance internationale de l'Espagne. Plus profondément, elle est aussi la dernière représentante d'une dynastie hispanique au pouvoir, les Trastamare, avant l'arrivée de dynasties étrangères, les Habsbourg, avec son petit-fils Charles Quint, et plus tard les Bourbons.

Deux infantes pour un trône

Les règles de succession au trône de la Castille n'éliminent pas les filles. Certes, la préférence masculine l'emporte mais, à défaut d'héritier, les filles en ligne directe prennent le pas sur les mâles collatéraux. Lors de sa naissance, le 22 avril 1451, dans le palais de Madrigal de las Altas Torres, non loin d'Ávila, l'infante Isabelle, fille du roi Jean II de Castille et de sa seconde épouse, Isabelle de Portugal, est deuxième dans l'ordre de succession. Elle est précédée par son demi-frère, Henri, né en 1425 du premier mariage de son père avec Marie d'Aragon. En 1453, la naissance de son frère, Alphonse, la relègue à la troisième place. L'année suivante, Henri IV monte sur le trône et sa deuxième épouse, Jeanne de Portugal, donne naissance en 1462 à une fille, Jeanne, qui est reconnue comme l'héritière légitime par les Cortes de Madrid. Le rêve royal d'Isabelle semble s'évanouir. Mais alors que le premier mariage d'Henri IV a été annulé pour non-consommation, le deuxième est jugé suspect. Il n'a été fécond qu'au bout de sept ans et la reine est accusée d'être la maîtresse du favori de son mari, Beltrán de la Cueva. C'est assez pour jeter le doute sur la légitimité de la petite Jeanne, bientôt surnommée la « Beltraneja[1] » ! En 1464, le souverain est sommé par une coalition de nobles de la déshériter et de déclarer Alphonse son héritier. Il cède, sans reconnaître toutefois l'illégitimité de Jeanne. Mais l'affaire ne s'arrête pas là. En 1465, lors d'une cérémonie grotesque, la Farsa de Ávila, présidée par l'archevêque de Tolède Alfonso Carrillo, Henri IV est symboliquement détrôné. Enfin, la mort d'Alphonse en 1468 rebat les cartes et annonce une crise de succession inédite dans l'histoire des Trastamare : deux infantes se disputent le titre de princesse des Asturies[2].

À 11 ans, après avoir été reléguée près d'Ávila, Isabelle rejoint la cour à Ségovie. C'est une jeune fille sérieuse, volontaire, énergique – elle apprend seule à monter à cheval –, mais dont l'éducation a été bâclée. Un peu de rhétorique

1. Fille de Beltrán.
2. Titre conféré à l'héritier du trône.

et d'histoire – notamment celle de Jeanne d'Arc, dont elle admire la ferveur et le patriotisme –, beaucoup de religion, des romans de chevalerie et des récits célébrant les prouesses des chrétiens contre les Maures, de la broderie, mais pas de latin (elle l'apprendra plus tard sur le trône). Il est difficile de se faire une idée exacte de la beauté d'Isabelle, d'une part parce que les critères d'alors n'étaient pas ceux aujourd'hui, et, d'autre part parce qu'il existe peu de portraits d'elle. La plupart, anonymes et postérieurs à son avènement, la représentent le visage large et peu expressif, les cheveux plaqués en deux bandeaux, et toujours un livre en main. Elle semble, en tout cas, assez jolie pour plaire, avec son teint clair, sa blondeur[3], ses yeux bleus hérités de ses ancêtres Lancastre et ses formes rondes. Et si elle est très pieuse, elle n'en est pas moins gaie et aime la danse et le chant. Sa plus grande qualité est d'observer et de se taire : d'observer le règne d'un roi faible, incapable de se faire obéir des grands, et une reine libertine fuyant la Cour pour dissimuler ses grossesses clandestines... Autant de leçons politiques et morales dont elle fera le meilleur usage. Mais pour lors, rien ne transparaît de ses réflexions et de ses ambitions ; elle se tait. Au cours des péripéties qui contraignent Henri IV à déshériter Jeanne, elle soutient les droits de son frère Alphonse, et ce n'est qu'à la mort de ce dernier, peut-être empoisonné, qu'elle adhère à la thèse de l'illégitimité de sa nièce et filleule. Habilement, elle ne prend pas position sur les accusations d'impuissance, voire d'homosexualité à l'encontre d'Henri IV, ni sur celles d'adultère visant la reine. Elle ne retient que l'argument juridique : le second mariage de son père avec Jeanne de Portugal n'est pas valide, car ils sont cousins et n'ont pas obtenu de dispense papale. Par conséquent, leur fille est considérée comme bâtarde.

---

3. Curieusement, la plupart des peintres la représentent en brune ou en rousse.

En septembre 1468, après une entrevue avec Henri IV au couvent des Toros de Guisando, Isabelle prend le titre de princesse des Asturies. Et tandis que les deux factions fourbissent leurs armes, elle organise son mariage…

Entre les flèches et le joug

Il n'est pas d'usage qu'une princesse choisisse son époux. Isabelle, dès l'âge de 3 ans, a été promise à l'infant Ferdinand, fils de Jean II d'Aragon[4]. Par la suite, Henri IV songe pour elle au prince héritier de Navarre ou encore au roi de Portugal, Alphonse V. Mais la princesse des Asturies, en toute indépendance, ressuscite le projet aragonais, non par fidélité à son père et moins encore par amour pour Ferdinand, qu'elle n'a jamais rencontré, mais parce qu'elle a besoin d'un allié sûr. Or Jean II d'Aragon soutient ses droits, non sans arrière-pensée. Il compte sur l'aide de la puissante Castille pour mater ses sujets catalans et reprendre le Roussillon à la France. Le rêve d'unir les deux couronnes, prémices de l'unité de la péninsule, est au cœur d'un projet éminemment politique dont Isabelle entend néanmoins ne pas être la dupe, c'est-à-dire la sujette de son époux. Un peu de romanesque se glisse dans cette étrange aventure matrimoniale. Quasiment prisonnière à Ocaña, elle prétexte un pèlerinage à Ávila sur la tombe de son frère Alphonse. À Valladolid, elle négocie en secret avec les envoyés du roi d'Aragon et demande à Ferdinand de la rejoindre pour mettre leurs opposants devant le fait accompli. Ce

4. La dynastie aragonaise est issue d'une branche cadette des Trastamare de Castille. En 1475, elle règne sur le royaume d'Aragon avec pour capitale Saragosse, et sur le comté de Barcelone, les royaumes de Valence, de Navarre et de Naples, ainsi que sur Majorque et la Sicile.

dernier traverse la Castille déguisé en palefrenier et arrive à Valladolid dans la nuit du 14 octobre 1469. Quatre jours plus tard, les voilà mariés, en présence de quelques nobles de second rang. L'archevêque de Tolède a fabriqué une fausse dispense papale, car ils sont cousins au deuxième degré. Convaincu qu'il dirigera le royaume à leur place – Isabelle a 18 ans et Ferdinand 17 –, il ne doute pas d'une régularisation par le pape. Il aura raison sur ce second point, mais déchantera sur le premier ! Quant à Ferdinand, il n'est pas au bout de ses surprises...

Pendant plusieurs mois, l'avenir paraît très sombre. Henri IV soutient de nouveau sa fille, au motif, valable en droit, que le mariage de sa sœur est nul, car conclu sans son aval. Au printemps 1471, Isabelle entre en lice, sur un mode très habile, entre soumission apparente à Henri IV et défense de son honneur et de sa réputation. Elle écrit :

> Comme sainte Suzanne, si je me tais, je fais du tort à ma cause, si je parle, je déplais au roi mon frère.

Le ralliement de quelques grandes familles, celle des Mendoza et celle des Cabrera – Andrés Cabrera, d'origine juive, est gouverneur et trésorier de Ségovie, et son épouse, Béatrice de Bobadilla, est une ancienne amie intime d'Isabelle –, en entraîne d'autres et rapproche le couple du roi en quête de compromis. La mort de ce dernier à Ségovie, dans la nuit du 11 au 12 décembre 1474, révèle les capacités de décision d'Isabelle. Ferdinand est absent. Qu'importe ! Dès le 12 décembre, elle prête serment devant la population de Ségovie. Le lendemain, après le service funèbre d'Henri IV, elle quitte ses vêtements de deuil et se rend à la cathédrale en manteau d'hermine et parée des bijoux de la Couronne. Un de ses proches, Guttierre de Cárdenas, la précède à pied, brandissant une épée nue, symbole de la justice royale. La cérémonie est présidée par l'archevêque de Tolède, mais c'est

Isabelle qui place elle-même la couronne sur sa tête ! Selon une formule inhabituelle, elle est proclamée « reine et propriétaire » de la Castille, et Ferdinand est reconnu seulement comme son « époux légitime ».

Le 2 janvier 1475, celui-ci arrive à Ségovie et exige le titre de roi[5], non pas en tant qu'époux, mais en tant qu'héritier mâle le plus direct des Trastamare. Ce qui revient à nier les lois de succession de la Castille, la légitimité de son épouse et celle de leur fille aînée, Isabelle, née en 1470. Ce premier grave différend se conclut le 15 janvier par la « concorde de Ségovie ». Par une habile concession aux usages matrimoniaux, Ferdinand est cité avant la reine, le titre de roi lui est décerné, mais les armes de la Castille précèdent celles de l'Aragon. Par la suite, les portraits du couple privilégient la figure d'Isabelle, toujours placée à droite du tableau ou devant son mari et parfois d'une plus haute stature que lui ! Le roi commande l'armée, mais la reine nomme seule aux offices militaires et civils, tandis que la justice est rendue en leurs deux noms et que les recettes fiscales sont perçues conjointement. L'orgueil phallocratique des Aragonais est satisfait et la méfiance des Castillans apaisée. Un chef-d'œuvre de concessions formelles doublé d'un impératif catégorique : la transmission de la couronne ne se discute pas ! Tous ceux qui ont cru pouvoir profiter de leur rivalité en sont pour leurs frais. Ils font lit et table commune, ce qui n'est pas la règle en Espagne où les espaces s'organisent sur un mode sexué, ils s'écrivent dès qu'ils sont séparés et ne permettent à aucun tiers de s'immiscer dans leur couple… politique ! En effet, Ferdinand n'est pas un mari modèle. D'une liaison précédant son mariage, il a eu deux enfants illégitimes, et il en aura d'autres, tous promis à l'Église ou au couvent. Isabelle choisit de fermer les yeux. Seule Béatrice de Bobadilla y Ossorio, nièce de sa meilleure

5. Il ne sera roi d'Aragon qu'en 1479 à la mort de son père.

amie et redoutable séductrice, est exilée sur ses ordres aux Canaries. L'historiographe Hernando del Pulgar[6] résume ainsi la rupture avec les règnes précédents :

> Remercions-en Dieu, nous avons maintenant un roi et une reine dont il faut savoir ceci : ni les deux pris ensemble ni chacun pris séparément n'a de favori ; or, c'est là une cause habituelle de désobéissance et de scandales dans les royaumes. Le roi n'a qu'un favori : la reine. Et la reine n'en a qu'un : le roi.

Sur l'écu de la double monarchie, leurs emblèmes personnels sont placés sous les armes de la Castille, de l'Aragon, du León et de la Navarre. Celui d'Isabelle, un faisceau de flèches nouées par un lac[7], symbolise l'union et la force, et celui de Ferdinand, un joug d'attelage avec ses courroies dénouées, rappelle le haut fait d'Alexandre le Grand tranchant le nœud gordien. De multiples interprétations ont été proposées. On pourrait y voir aujourd'hui, dans une perspective insolente au regard des mœurs conjugales du temps, un clin d'œil à la « femme puissante » qui tranche de ses flèches le nœud gordien du joug matrimonial ! Quoi qu'il en soit, l'intelligence et l'habileté de l'une conjuguées au sens des intérêts et à la ruse de l'autre, le tout doublé d'une admiration et d'une affection réciproques, donnent à leurs contemporains l'image d'un « couple parfait ».

---

6. Hernando del Pulgar (1436-1493), secrétaire d'Isabelle, ambassadeur à Rome et en France, a été surnommé le « Plutarque espagnol »,

7. Un ruban.

Une « sacrée » virago !

Le terme de « virago », péjoratif à partir du XVIIe siècle, stigmatise une femme autoritaire, à l'allure masculine… Au Moyen Âge, il désigne les femmes illustres de la mythologie, de la Bible ou de l'histoire, qui ont démontré un courage exceptionnel, vertu que seuls les hommes détiennent par nature ! Dès son avènement, l'autorité d'Isabelle est contestée par ceux-là mêmes qui en déploraient l'absence chez son père Jean II et son frère Henri IV, dont l'archevêque de Tolède, Carrillo. Furieux de son « ingratitude », celui-ci refuse ses offres de conciliation, clame qu'il sortira de la ville d'Ávila si elle y entre et répète à qui veut l'entendre :

> Quand je l'ai prise en main, ce n'était qu'une petite fille occupée à filer ; eh bien ! je la renverrai à son rouet.

La menace dit tout de la difficulté à accepter le pouvoir souverain d'une femme, et plus encore à le penser. Plusieurs reines de Castille, en dépit de la loi les autorisant à régner, ont été confrontées à cette méfiance relevant d'une misogynie ordinaire partagée par toutes les classes de la société et par toutes les confessions religieuses. Isabelle connaît bien leur histoire. Au XIe siècle, Urraque Ire, reine de León et de Castille, épousa elle aussi un roi d'Aragon, Alphonse le Batailleur. Leur contrat de mariage stipulait que chacun des époux détenait la souveraineté dans les États de l'autre. Alphonse évinça Urraque et la fit emprisonner. Après une guerre civile meurtrière, le pape annula leur mariage. Au XIIIe siècle, Bérengère de Castille[8], petite-fille d'Aliénor d'Aquitaine, subit également les incidences du « facteur

8. Bérengère de Castille (1180-1246) fut reine consort de León, reine de Castille et régente pendant la minorité de son frère Henri Ier

générique », mais elle sut « régner sans régner » à travers son fils et faire reconnaître sa propre légitimité et l'inaliénabilité de la Couronne. Isabelle tire les leçons des mésaventures de ses devancières, tandis que toute une littérature s'emploie à définir l'image idéale de la reine. Comment résoudre la contradiction entre une vulgate chrétienne qui interdit aux femmes l'étude et la prise de parole en public et leur prône modestie, soumission, piété et chasteté, et celle qui intime au souverain l'art du commandement, la maîtrise du discours, le devoir de magnificence et de majesté, sans oublier la prudence, la tempérance, la justice, la force d'âme, vertus cardinales conjuguées au masculin ? Seule une femme exceptionnelle, hybride – une *virago* –, réunissant qualités masculines et féminines, peut atteindre cet idéal.

Les partisans de Jeanne n'ont pas désarmé sous l'impulsion du nouveau marquis de Villena, Diego López Pacheco, et de l'archevêque de Tolède. Isabelle ne gâchera pas ses flèches contre eux, car un ennemi beaucoup plus dangereux s'est déclaré : le roi de Portugal. Le 29 mai 1475, Alphonse V épouse sa nièce, la petite Jeanne, qui a 13 ans, et revendique les droits de celle-ci sur la Castille. Isabelle, tout en signifiant vertement au roi d'Aragon, son beau-père, de ne pas se mêler de ses affaires, attend en revanche de son époux qu'il s'y consacre entièrement. Mais alors qu'elle négocie avec les nobles rebelles, vend ses bijoux pour financer la campagne, organise la levée des troupes, harangue les soldats à cheval et projette même de se mettre à leur tête, Ferdinand traîne les pieds. Fureur de l'une, bouderies de l'autre. Après l'échec du siège de Toro en 1475, elle lui reproche son inaction. Vexé, il lui répond :

---

de Castille. En 1217, elle se démet de la couronne en faveur de son fils Ferdinand III.

> Les femmes sont toujours impossibles à contenter, même lorsque les hommes sont bien disposés, courageux, travailleurs et généreux, et c'est particulièrement vrai de vous, Madame, car il n'est pas encore né celui qui parviendra à vous contenter.

Le Portugal vaincu, il gagne la Catalogne menacée par les Français, tandis que la rébellion gronde encore en Castille. Elle ne lui écrit plus et c'est sur le mode chevaleresque qu'il cherche à apaiser son courroux :

> [...] un beau jour nous reviendrons au premier amour [...] et pour ne pas vous rendre coupable d'homicide, Votre Seigneurie doit m'écrire et me faire savoir comment elle se trouve.

Ce sera leur dernier conflit ouvert. Il faudra plus de quatre ans pour venir à bout des résistances. Les nobles féodaux, entre menaces et persuasion, se rallient, sauf en Galice où la pacification ne sera totale qu'en 1485. En 1479, le traité de paix d'Alcáçovas avec le Portugal rompt le mariage non consommé d'Alphonse V avec Jeanne et relègue celle-ci dans un couvent[9]. Pendant cette guerre, Isabelle a été omniprésente, méprisant le danger et galopant par monts et par vaux. Lors du siège de Burgos au cours de l'hiver 1475-1476, elle assure la logistique de l'opération et chevauche six jours dans la neige pour recevoir la reddition de la ville. Sa bravoure fait l'unanimité, même auprès de ses ennemis. La plupart y voient la main de Dieu, tant il leur est impossible de concevoir une telle force dans un corps si faible. D'autres, tel le chroniqueur Alonso Flórez, esquivent le débat en se raccrochant à une rhétorique courtoise :

---

9. Jusqu'à sa mort, Isabelle veillera à ce que la « Beltraneja » ne puisse en sortir. Ce qui laisse entendre qu'elle n'a sans doute jamais cru à l'illégitimité de sa nièce...

> Les gens ont toujours plus le désir de servir les femmes lorsqu'elles se mêlent des affaires guerrières, parce que le respect qu'ils ont d'elles les conduit de meilleur gré à se risquer dans les dangers et les épreuves.

L'humaniste Pedro Mártir de Anglería est fasciné :

> [...] cette femme est forte plus que l'homme le plus fort [...] n'est-ce pas digne d'admiration que tout ce qui a toujours été étranger et incompatible à une femme, pire que le contraire de son contraire, se rencontre chez elle si largement, comme si cela lui était connaturel ?

La légende d'Isabelle de Castille est en marche, forgeant l'image fantastique et sacrée d'une reine homme et femme à la fois !

À partir de 1482, elle s'engage corps et âme dans la conquête du royaume de Grenade, dernière enclave musulmane de la péninsule[10]. Pendant dix ans, elle se partage entre l'Andalousie, où elle accouche de sa troisième fille, Marie d'Aragon[11], et la Castille, où elle gère la politique intérieure, assiste aux Cortes et règle ses affaires personnelles. De nombreux chevaliers français, anglais, bourguignons accourent pour participer à ce qui apparaît comme la dernière croisade, prêchée grâce à une bulle papale exceptionnelle. Et tandis que Ferdinand guerroie, la reine crée des hôpitaux de campagne et négocie auprès des nobles, du clergé, des villes

---

10. Initiée par le royaume des Asturies à partir de 722, la reconquête par les chrétiens de l'Espagne musulmane – Al-Andalus – va durer près de huit siècles. Elle est ponctuée par des victoires devenues légendaires, celle du Cid Campeador, qui s'empare de Valence en 1094, et celle de Las Navas de Tolosa en 1212, qui ne laisse que le royaume de Grenade aux mains des musulmans.

11. Née en 1482 et reine consort de Portugal de 1500 à 1517.

et des marchands, pour financer une guerre très coûteuse, notamment en pièces d'artillerie modernes importées d'Italie, de France et d'Allemagne. Elle assiste souvent aux sièges, entourée de sa cour et de ses enfants, Isabelle[12], Jeanne[13], et plus tard Marie et Catherine[14], sans oublier le prince héritier, Jean[15], qui est armé chevalier à 12 ans sous les murs de Grenade. Le 2 janvier 1492, Isabelle et Ferdinand reçoivent les clés de la ville et, tandis que le sultan Boabdil s'éloigne en larmes, sa mère lui crie : « Pleure comme une femme ce que tu n'as pas su défendre comme un homme. » Une semonce qu'Isabelle a dû savourer ! L'anecdote assurant qu'elle avait promis de ne pas changer de chemise avant la chute de Grenade[16] est apocryphe, mais elle illustre l'extraordinaire aura de la reine, héroïne du catholicisme triomphant. Plus de vingt-cinq ans après sa mort, Baldassare Castiglione en témoigne dans *Le Livre du Courtisan* (1528) :

> [...] à elle seule peut être attribué l'honneur de la glorieuse conquête du royaume de Grenade, car dans une guerre si longue et si difficile [...] elle montra toujours par ses décisions et par sa propre personne tant de vertus, que peut-être aujourd'hui, peu de princes ont eu la hardiesse, je ne dirais pas de l'imiter, mais même de lui porter envie.

Au-delà de la combattante, glorifiée dans la cathédrale de Tolède où elle apparaît, sur plusieurs bas-reliefs, à cheval et

12. Née en 1470 et reine consort de Portugal de 1497 à 1498.
13. Dite Jeanne la Folle.
14. Née en 1485 et reine consort d'Angleterre de 1509 à 1533.
15. Né en 1478, il décède en 1497.
16. Aucune source ne la confirme : elle serait à l'origine en hippologie de la robe dite « isabelle ». L'archiduchesse Isabelle d'Autriche, assistant au siège d'Ostende de 1601 à 1604, est également invoquée de façon tout aussi fantaisiste. L'étymologie arabe est aujourd'hui privilégiée, en référence au lion – dont l'un des très nombreux noms en arabe est *hiṣar* – au pelage jaune beige.

précédant le roi, les chroniqueurs du règne diffusent l'image d'une épouse modèle et d'une mère exemplaire. Ils admirent notamment son stoïcisme lors de la mise au monde de ses enfants et sa détermination à ne pas pousser un seul cri ! Son souci de leur donner une éducation très supérieure à celle qu'elle a reçue, qu'il s'agisse de son héritier, mais aussi de ses filles, leur paraît également inédit. Mais c'est surtout la reine pieuse qu'ils célèbrent. Son confesseur, Hernando de Talavera[17], est réputé pour son austérité. À leur premier entretien, il reste assis au lieu de s'agenouiller, selon l'usage, à ses côtés. Elle s'en étonne et s'attire cette sèche réplique :

> Je resterai assis et vous à genoux car vous êtes ici devant le tribunal de Dieu et je suis son représentant.

Commentaire d'Isabelle :

> Voilà le confesseur qu'il me fallait.

Ses priorités sont claires : Dieu avant tout, mais elle, la reine, avant tous ! Et loin de succomber à la bigoterie dont elle a souvent été accusée, elle suit les conseils avisés de Gómez Manríque, grand soldat et poète à ses heures :

> On ne voudra pas savoir si vous avez beaucoup prié ni si vous vous êtes donné la discipline ; on vous demandera si vous avez rendu la justice sans passion, si vous avez condamné les coupables ou si vous avez toléré les malandrins ; voilà sur quoi vous serez jugée.

Si l'austérité d'Isabelle est louée par ses contemporains, ils lui reconnaissent, en contrepoint, l'art souverain de la magnificence. Citons son secrétaire, Hernando del Pulgar :

17. Moine hiéronymite (1430-1507), nommé archevêque de Grenade en 1492.

Isabelle aimait beaucoup le faste des cérémonies ; elle prenait grand soin de sa toilette quand elle devait paraître en public ; elle tenait à se faire servir par des nobles qui lui marquaient une déférence et une considération extrême. Jamais on n'a vu dans le passé un roi se faire servir par des nobles d'un rang si élevé. Certains lui en faisaient reproche, parlant de luxe excessif, mais il faut bien voir que rien n'est trop beau pour l'institution monarchique ; elle est unique et supérieure à tout le reste du royaume ; c'est pourquoi elle doit se situer bien au-dessus des autres États et les éblouir, car elle est la dépositaire de l'autorité divine sur terre.

La reine n'aurait certainement pas changé une virgule à cette défense et illustration d'une monarchie quasi absolue et sacrée. Le magnifique tableau, *La Vierge des Rois Catholiques*[18], sur lequel elle apparaît rayonnante de ferveur, atteste du faste de son règne sous le signe de la foi. Mais le défi qui l'attend, et qu'elle relève avec Ferdinand, est sans précédent : restaurer l'autorité royale, moderniser l'État, unir l'Espagne par le catholicisme et la promouvoir au rang de grande puissance européenne et mondiale.

Les Rois Catholiques

Ce titre, qui leur a été décerné par le pape Alexandre VI en 1494 et qui unit indissolublement leurs deux règnes, n'implique pas une unité de l'Espagne[19], chaque royaume conservant son autonomie administrative, sa langue, sa monnaie et ses traditions. Pour les Castillans, les Aragonais

18. Anonyme, peint en 1490 pour le monastère Saint-Thomas d'Ávila.

19. Le titre de roi d'Espagne ne recouvre aucune réalité concrète avant le XIXe siècle. Joseph, le frère de Napoléon Ier, sera le premier roi d'Espagne et non des Espagnes.

restent des étrangers, et inversement. Selon la formule d'un juriste du XVIIe siècle, Juan de Solórzano Pereira, « chacun des territoires qui composent la monarchie doit être gouverné comme si le roi, qui règne sur tous, régnait seulement sur celui-là ». Les souverains résident le plus souvent en Castille et sont quasiment « interchangeables ». Même en Aragon, où règne la loi salique, Isabelle préside les Cortes de Saragosse en 1481. Toutefois, si aucun n'a de domaine réservé, un partage s'esquisse. Dans son royaume aragonais, ouvert sur la Méditerranée et en conflit permanent avec la France, Ferdinand a acquis une solide expérience diplomatique. Ses démêlés avec Charles VIII puis Louis XII à propos du royaume de Naples, la chute de Grenade et sa politique d'alliances matrimoniales avec l'Autriche, le Portugal et l'Angleterre lui confèrent une stature de conquérant et de redoutable négociateur, virtuose de la dissimulation. Machiavel ne s'y trompe pas dans *Le Prince* :

> On peut l'appeler justement prince nouveau, car de roi sans puissance il est devenu le plus glorieux des monarques chrétiens. Et si tu considères ses actions, tu les trouveras remarquables et certaines tout à fait extraordinaires.

Pour le comte Olivares, ministre tout-puissant de Philippe IV, il est « le roi des rois ». Si Hernando del Pulgar ou Baldassare Castiglione ont glorifié Isabelle plutôt que Ferdinand, d'autres se montrent sévères à l'encontre des deux. Au XVIIIe siècle, l'historien Juan de Ferreras célèbre les « vertus héroïques de cette glorieuse reine qui n'a jamais eu d'égale en Espagne », mais qui s'est montrée trop soumise à l'Église, tandis que son époux est taxé de « machiavélisme » et de luxure. Pour Voltaire, Ferdinand est le moteur du couple et le seul « Roi Catholique » ; mais pour Desormeaux, secrétaire du prince de Condé, son épouse lui est infiniment supérieure :

Les historiens désignent le prince et la princesse sous le nom de rois. Mais Isabelle le fut seule. En effet, elle tint toujours son époux dans la plus étroite dépendance. Il ne fut que le général, le Premier ministre et le mari de la reine.

Leurs différents royaumes[20], « satellisés » autour de la puissante Castille, sont divisés en districts, dont les villes principales sont supervisées par des fonctionnaires royaux, les *corregidores*. L'ordre public, bouleversé par les guerres civiles, est assuré par la Santa Hermandad, corps de deux mille soldats, relayée par des compagnies d'archers dans chaque ville. Dotée d'un budget important, elle pratique une justice expéditive très efficace contre le banditisme et annonce la création d'une armée permanente. La haute noblesse, écartée du pouvoir politique et de la direction des grands ordres militaires, conserve sa puissance foncière et de hautes charges dans la diplomatie et dans l'armée, tel Gonzalo Fernández de Córdoba, le *Gran Capitán* du règne, qui a négocié la reddition de Grenade et participé brillamment aux guerres d'Italie. Nommé par Isabelle, il est l'exemple même, selon Castiglione, de son « merveilleux jugement qui lui permettait de connaître et de choisir les ministres aptes aux offices auxquels elle entendait les employer ». Le pouvoir de contrôle des Cortes, qui représentent les trois ordres du royaume[21] et votent l'impôt direct, est fortement diminué et leur convocation plus rare. Désormais le souverain gouverne seul, autoritairement, sinon « absolument », par ordonnances et pragmatiques. En effet,

20. Ils sont rois de Castille, León, Aragon, Valence, Tolède, Galice, Séville, Cordoue, Murcie, Sicile, Corse, Sardaigne, Majorque, les Algarves, Jaén, Murcie, Algésiras et Gibraltar, comtes de Barcelone, Roussillon et Cerdagne, ducs d'Athènes et de Néopatrie, et seigneurs de Biscaye et de Molina…

21. La noblesse, le clergé et les représentants des villes.

nombre de populations revendiquent leurs franchises et droits particuliers et se révoltent contre une centralisation brutale. La plupart des conseillers royaux sont issus des couches moyennes de la société, notamment les *letrados*, juristes, ecclésiastiques, hommes de sciences et de lettres plus respectueux de l'autorité royale que les grands. Le cardinal Mendoza[22], issu d'une grande famille noble, fait exception. Fidèle de la première heure, il a été surnommé le « troisième roi d'Espagne ». Plusieurs membres de sa parentèle figurent dans l'entourage royal, tel López de Mendoza[23], comte de Tendilla, nommé vice-roi de Grenade. En revanche, le confesseur de la reine, Hernando de Talavera, est de naissance obscure et d'ascendance juive. Fernando de Zafra, lui aussi d'origine modeste, met au service de la Couronne ses capacités en matière de fiscalité et de logistique militaire. Quant au cardinal Cisneros[24], qui succède à Talavera, il ne cherche pas plus que ce dernier à jouer les courtisans obséquieux. Isabelle se sent même offusquée quand il ose lui tenir tête :

— Savez-vous à qui vous parlez ?
— Oui, répond Cisneros, à la reine Isabelle qui n'est que cendre et poussière comme moi.

---

22. Pedro Gonzáles de Mendoza (1428-1495), créé cardinal en 1473, archevêque et chancelier de Castille, puis archevêque de Tolède.

23. Iñigo López de Mendoza (1442-1515) est nommé capitaine général ou vice-roi de Grenade. Proche des humanistes, il prêche, comme Talavera, pour une politique de persuasion envers les Maures.

24. Francisco Jiménez de Cisneros (1456-1517), moine franciscain, devient le confesseur d'Isabelle en 1492. Particulièrement austère, il conduit une réforme très stricte des différents ordres monastiques et prône une répression intransigeante envers les Maures : conversions forcées, expulsions, emprisonnements à vie, etc. Son influence croît encore après la mort d'Isabelle en 1504.

Sans renier la mise en ordre et la modernisation des institutions du royaume, la postérité se montre sévère, instruisant le triple procès du couple dans la création de l'Inquisition, l'expulsion des juifs et la conquête de l'Amérique. S'agissant de l'Inquisition, Isabelle en a longtemps été jugée la principale responsable. Au XIXe siècle, Alphonse Rabbe, dans son *Résumé de l'histoire espagnole* (1823), énumère les principaux attendus :

> Quand les reines n'ont pas des amants, elles ont des confesseurs, ce qui est pire. [...] Dotée d'un génie viril pour la conduite des affaires, Isabelle redevenait complètement femme sous l'empire d'un confesseur hardi et pervers [Torquemada[25]]; la vérité oblige de dire que c'est à sa faiblesse superstitieuse qu'il faut principalement imputer l'établissement du Saint-Office en Castille.

Les historiens contemporains s'en tiennent aux faits. Alors qu'en Aragon l'Inquisition existait déjà sous l'égide de la papauté, la Castille n'était pas encore engagée sur la voie d'une répression violente à l'encontre des *conversos* (marranes[26]) – juifs convertis –, suspectés de pratiquer secrètement leur religion. Quant aux juifs proprement dits, l'hostilité se focalisait sur la petite minorité, très fortunée, qui participait au prélèvement des impôts. Cependant, la Grande Peste de 1348 et les guerres civiles ont exacerbé la méfiance populaire à l'égard du judaïsme, au point

---

25. Moine dominicain, confesseur de l'infante Isabelle et plus tard confesseur de Ferdinand, il est le premier grand inquisiteur de 1483 à 1498. Son pouvoir s'étend à tous les royaumes d'Isabelle et de Ferdinand, où il impose une répression brutale et de grande ampleur, d'abord contre les *conversos*, et à partir de 1492 contre les juifs, les morisques (musulmans convertis) et les musulmans.

26. Une insulte à l'époque, puisque le terme fait référence au porc.

qu'Henri IV, vers 1460, demande au pape la création d'une Inquisition, puis abandonne le projet. Les pressions sont fortes auprès d'Isabelle, dont l'entourage comporte de nombreux *conversos* qui lui sont très fidèles. Mais, contrairement à son époux, elle veut prendre le temps de la réflexion. Un séjour en 1477-1478 à Séville lui ouvre les yeux. Ferdinand, en 1507, justifie ainsi leur sévérité :

> Il nous était impossible d'agir autrement ; on nous racontait tant de choses sur l'Andalousie que, même s'il s'était agi du prince, notre fils, nous n'aurions pu empêcher ce qui est arrivé.

Une bulle autorise la nomination d'inquisiteurs en Castille, sous l'autorité des souverains et non du pape. La reine hésite encore. Talavera et le cardinal Mendoza sont favorables comme elle à une évangélisation en douceur par la catéchèse et la persuasion. Mais l'absence de résultats rapides de cette méthode entraîne deux ans plus tard la nomination de deux inquisiteurs chargés de traquer et de punir les *conversos*. La répression est si féroce que le pape Sixte IV s'en émeut. Ferdinand est incontestablement l'initiateur de cette méthode forte. La majorité des lettres adressées au Saint-Office portent sa signature et n'évoquent pas la reine qui, d'ailleurs, ne fait aucune allusion à l'Inquisition dans son testament. À l'évidence, entre le fanatisme du clergé, l'antijudaïsme du peuple et l'engagement du roi qui en a fait une affaire personnelle, ses réticences n'ont pas suffisamment pesé dans un projet dont elle partageait l'intention – instaurer l'unité de foi dans la péninsule –, mais pas les moyens radicaux pour y parvenir.

L'Inquisition visait au départ les *conversos*. Nombre de juifs s'étaient résignés à se convertir après la vague de massacres de 1391 par des foules fanatisées par des moines-mendiants. Mais certains continuaient de pratiquer clandestinement le judaïsme. Relaps et apostats, ces cryptojuifs étaient considérés par l'Église comme de graves criminels. Pour leur part, les juifs non convertis vivaient dans la peur et étaient cantonnés dans certains quartiers et interdits de professer certains métiers comme la médecine. Cependant, la reine les avait assurés de son soutien dans une déclaration de 1477 :

> Je prends sous ma protection les juifs des *aljamas*[27] en général et chacun d'eux en particulier, ainsi que leurs personnes et leurs biens ; je les garantis contre toute attaque, de quelque nature qu'elle soit [...] j'interdis qu'on les frappe, qu'on les tue, qu'on les blesse ; j'interdis aussi qu'on laisse impunis les attaques, les assassinats, les coups et blessures.

La décision de les expulser en 1492 les prend donc au dépourvu, bien que leur situation soit devenue très incertaine à partir de 1480. L'influence du Grand Inquisiteur, Tomás de Torquemada, a été déterminante. L'assimilation des *conversos* est jugée désormais impossible tant que des juifs pourront encore les influencer et les détourner du christianisme. En réalité, le décret d'expulsion du 31 mars 1492 est en germe dans la bulle créant l'Inquisition vingt-cinq ans plus tôt. La fin de la *Reconquista* et l'horizon d'une Espagne unie sous l'étendard du Christ le justifient, religieusement et politiquement. Selon l'idée commune, l'Espagne aurait eu recours à l'Inquisition en raison d'un catholicisme exacerbé. Paradoxe, écrit l'historien Joseph Pérez : c'est au contraire parce que l'orthodoxie y était plus menacée qu'ailleurs que les Rois Catholiques s'y sont résolus. Entre *conversos*, juifs, morisques et même incroyants, plus nombreux qu'on ne l'imagine dans l'Espagne du XVe siècle, l'unification de leurs royaumes leur paraissait à ce prix, « à tort ou à raison ». Isabelle, qui avait été l'âme de la *Reconquista*, ne pouvait que

27. Communautés.

souscrire à cette ultime violence, qui ne visait pas à exterminer les juifs en tant que peuple, mais à chasser le judaïsme de leurs terres chrétiennes. *Cujus regio ejus religio*...

Si Ferdinand s'intéresse plutôt à l'Europe et à la Méditerranée, Isabelle regarde vers l'Afrique, rêvant des rois wisigoths régnant sur l'Espagne et la Mauritanie. Un certain Christophe Colomb va l'orienter vers l'immensité atlantique. Les Portugais, après le succès des expéditions de Bartolomeu Dias et de Vasco de Gama, se sont résignés à contourner l'Afrique pour atteindre l'océan Indien. Ils refusent donc l'offre de Colomb en quête d'une route directe vers les Indes. Une première entrevue avec les Rois Catholiques en janvier 1486 est également un échec. À raison, la commission scientifique chargée d'étudier le projet le juge bourré d'erreurs. De l'avis général, Colomb est un amateur, ce dont il convient, et, qui plus est, un illuminé ! En outre, la *Reconquista* n'étant pas achevée, il n'est pas question de relancer un conflit avec le Portugal. En mars 1492, dans l'euphorie de la victoire sur les Maures, le Génois retente sa chance. Nouveau refus quand, coup de théâtre, un message d'Isabelle le rattrape *in extremis*. La reine a été convaincue par le cardinal Mendoza, le moine dominicain Diego de Deza et le trésorier du roi, Luis de Santángel, qu'elle a tout à gagner à cette aventure – l'évangélisation des terres conquises, la découverte de nouvelles richesses et la gloire éternelle, pour elle et pour l'Espagne devant Dieu et devant les hommes –, et rien à perdre – le financement serait assuré en majorité par la Santa Hermandad et par des armateurs. La réalité financière fut tout autre[28], et la Couronne

28. L'expédition a été financée en réalité par la bulle de la Croisade, c'est-à-dire par des aumônes versées par le petit peuple chrétien d'Estrémadure. Quant aux deux caravelles, la *Pinta* et la *Niña*, elles ont été fournies par le port de Palos en paiement d'une contravention aux règles de la pêche.

désavoua plus tard les engagements pris avec Colomb à Santa Fe, le 17 avril 1492. On connaît la suite. Au cours de quatre voyages, de 1492 à 1504, Colomb découvre, entre autres, Cuba, les Petites Antilles, le Venezuela, le Honduras, mais pas l'Asie ! Qu'importe, un nouvel empire est né, que l'on nommera quand même les Indes – occidentales – et ses indigènes les Indiens ! Le traité de Tordesillas délimite en 1494 les zones d'influence respectives de l'Espagne et du Portugal. L'évangélisation et la colonisation sont en marche. Nous n'entrerons pas ici dans le débat sur la catastrophe démographique, entre épidémies, violences et massacres, qu'a représenté la conquête, et qui demeure le principal argument s'opposant à la béatification d'Isabelle[29]. Sinon pour dire que, de même qu'elle s'est indignée de la vente de trois cents esclaves indiens par Colomb en Espagne – « De quel droit l'amiral réduit-il mes sujets en esclavage ? » –, elle a réclamé, jusque dans un codicille à son testament, que les Indiens soient protégés. Las Casas, le principal défenseur des Amérindiens au XVIe siècle[30], le confirme :

> [Les] horreurs ont commencé quand on a appris en Amérique que la reine Isabelle était morte ; elle n'avait jamais cessé de son vivant, de demander qu'on traitât les Indiens avec douceur et qu'on prît des mesures pour les rendre heureux.

---

29. Proposée en 1957 par l'archevêque de Valladolid, elle a été ajournée en 1991 afin d'éviter toute polémique. Quant aux Indiens, leur évangélisation à partir de la conquête est portée au crédit d'Isabelle, un argument insuffisant pour le pape François. Mais les évêques ne désespèrent pas…

30. Bartolomé de las Casas (1484-1566), de l'ordre des dominicains, est notamment intervenu dans la célèbre controverse de Valladolid en 1550-1551. Son ouvrage majeur *L'Histoire des Indes*, achevé en 1559, ne sera publié en castillan qu'en 1875-1876 et en français en 2002 !

Il est vrai aussi que depuis la mort en 1497 de son fils et héritier Jean, à l'âge de 19 ans, Isabelle est profondément ébranlée. L'année suivante disparaît sa fille aînée, Isabelle, reine consort de Portugal. Son fils, Michel, est désormais l'héritier des trois couronnes de Castille, d'Aragon et de Portugal, mais il décède en 1500. Nombre de ses proches ont aussi disparu ou perdu de leur influence, à l'instar de Talavera, retiré à Grenade. Elle a toujours auprès d'elle son amie, Béatrice de Bobadilla, son aînée de dix ans, qu'elle appelle « ma fille marquise » et qui semble avoir joué auprès d'elle un rôle notable sans jamais usurper son autorité. Reste Ferdinand, avec lequel elle forme un couple politique indissociable, mais qui est plus occupé de ses maîtresses – on l'accuse même de recourir à des philtres d'amour – que de son épouse, âgée de plus de 50 ans. Juan de Flandes, peintre officiel de la reine à partir de 1496, a laissé d'elle un portrait magistral : visage alourdi, traits accusés, cheveux roux dissimulés sous une coiffe et regard à la fois lointain et dominateur. Du blanc, du noir, illuminés par l'énorme croix d'or et de perles brochant sa robe. Isabelle a renoncé depuis longtemps aux jeux de la séduction et plus encore à ramener Ferdinand dans les chemins de la vertu, d'autant qu'aucune de ses maîtresses n'a joué un rôle officiel à la Cour. Le 26 novembre 1504, elle s'éteint en odeur de sainteté, après un mois d'agonie, et elle est inhumée dans la chapelle royale de Grenade, où Ferdinand la rejoint en 1516. Après tant d'années de « parfaite » entente, comment l'a-t-elle accueilli ? Lui qui avait juré de ne jamais se remarier avait pourtant tenté de le faire avec sa pire ennemie, la Beltraneja, puis avait épousé la nièce de Louis XII, Germaine de Foix ! Ne l'avait-elle pas dans son testament désigné comme régent de Castille, lui l'Aragonais, l'étranger, afin d'éviter les discordes au cas où leur fille Jeanne viendrait à manquer ? Elle n'était peut-être pas sûre des capacités de celle-ci à régner, mais elle ne pouvait imaginer, alors qu'elle avait tant lutté pour la continuité dynastique de la Castille et la reconnaissance de ses droits, que ceux de Jeanne seraient usurpés par son père Ferdinand, son mari Philippe le Beau et son fils Charles Quint[31]. Le temps était venu de la mâle modernité !

Bibliographie sélective

Bouissounouse Jeanine, *Isabelle la Catholique. Comment se fit l'Espagne*, Paris, Hachette, 1949.

Canonica Elzeviro, *Le Modèle de la reine et la reine des modèles. La figure d'Isabelle la Catholique dans le Cortegiano de Castiglione et dans la traduction de Boscan*, http://www.pub-editions

Coussemacker Sophie, « Isabelle la Catholique, une reine en mouvement, cavalière et reine guerrière », in *Les Femmes de pouvoir (v^e^-xve siècle)*, Xe Rencontre internationale du patrimoine historique, Béziers, Nébian, Salses-le-Château, 13-15 octobre 2017.

Dumont Jean, *L'Incomparable Isabelle la Catholique*, Paris, Critérion, 1992.

Pérez Béatrice, Escamilla Michèle, « La mort des reines, des Trastamare aux Habsbourg. Isabelle la Catholique et Jeanne de Castille, mère et fille », in *La Mort des grands. Arts, textes et rites (xie-xviiie siècles)*, revue *e-Spania*, février 2017.

Pérez Joseph, *Isabelle et Ferdinand. Rois Catholiques d'Espagne*, Paris, Tallandier, 2016.

—, *Isabelle la Catholique, un modèle de chrétienté*, Paris, Payot, 2004.

---

31. À la mort d'Isabelle en 1504, Jeanne devient reine de Castille. Mais Ferdinand, arguant de sa santé mentale, prend la régence et tente d'écarter son mari, Philippe, qui meurt en 1506. À la mort de Ferdinand en 1516, le fils de Jeanne et Philippe, Charles, maintient la relégation de sa mère et prend le titre de roi. Mais celle-ci reste sur le papier reine de Castille et d'Aragon jusqu'à sa mort en 1555, la même année que l'abdication de son fils Charles Quint !

SCHMIDT Marie-France, « Une mort très chrétienne. Isabelle la Catholique, Médina del Campo, 26 novembre 1504 », in Jean-Christophe BUISSON, Jean SÉVILLIA (dir.), *Les Derniers Jours des reines,* Paris, Perrin, 2015.

—, *Isabelle la Catholique*, Paris, Perrin, 2014.

5

Catherine de Médicis (1519-1589), l'inlassable conquête du pouvoir

PAR JEAN-FRANÇOIS SOLNON

Elle est la nouvelle Jézabel, perfide et malfaisante. Semblable à la princesse phénicienne, elle fait mettre à mort ses adversaires et pousse ses fils à la tyrannie. On ne peut que promettre une mort ignominieuse à cette petite-fille spirituelle de Machiavel. En son temps comme de nos jours, on dénonce sa « perfidie », et son « astuce » (prise alors en mauvaise part). Les plus bienveillants blâment sa passion du pouvoir ; ses ennemis la jugent responsable de l'assassinat de l'amiral de Coligny, chef des huguenots, et commanditaire des massacres de la Saint-Barthélemy (24-30 août 1572), épisode tragique des guerres de Religion qui lui colle à la peau comme la tunique de Nessus. Catherine de Médicis, figure repoussoir, réussit à être détestée à la fois par les catholiques et par les protestants. L'acte d'accusation n'oublie pas qu'elle est femme, donc coupable. Pire : étrangère[1]. Elle est « la Florentine », « empoisonneuse » par sa naissance toscane, « criminelle » à l'image de ses ancêtres Médicis et « veuve noire » sa vie durant. Une aussi fâcheuse personnalité n'a pu inspirer et conduire qu'une détestable politique.

1. Quoique à demi française, puisque sa mère est née à La Tour-d'Auvergne, noble et ancienne lignée qui comptait Saint Louis parmi ses ancêtres.

La femme d'État s'efface alors derrière la légende noire de la criminelle qui conserve dans la mémoire collective la pire des réputations, alors qu'elle a peu ou prou gouverné la France durant près de quarante années.

Catherine et ses fils

Cette image noire n'est-elle pas la rançon de son long maintien au pouvoir ? Peu après son arrivée en France en 1533, on commence par voir en elle l'épouse bafouée du futur roi Henri II, qui lui préfère Diane de Poitiers, tout en lui faisant pourtant dix enfants, dont trois fils – les futurs François II, Charles IX et Henri III – qui, après la mort accidentelle de leur père en 1559, se succéderont sur le trône. On s'apitoyait alors sur la jeune femme, au physique si peu gracieux – plutôt boulotte, les yeux à fleur de tête –, contrainte d'accepter un ménage à trois et qui devait chaque jour composer avec la maîtresse de son mari. Mais quand elle eut endossé ses habits de veuve[2], on condamna la mère dominatrice des trois derniers rois Valois, tant elle était jugée responsable de leurs faiblesses, voire de leurs tares. L'épouse délaissée attendrissait ; la régente, elle, suscita le blâme, même si Michel de l'Hospital, l'un de ses ministres, adoucit les responsabilités de Dame Catherine en généralisant l'image négative de ces reines mères qui, à ses yeux, « sont toujours et partout fécondes en désastres ».

Pourtant, elle n'a pas toujours été « régente » dans le contexte troublé d'un tragique XVIe siècle, « robe d'or et de soie ensanglantée » selon Voltaire, où le pouvoir royal, toujours menacé, est confronté à la guerre civile qu'avivent sans cesse les oppositions religieuses et la fronde récurrente

2. Après Anne de Bretagne, Catherine est l'une des premières reines de France à porter le deuil en noir.

des grands. Sa participation aux affaires de l'État varie avec la personnalité et l'âge de ses fils devenus rois. Sous le court règne de l'aîné, François II (1559-1560), jeune, mais majeur[3], elle n'exerce aucune fonction officielle et doit s'effacer devant les oncles de la reine Marie Stuart, épouse du petit monarque : François de Guise, maître de l'armée, et son frère le cardinal de Lorraine, dirigeant les finances. Catherine n'est pas étrangère à la conduite des affaires, mais son rôle n'est pas précisé. À elle de se ménager une place, de transformer en décisions les simples conseils prodigués au jeune souverain. Ainsi apparaît une constance dans sa conquête du pouvoir : rien n'a été donné à cette femme de caractère.

Son véritable avènement politique accompagne l'accession au trône de son deuxième fils, Charles IX (1560-1574), encore mineur. Elle reçoit alors le titre de « gouvernante de France » selon les textes d'époque, « régente » devant l'Histoire. La présidence du Conseil du roi lui revient. Elle seule accorde des audiences aux ambassadeurs ; charges et offices sont à sa nomination. Recevoir, ouvrir, rédiger les dépêches, les rapports, la correspondance, signer les lettres patentes définissent la réalité d'une autorité qu'elle exerce avec un plaisir évident. Aussi en exige-t-elle la maîtrise. Elle ordonne :

> Je veux que les plis soient adressés premièrement à moi.

La majorité du roi proclamée en 1563, elle conserve le pouvoir (peuplant le Conseil à sa guise) tant les affaires de l'État, qui exigent application, prudence et doigté alors que s'ouvrent les guerres de Religion, répugnent au jeune monarque, davantage séduit par les divertissements violents

3. La majorité des rois fut fixée par une ordonnance de 1374 à 13 ans révolus.

et courant toujours aux solutions expéditives. Comme le souverain sans expérience tient davantage à s'affirmer dans les activités physiques au détriment du métier de roi, sa mère s'impose, même si Charles entend s'émanciper de sa tutelle sans toutefois y parvenir. Aussi, jusqu'à la mort prématurée d'un jeune monarque à la santé délicate et à l'humeur maussade, Catherine gouverne. Un contemporain témoigne :

> La reine mère fait tout, elle est proprement la souveraine.

Jamais en retrait de la politique, elle continue à aider le nouveau roi Henri III (1574-1589), son préféré, dans la gestion des affaires du royaume. Le dernier Valois – 23 ans à son avènement – règne et dirige, mais, souvent malade ou occupé à de spectaculaires exercices de dévotion, consulte souvent sa mère, lui octroyant des missions de confiance, bref, la garde à ses côtés comme une sorte de principal ministre, avant de se décider tardivement à la marginaliser.

L'impossible consensus ?

Ainsi la carrière politique de Catherine de Médicis aux côtés de ses fils a-t-elle oscillé entre premier et second rôles. Place modeste sous le règne de François II, en première ligne au temps de Charles IX, encore jugée utile par Henri III, avec le souci constant de transmettre à ses enfants l'héritage d'Henri II, un royaume intact et une autorité respectée. Au sommet de l'État, elle doit affronter la pire crise de la monarchie lorsque s'ouvre en 1562 la première guerre de Religion, inaugurée le 1er mars par le massacre, initié par François de Guise, de réformés célébrant la cène dans une grange à Wassy, petite ville close de Champagne.

Les passions sont à ce point exacerbées et ses ennemis si déterminés que, dans les années qui suivent, la reine mère est accusée de tous les maux. Son goût pour les négociations et les compromis, dans un climat explosif, suscite le reproche le plus virulent. Quand, faute d'argent, elle ne peut prolonger les opérations militaires contre les huguenots rebelles, les catholiques condamnent son prétendu attentisme. Quand elle refuse de céder aux protestants, on lui reproche de prolonger les troubles, d'entretenir la discorde pour se maintenir au sommet et de renforcer son autorité sur le roi. Mais lorsqu'elle travaille à la pacification, on la suspecte de trahir la vraie foi et de pactiser avec l'ennemi. À chaque occasion, on la dit prête à toutes les vilenies pour conserver le pouvoir.

C'est que la concorde religieuse, c'est-à-dire la coexistence provisoire des deux religions, que Catherine tente de promouvoir pour préserver la paix civile, est jugée inacceptable à la fois par les catholiques et les protestants, même modérés. La reine mère a pourtant voulu expérimenter cette solution avec l'édit du 17 janvier 1562, si célèbre qu'on le nomme simplement l'édit de Janvier. À la liberté de conscience accordée jusque-là aux réformés, le texte ajoutait la liberté de culte assortie de quelques conditions. Ainsi l'existence de deux confessions se trouvait-elle reconnue officiellement dans le royaume. Catherine était en avance sur son temps, de près de quarante ans : les protestants n'obtiendraient pareils avantages pour l'exercice de leur religion qu'avec l'édit de Nantes octroyé par Henri IV en 1598, après huit guerres franco-françaises et leurs sinistres cortèges de massacres et de haine.

Catherine a eu raison trop tôt. Mais en allant trop vite et trop loin, elle suscite la colère de ceux, largement majoritaires, qui restent fidèles à Rome. Le consensus paraît inaccessible. Quel catholique peut accepter de voir renier le premier terme du vieil adage de la royauté « Une foi, une loi, un roi » ? Aucun État de la chrétienté n'a accordé autant aux réformés, pas même l'indulgente Pologne. Aussi, pour s'épargner les soupçons, faut-il à la reine mère protester de son orthodoxie. Éloignée de tout dogmatisme, elle affecte de remplir régulièrement ses devoirs religieux : elle suit les processions, communie, se rend à la messe accompagnée de ses enfants, encourage ses proches à la dévotion.

Négocier toujours et avant tout

Être contrainte de s'engager au côté d'un parti lui est insupportable. Entre catholiques et réformés, elle veut demeurer l'arbitre. Le rôle est conforme à ses goûts et garant de son autorité. La reine mère a toujours répugné à être entraînée sur l'un ou l'autre plateau de la balance politique. Aussi, pour éviter d'être malgré soi otage d'un camp, a-t-elle toujours le souci de sonder l'opinion. Afin de prendre le pouls des Parisiens, elle n'hésite pas à entrer *incognito* dans les boutiques de la ville « pour ouïr parler les gens et entendre ce que l'on disait du gouvernement ». Catherine comprend ainsi l'obligation de s'adapter à la dictature des circonstances, quitte à paraître céder quand elle se trouve en position de faiblesse. À l'opposé de nombre de ses contemporains, elle fait la distinction, chez les calvinistes, entre la profession de foi, qu'elle supporte en attendant mieux, et l'atteinte à la sûreté de l'État, immédiatement condamnable. Compréhension pour ceux qui s'égarent dans une fausse religion, bâton pour les fauteurs de troubles ; prévention pour ramener à l'Église – un concile aidant – « les mal sentants de la foi », répression pour les séditieux. En voulant se garder des excès des huguenots et du zèle des catholiques, elle espère manœuvrer vaille que vaille entre les deux factions comme entre deux digues.

Catherine n'est ni idéologue ni partisane, sauf à considérer le royaume comme son parti. Le réalisme commande de bout en bout sa politique. Ainsi s'oppose-t-elle aux ambitions de l'amiral de Coligny, chef des protestants, décidé à apporter un soutien militaire aux révoltés des Pays-Bas – ses coreligionnaires – contre leur seigneur naturel, le roi d'Espagne Philippe II. Si Charles IX est disposé à entendre les demandes d'aide lancées en 1571 par les protestants flamands et à donner satisfaction à l'amiral, sa mère se refuse à une telle aventure. Le royaume de France est épuisé par dix ans de guerre, son Trésor toujours vide, son armée réduite par mesure d'économie, et ses soldats sont furieux de ne pas toucher leur solde. Aussi n'est-ce pas le moment de rompre avec l'Espagne, première puissance mondiale et flambeau de la Contre-Réforme.

Avec ses adversaires, la régente s'est toujours escrimée à négocier. Les mesures radicales, on l'a compris, ne sont pas de son goût. Discuter, traiter, gagner du temps, séduire signent sa méthode. Elle en use face aux prises d'armes des huguenots ou contre le maréchal Henri de Montmorency-Damville, gouverneur de Languedoc, au comportement indépendant comme celui d'un vice-roi et qui pactise avec les hérétiques. Elle adopte la même démarche envers la redoutable Ligue des ultras catholiques, fondée en 1584, quand la mort de François d'Anjou, le turbulent frère cadet d'Henri III, désigne le protestant Henri de Navarre comme héritier de la Couronne.

Son goût pour la diplomatie impose des contacts personnels. Son gigantesque périple à travers les provinces entre 1564 et 1566, appelé « grand tour », favorise les rencontres et permet aussi au jeune Charles IX de connaître son royaume, de voir et d'être vu. Comment reprendre en main les cités qui ont ouvert leurs portes aux huguenots ? Comment transformer les élites provinciales en fidèles ? Comment, enfin, sonder l'opinion ? Sinon en rencontrant et en flattant les gentilshommes de province ou bourgeois des villes, qui ont trop souvent oublié qui était leur maître.

Ce long voyage de près de 4 000 de nos kilomètres, source de fatigue et riche de dangers (peste à Lyon ou à

Salon-de-Crau, crue du Rhône, injures et prises d'armes des réformés), démontre à chacun combien la reine mère est habitée par un esprit pacificateur. Le « grand tour » n'est pas une campagne militaire, mais plutôt une tournée de propagande avant la lettre, conduite par une reine convaincue que gouverner, c'est souvent voyager, et voyager, c'est toujours gouverner. Les ressources de Catherine réunissent pêle-mêle séduction, art du compromis, intimidation, réjouissances, réprimandes, réconciliations, autorité. Toutes visent un seul but : resserrer les liens entre le souverain et chaque membre influent de la noblesse, des villes et des parlements pour fortifier le pouvoir monarchique et préserver l'unité du royaume. Elle ne gouverne pas d'« en haut », depuis le Louvre, Fontainebleau ou les Tuileries – qu'elle fait construire –, enfermée dans ses certitudes et inaccessible, mais sur le terrain, au plus près et à l'écoute de ses sujets d'« en bas ». En quoi elle se montre une nouvelle fois très en avance sur son temps.

Quand la guerre devient inévitable, elle sait aussi faire « le bon capitaine ». Lorsque, après sa victoire à Jarnac (13 mars 1569) sur les huguenots, son fils Henri d'Anjou, lieutenant général du royaume et futur Henri III, est menacé d'être pris entre deux feux (l'armée protestante de Coligny et les reîtres venus d'Allemagne à l'appel des réformés), la reine mère passe les lignes et arrive au camp royal, sur les rives de la Creuse, décidée à poursuivre le combat sans ménager sa peine. Elle assiste aux échanges d'artillerie, ne répugne pas à s'approcher de l'ennemi. Le 3 octobre 1569, Moncontour signe une nouvelle victoire d'Anjou, mais, il est vrai, une victoire incomplète remportée sur Coligny qui réussit à sauver son armée. Ce demi-succès fait douter de l'issue du conflit. Une certitude s'impose alors à l'esprit de la reine mère : on ne peut vaincre militairement les huguenots. Aucune des victoires n'a écrasé les rebelles. En conséquence, la négociation seule s'impose. Une fois encore.

Femme d'action, infatigable épistolière

Sa participation aux combats l'atteste, Catherine n'est pas seulement « femme de cabinet ». Dans les résidences royales où elle aide ses fils à administrer le pays, elle s'informe, échafaude des plans, pèse les risques, estime les chances. La philosophie politique ne lui est pas étrangère, le néoplatonisme inspire son ambition de rétablir l'harmonie entre les Français. Mais l'action est sa raison de vivre, elle aime à agir prestement, sans s'illusionner jamais sur la pérennité de ses succès, l'expérience lui ayant montré qu'une victoire est rarement acquise pour toujours. Aussi est-elle constamment en mouvement et les épreuves les plus douloureuses ne parviennent pas à entamer son exceptionnelle énergie. D'autant qu'elle sait mettre en scène sa mauvaise santé (réelle) pour émouvoir ses interlocuteurs et les pousser à réaliser des concessions.

Avec ardeur, Catherine travaille partout et tout le temps, met à chaque instant sa force de caractère au service de ses fils rois. Inlassablement, elle discute, finasse, marchande. Jamais elle ne se rebute, sait faire la chattemite ou, au contraire, parler haut. Cède-t-elle à l'impatience ? Son agacement s'avère toujours habilement calculé. Elle excelle dans les colères feintes comme dans les mises en scène soigneusement réglées. La régente alterne ainsi autorité et bienveillance, tenant souvent un authentique langage d'union. Parfois, elle précipite le rythme des échanges, conviant un soir quelques délégués à venir traiter avec elle dès le lendemain matin « non point par écrit, ni par articles, mais de parole, comme de gré à gré, pour avancer plus tôt les affaires ». À d'autres moments, elle fait traîner les séances, retenant longtemps les « marchandeurs » « sans manger », et profitant de leur fatigue pour leur faire approuver quelques articles à l'arraché, tard dans la soirée.

La reine mère pratique les négociations marathon, avec un art consommé de la dramatisation digne des conférences internationales d'aujourd'hui.

Catherine est de nature optimiste et volontaire. Ces qualités, il est vrai, sont parfois de commande, forgées à l'oral comme à l'écrit pour rassurer ou convaincre. Pour le lecteur d'aujourd'hui, sa volumineuse correspondance est semée de pièges. Elle sait qu'écrire, c'est se dévoiler. Alors elle en use comme d'un moyen de gouvernement. Ses lettres deviennent un instrument de manipulation. Elle écrit pour ordonner, informer, interroger, féliciter ou blâmer, mais aussi pour sonder son correspondant, le convaincre ou le mettre sur le qui-vive, l'inquiéter ou l'apaiser. Ses coups de colère peuvent être feints, son indignation peut laisser croire à sa fermeté, sa bonhomie chercher à endormir.

Ses propos sont toujours finement adaptés à leurs destinataires. À l'intention de Philippe II, dont elle craint constamment l'intervention armée, elle minimise les manquements des protestants aux édits de pacification et dédramatise leurs violences. Ses propos lénifiants n'en font pas pour autant la complice des réformés : elle ne cherche qu'à rassurer ses adversaires, catholiques ultras et Espagnols. Son double langage recouvre un effort souvent pathétique pour réduire les tensions, éviter les heurts, pacifier les esprits et garantir l'étroite marge de manœuvre qui lui reste. Quand elle se félicite des apaisements qu'elle sait précaires, c'est moins par naïveté satisfaite que pour démontrer au roi d'Espagne et aux catholiques zélés la justesse de son action. Lorsqu'elle use de mots sévères contre les huguenots, elle cherche tout autant à les intimider qu'à calmer les Ligueurs et montrer sa détermination et son orthodoxie au pape et au Roi Catholique. Sa correspondance, écrite à la diable, riche en digressions et en coq-à-l'âne, à l'orthographe si fantaisiste qu'elle oblige aujourd'hui à une lecture à voix haute, combine information et désinformation. Elle n'en demeure pas moins un document exceptionnel qui force l'admiration.

Les moyens d'une politique

À l'instar de sa correspondance, les fêtes données dans les résidences royales participent aussi au décorum politique qu'elle entend mettre en scène pour affirmer sa légitimité. À son initiative, on citera les merveilleux divertissements donnés à Fontainebleau en février 1564, puis en mai 1565 à Bayonne[4], étapes du « grand tour » ; ceux – en août 1572 – du mariage de Marguerite de Valois avec Henri de Navarre, prélude aux massacres de la Saint-Barthélemy ; ceux enfin des Tuileries qui accueillent en septembre 1573 – un an seulement après le drame – les ambassadeurs polonais venus offrir la couronne de leur pays à Henri d'Anjou ; réjouissances auxquelles on ajoutera les entrées solennelles dans la capitale ou dans les grandes villes du royaume.

Catherine confie compter sur elles afin d'effacer les « forces maléfiques de la division ». Bals, concerts, comédies, feux d'artifice en scandent les moments privilégiés. Ces spectacles sont autant de récréations joyeuses après les épreuves : ils accompagnent souvent la signature d'une paix de religion, musique et danse succédant au fracas des armes. L'édit de pacification d'Amboise signé le 19 mars 1563 méritait ainsi d'être consolidé, et la réconciliation des Français proclamée, à l'occasion d'une célébration chargée de faire oublier le passé récent, ses souffrances et ses morts. Le luxe et la magnificence de la Cour sont les meilleurs atouts des Valois. Fontainebleau accueille ces réjouissances

4. Ces fêtes ont inspiré trois grandes séries de tentures, conservées à Paris et à Florence, qui en perpétuent aujourd'hui encore le souvenir.

échelonnées sur plusieurs jours, qui mêlent tournois, spectacles nautiques, combats à cheval, et prennent comme il se doit la paix pour thème. Tant il est vrai que Catherine croit en la fonction politique et presque magique, prophylactique, des fêtes. Les arts qui en constituent les ingrédients – peinture, danse, musique, poésie – ont vocation à rétablir l'unité et l'harmonie compromises par les querelles et les luttes. Convaincue, selon la pensée néoplatonicienne, de vivre dans un univers où de mystérieuses correspondances relient le cosmos et le microcosme, elle est persuadée que les arts permettent de capter les signes divins, d'agir sur les hommes et, en communion avec l'ordre cosmique, de rétablir entre eux l'unité et la concorde. La paix chantée, l'union mimée, la réconciliation dansée sont considérées comme autant de moyens de les faire advenir. À force d'incantation, les divertissements devront détourner à jamais de la guerre et rétablir l'harmonie si chère à la reine mère qui, en leur donnant un faste incomparable, croit augmenter encore leur efficacité. Voir « tous les soirs à la salle de bal danser huguenots et papistes ensemble » marque pour elle une satisfaction d'amour-propre et le premier effet de sa politique d'accommodement.

Catherine possède une autre arme pacifique dont elle use inlassablement pour tenter de réconcilier les familles et les clans opposés : le mariage. Elle est une inlassable marieuse. Non pour le bonheur des conjoints, mais au service de sa politique. Marier sa progéniture est devenu son souci premier. La même année 1559, elle réussit à « caser » deux de ses enfants dans des maisons souveraines. Élisabeth (alias Isabelle), son aînée, épouse – noces prévues par le traité du Cateau-Cambrésis – le roi d'Espagne Philippe II. Et sa fille Claude est promise au duc Charles III de Lorraine, au temps où le duché lorrain était indépendant.

Les tâches gouvernementales ne l'empêchent jamais de veiller sur les siens. Fière de la beauté naissante de

Marguerite (dite Margot), sa troisième fille, ou préoccupée de refréner l'excessive passion de Charles IX pour les exercices physiques, elle songe, à l'occasion du « grand tour », à rencontrer l'empereur Maximilien dans l'espoir de le convaincre de donner sa fille aînée à Charles, et son fils, l'archiduc Rodolphe, à Margot. En 1570, le roi de France épouse Élisabeth de Habsbourg, archiduchesse d'Autriche, mais la combinaison achoppe sur Margot, à laquelle il faut trouver un autre mari.

À l'occasion de sa rencontre à Bayonne en 1565 avec le redoutable et fameux duc d'Albe, grand d'Espagne au service de Charles Quint, puis de Philippe II, la reine mère aspire à un autre calcul conjugal. Ne pourrait-on unir Marguerite au fils unique de Philippe II, don Carlos, et Henri d'Anjou à la sœur du roi d'Espagne, doña Juana ? Certes, l'Infant est contrefait, épileptique et caractériel, et doña Juana, reine douairière du Portugal, a deux fois l'âge d'Henri. Mais Catherine caresse l'espoir d'obtenir pour celui-ci un royaume à tailler dans les immenses territoires du roi d'Espagne, dans le Milanais ou en Toscane. Politique d'abord, Catherine est certes une mère aussi attachée à ses enfants qu'une *mamma* italienne, mais elle ne travaille pas en priorité à leur bonheur personnel. Margot reste encore célibataire sept années durant et Henri ne convole qu'en 1575 avec Louise de Vaudemont-Lorraine.

Toujours aux aguets, elle ambitionne pour sa chère fille une autre union : d'abord avec le roi Philippe II, veuf pour la troisième fois, puis, au mépris de la différence de religion, avec Henri de Navarre, premier prince du sang, élevé dans le protestantisme par sa mère Jeanne d'Albret. Sûre que ce mariage scellerait à jamais la politique d'union à laquelle elle travaille sans relâche, elle en minimise les obstacles. Pourtant, le projet ne va pas de soi. Les deux jeunes gens sont cousins : une dispense de parenté s'avère donc nécessaire. Mais surtout, la différence de religion entre la sœur du roi, catholique, et le fils protestant de la reine de Navarre exige une autre dispense pontificale, plus difficile à obtenir. Enfin, la tension politique et religieuse atteint son zénith à l'image de la haine opposant Guise à l'amiral de Coligny. Ces noces, blâmées par l'opinion parisienne chauffée à blanc par les prédicateurs catholiques, dénoncées comme une « exécrable union », sont célébrées le 18 août 1572, dans des conditions – le consentement des époux est reçu sur le parvis de la cathédrale, devant le peuple, l'épouse à la messe, le marié à l'extérieur de Notre-Dame – qui indignent les catholiques parisiens et marquent le prélude de la Saint-Barthélemy.

Alors que ce mariage princier est aux yeux de Catherine le garant de la concorde retrouvée, l'opinion parisienne le considère au contraire comme une initiative maudite, image de l'intolérable coexistence des deux religions. L'union princière censée assurer la paix exacerbe la haine contre le protestantisme. Sa stratégie était probablement prématurée. La reine mère avait par trop négligé la virulence des passions religieuses. Ce fut son irréparable erreur.

Complice d'un massacre ?

La légende noire s'est employée à transformer la régente en criminelle de masse en lui attribuant l'ordre donné par Charles IX (« Tuez-les tous ») de mettre à mort les huguenots en cette fin août 1572. Il est vrai que la reine mère estimait être bloquée en son palais, menacée à la fois par les réformés, fous de rage après l'attentat contre Coligny[5] et décidés à le venger, et un Paris ultra catholique, exaspéré par

5. Chef militaire des réformés, l'amiral de Coligny, membre du Conseil du roi, est victime à Paris d'un attentat, le 22 août 1572 qui le blesse à la main et au coude et dont les commanditaires sont

le mariage « impie » et croyant dur comme fer à un prétendu complot des protestants chargé d'éliminer la famille royale. Écartelée entre ces haines rivales, Catherine se trouve « prise dans la nasse ». Comment se libérer de cette étreinte mortelle ? S'en prendre aux Guise, probables commanditaires de l'attentat contre Coligny, ferait soulever Paris contre le gouvernement et provoquerait l'Espagne, leur protectrice. Se défaire des huguenots proches de Coligny et d'Henri de Navarre serait rouvrir la guerre civile et tuer dans l'œuf la réconciliation laborieusement entamée.

Dans une séance du Conseil du roi dont on sait peu de chose, Charles IX et sa mère ont dressé la liste de ceux qui devaient mourir. On épargnerait la branche des Bourbons, Navarre et son cousin Condé, mais les autres chefs réformés seraient mis à mort. Le signal fut bien donné depuis le Louvre par une Catherine qui, soit s'estimait menacée par l'entrée en guerre de l'Espagne[6], soutien de l'émeute parisienne déclenchée par les Guise, soit – selon la version classique – redoutait une sédition protestante que l'attentat contre Coligny avait rendue plus certaine. En revanche, la nuit du 23 au 24 fut ensanglantée par l'extermination à grande échelle des protestants, accomplie par les ultras catholiques de la capitale. Janine Garrisson rapporte :

> Chacun se ruait sur son voisin connu comme membre de la secte maudite.

---

probablement les Guise aidés par l'Espagne de Philippe II, mais attentat auquel Catherine est étrangère.

6. Dans l'après-midi du 23 août, l'ambassadeur d'Espagne quitte la Cour, rompant ainsi de manière unilatérale les relations diplomatiques avec la France et suggérant l'entrée en guerre de son pays, alors que depuis plusieurs semaines Paris s'inquiétait des concentrations de troupes espagnoles aux frontières du royaume.

L'injure constamment à la bouche, la populace crie « mort aux huguenots ». Ces tueries durent plus de trois jours, tandis que Catherine et sa famille restent terrées au palais. La violence populaire parisienne fait au moins deux mille victimes.

Si Catherine prend – à moins qu'elle ne se soit pliée à la volonté erratique de Charles IX – la décision d'éliminer les principaux chefs huguenots, elle est exonérée aujourd'hui des meurtres collectifs dont on la crédite toujours à tort et qui sont soit spontanés, soit à l'instigation des Guise. Elle ne les a pas prémédités.

La quête permanente de l'unité

La reine mère, on l'a dit, est plus que toute autre attachée à maintenir ou à restaurer la stabilité du royaume, l'unité de l'État. C'est, avec sa volonté de préserver le pouvoir de ses enfants, son constant objectif. Pour y parvenir, elle accepte souvent (trop souvent ?) de négocier avec ses adversaires pour éviter le pire. De son combat contre les guerres qui endeuillent le royaume, elle écrit :

> Il n'y a expédient ni invention que je ne cherche pour amortir ce feu.

La mise en perspective de son action le démontre à l'envi.

Dès son entrée sur la scène politique en 1560 jusqu'à sa mort le 5 janvier 1589, Catherine ne cesse de travailler à la paix. Quelques mois seulement après la mort accidentelle d'Henri II, elle a su convaincre le nouveau roi François II de la nécessité de préserver la paix civile. Aussi lui a-t-elle suggéré de promulguer, le 8 mars 1560, un édit pacificateur, qui sonne comme une rupture décisive avec la politique de répression conduite jusque-là par son époux. Désormais, aucune poursuite n'aurait lieu pour des faits d'hérésie, et les réformés paisibles, innocents de rébellion ou d'incitation à la révolte, seraient pardonnés et libérés. On l'oublie aujourd'hui : le texte royal était d'une audace inouïe. L'État poursuivait les fauteurs de troubles, mais épargnait les adeptes paisibles de la foi nouvelle. Pour la première fois, les affaires divines étaient séparées des affaires civiles, la cité de Dieu distincte de la cité des hommes. La veuve du persécuteur des protestants voulait imposer la modération.

Celle-ci reste sa boussole quand elle blâme l'assassinat, ordonné par Henri III, du duc Henri de Guise et de son frère le cardinal, les 23 et 24 décembre 1588 à Blois. Henri n'était-il pas constamment défié par les catholiques ultras dont les Guise étaient les chefs ? Déjà en mai, le duc avait bafoué les ordres réitérés du roi en entrant dans Paris, acclamé par la foule. Pour Henri III, la présence de Guise et l'accueil enthousiaste des Parisiens avaient été un camouflet et une menace pour sa sécurité. Il avait alors fait appel à des troupes destinées à lutter contre l'insurrection annoncée. Aussitôt la capitale s'était couverte de barricades – les premières de son histoire –, le contraignant à s'enfuir pour Chartres, tandis que Catherine restait à Paris dans l'espoir d'engager une fois encore des négociations. Brochant sur le tout, le gouvernement avait aussi perdu les élections aux états généraux que le roi avait réunis à Blois dans l'espoir de retrouver une nouvelle légitimité[7]. Henri de Guise était maître de Paris alors qu'Henri III avait perdu toute autorité. Courageuse au milieu des barricades, la reine mère avait espéré ramener à l'obéissance le nouveau maître de la capitale. « Madame, il est trop tard », lui aurait répondu le Balafré. Toutes les manœuvres du roi pour retrouver des bribes de son pouvoir

7. Le clergé et le tiers état envoyèrent des députés qui étaient majoritairement favorables aux catholiques ultras réunis dans la Ligue.

restaient sans effet. Humilié, esseulé, menacé, il décide de tourner le dos aux méthodes de sa mère dont il entend bien s'affranchir. Aussi est-il convaincu qu'il ne reste que la force. Il décide alors de se défaire des Guise. Apprenant la nouvelle du double assassinat de l'avant-veille de Noël, Catherine reste muette, pétrifiée. Si la légende prétend qu'elle aurait déclaré : « Mon fils, c'est bien taillé, mais il faut coudre », des témoignages fiables rapportent qu'elle aurait répondu au roi : « Cela me fait plaisir », acquiescement aussitôt nuancé par : « Pourvu que ce soit pour le bien de l'État. »

Un contemporain affirme que, âgée et malade, elle ne sait plus « quel remède donner à tant de maux présents, ni comment prévenir les maux à venir ». Catherine a perdu la main, consciente toutefois de la faute irréparable commise par son fils, pronostiquant : « Je crains qu'il ne perde le corps, l'âme et le royaume. » La reine mère a vu juste. À l'annonce du meurtre des Guise, leurs idoles, les Parisiens se déchaînent, bien décidés à se venger. Mais la reine mère ne voit pas l'assassinat par Jacques Clément de son cher fils le 1er août 1589, signant ainsi la fin de la dynastie des Valois : elle est morte le 5 janvier précédent, après avoir dicté un testament uniquement préoccupé de son salut et dont la politique, sa grande passion, était absente.

Sa vie durant, Catherine de Médicis a toujours déploré les combats franco-français, comme elle déplorait la présence d'étrangers dans le royaume – Anglais d'Élisabeth Ire ou Espagnols de Philippe II –, appelés les uns par les réformés, les autres par les catholiques ultras. Éteindre les incendies fut sa tâche, souvent répétitive, jamais définitive. La reine mère eut ses faiblesses. Elle négligea trop la sincérité et la force des convictions religieuses, céda parfois aux Guise, sous-estima son gendre Henri de Navarre, montra une indulgence excessive pour Henri III, son fils préféré, « mes yeux », disait-elle de lui. Elle connut des échecs, se perdit parfois en intrigues, mais ne céda jamais au découragement.

Certes, sa pratique de gouvernement n'a pas arrêté le déferlement de haine et la violence des guerres civiles au cours du siècle. Elle n'en a pas moins déployé une extraordinaire énergie au service de l'État, confondu avec la préservation de sa famille.

Plongée dans un siècle d'intolérance et de fanatisme, confrontée aux complots, aux prises d'armes, au manque d'argent, à l'invasion étrangère, elle est restée farouchement attachée à la paix civile. Elle a continuellement cherché une *voie moyenne* entre les confessions catholique et protestante. Malgré les convoitises des Guise ou du roi d'Espagne, elle a réussi à protéger le patrimoine de ses enfants et, malgré les obstacles, à défendre l'autorité monarchique qui ne demandait qu'à renaître au profit d'Henri IV. « Tant qu'elle a vécu, remarquait Balzac, les Valois ont gardé leur trône. » Jusqu'à son dernier souffle, elle a travaillé, servie par une admirable persévérance, à force de trêves, de négociations, d'édits de pacification, à garantir l'unité du royaume et l'union des Français. Là est son véritable bilan.

À celui-ci, la postérité a souvent préféré une légende noire tirée de son vivant des pamphlets huguenots comme des libelles de la Ligue. Nombre de ses contemporains, relayés par les romantiques et le cinéma d'aujourd'hui, ont brossé de Catherine de Médicis un portrait négatif, sans doute parce que femme et étrangère, jugée coupable d'avoir encouragé la passivité de ses trois fils pour gouverner à leur place, attisé les haines religieuses, utilisé le poison, trop encline à consulter mages et astrologues comme le célèbre Nostradamus, si lié à elle qu'il semble être parfois une sorte d'*alter ego*[8]. Controversée, la reine mère n'a cessé de l'être. Un prédicateur ligueur reconnaît :

---

8. Chateaubriand n'est pas dupe : « On prétend, écrit-il par antiphrase, qu'elle avait essayé d'empoisonner l'armée du prince de Condé tout entière. »

> Elle a fait beaucoup de bien et de mal, et je crois qu'il y a encore plus de mal que de bien.

L'essentiel est ailleurs et la postérité lui rend aujourd'hui justice. Déjà, Balzac avait deviné l'essentiel de ses réalisations ; il écrivait :

> [Catherine] avait en effet, au plus haut degré, le sentiment de la royauté ; aussi la défendit-elle avec un courage et une persistance admirables.

Le seul homme de la famille, a-t-on dit. On ajoutera : une femme qui fut un roi.

Bibliographie sélective

BEAUFILS Oriane, DROGUET Vincent, *L'Art de la fête à la cour des Valois*, Paris, In Fine éd. d'art, 2021, catalogue de l'exposition de Fontainebleau (avril-juillet 2022).

BERTIÈRE Simone, *Les Reines de France au temps des Valois*, tome II : *Les Années sanglantes*, Paris, Éditions de Fallois, 1994.

CLOULAS Ivan, *Catherine de Médicis*, Paris, Fayard, 1979.

GARRISSON Janine, *Catherine de Médicis. L'impossible harmonie*, Paris, Payot, 2002.

GELLARD Matthieu, *Une reine épistolaire. Lettres et pouvoir au temps de Catherine de Médicis*, Paris, Garnier, 2014.

KNECHT Robert Jean, *Catherine de Médicis*, Bruxelles, Le Cri-Histoire, 2003.

MARIÉJOL Jean-Hippolyte, *Catherine de Médicis*, Paris, Tallandier, 1979 (1re éd. 1920).

SOLNON Jean-François, *Catherine de Médicis*, Paris, Perrin, 2003 ; Paris, Tempus, 2009.

6

Élisabeth Ire Tudor (1533-1603), la reine vierge

PAR SOPHIE BROUQUET

Terre d'élection des femmes de pouvoir, l'Angleterre a vu la royauté s'incarner à travers plusieurs figures féminines. Mais seules trois d'entre elles dominent incontestablement l'histoire anglaise, car leurs vies ont coïncidé avec des âges d'or : Élisabeth Ire, Victoria et Élisabeth II. Leurs règnes, particulièrement longs, ont favorisé les réussites et l'admiration de leurs contemporains sur tous les continents. Élisabeth Tudor, à la fois mère et père de la nation dès son sacre en 1559, ainsi que chef de l'Église anglicane, est certes la deuxième femme à représenter la royauté en Angleterre, mais elle est la première à fonder un modèle inédit de pouvoir au féminin. En effet, la « reine vierge » ne fut pas la femme d'un roi, mais un roi-femme, dont le règne tragique et glorieux marque l'avènement de son pays au rang de grande puissance. Souveraine aussi crainte qu'admirée, Élisabeth, dès son vivant, est l'objet de nombreuses polémiques, donnant naissance à une légende noire qui s'oppose à sa glorification. Ces controverses nourrissent une postérité contradictoire qui féconde toujours son mythe, comme en témoignent les nombreux ouvrages et films qui lui sont toujours consacrés.

Survivre

La vie d'Élisabeth est très tôt empreinte de gravité : à l'âge de 3 ans, la seconde fille d'Henri VIII perd tragiquement sa mère, Anne Boleyn. En effet, en 1536, la deuxième épouse du roi d'Angleterre est décapitée sur l'ordre de son royal époux, déçu qu'elle ne lui ait pas donné de fils. Dès lors, tout comme sa sœur aînée Marie – fille de Catherine d'Aragon, première femme d'Henri Tudor –, la petite princesse est désormais considérée comme une bâtarde, non seulement aux yeux de l'Église catholique, mais aussi par les protestants. Elle passe alors son enfance loin de son père, dans une relative pauvreté. Ce n'est qu'en 1544, à l'âge de 10 ans, qu'Élisabeth, par une décision du Parlement, retrouve sa place dans l'ordre de succession royale après son jeune demi-frère Édouard et sa sœur Marie. La princesse bénéficie dès lors des bontés de la dernière femme d'Henri VIII, Catherine Parr, qui lui offre une éducation très soignée. La jeune fille se montre une élève passionnée de savoir : elle apprend l'anglais, le français et l'italien, ainsi que le latin et le grec. Femme de la Renaissance, elle jouit de tous les apports de la culture humaniste, grâce aux meilleurs maîtres du temps.

Quand Henri VIII meurt le 31 janvier 1547, son seul fils devient roi – sous le nom d'Édouard VI –, mais cela ne change rien au sort de Marie et de sa sœur, car aucune des deux n'est invitée à la Cour. Catherine Parr accepte alors d'accueillir Élisabeth dans sa maison de Londres, puis la veuve d'Henri VIII se remarie très vite avec Thomas Seymour, le grand amiral du royaume. Ce seigneur approche la quarantaine et se comporte d'une façon ambiguë avec la princesse : il entre dans sa chambre pour la chatouiller et lui donner la fessée. Catherine Parr ne s'en offusque pas, bien au contraire : elle participerait même à ces ébats. Mais quand elle découvre Élisabeth et Seymour seuls et enlacés, elle renvoie l'adolescente et la place sous le contrôle d'un chaperon, lady Tyrwhitt. Lorsque Catherine meurt prématurément en 1548, Seymour envisage alors d'épouser la princesse, mais il se heurte à la jalousie des grands de la Cour et l'union n'a finalement pas lieu.

Édouard VI meurt à son tour le 6 juillet 1553 et Marie Tudor monte alors sur le trône d'Angleterre. Le 3 août, elle entre triomphalement dans Londres aux côtés de sa demi-sœur. Cependant, les deux femmes n'ont rien en commun : Marie est déterminée à rétablir la foi catholique, tandis qu'Élisabeth est protestante, bien qu'elle soit obligée de se conformer aux rites catholiques. Elle fait semblant de se convertir, mais entretient des relations secrètes avec les huguenots français. Mal à l'aise, la princesse décide de quitter la Cour pendant l'hiver 1553-1554 pour le château d'Ashridge, au nord-ouest de Londres. La politique de persécution de celle que l'on appelle bientôt « Marie la Sanglante » suscite la haine des Anglais, d'autant plus qu'elle épouse en 1554 le fils de Charles Quint, le futur Philippe II d'Espagne, fer de lance de la Contre-Réforme.

Les réformés placent désormais tous leurs espoirs en Élisabeth. Celle-ci devient dès lors une menace pour la reine, qui l'accuse de complot et ordonne son incarcération à la Tour de Londres le 22 février 1554. Un procès se précise, mais les modérés du gouvernement réussissent à convaincre Marie d'épargner la fille d'Anne Boleyn, tant qu'il n'y a pas d'autre héritier au trône d'Angleterre. Le 22 mai 1254, la jeune fille est autorisée à quitter la Tour pour végéter dans des palais royaux en attendant des jours meilleurs. Quatre ans plus tard, en 1558, la reine, victime d'une épidémie de grippe, est mourante. Sans enfant malgré plusieurs grossesses nerveuses, sa succession demeure néanmoins incertaine. Tandis qu'elle agonise, Élisabeth prépare son arrivée sur le trône, recrutant discrètement ses futurs conseillers – tous réformés. Le 6 novembre 1558, Marie reconnaît enfin la deuxième fille d'Henri VIII comme sa seule héritière, avant de mourir onze jours plus tard.

« *God save the Queen* »

Le 25 novembre 1558, la jeune Élisabeth entre dans Londres sous les acclamations de ses habitants et s'installe au palais de Whitehall en attendant la fin des préparatifs de son couronnement. À 25 ans, elle sait qu'elle en a enfin fini avec les jours incertains de son enfance et de son adolescence. Pendant ces années de vicissitudes, elle a eu le temps d'observer ses contemporains et de réfléchir à son futur règne : elle est désormais bien résolue à ne jamais partager son pouvoir.

Élisabeth Tudor est sacrée et couronnée dans l'abbatiale de Westminster le 15 janvier 1559. Guindée dans une tenue de soie cramoisie, la jeune femme déploie pour l'occasion sa chevelure cuivrée qui participera à l'éclosion de sa légende. Sans être belle, elle en impose par sa taille bien prise, sa peau claire et son regard décidé. Pendant la cérémonie, l'évêque de Carlisle, un fervent catholique, prend la reine par la main et la présente au peuple pour savoir s'il l'accepte comme monarque ; la foule répond par des acclamations et des vivats. Ensuite, la jeune souveraine fait les offrandes habituelles, puis elle s'agenouille pour dire le Notre Père. Elle fait le serment de protéger son royaume, tandis que l'évêque tient au-dessus de sa tête la couronne de saint Édouard. Ensuite, sur le trône, elle reçoit l'onction sacrée et les symboles de la royauté. Puis on place successivement sur sa tête les trois couronnes d'Angleterre, d'Irlande et de France (dont les Anglais revendiquent le royaume depuis la guerre de Cent Ans). Enfin, les lords évêques et séculiers présentent leurs hommages à la nouvelle monarque.

Après tant de péripéties, le royaume d'Angleterre est dans l'expectative : Henri VIII a été catholique, puis protestant, tandis que Marie a persécuté les réformés. Très vite, la dernière héritière des Tudors entend marcher dans les pas de son père. Gouvernant l'Église anglicane conjointement avec le Parlement, par l'Acte de suprématie du 8 mai 1559, elle prend le titre de « gouverneur suprême et empereur dans son royaume », tandis que la loi d'uniformité impose la foi protestante en Angleterre. Toutefois, Élisabeth est modérée et pragmatique : dès son accession au trône, la reine souhaite voir triompher la paix entre les deux religions, renvoyant dos à dos les catholiques et les puritains extrémistes. Mais le fait qu'une femme gouverne l'Église constitue une hérésie aux yeux des souverains catholiques, à commencer par le pape.

En matière de politique extérieure, la fille d'Henri VIII se veut tout aussi pacifique, alors que l'Europe de son temps est un véritable champ de bataille. Elle met en place un réseau diplomatique afin d'établir une balance fragile entre les royaumes catholiques et protestants. Mais comme son père avant elle, elle souhaite reprendre Calais aux Français – soutenus par les Espagnols. Le roi de France, Henri II, la menace alors d'avancer les droits de sa rivale et parente, Marie Stuart, au trône d'Angleterre (car la reine d'Écosse est aussi la nièce d'Henri VIII). La diplomatie l'emporte finalement et les représentants des trois nations signent le traité de Cateau-Cambrésis en avril 1559. L'Angleterre perd ainsi définitivement Calais, mais la paix est plus précieuse pour Élisabeth.

Si la reine concentre tous les pouvoirs, elle ne gouverne toutefois pas seule. Elle fait montre d'une grande perspicacité dans le choix de ses conseillers recrutés parmi certains protégés de son frère Édouard VI – tel William Cecil, un protestant qui lui sera dévoué tout entier. Le Conseil privé comprend le lord trésorier, le lord chancelier, le lord amiral et d'autres grands du royaume, chargés de répondre aux multiples sollicitations qui parviennent à la souveraine. Tout au long de son règne, Élisabeth se caractérise par sa fidélité à ces hommes de l'ombre qui forment le cœur de la puissance anglaise naissante.

La journée de la reine se partage entre les tâches politiques, diplomatiques et religieuses. Elle préside trois fois par semaine – puis, plus tard, presque tous les jours – le Conseil privé, qui oriente la politique de l'État. Lorsqu'elle le peut, Élisabeth s'éloigne des affaires du royaume et, chevauchant à bride abattue, elle chasse dans les parcs de ses palais et châteaux. Dans la soirée, elle se divertit généralement en écoutant de la musique et en dansant. Elle apprécie enfin des passe-temps plus calmes, comme la lecture. Elle consacre aussi une grande partie de son temps à de longs préparatifs pour soigner son apparence. En effet, la reine est coquette et joue de sa féminité en politique : ses parures somptueuses, à la limite de l'extravagance, sont là pour impressionner son entourage. En outre, la variole qu'elle a contractée au début de son règne la contraint à se farder excessivement pour en dissimuler les cicatrices.

Mais un autre point essentiel occupe l'esprit de Sa Majesté : ses sujets attendent qu'elle se marie afin de donner un héritier au trône. Quand le Parlement se réunit en 1563, le *speaker* des Communes interroge à ce sujet la souveraine qui lui répond aimablement, lui montrant l'anneau de son sacre, symbole de son union avec son pays :

> Je me suis déjà liée à un mari, c'est le royaume d'Angleterre.

Ce vœu informel de chasteté renforce le caractère sacré de son règne, mais le problème de sa succession demeure entier. Les hommes du Conseil commencent à réfléchir à de potentiels époux : Élisabeth les laisse élaborer toutes sortes de plans et reçoit poliment les demandes de nombreux prétendants, sans jamais se décider cependant. Début 1571, les lords proposent même un mariage entre la reine et le duc d'Anjou, le futur Henri III, afin de sceller une alliance défensive contre le roi d'Espagne. Le 24 janvier, Élisabeth dit à l'ambassadeur français qu'elle est résolue à se marier, mais, très vite, elle se ravise. Les historiens se sont interrogés sur sa conduite étonnante : a-t-elle été traumatisée par les attouchements de Thomas Seymour dans sa jeunesse ? Ou bien se savait-elle stérile ? Ou peut-être avant tout ne voulait-elle pas tomber sous le joug d'un mari ni partager son pouvoir ? Au milieu des années 1570, les conseillers d'Élisabeth sont convaincus qu'elle ne se mariera pas et n'aura pas de descendance ; mais, plus étonnant encore, elle refuse aussi de désigner un héritier de son vivant. L'héritière des Tudors est suprêmement intelligente et sait qu'en nommant le futur roi, elle sera constamment menacée d'un coup d'État. En résumé, elle règne par le vide successoral qu'elle fait autour d'elle.

La fille d'Henri VIII n'est pourtant pas insensible au charme masculin. Au début de son règne, elle est amoureuse de son ami d'enfance, Robert Dudley. Elle envisage même de l'épouser, pour sécuriser un pouvoir dont elle a pu mesurer dans sa jeunesse toute la précarité. Mais ses conseillers l'en dissuadent, car la jalousie des lords envers un roi issu de leurs rangs pourrait tourner à la rébellion. Pour le consoler, en 1564, la reine le fait lieutenant général du royaume et comte de Leicester ; il demeurera pour elle un véritable allié, doublé d'un fidèle conseiller.

Une main de fer dans un gant de velours

En 1573, la reine d'Angleterre, âgée de 40 ans, a façonné par la paix et la prospérité une puissante nation et l'a hissée au premier rang de la scène internationale. Mais elle s'inquiète de plus en plus des agissements de sa cousine, la reine d'Écosse. Tout oppose Marie Stuart et Élisabeth Ire : l'une est écossaise, l'autre anglaise ; la première est catholique, la seconde protestante ; l'une s'est mariée plusieurs fois, l'autre se dit vierge. Les deux femmes ne se sont jamais rencontrées, mais elles se toisent à distance. Par sa mère, Marie Stuart appartient au puissant lignage ultra catholique des Guise. Dès 1560, Élisabeth redoute une alliance entre ces derniers et Marie qui viserait à placer l'Écossaise sur le trône d'Angleterre. La reine Tudor décide donc d'envoyer des troupes en Écosse pour y soutenir les rebelles protestants, mais la campagne se solde par un échec. On espère que le traité d'Édimbourg, conclu en juillet 1560 entre les Anglais et les Écossais révoltés, saura ramener la paix entre les deux nations, mais la très catholique Marie refuse de le ratifier.

En 1564, afin de renouer avec sa menaçante cousine, Élisabeth lui envoie Henri Stuart, lord Darnley – un cousin de Marie né et élevé en Angleterre. La reine d'Écosse l'épouse mais, rapidement, les relations se dégradent entre les époux, car la jeune femme entend régner seule. Le 9 juin 1566, elle donne néanmoins naissance à un héritier, prénommé Jacques. Avec l'arrivée de ce prétendant, le parlement anglais s'inquiète de nouveau à propos de la succession au trône d'Angleterre, mais Élisabeth campe sur ses positions et refuse toujours d'évoquer son mariage. En février 1567, un autre événement met le feu aux poudres : on retrouve le corps de Darnley étranglé. Très vite, les protestants suspectent une complicité de la reine d'Écosse avec ses assassins, d'autant plus qu'elle se remarie très vite. Marie est alors placée sous bonne garde par le comte de Moray, son demi-frère, entré en résistance au nom de la religion protestante. Les deux clans écossais demandent à Élisabeth d'arbitrer leur querelle et, sans surprise, c'est le comte qui l'emporte. Celui-ci contraint Marie à abdiquer son trône d'Écosse en faveur de son fils Jacques, âgé de 1 an et désormais élevé loin de sa mère, tandis que Moray devient régent du royaume. L'année suivante, la captive s'évade et ses partisans se rebellent, mais la révolte est rapidement matée.

La reine déchue s'enfuit alors de son pays et s'installe… en Angleterre, croyant naïvement se placer sous la protection d'Élisabeth, dont elle devient *de facto* la prisonnière. La souveraine anglaise ne sait que faire de sa rivale : dans un premier temps, elle pense la restaurer sur son trône, mais ses conseillers préconisent la prudence. Finalement, plutôt que de prendre le risque de ramener Marie en Écosse – où elle pourrait faire triompher le catholicisme –, ou bien de l'envoyer en France auprès des Guise, Élisabeth décide de la garder en résidence surveillée pendant dix-neuf ans. En 1570, Pie V, s'opposant à cette décision, jette l'anathème sur le royaume d'Angleterre et excommunie Élisabeth par la bulle *Regnans in excelsis*. Ce faisant, il oblige les catholiques anglais à prendre parti pour leur foi ou pour leur souveraine, qualifiée par le pontife d'hérétique et de bâtarde. Pour lui, la reine d'Angleterre n'est que la persécutrice des bons chrétiens dans un royaume dévoyé dont elle a usurpé le trône.

La condamnation pontificale contraint Élisabeth à durcir sa politique religieuse sous la pression du Parlement. Le 4 mai 1571, la Chambre des communes adopte une loi ordonnant à tous ses sujets d'assister au culte anglican. De surcroît, la reine d'Angleterre devient la cible de complots catholiques. La même année, un banquier florentin installé à Londres, Ridolfi, sert d'intermédiaire entre le pape et Marie Stuart, qui songent à faire assassiner Élisabeth. Philippe II hésitant à se rallier au projet, la conspiration est éventée et ses instigateurs sont décapités. La reine décide toutefois d'épargner sa cousine, qui retourne en captivité, plus isolée que jamais.

En 1586, un autre complot, dans lequel Marie est encore impliquée, est découvert. Les conseillers de la reine d'Angleterre accumulent peu à peu un dossier contre la reine d'Écosse, mais Élisabeth hésite encore quant au sort à lui réserver. Dès la fin de l'année, elle est convaincue de sa culpabilité et la fait surveiller de très près. Afin de la démasquer, le geôlier de Marie Stuart, George Talbot, comte de Shrewsbury, l'autorise à entretenir une correspondance, mais elle est aussitôt lue par les espions de Francis Walsingham, le secrétaire d'État anglais, à la tête d'un vaste réseau de renseignement particulièrement efficace pour l'époque. La cousine d'Élisabeth ne fait preuve d'aucune prudence : elle écrit au pape et au roi d'Espagne, et conspire sans relâche. Un jour, une lettre compromettante est interceptée et dévoile l'ampleur du complot : à la tête d'une centaine d'hommes, dix gentilshommes prévoient de la délivrer, tandis que six autres se chargeront d'occire la reine d'Angleterre. Afin d'incriminer davantage la souveraine écossaise, Walsingham modifie la teneur de sa lettre en une version dans laquelle elle écrit noir sur blanc qu'elle autorise le meurtre de sa cousine. Le Conseil royal conclut à la nécessité d'un procès qui se tient les 14 et 15 octobre 1586. Aux accusations portées contre elle, Marie répond qu'elle n'a de comptes à rendre qu'à Dieu. Elle est décapitée le 8 février 1587. Peu après sa mort, Élisabeth prétendra qu'elle n'a jamais donné l'ordre de l'exécuter. Il semble en effet qu'elle aurait dit à son secrétaire, qui lui avait apporté la condamnation à signer, de ne pas la transmettre au bourreau. Remords ou vérité ? Les historiens en débattent encore…

Avec la mort de Marie Stuart, les persécutions contre les catholiques se durcissent encore en Angleterre. Ceux qui sont restés fidèles au pape sont traqués par les hommes de Walsingham. La première condamnation à mort a lieu en 1577, tandis que les jésuites, entrés discrètement dans le royaume, prêchent la révolte. En 1581, le Parlement riposte par une loi contre le prosélytisme, considéré comme un crime de haute trahison : catholiques, anabaptistes ou puritains sont ciblés. Dans toute l'Europe et sur les deux rives de la

Méditerranée, le redoutable Walsingham développe encore son réseau d'espions et fait ainsi surveiller les dissidents religieux et les imprimeries clandestines qui diffusent leurs idées – en particulier en Irlande, restée majoritairement catholique.

Guerre et paix

Parallèlement, la reine Tudor doit se défendre de l'Espagne catholique, alors au zénith de sa puissance. En effet, en 1572, Élisabeth est accusée par le duc d'Albe, le représentant du roi d'Espagne aux Pays-Bas, de venir en aide aux rebelles. C'est pourtant faux, car elle désire plus que tout rester neutre et chasse même de son royaume les exilés protestants venus des Pays-Bas, mais ils obtiennent le soutien de nombreux lords et du Parlement. Le prince Guillaume d'Orange, dit le Taciturne[1], devient alors le chef d'une rébellion nourrie par l'arrivée de volontaires anglais, ce qui avive le contentieux avec Madrid. Quant à l'alliance conclue en avril 1572 entre la France et l'Angleterre, elle est mise à mal quand la reine apprend la nouvelle du massacre des huguenots le jour de la Saint-Barthélemy, le 24 août. Consternée, elle ne cache pas sa colère quand l'ambassadeur de France se présente devant elle le 8 septembre, mais elle sait aussi qu'elle ne peut pas se passer de l'appui du royaume des Lys. En revanche, elle accueille à bras ouverts les persécutés sur son sol.

En novembre 1576, l'épouvantable sac d'Anvers[2] et le massacre de ses habitants compromettent définitivement

1. Guillaume de Nassau, comte d'Orange (1533-1584), est un grand seigneur des Pays-Bas, proche de Charles Quint et de son fils Philippe II d'Espagne. Mais il s'oppose à la politique de persécution contre les protestants, entre en dissidence et rallie à sa cause une partie de la noblesse et le peuple des Provinces du Nord.

2. Le sac d'Anvers, ou « Furie espagnole », a lieu du 4 au 7 novembre 1576. Philippe II, incapable de payer les soldes de

toute tentative de paix entre l'Angleterre et l'Espagne. Réunis en janvier 1577, les états généraux des Pays-Bas affirment leur fidélité à Guillaume d'Orange et à la religion protestante. Tandis que don Juan d'Autriche, fils illégitime de Charles Quint et gouverneur des Pays-Bas, se prépare à l'offensive contre les rebelles du Nord, Élisabeth hésite toujours et se contente de leur envoyer des subsides. Elle veut encore croire à la paix, bien qu'elle ait appris de ses espions que Philippe II a mis en place un plan d'invasion de l'Angleterre. Finalement, en janvier 1578, sous la pression du Parlement, elle se décide à conclure le traité de Bruxelles qui promet aux Pays-Bas son assistance sous la forme d'une aide financière, mais toujours sans intervention militaire.

La rivalité entre Élisabeth et Philippe II ne se résume toutefois pas à des combats indirects sur terre. En effet, ils ont aussi lieu, et de plus en plus souvent, dans l'océan, par l'intermédiaire des corsaires de la reine, qu'elle nomme ses « chiens de mer ». John Hawkins et Walter Raleigh[3] – les plus fameux – s'attaquent aux galions espagnols chargés d'or et d'argent dans la mer des Caraïbes et l'Atlantique. En outre, sous l'impulsion de Francis Walsingham, Élisabeth est la première souveraine à s'intéresser véritablement à la mer. À son avènement, la reine a hérité de trente-sept bateaux – dont seule une vingtaine est capable de prendre le large. Au cours de son règne, elle renouvelle sa flotte et parvient à faire de son royaume une grande puissance navale tournée vers le commerce international, via la mainmise sur les océans. En 1578-1581, l'explorateur Francis Drake réussit

---

l'armée des Flandres basée aux Provinces-Unies, doit affronter les mutineries de ses soldats. Pour les réprimer, les Espagnols mettent Anvers à feu et à sang.

3. En 1605, Raleigh accoste en Amérique du Nord et y découvre une nouvelle terre, qu'il appelle la Virginie, en l'honneur de la reine vierge.

même une circumnavigation autour de la terre, dévoilant ainsi la vulnérabilité des possessions espagnoles dans le Pacifique – qui se résument aux Philippines.

La tension entre les deux royaumes est aussi la source de complots en Irlande, dont les habitants sont, on l'a dit, principalement catholiques. En 1579, une rébellion, naturellement soutenue par le roi d'Espagne, éclate sur place. Élisabeth envoie une armée pour la réprimer violemment, mais, en septembre 1580, une troupe de soldats pontificaux débarque. Les Anglais réussissent à les encercler et tous sont pendus. L'île est alors soumise à une politique de terreur, suivie d'une véritable colonisation. Si la révolte irlandaise a échoué, cette tentative montre toutefois que Philippe II peut défier sa rivale sur ses propres terres. Elle en tire la conclusion qu'il faut riposter en intensifiant l'aide accordée aux rebelles des Pays-Bas, d'autant plus que l'assassinat de Guillaume d'Orange en juillet 1584 rend toute paix impossible.

Dans un manifeste daté d'octobre 1585, Élisabeth justifie son intervention sur place et entre finalement en guerre contre Philippe II, à la fois sur mer et sur terre. Le 14 septembre 1585, une flotte, dirigée par Francis Drake, quitte Plymouth pour les Caraïbes afin de piller et détruire les colonies et les flottes espagnoles. Le favori de la reine, Leicester, veut aussi faire ses preuves : il embarque à la tête d'une flottille de cinquante bateaux pour porter secours aux Pays-Bas. En janvier 1586, les états généraux lui offrent le commandement en chef, mais il décline la proposition pour ne pas mettre sa souveraine en colère, tant il la sait sourcilleuse en la matière.

L'Invincible Armada

Dès 1586, Walsingham reçoit des nouvelles inquiétantes d'un nouveau projet d'invasion de la part de Philippe II. Il préconise alors à Élisabeth de développer sa flotte et de reconstruire le port de Douvres. Du côté de Madrid, les préparatifs sont confiés au comte de Santa-Cruz, un vétéran de la bataille de Lépante ; il sait qu'il peut s'appuyer sur les Pays-Bas espagnols pour envahir l'Angleterre. Les troupes terrestres seront commandées par leur gouverneur Alexandre Farnèse. Le pape Sixte Quint, jamais à court d'anathèmes, voit dans cette aventure une véritable croisade destinée à déposer une reine hérétique, schismatique et usurpatrice.

En mai 1588, l'immense flotte espagnole, composée de cent trente vaisseaux et surnommée l'Invincible Armada, appareille à Lisbonne en direction du nord. Les bateaux accueillent 30 000 hommes, commandés par le duc de Medina Sidonia. La flotte doit faire sa jonction avec l'armée espagnole au nord de la France, avant de traverser la Manche et d'envahir l'île. L'Armada est composée de plusieurs escadres : celles du Portugal, du golfe de Gascogne, de Castille, du Guipuscoa, d'Andalousie et du Levant. Côté anglais ne sont mobilisés que cent vingt bateaux, très disparates, car la plupart ont été réquisitionnés à des armateurs. Élisabeth ne peut donc opposer à cette Armada qu'une flotte et une artillerie beaucoup plus modestes, mais ses hommes ont l'avantage de connaître le terrain et d'être sur place, ce qui permet de faire venir toujours plus de soldats et de munitions à proximité des champs de bataille. Celle qui se prépare est sans conteste l'une des plus importantes de toute l'histoire.

Le 20 juillet 1588, trois escadres sortent de Plymouth pour attaquer les premiers bateaux espagnols. Le lendemain, Francis Drake pille un galion. Ce ne sont que des préliminaires, car, les jours suivants, des vents contraires empêchent les Anglais d'occuper la mer. La bataille reste donc indécise. Élisabeth décide alors de quitter Londres pour rejoindre ses troupes et s'installer dans un camp militaire situé à l'embouchure de la Tamise, où elle retrouve son cher Leicester.

Début août, chevauchant un hongre gris, vêtue d'une robe blanche et protégée par une cuirasse d'argent, elle galvanise l'armée grâce à un célèbre discours qui résume à lui seul sa relation avec ses sujets. Soulignant habilement une prétendue faiblesse féminine, elle revendique « le cœur et les tripes d'un roi, et qui plus est d'un roi d'Angleterre », et se dit prête à mourir pour sa patrie. Cette harangue « churchillienne » entre dans les annales de l'histoire anglaise pour toujours et consacre Élisabeth comme chef de guerre.

Le sort des armes lui donne raison. Dieu est avec les Anglais, ou du moins la météorologie. En effet, lors de l'affrontement final du 8 août, au large de Gravelines, les éléments déchaînés dispersent les navires espagnols. Au lieu de faire retraite vers le sud, ils décident de virer vers le nord, par l'Écosse, où de fortes tempêtes les attendent. Les bateaux sombrent ou sont précipités contre les falaises. Lorsque les navires rescapés de l'« Invincible » Armada regagnent l'Espagne, la reine vierge est soulagée. Le dimanche 24 novembre, dans la cathédrale St. Paul de Londres, sous les hourras de son peuple, Élisabeth, à l'apogée de son pouvoir, célèbre sa victoire, son trône sauvé et l'hyperpuissance espagnole vaincue.

Le crépuscule d'une reine

Malgré sa robe de soie blanche et les fards qui tentent de masquer les ravages du temps, la reine vieillit et voit ses amis et conseillers passer tour à tour de vie à trépas. Le 2 août 1589, le roi de France Henri III est assassiné, et son cousin protestant Henri de Navarre devient le roi d'un pays déchiré par les guerres de Religion. Il s'empresse de maintenir l'alliance anglaise contre les Espagnols, dont les armées sont entrées dans son royaume et approchent de Paris. En août 1591, Élisabeth lui envoie une troupe pour chasser les envahisseurs de Dieppe, mais les alliés anglais et français échouent à libérer Rouen. En conséquence, le Parlement, en 1593, décide de durcir encore les mesures contre les catholiques et les puritains. Quand Élisabeth apprend la conversion d'Henri IV au catholicisme, elle lui écrit une longue lettre pour l'en dissuader, craignant qu'il ne se rallie aux Espagnols, mais il n'en fait rien. Les deux monarques sont las des guerres et aspirent à la paix.

Pourtant, la reine d'Angleterre n'en a pas encore fini avec son vieil ennemi. En effet, entre 1594 et 1603, l'Irlande catholique se rebelle de nouveau et le roi d'Espagne la soutient. En 1599, la souveraine charge son nouveau favori, le comte d'Essex[4], d'écraser le soulèvement, mais il échoue. Cet état de guerre permanent éloigne Élisabeth de son peuple, alors que les paysans doivent endurer une succession de mauvaises récoltes. Dans ce contexte tendu, les luttes de clans au cœur du Conseil royal s'intensifient, d'autant plus que la souveraine, en vieillissant, devient méfiante, acariâtre et colérique, n'hésitant pas à rudoyer ses conseillers qui la supportent tant bien que mal. Redoutant un attentat, elle ne sort plus guère du palais de Whitehall. Deux hommes jouent sur ses peurs : le comte d'Essex et Robert Cecil[5]. L'un est aussi beau que l'autre est laid ; tous les deux sont devenus des ennemis mortels dont la haine menace son autorité. Quand Robert Devereux rentre d'Irlande le 27 mars 1599 – sans avoir demandé la permission à la reine –, il est acclamé par le peuple, ce dont Élisabeth prend aussitôt ombrage. Très vite, elle le soupçonne de vouloir s'emparer du pouvoir. Essex lui écrit pour

---

4. Né en 1565, Robert Devereux est réputé pour sa beauté et ses talents artistiques. Fait comte d'Essex par la reine, il se révèle être un piètre homme d'État.

5. Robert Cecil (1256-1612) a succédé à son père auprès de la reine comme principal conseiller après la mort de Francis Walsingham, son mentor. Élisabeth le surnommait « le Pygmée ».

se disculper et se présente au Conseil royal du 29 septembre pour se justifier, mais il a la désagréable surprise d'être aussitôt arrêté. Finalement innocenté par le tribunal royal, le comte rentre chez lui, bien décidé à se venger. Ses nombreux partisans se réunissent en secret à Londres pour monter leur projet : s'emparer de la capitale pour se rallier le peuple et le mobiliser contre la Couronne. Mais Essex franchit le pas de trop lorsqu'il se rend dans la cité pour prendre à partie les citoyens… qui ne le suivent guère. À l'instigation de Robert Cecil, il finit par être arrêté, jugé et décapité le 25 février 1601. La reine est toutefois très affectée par la mort de son dernier favori : en 1602, un observateur rapporte même que « son plaisir était de s'asseoir dans le noir et de verser des larmes sur Devereux ».

Plongée dans une profonde dépression, Élisabeth se laisse progressivement dépérir, refusant de manger et de sortir de son lit. Elle meurt le 24 mars 1603, à l'âge de 69 ans, après quarante-quatre ans au pouvoir. Quelques heures plus tard, le Conseil royal proclame Jacques VI d'Écosse (le fils de Marie Stuart) roi d'Angleterre; puis Élisabeth est enterrée dans l'abbaye de Westminster. Le seul monarque étranger qui prenne son deuil est son ami Henri IV. Le peuple anglais la pleure abondamment, mais pas longtemps, car il est lassé d'un si long gouvernement et aspire à la nouveauté. Toutefois, les Anglais sont déçus par le roi Stuart et regrettent vite leur reine vierge, héroïne de la cause protestante, à l'opposé de son successeur.

La triste fin d'Élisabeth ne doit néanmoins pas masquer la grandeur de son règne : véritable âge d'or, il a bénéficié d'une longue période de paix intérieure et de prospérité. L'héritière des Tudors a réalisé les rêves de grandeur de son père Henri VIII : désormais, il faut compter avec cette puissance navale, commerciale et diplomatique qui commence à dominer l'Europe et les océans. En outre, si la reine n'a jamais été une vraie mécène, son siècle est aussi celui de William Shakespeare et de Christopher Marlowe. Bien après son décès, elle devient une figure tutélaire pendant les guerres napoléoniennes et, plus récemment, lors des deux conflits mondiaux du XXe siècle. Enfin, la souveraine a donné naissance à d'innombrables œuvres de fiction ; le cinéma, s'appuyant tantôt sur sa légende noire, tantôt sur sa légende dorée, en a même fait l'un de ses sujets favoris.

La reine vierge, en véritable femme de pouvoir soucieuse de sa postérité, a pris soin de résumer elle-même ses longues années durant lesquelles elle a tenu les rênes de l'État :

> [En un temps] où les guerres et les révoltes avec de cruelles persécutions ont affecté presque tous les rois et pays autour de moi, mon règne a été paisible et mon royaume un réceptacle pour cette Église affligée. L'amour de mon peuple a été ferme et les désirs de mes ennemis ont été contrariés.

Bibliographie sélective

Cottret Bernard, *La Royauté au féminin. Élisabeth Ire d'Angleterre*, Paris, Fayard, 2009.
—, *Les Tudors*, Paris, Perrin, 2019.
—, *Ces reines qui ont fait l'Angleterre*, Paris, Tallandier, 2021.
Duchein Michel, *Élisabeth Ire d'Angleterre. Le pouvoir et la séduction*, Paris, Fayard, 1992.
Zweig Stefan, *Marie Stuart*, Paris, Le Livre de Poche, 2001.

7

Anne d'Autriche (1601-1666), « femme de pouvoir » malgré elle

PAR SIMONE BERTIÈRE

Qui est Anne d'Autriche ? Qu'a-t-elle fait pour figurer parmi les femmes qui, tels des hommes, ont gouverné leurs États d'une main qui ne tremblait pas ? Son patronyme renvoie au pays d'origine des Habsbourg, mais elle est issue de la branche espagnole. C'est pour célébrer la réconciliation entre Paris et Madrid, après plus de un siècle d'affrontements, qu'ont été négociés en 1615 les mariages croisés entre fils et filles des deux pays. Anne est censée, par son influence, ramener la France dans l'orbite espagnole. En vain : c'est le contraire qui prévaut du vivant de son époux. Mais la naissance tardive d'un dauphin, puis le veuvage la qualifient ensuite pour une régence, lui ouvrant l'accès à l'autorité suprême, qu'elle n'a jamais convoitée. Et l'obsession de la transmettre, intacte, à son fils qui n'a encore que 4 ans et demi opère en elle une métamorphose. Elle ne sait pas gouverner ? Pour lui, elle apprend peu à peu, sur le tas, et elle se heurte à de redoutables obstacles. En sus de son intuition de femme, elle les aborde avec une intelligence et un courage qui font d'elle une vraie souveraine.

Un couple mal assorti

Arrière-petite-fille de l'empereur Charles Quint, Anne est la princesse la plus titrée de l'Europe catholique. Elle en épouse le souverain le plus convoité. Symétrie trompeuse : Louis XIII dispose de la plénitude du pouvoir, la reine, elle, n'a aucun droit, rien que des devoirs. Le principal d'entre eux est de donner un héritier à son époux. Cependant, Anne a été préparée par son père à un rôle d'ambassadrice d'appoint. Elle possède tous les atouts nécessaires. Elle est intelligente et on la dit fort belle. À la vérité son nez, un peu trop long, risque de forcir avec l'âge et la moue typique des Habsbourg alourdit l'ourlet de sa lèvre inférieure. Mais ses grands yeux bruns, striés de reflets verts, illuminent un visage d'un ovale régulier. Son abondante chevelure châtain, frisée à grosses boucles, présente quelques reflets de leur blondeur native. Ses mains, très blanches, joignent à la finesse une extrême mobilité qu'elles conserveront dans un âge avancé. Elle est à l'évidence de type flamand. Sa carnation laiteuse lui vaut un teint fragile, qu'elle a longtemps gâté en se fardant trop de rouge. Mais elle resplendit de santé et affiche une joie de vivre dont s'accommode fort bien sa piété sereine.

Plutôt que sa beauté, c'est son charme qui fascine. Il émane d'elle une séduction immédiate, que ne dépare aucune minauderie, mais qui n'a rien à voir non plus avec de la douceur. Elle plaît à tous, sans distinction de sexe ou d'âge, et l'on est incité à lui plaire en retour. Elle en tire un pouvoir qui survivra au passage des années. Que n'est-on prêt à faire pour elle ? Déjà les soupirants s'agglutinent, sous couleur d'« innocente galanterie » selon Mme de Motteville, et l'impudent envoyé britannique, Buckingham, se permet des comportements qui outrepassent les bienséances. Pour son époux, désormais atteint d'une infection intestinale très grave, dont les abcès récurrents mettent parfois sa vie en danger, le temps est loin de leur brève lune de miel[1]. Elle tarde à lui donner un dauphin. La patience n'étant pas son fort, il se berce d'espérances illusoires, dont il lui impute l'échec supposé. Ombrageux et fragile, il souffre et son humeur s'en ressent.

Ils n'ont quasiment rien de commun. Si au moins ils pouvaient avoir une franche explication ! Elle l'intimide. Il s'en veut de ne pas la dominer. Hélas ! il a conservé de son bégaiement infantile l'horreur de toute confrontation verbale. C'est donc par écrit qu'il lui transmet ses ordres et lui signifie l'incessant renouvellement de son entourage. Il l'enferme dans un réseau de surveillance, dont elle parvient soit à franchir les mailles grâce à des complicités extérieures, soit à desserrer l'étreinte en retournant les espions, émus par ses larmes. Elle y gagne un statut de victime qui lui vaut la sympathie générale. Mais comme nul n'ose incriminer le roi, on en tient rigueur au ministre qui, depuis 1630, a pris en main la conduite des affaires, le cardinal de Richelieu. La cause de la recluse rejoint ainsi celle de la turbulente noblesse, luttant contre la mise au pas qui lui est imposée. C'est de la reine que se réclament les rebelles, c'est sous sa bannière que se rassemblent les comploteurs acharnés à la perte du pernicieux conseiller.

D'un mal peut sortir un bien

Contre Richelieu s'accumulent bientôt des griefs supplémentaires. Les Espagnols ne cessant de pousser leurs pions en Italie du Nord, il a convaincu le roi, en 1635, de leur

1. Après un simulacre de consommation au soir du 25 novembre 1615, les deux adolescents, réunis en 1619, avaient vécu une année heureuse.

déclarer la guerre. Anne est au désespoir. L'aîné de ses frères, Philippe IV, a remplacé leur père à Madrid ; le cadet, dit le cardinal-infant, dirige de Bruxelles la campagne militaire sur le front Nord-Est. Un résidu de cordon ombilical relie encore leur sœur à eux : des échanges épistolaires circulent par des voies détournées. Leur donne-t-elle des informations majeures ? Tout ce qu'elle peut dire est de notoriété publique. Mais, légalement, elle se rend coupable de correspondance avec l'ennemi. Ses relations avec les milieux dévots, où l'on prône une paix « blanche[2] », achèvent de la compromettre. Richelieu, voyant le pacifisme gagner du terrain, jusque auprès du roi, se décide en 1637 à crever l'abcès.

Menée par lui à la mi-août, la confrontation entre les époux tourne au psychodrame. Ne pouvant sévir contre elle, on choisit de la dompter. Lors d'un interrogatoire serré, elle boit jusqu'à la lie le calice de l'humiliation. Convaincue de mensonge et de parjure, il lui faut s'engager, par serment écrit, à se conduire dorénavant « selon son devoir ». Mais, en retour, Louis XIII promet de vivre avec elle « comme un bon roi et bon mari doit faire avec sa femme ». Assuré de sa soumission, il s'y applique enfin avec succès : le 5 septembre 1638 vient au monde un dauphin, bientôt suivi d'un autre fils. La joie d'être père lui inspire-t-elle quelque affection pour son épouse ? Elle renforce au contraire son écrasant mépris. Mais Anne n'en a que faire. Elle sort de l'épreuve largement gagnante. Mère d'un fils appelé à succéder bientôt à son père malade, elle se trouve promise à une régence d'une durée inhabituelle, où ses choix seront déterminants. De jour en jour, elle mesure le poids que lui donne sur l'échiquier politique son pouvoir à venir.

Déjà, elle est mieux traitée. Contre l'avis du roi, on lui laisse, sous stricte surveillance, le soin de ses enfants. À

---

2. Une paix annulant de part et d'autre tous les gains acquis durant la guerre, alors que la France était en passe de la gagner.

Saint-Germain, elle peut savourer les joies de la maternité et faire admirer à un entourage, désormais bienveillant, les premiers exploits de son aîné, qu'elle idolâtre. Le soupçon ne l'effleure pas que Richelieu est à l'origine de ces faveurs. Elle conserve ses préventions contre lui, comme fauteur de guerre et principal responsable des vexations qu'elle a subies. Avertie que son beau-frère Gaston d'Orléans et le favori du roi, Cinq-Mars, mènent des négociations avec l'Espagne pour éliminer le cardinal, elle applaudit, prête à s'engager. Le complot déjoué, elle découvre épouvantée que les conjurés se sont vendus à Philippe IV pour vassaliser la France. Va-t-elle être suspectée de complicité ? Ô miracle ! Aucun des accusés ne mentionne son nom – peut-être ne leur a-t-on pas posé la question… Elle finit par comprendre que Richelieu, mourant, l'a élue pour maintenir en tant que régente la ligne politique en cours – la seule qui soit propre à faire de son fils le maître en son royaume. La voici enfin pleinement française.

L'accès au pouvoir

Louis XIII n'était pas aimé. Lorsqu'il meurt enfin le 14 mai 1643, Anne d'Autriche doit aux rigueurs qu'il lui a infligées un gros capital de sympathie. Nul ne soupçonne sa récente métamorphose. On s'attend à la voir signer la paix dans des termes voulus par Madrid. Or, elle en est loin ! Il lui faut donc s'assurer au plus vite d'avoir les coudées franches. Le défunt, contraint par tradition de lui confier la régence, avait résolu, dans son testament, de la flanquer d'un Conseil où sa voix serait neutralisée. Démarche illégale[3] ! Il suffit d'un « lit de justice » où trône l'enfant roi, le

3. Selon les lois fondamentales du royaume, le roi ne peut pas contraindre son successeur. Aussi avait-il fait jurer à son épouse de se conformer à ses volontés. Mais elle, bien conseillée, avait

18 mai 1643, pour que le Parlement en décerne le titre à sa mère sans limitation de pouvoir – à cette réserve près que son oncle Gaston d'Orléans assurera le commandement des armées. Elle en sort sous les acclamations et le soir même elle annonce, à la surprise générale, qu'elle prend pour principal ministre Mazarin, un protégé de Richelieu, expert en politique étrangère, dont Louis XIII avait fait *in extremis* le parrain de son fils. Le message est clair : la continuité prévaudra à l'extérieur comme à l'intérieur. Pas question de compromis avec les deux Habsbourg, celui de Vienne, sur qui Turenne est tout près de l'emporter, et celui de Madrid, contraint d'abandonner la Picardie après la prise d'Arras et de lâcher tout récemment le Roussillon. La régente se garde bien de suspendre la campagne du fougueux duc d'Enghien qui, le lendemain, 19 mai, taille en pièces les *tercios* espagnols à Rocroi. Pour ses pieux amis, la déception est rude. Pour son frère Philippe IV aussi.

Condamnée à gagner la guerre, Anne doit se donner les moyens de la victoire. Or elle en sous-estime les difficultés. Propulsée de l'extrême sujétion à un pouvoir sans bornes apparentes, elle se fait de la monarchie une idée simpliste : un souverain a par essence tous les droits et ses décisions ne sont pas négociables. Elle croit qu'il en va de même pour l'autorité temporaire qui lui est déléguée au nom de son fils : en toutes choses, sa volonté doit prévaloir. En revanche, la gestion des affaires au jour le jour la rebute. On la dit paresseuse : « La pesanteur du sceptre l'incommodait », explique Mme de Motteville. Peu importe ! Mazarin s'en chargera, il lui suffira de garder le cap fixé par Richelieu.

La reine tient un minimum de Cour, mais elle jouit surtout de sa liberté retrouvée. Elle vit à l'heure espagnole, se

préalablement fait enregistrer par un notaire que la contrainte subie entraînerait la nullité du serment.

couchant tard, se levant tard. Longtemps frustrée de dévotion extérieure, elle accumule les manifestations de piété. On la voit courir d'une église à l'autre pour les fêtes carillonnées. Elle visite les couvents féminins où la règle est légère, qui lui offrent une forme de vie privée : elle y tient des conversations sans contrainte, en savourant ses friandises préférées. Mais chaque jour, elle se réserve un temps pour prier seule, dans l'oratoire qui fait suite à sa chambre. Dans l'exercice de ses fonctions, en revanche, elle se contente de dispenser charges et gratifications au gré de ses sympathies. Il n'est qu'un cri dans Paris : « La reine est si bonne... » Jusqu'au jour où l'imminence de la banqueroute laisse sur le carreau un gros contingent de quémandeurs et où les charges font défaut pour satisfaire les anciens amis[4]. Il apparaît alors qu'elle a tout à apprendre dans l'art de gouverner.

Elle croit avoir du temps devant elle : l'âge du petit roi – 5 ans à peine – lui promet, jusqu'à sa majorité à 13 ans, une longue régence préservée de toute contestation. C'est oublier que les Français, eux, ont hâte de démanteler les mesures prises par Louis XIII, notamment la concentration des pouvoirs entre les mains du roi au détriment des instances intermédiaires – noblesse d'épée et noblesse de robe. Quand se tarit le flot des largesses, les mécontents s'agitent en ordre dispersé tout d'abord, avant de se coaguler en rébellion ouverte, puis en guerre civile entre 1648 et 1651. Comme il subsiste quelque respect pour l'autorité royale, on ne s'en prend pas directement à la régente : les attaques, d'une extrême violence, se concentrent sur son ministre.

4. Voir notamment la rancœur de La Rochefoucauld dans ses *Mémoires*.

Le magistère de Mazarin

Les Français n'ont jamais accepté Mazarin. Très attachés à la monarchie, prêts à se soumettre à leur souverain légitime, ils n'aiment pas le voir se décharger de sa tâche sur des serviteurs. Anne, étant femme, ne peut y échapper. Mais pourquoi est-elle allée chercher cet étranger, qui détonne chez nous ? Un diplomate pontifical en pays gallican, doté d'un accent italien à couper au couteau[5] ? Missionné par Richelieu, il y a mis du sien. Il s'est engagé auprès d'elle selon le rituel d'un gentilhomme s'offrant à son suzerain. Il sera sa « créature ». Elle tient son sort entre ses mains. Elle peut faire sa fortune, mais aussi la défaire. Seul, sans appuis, il lui doit tout. S'il lui déplaît, elle peut le congédier, l'emprisonner, le faire périr. S'il s'éloigne un temps, elle peut l'oublier. Dans l'immédiat, il la protège, attirant sur lui l'impopularité. Roturier, venu d'ailleurs, il fait figure d'« usurpateur. » A-t-il hésité devant un tel cahier des charges ?

Il feint d'être à l'essai, mais il n'a pas le choix. Car il s'est également lié, auprès de Louis XIII, par un engagement très lourd. En acceptant le parrainage du dauphin, il a promis de le mener jusqu'à sa pleine maturité. Et cet engagement-là, moral et religieux, lui assigne un rôle fixé par l'Église, celui de suppléer dans les familles le père disparu. Il n'est donc pas surprenant de le voir promu surintendant de l'éducation des enfants royaux. En revanche, on peut admirer qu'il s'y soit impliqué à ce point personnellement – pour l'aîné. Très tôt, il fait la conquête de l'enfant roi en le prenant au sérieux et en répondant à ses questions. Entre eux, confiance

5. Les mazarinades en ont fait leurs choux gras. Retz a vu en lui « l'original » d'un personnage de la comédie italienne, Trivelin.

et affection ne feront que croître au fil des années[6], avec l'approbation d'Anne d'Autriche.

Le seul point de discorde entre elle et son ministre concerne sa pratique religieuse. Il lui reproche de passer, en prières et surtout en visites dans les églises et couvents parisiens, un temps qui serait mieux employé à la conduite des affaires du royaume. Ces préventions cachent mal l'inquiétude que lui inspire sa fréquentation des milieux dévots, ardemment pacifistes. Ce sont eux en effet qui montent à l'assaut dès qu'elle l'installe au Palais-Royal pour des raisons de sécurité. Les rumeurs courent, les mises en garde se multiplient : il est encore jeune, il est bel homme, elle se compromet, elle va se perdre…

Ce n'est pas faux, Mazarin lui a plu. En bon Méridional, il a l'œil noir, ainsi que le cheveu et la moustache. Svelte, élégant, raffiné même et plein d'esprit, il parle le castillan le plus pur. Jamais à court d'anecdotes, il ravit les salons et les cabinets politiques. On ne lui connaît aucune liaison[7]. La quarantaine est pour lui l'âge du plein épanouissement. Hélas ! Anne, qui n'a que huit mois de plus que lui, paie en tant que femme un tribut plus lourd au temps qui passe. Elle a pris des rondeurs, un double menton et l'éclat de son teint s'est terni, mais ses mains sont toujours blanches, et il émane encore d'elle un parfum d'arrière-saison. Y a-t-il là de quoi faire chavirer les sens d'un homme aussi averti des ravages que peut déclencher dans les cours d'Europe la conjonction des amours et de la politique ? Bien que leurs ébats supposés inspirent aux pamphlétaires des torrents de boue, leurs

---

6. Un ministre « qui m'aimait et que j'aimais… », confirme Louis XIV dans ses *Mémoires*.

7. N'étant pas prêtre, il n'avait pas fait vœu de chasteté. Mais bien que les mazarinades diffusées pendant la Fronde lui aient prêté toutes les pratiques possibles, en des termes d'une extrême crudité, jusqu'à présent aucune recherche n'a rien découvert de sérieux sur sa sexualité.

familiers n'y croient guère. Aux raisons d'ordre moral et religieux susceptibles de les retenir s'ajoute – argument rédhibitoire – la présence du petit roi grandissant, qui partage la vie de sa mère et lui voue une affection possessive[8].

Dans ces conditions, l'offensive menée d'emblée contre l'intrus par les dévots amis de la reine manque son but. Elle juge leurs avis insultants, pour sa personne et pour son autorité : ne prétend-on pas l'empêcher de choisir ses serviteurs à son gré ? C'est avec l'énergie de l'innocence offensée qu'elle défend son ministre, qui en sort confirmé et renforcé. Il en ira de même plus tard face aux « mazarinades ». La conclusion s'impose : si elle avait été coupable, les dévots auraient fini par l'emporter.

Mais Anne est sentimentale, elle a besoin d'« amitié ». Elle appartient à une génération qui s'est gavée de romans de chevalerie et a dévoré *L'Astrée*[9]. On y trouve à foison le motif de la dame et de son chevalier servant multipliant les exploits en vue d'une inaccessible conquête, assorti d'un discours amoureux célébrant les vertus de l'élue et permettant aux deux partenaires de créer entre eux, sur le mode virtuel, une relation qui leur est refusée ici-bas. Tel est le modèle qui commande plus tard les lettres échangées entre Anne et Mazarin : séparation, attente, espoir de retrouvailles sont autant de thèmes obligés. Sont-ils vraiment entrés dans ce jeu ? En vérité, le lien qui les unit n'est pas d'ordre amoureux, il ne tient pas non plus à la seule amitié. C'est plutôt une fraternité de compagnons, de combattants qui gouvernent ensemble et luttent ensemble pour l'enfant dont ils ont la charge. Ils sont unis pour une tâche menée à bien : son éducation. Une

8. Dans leur correspondance, son nom de code, ô combien éloquent, est « le confident ».

9. Roman pastoral d'Honoré d'Urfé, publié entre 1610 et 1627, mettant en scène dans un cadre champêtre une société idéale, qui servit de bréviaire mondain à toute une génération.

famille ? Cela y ressemble très fort, dans le meilleur sens du terme.

Reste à voir Anne « sur le terrain » au fil du temps, avec Mazarin, puis sans lui. N'étant jamais sortie de la Cour, elle n'a pas la moindre idée de ce que peuvent être « ses peuples », hormis des sujets voués à lui obéir. Or ils se préparent à lui résister. Très entière, elle n'est pas prête à transiger. Ce n'est donc pas dans l'exercice serein de son autorité qu'elle se révèle, mais sur la défensive, dans la tourmente, face à la Fronde.

Premiers heurts

L'année 1648 est d'abord marquée par un gros succès. À Vienne, l'empereur, vaincu par Turenne appuyé de troupes suédoises et hollandaises, se résigne au traité de Westphalie, qui consacre la partition religieuse de l'Allemagne après trente ans de conflits ravageurs. Mais lourde déception : le roi d'Espagne refuse de s'y associer. La France doit donc continuer la guerre, privée d'une partie de ses alliés. Et la guerre coûte cher, très cher[10]. Le trésor est vide et, pour augmenter les impôts, il faut en passer par le Parlement de Paris[11]. S'ensuivent deux crises très graves : une révolte contre la pression fiscale, dite Fronde parlementaire, pilotée par les magistrats et relayée auprès du peuple par le coadjuteur de l'archevêché[12], puis une Fronde des princes, menée par la haute noblesse pour retrouver sa liberté d'action, que Richelieu avait tenté de brider.

10. Tous les cadres de l'armée sont issus de la noblesse, mais la piétaille est formée de mercenaires qui se vendent au plus offrant.

11. Ce n'est pas une assemblée élue dotée de pouvoirs législatifs, mais un tribunal chargé de veiller à ce que les lois voulues par le roi soient compatibles avec l'ensemble de la législation.

12. Paul de Gondi, futur cardinal de Retz et mémorialiste.

Anne d'Autriche les vit très mal. Toute résistance suscite en elle une tornade d'émotions, annihilant la raison. L'opposition du Parlement aux mesures fiscales est à ses yeux un « assassinat de l'autorité royale », qui appelle vengeance. Écrasante de mépris, elle éructe face aux robins[13] courtois délégués pour s'expliquer, les traitant de « vieux fols », menaçant de les châtier jusque dans leur descendance. Elle repousse les harengères de la Halle qui implorent charité : elle les tient pour « canaille ». Non, quoi qu'en dise Mme de Motteville, elle n'est pas douce et la compassion n'est pas son fort[14]. Un ancien fond de violence, refoulé lors de sa vie conjugale, l'habite encore, prêt à resurgir. Lorsqu'on l'incite à relâcher le vieux Broussel, idole des émeutiers parisiens, elle ne songe qu'à « l'étrangler de [s]es mains » – avec geste à l'appui –, tandis que sa voix aigre monte en fausset. Et quand la situation s'envenime, elle projette de « ne plus parler à ses peuples que par la bouche de ses canons ».

Elle est tout de même assez intelligente pour mesurer, après coup, que la violence verbale n'est pas le meilleur chemin vers la paix civile. Mazarin y remédie en se faisant psychologue et pédagogue. Avant tout, il la rassure. Sur les faits, qu'il ramène à leur juste mesure, mais surtout sur sa violence, qu'il dit maîtrisable. Loin de la culpabiliser, comme le ferait un moraliste, il affirme comprendre ses sentiments, très naturels mais incompatibles avec l'exercice du pouvoir, qui a pour finalité l'intérêt de l'État. Elle en convient et s'applique à réprimer ses pulsions, à dompter son impatience et à « donner du temps au temps », à écouter, à débattre et à négocier. À dissimuler aussi ? Elle savait faire naguère.

13. Terme familier, dû au costume des magistrats.

14. La mémorialiste témoigne de sa joie indécente après la victoire de Nördlingen, coupée net par Mazarin : « Madame, il y a tant de morts… »

À pardonner, comme lui ? C'est moins sûr, mais qui le sait ? Sa piété est sincère. Il la guide d'abord pas à pas, suspendant d'un coup d'œil une intervention inopportune ou lui dictant à l'avance les propos à tenir, les réponses à prévoir face aux questions qu'on ne manquera pas de lui poser. Dès la Fronde des princes, elle n'a plus besoin de ce stratagème. Mais sa ténacité ne désarme pas. Combative, elle n'a peur de rien – par inconscience du danger ? ou parce qu'elle sait n'en courir aucun physiquement ? Il s'agit plutôt d'une intrépidité native, qui tient à sa dignité, à la grandeur de son lignage. Elle ne cherche pas les épreuves et n'en tire aucun plaisir. Mais elle répugne aux replis tactiques et refuse de s'abaisser. Elle a du ressort et une incroyable endurance.

Les deux Frondes

La révolte des magistrats lui tient lieu de premier test. Prise de court par l'ampleur d'un soulèvement populaire capable de couvrir Paris de barricades, elle choisit de réduire la ville par la force. Elle compte pour cela sur les troupes du duc d'Enghien – devenu prince de Condé. Toute séduction déployée, elle mêle pour lui aux louanges et aux promesses la perspective de s'ériger en sauveur providentiel d'une femme en danger. C'est entendu, il domptera Paris. Elle n'a plus qu'à en sortir discrètement. Le 5 janvier 1649, au soir des Rois, donnant le change avec sang-froid, elle préside au tirage de la fève avant de rejoindre les carrosses prêts à emmener toute sa Cour à Saint-Germain, où elle affronte sans broncher le froid et l'inconfort. Dans la capitale, affamée par le blocus de ses voies d'approvisionnement et transformée en petite Venise par la montée des eaux de la Seine, les rebelles ne tardent pas à crier grâce, et la paix de Rueil, le 11 mars, met un terme à la Fronde parlementaire.

Hélas ! Condé prend le relais. Car, en guise de salaire, il ose exiger la haute main sur toutes les nominations du haut en bas de l'armée. « Autant aller le faire sacrer à Reims » à la place du roi, ironise Retz ! Le refus de la régente déchaîne sa colère. Fort de sa famille et de sa vaste clientèle, il entame contre elle une campagne d'insultes personnelles directes. La réponse d'Anne est à la hauteur de l'offense : son arrestation, conjuguée à celle de son frère Conti et de son beau-frère Longueville. Pas facile ! Leurs maisons sont des forteresses et aucun ne sort sans escorte. Le seul endroit où ils soient tenus d'entrer désarmés est la demeure du roi. Le succès du piège, monté avec précision, repose sur Anne. Convoqués séparément au Palais-Royal pour des motifs futiles le 18 janvier 1650, ils s'y retrouvent tous trois, fort surpris, mais pas inquiets, la tenue d'un conseil étant prévue. La reine se dit souffrante, ils la découvrent étendue sur son lit dans sa chambre et la saluent sans un regard pour son fils, qui joue dans un coin. Puis ils se retirent dans un cabinet voisin pour attendre les autres participants. Surgit soudain le petit roi de 11 ans, qui leur délivre un message avant de disparaître : « Maman dit qu'on doit aller dans la galerie. » Ils y vont… et des gardes s'en saisissent. Alors Anne, réfugiée dans son oratoire, embrasse son fils en remerciant Dieu.

Jusqu'alors, le jeune roi ne constituait pour elle un atout que sous forme d'image. C'était un bel enfant, que les gravures rendaient populaire, surtout auprès des femmes. Nul besoin de l'avoir vu en vrai pour l'aimer, et l'affection qu'on lui portait rejaillissait sur sa mère. Mais il restait hors champ. Il devient dès lors un partenaire attitré, ainsi que l'enjeu d'un conflit où se joue son avenir.

L'année terrible

Privé de ses chefs emprisonnés au Havre, le parti des princes laisse souffler la régente jusqu'à la fin de l'année 1650. Une tournée en province lui permet d'y affirmer son autorité. Mais tout se gâte en janvier suivant : les survivants de la « vieille Fronde », passant l'éponge sur le blocus de Paris, ont pactisé avec les Condéens. Et l'éternel comploteur Gaston d'Orléans a fait chorus. Haro sur Mazarin, artisan de leurs déconvenues ! À Paris, celui-ci ne peut mettre un pied dehors depuis que le Parlement l'a déclaré « perturbateur du repos public », faisant de lui une cible offerte. Le séjour y devient pour lui périlleux. Il s'en va le premier, dans la nuit du 6 au 7 février, et se rend à Saint-Germain où Anne et son fils doivent le rejoindre. Anxieuse, elle broie du noir :

> Je voudrais qu'il fût toujours nuit : car quoique je ne puisse dormir, le silence et la solitude me plaisent, parce que dans le jour je ne vois que des gens qui me trahissent.

Comment leur répondre, sinon par une égale duplicité ?

Tout est prêt pour son départ dans la nuit du 9 au 10. Hélas ! le bruit en a couru. Les amis de Condé battent le pavé en armes, les habitants hurlants assiègent le Palais-Royal. Anne craint que Gaston, plus dissimulé que jamais, n'en profite pour lui enlever son fils. Au lieu de s'affoler, elle réfléchit. En écoutant les cris des émeutiers, elle comprend soudain que les Parisiens, qui eux n'ont pas oublié le blocus, ne veulent qu'une chose : que le roi reste au Palais-Royal, parce que sa présence leur semble le meilleur rempart contre les intrusions militaires. L'émissaire envoyé aux nouvelles par son beau-frère la trouve donc rassérénée. Elle lui fait voir son fils endormi – ou feignant le sommeil. Il en sort prêt à jurer qu'elle n'a jamais songé à partir et il en informe la rue. Il a vu le roi ? Vraiment ? Les plus hardis franchissent les grilles, criant qu'on le leur montre. Ils ne sont pas agressifs. Alors Anne, hardiment, leur ouvre les portes et les fait conduire à leur tour dans la chambre de l'enfant. Ils le regardent dormir, éperdus de respect et d'admiration, et se retirent en priant Dieu de conserver leur jeune roi. La reine réédite l'exploit sur les officiers de la garde bourgeoise. Puis elle en invite deux, les entretient avec cordialité, les appelant « monsieur », évoquant le temps où l'un d'eux était laquais à la Cour. Et ils s'en vont chantant ses louanges. Anne d'Autriche a fait d'énormes progrès. Le sens politique lui est venu. En jouant le peuple contre les grands, elle réinvente la démagogie.

Elle se trouve alors dans une situation singulière, prisonnière du peuple mais protégée par lui, et séparée de Mazarin que Condé, libéré, a chassé comme un chien. Le malheureux a trouvé refuge à Brühl chez l'archevêque de Cologne. Inutile de s'appesantir sur ses essais de direction politique par correspondance. Les événements courent trop vite, invalidant ses conseils. En le contraignant à fuir, les frondeurs, le croyant irremplaçable, pensaient réduire la régente à merci ? Au contraire, ils la conduisent à se surpasser. Cette femme qu'on disait indolente va mener seule, en 1651, dans l'exercice d'une souveraineté qu'on lui conteste, un combat où elle conquiert enfin son autonomie et imprime aux affaires sa marque propre.

La victoire à l'arraché

En cette mi-février de 1651, elle croit toucher au but : Louis XIV atteindra ses 13 ans le 5 septembre. Proclamé majeur, il pourra gouverner à sa guise. Mais elle n'est pas seule à y penser. La perspective de le voir réviser toutes les attributions de charges donne des sueurs froides aux partisans des princes. Ils imaginent donc de faire repousser sa majorité à 18 ans et de confier à Gaston le surplus de régence, qui ôterait l'adolescent à sa mère et permettrait de le « rééduquer » à leur convenance. Pour obtenir l'indispensable concours du Parlement, il leur fallait l'appui des premiers frondeurs : l'union a été conclue fin janvier.

Anne d'Autriche les connaît tous de longue date. Une antique maxime conseille de les diviser. Elle n'a nul besoin d'attiser la rancœur des survivants de la « vieille Fronde », l'arrogance de Condé y suffit. Mais n'y a-t-il pas mieux à faire ? Oui, les amener à s'entre-détruire. Leur maillon faible est le coadjuteur, Gondi, un des agitateurs de la première heure. Il rêve d'être promu cardinal, tout en se piquant de galanterie. Il faut lire dans ses Mémoires le récit de ses visites nocturnes au Palais-Royal où, tous charmes déployés, Anne le roule dans la farine moyennant une promesse de chapeau[15] ! Pour devenir « le meilleur de [s]es amis », il s'en ira en plein Parlement attaquer ceux de Condé. Des risques à courir ? Voilà de quoi le piquer au jeu !

Le 21 août, la fine fleur de la magistrature est en place pour juger des griefs d'Anne d'Autriche contre le prince, portés par le coadjuteur. Les deux antagonistes se présentent dans la grand-chambre du Palais de justice, accompagnés par ce qu'ils ont pu réunir de plus haute noblesse – balance inégale au détriment de Gondi. Ils ont laissé le gros de leurs acolytes dans la grande salle[16], reliée à la Chambre par un sas muni de portes, le parquet des huissiers. Dès l'ouverture de la séance, Condé se refuse à un débat l'opposant à un adversaire d'un rang trop inférieur au sien – à quoi celui-ci réplique qu'il parle au nom de la régente, c'est-à-dire du roi. Cette joute verbale déclenche le tumulte. Voyant les épées surgir des fourreaux, les plus hauts magistrats s'interposent,

15. Elle tint parole, mais la pourpre ne lui évita pas la prison.
16. La salle des pas perdus actuelle.

sommant les deux responsables de congédier leurs amis. Tandis que Gondi s'en va, par le parquet des huissiers, renvoyer les siens, La Rochefoucauld[17], ardent condéen, rabat sur lui les battants d'une porte et, les fixant par un crochet, lui coince la tête d'un côté et le corps de l'autre, en criant : « Tue, tue ! » Cible indigne d'un gentilhomme ? Nul n'ose s'y risquer, bien sûr. Au soulagement général, le tragique a fait place au grotesque. Mais le lendemain, Condé, craignant les poignards furtifs, décide de transférer le combat en province et passe à la rébellion ouverte où se brisera sa carrière.

Anne d'Autriche n'a rien dit de ses espoirs ou de ses inquiétudes. Avait-elle rêvé d'un vaste bain de sang la délivrant de tous les gêneurs, comme le suppose La Rochefoucauld ? Elle n'a pas à le regretter, puisqu'elle s'en tire à peu de frais. Elle a gagné la partie, sans encourir le moindre reproche. Tout va désormais très vite. Pour la majorité du roi, la voie est libre du côté des grands. Le Parlement y est tout disposé, mais subordonne son accord à l'éviction de Mazarin. Anne feint d'y souscrire, sûre que le roi l'annulera. Du fond de son exil, le malheureux s'inquiète à tort : elle ne l'a pas oublié, elle a simplement hiérarchisé les priorités. Elle a trop bien assimilé ses leçons !

La majorité de Louis XIV est proclamée solennellement au Parlement, le 7 septembre 1651, en grande pompe, malgré l'absence des princes. Anne d'Autriche se démet de ses fonctions et transmet à son fils l'autorité royale pleine et entière. Celui-ci lui répond :

> Je vous prie de continuer à me donner vos bons avis, et je désire qu'après moi vous soyez le chef de mon Conseil.

---

17. Chef d'une des plus hautes maisons nobles de France (qui n'est pas éteinte), il doit sa notoriété littéraire à ses *Mémoires* et surtout à un célèbre recueil de *Maximes*.

Pas la moindre allusion, bien sûr, à l'exilé de Brühl. Mais sortant victorieuse d'un combat épuisant, Anne aspire au repos. Aussitôt, elle passe la main à l'héritier légitime. À lui l'initiative : c'est sous son commandement qu'est placée l'armée qui se lance à la poursuite de Condé ; c'est lui qui signe le rappel de Mazarin et l'accueille à bras ouverts à Poitiers. Celui-ci achèvera de le former, l'aidera à pacifier son royaume et à rétablir la paix en Europe.

L'émancipation du fils trop aimé

Pour Anne, c'est fini, elle cesse de disposer du pouvoir, au moment même où s'affirme sa capacité à l'exercer. Elle se dit soulagée, mesurant mal tous les égards dont cette retraite va la priver. Dans l'immédiat, Mazarin s'attelle aux questions litigieuses et leur apporte des solutions qui comblent ses vœux. Les rébellions s'éteignent ; l'Espagne, à qui l'appui de Condé n'épargne pas une lourde défaite aux Dunes, près de Dunkerque, se résigne à traiter, aux conditions de la France et en offrant à Louis XIV la main de l'infante Marie-Thérèse richement dotée[18]. Après avoir paraphé la paix des Pyrénées le 7 novembre 1659, Mazarin accomplit le tour de force d'obtenir des divers souverains d'Europe le règlement de tous leurs litiges particuliers. La cérémonie nuptiale a lieu le 9 juin 1660 et l'entrée solennelle du jeune couple à Paris quelques semaines plus tard consacre Louis XIV, qui a à peine 22 ans, comme le roi le plus puissant de l'Occident chrétien.

Comment Anne d'Autriche ne serait-elle pas la plus heureuse des mères ? Elle ne peut bouder sa joie. Oui, bien sûr. Mais on lui prend son fils bien-aimé. C'en est fini de la symbiose qui les a tenus liés longtemps. Très impérieuse

18. Cette dot, qui ne fut payée qu'en très faible part, servira de prétexte à une guerre.

d'ordinaire, elle n'avait jamais eu à sévir contre lui, faute de motifs sérieux. Lorsqu'il entreprend, après la puberté, de grimper aux murs pour pénétrer dans la chambre des filles d'honneur, elle est effarée de découvrir en lui un homme au tempérament vigoureux, sur qui ses leçons n'ont plus de prise. Si au moins il était amoureux, de cœur, elle se sentirait prête à comprendre. Voici justement qu'il s'éprend d'une nièce de Mazarin – pas celle qu'elle aurait choisie –, Marie Mancini, piquante et volontaire. Il s'affiche auprès d'elle avec si peu de discrétion que le bruit en court à Madrid. Anne n'intervient pas.

Le cardinal, qui discute à Saint-Jean-de-Luz du contrat de mariage avec l'infante, voit rouge. Son verdict est brutal : rupture immédiate. L'adolescent, qui a la larme facile, s'en va pleurer dans le giron de sa mère, qui plaide pour des mesures transitoires, des échanges épistolaires. Non, tranche Mazarin, le plus tôt sera le mieux. Il menace de démissionner et somme son filleul de se conduire enfin comme le grand roi qu'il prétend devenir. Ses lettres offrent un exposé circonstancié des devoirs à respecter. Elles font appel à la dignité, à l'honneur, à la gloire et à la protection dues aux peuples qui lui sont confiés. Louis XIV discute, puis comprend et s'incline. Il n'en veut pas à sa mère et il ne l'en aimera pas moins. Mais sa relation avec elle s'inverse, elle s'est montrée faible. C'est à lui désormais de gouverner, en la protégeant, mais sans lui demander son avis.

Le délaissement

Tant que vit Mazarin, et bien que leurs liens se soient distendus, Anne conserve quelque influence : on continue de solliciter son appui. Hélas ! S'étant usé à la tâche, il rend l'âme le 9 mars 1661. Louis XIV proclame aussitôt qu'il se passera de Premier ministre et signifie à sa mère qu'elle n'assistera plus au Conseil, car il tient à exclure du champ politique tous les membres de sa famille. Dès septembre, il entame des poursuites contre le surintendant des Finances Nicolas Fouquet, très aimé d'Anne d'Autriche dont il finançait en secret les œuvres caritatives. Elle ne peut rien pour adoucir son sort. Désormais, sa mise à l'écart est rapide et sans recours. Elle paie le prix d'un amour maternel étouffant. Son fils se prouve à lui-même qu'il est sorti de l'enfance, il achève de se libérer.

Autre rupture : Anne doit céder le pas à sa bru, mais la timide Marie-Thérèse, qu'elle chaperonne, ne risque pas de lui faire ombrage. Ce déclassement ne lui pèserait guère s'il n'impliquait un déménagement. Au Louvre, où l'on s'installe, hors de portée des émeutiers, elle doit abandonner au jeune couple les prestigieux appartements du premier étage et s'en va loger au rez-de-chaussée le long de la Seine. Le décor à sa gloire peint par Romanelli est-il en mesure d'effacer le sentiment de relégation ? Bientôt, elle se voit plus rejetée encore à Fontainebleau où l'on jouit pour la première fois d'un été sans guerre, propice aux amours. Au milieu de la « jeune Cour », qui oscille entre 20 et 25 ans, elle fait figure de grand-mère.

La mort en face[19]

Lasse de prêcher en vain la vertu à un fils qui vient de passer d'un marivaudage suspect avec la femme de son frère à l'installation d'une maîtresse en titre, elle aimerait se retirer au Val-de-Grâce, parmi les bénédictines. Mais n'en déduirait-on pas qu'elle réprouve le comportement du roi ? Louis XIV

19. Pour un récit plus détaillé de sa mort, cf. le chapitre qui lui est consacré dans Jean-Christophe Buisson & Jean Sévillia (dir.), *Les Derniers Jours des reines*, Perrin, 2015.

aime l'ordre et tient à en sauver au moins les apparences. La place d'une reine mère est à la Cour. Pour n'y rien faire ? Peu importe, elle y restera. N'est-ce pas là, d'ailleurs, qu'elle sera le mieux soignée lorsque l'évolution de son cancer du sein nécessitera un décapage quotidien de la tumeur ? En public, bien sûr. Au terme de trois ans de souffrances, dont elle faisait offrande à Dieu, c'est au Louvre qu'elle finit par mourir, le 20 janvier 1666, consciente et consentante jusqu'à son dernier souffle.

À défaut de son corps, qui rejoint celui de Louis XIII à Saint-Denis, c'est son cœur qui est déposé dans son cher Val-de-Grâce.

Les années s'écoulent, les souvenirs s'estompent. On rectifie l'histoire, aux archives on arrache des registres les pages qui évoquent les temps de bruit et de fureur. Plus jamais ça ! La consigne est d'oublier la Fronde. Elle passe à la trappe et, avec elle, ceux qui l'ont vaincue[20]. La principale victime de cet écrémage est Mazarin, à qui Louis XIV n'accorde dans ses *Mémoires* qu'un éloge mitigé. Reste Anne d'Autriche seule, pour avoir assuré la continuité dynastique. Mais il sait bien qu'il lui doit infiniment plus. Elle a fait l'effort d'apprendre à gouverner, et donc à se gouverner d'abord elle-même, dans un esprit de totale abnégation en faveur de son fils. Non, elle ne lui a pas sauvé son trône, que nul ne lui disputait. Mais elle a préservé à son intention l'intégrité de l'autorité royale, en combattant ceux qui aspiraient à y avoir part – les princes du sang, la haute noblesse – et ceux qui s'employaient à lui imposer des limites – les magistrats –, puis en amorçant, avec la chute du cardinal de Retz, sa mainmise complète sur son clergé. Elle y est parvenue en évitant si possible le recours à la violence[21]. Elle transmet à son suc-

20. Livrée à la plume acérée des vaincus, devenus mémorialistes.
21. Une leçon qui ne fut pas toujours entendue…

cesseur un royaume gouvernable avec un peuple réconcilié[22]. C'est à lui qu'il appartiendra de construire sur ces bases la monarchie dite absolue telle que l'illustrera le Grand Siècle.

Pour lui rendre sur son lit de mort l'hommage qu'elle mérite, Louis XIV n'a rien trouvé de mieux que de l'assimiler à un homme : elle n'était « pas seulement une grande reine, mais méritait d'être mise au rang des plus grands rois ». Aurait-elle apprécié cette promotion ? Certes, nul ne songe à lui marchander un tel éloge. L'intrépidité, la force d'âme, la dureté aussi, qui lui ont permis de résister dans la tourmente, passaient alors pour l'apanage des hommes. Mais elle se distingue fortement d'eux par son rapport au pouvoir. Elle ne l'a jamais convoité comme tel et n'y a recouru, avec les moyens du bord, que pour un but précis : le transmettre à son fils, intact. Elle n'en a pas subi l'addiction – chose rare – et y a renoncé sans regret. Elle a réendossé tout naturellement son rôle de femme. Résurgence de sa paresse native ou fruit de la plus haute sagesse ? Dieu seul le sait.

22. Les protestants s'étaient tenus à l'écart de la Fronde et Mazarin avait recommandé de les laisser tranquilles, dans le cadre de l'édit d'Alès de 1629.

Bibliographie sélective

Bertière Simone, *La Vie du cardinal de Retz*, Paris, Éditions de Fallois, 1990.

—, *Les Deux Régentes*, Paris, Éditions de Fallois, 1996.

—, *Mazarin*, Paris, Éditions de Fallois, 2007.

—, *Louis XIII et Richelieu. La malentente*, Paris, Éditions de Fallois, 2016.

Dulong Claude, *Anne d'Autriche*, Paris, Hachette, 1980.

Kleinman Ruth, *Ann of Austria, Queen of France*, Ohio State University Press, 1985 ; traduction française par Ania Ciechanowska : *Anne d'Autriche*, Paris, Fayard, 1993.

Motteville Mme de, *Mémoires*, Paris, Petitot, 1824 ; rééd. Michaud et Poujoulat, 1838.

Petitfils Jean-Christian, *Louis XIII*, Paris, Perrin, 2008.

Solnon Jean-François, *Anne d'Autriche*, Paris, Perrin, 2022.

Teyssier Arnaud, *Richelieu. L'Aigle et la colombe*, Paris, Perrin, 2014.

8

Christine de Suède (1626-1689), un roi d'imprévu

PAR GUILLAUME FRANTZWA

La reine Christine de Suède est une figure dérangeante dans l'histoire du XVIIe siècle. Elle multiplie les paradoxes et semble immanquablement se brouiller avec tous ceux qui croisent sa route. Première pierre d'achoppement : être reine dans un monde d'hommes. Christine, unique héritière du trône de Suède, reçoit à son avènement le titre de « roi », respectant les volontés de son père inquiet de la stabilité de la couronne. Pourtant, le reste de l'Europe, loin de s'arrêter à cette simple formalité, ne parle jamais de sa fonction qu'au féminin. Deuxième contradiction : grandir en champion de la Réforme et basculer dans le camp catholique. Ce revirement, juste après avoir abdiqué de surcroît, choque infiniment ses contemporains, pour qui rien n'annonçait de tels choix. Troisième aporie : être partie prenante de la vie du Saint-Siège tout en menant une existence aux antipodes de la sainteté. Si la papauté se réjouit d'abord de la remarquable « prise » que constitue Christine pour sa communication antiprotestante, ses frasques amoureuses et ses prétentions à retrouver un trône gênent vite tous ses anciens « bons frères et cousins ». Ce sont ces multiples paradoxes qui rendent la reine célèbre de son vivant, et alimentent sa légende longtemps après sa mort.

Une interminable minorité

Christine, seule héritière d'une grande monarchie luthérienne et de la dynastie centenaire des Vasa – qui a assuré l'indépendance de la Suède en 1523 face au Danemark –, naît à Stockholm le 18 décembre 1626[1]. Son père, le roi Gustave II Adolphe, est un stratège de génie dont les ambitions internationales croisent heureusement celles de la France, au grand dam de l'Allemagne, longuement ravagée par ce duo infernal. Grâce à sa politique intelligente, le roi de Suède, « le Lion du Nord », devient pendant une dizaine d'années le chef de file du camp protestant en Europe, à l'époque de la terrible guerre de Trente Ans (1618-1648) qui voit les Habsbourg lutter pour rétablir le catholicisme dans l'espace germanique. La puissance militaire suédoise, capable d'aligner 12 000 cavaliers et 30 000 soldats d'infanterie lorsqu'elle entre en guerre en Poméranie en 1630, fait place nette dans cette région semée de petites principautés. La mère de Christine, Marie-Éléonore de Brandebourg, est issue d'une prestigieuse lignée électorale du Saint Empire, mais son tempérament sombre est considéré comme nuisible par son époux. Adulte, Christine hérite des traits proéminents de son père – des yeux bleus, un menton et un nez prononcés –, mais porte la chevelure brune de sa mère. Ses traits ne paraissent jamais harmonieux, mais l'attrait du pouvoir compense ses défauts aux yeux de ses prétendants. Si elle n'est ni jolie ni très grande, sa personnalité, en revanche,

1. Pour la plupart des informations mentionnées sur Christine de Suède, le lecteur pourra se référer principalement, au Centre des archives diplomatiques, à la correspondance politique – 123CP/1 à 5, 22, et 86CP/10 – et à la collection des traités. Des éléments complémentaires sur ses réseaux et ses activités intellectuelles pourront être trouvés à la Bibliothèque nationale de France et à la Bibliothèque municipale de Versailles.

fait forte impression. Fière, calculatrice au besoin, elle sait faire preuve aussi bien de subtilité que de brutalité, et son côté imprévisible contribue à alimenter sa légende. Son caractère est façonné par une éducation sévère et physique – à l'image de celle qu'on réservait au garçon que son père aurait tant voulu –, mais qui n'empêche pas sa vive intelligence de se développer précocement.

Au début de sa vie, la petite fille aurait pu connaître l'enfance des rejetons royaux de son temps : être éduquée selon des valeurs classiques dans de confortables châteaux en se préparant à convoler pour consolider le pouvoir de sa famille. Mais elle est rattrapée dès l'âge de 6 ans par les impératifs du pouvoir. Son père, qui a l'habitude de conduire en personne ses campagnes militaires, périt glorieusement à la bataille de Lützen en 1632. Sa gloire posthume est ainsi assurée, d'autant que cette victoire tragique permet de faire reculer les armées impériales. Toutefois, elle coûte cher aux forces suédoises, désormais privées de leur brillant commandant. Fort heureusement, le trône ne vacille en rien, car le roi Gustave, craignant depuis plusieurs années de mourir à la guerre sans héritier mâle, a pris ses dispositions. Il est d'emblée hors de question que la reine mère gouverne le royaume, cette tâche devant échoir à un conseil de régence dirigé par le chancelier Oxenstierna, l'homme de confiance du roi, avec l'appui du Sénat de Suède, approuvant la politique générale de la Couronne et débloquant des financements. La petite reine est sur-le-champ installée sur le trône en présence des représentants des États du royaume : c'est sa première expérience avec le monde politique, avant même ses 7 ans. La veuve royale conserve un certain poids dans l'éducation de sa fille mais ses capacités d'action s'arrêtent là. Marie-Éléonore finit même, à la suite de ses velléités de marier précocement sa fille à des princes étrangers ou de se rapprocher du Danemark – un pays rival depuis plus de un siècle –, par se décider à quitter le pays en

1640, au désespoir de Christine qui, d'une certaine façon, perd ainsi son deuxième parent.

Dès 1632, les régents remettent sur le métier le patient travail guerrier de Gustave II Adolphe et continuent la lutte en Allemagne, avec une aide plus prononcée de la France qui entre en guerre à l'instigation de Richelieu en 1635. Les traités d'alliance entre la Suède et le royaume des Lys, toujours passés au nom de la jeune reine, s'égrènent ainsi tout au long des années de régence : un premier traité confirmant l'ancienne amitié avec la France est arrangé dès 1633, après quoi l'alliance est renouvelée à intervalles réguliers jusqu'en 1643. La reine mineure, dans les douze années que dure la régence, n'a pas de réelle influence sur cette politique, mais elle est contrainte, par sa position, d'être au courant des affaires, ne serait-ce que pour tenir honorablement son rôle dans les cérémonies publiques. Dès son plus jeune âge, elle reçoit régulièrement les ambassadeurs français, qui s'étonnent de la distance que la reine mère maintient au quotidien avec sa fille, ne l'aidant qu'épisodiquement à affronter ses obligations. Les négociations concernent en réalité les ministres-régents et le Sénat. La France s'appuie énormément sur son allié suédois, qui prétend détenir la direction du front des princes contre les Habsbourg, mais doit céder au cardinal de Richelieu la position pratique de tête pensante des opérations, comme le montre par exemple le fait que les Français se soient fait remettre des places stratégiques au fil des campagnes, ou aient assuré les princes allemands de leur protection. Cette rivalité couverte est bien ressentie dans le monde diplomatique, et il arrive même ponctuellement que des incidents émaillent les relations entre les deux cours royales, telle une rupture manifeste de protocole signalée par l'ambassadeur de France lors d'une audience au Sénat le 4 juin 1636 (qui entraîne un refroidissement passager entre les deux pays), ou encore le cas de ce valet de l'ambassade de France que les tribunaux suédois ont mis en accusation au mépris de l'immunité diplomatique en mai précédent[2].

Toutefois, la Suède, privée de son maître de guerre, doit s'accommoder de cette situation, et ce d'autant plus que Louis XIII et son principal ministre n'hésitent pas à mettre la main à la poche. La France devient en effet très vite un partenaire commercial de premier plan pour le pays scandinave, dont l'industrie militaire est alors la plus efficace d'Europe. Le Très Chrétien achète à grand renfort de millions des navires et des canons, dont la puissance de feu soutient l'effort de guerre tout autant que l'argent français permet d'entretenir les troupes suédoises en manœuvre de la Saxe jusqu'à la Lorraine. Il est dès lors évident que la Suède profite énormément du conflit, qui ne prend jamais place sur son territoire et permet à la Couronne autant qu'aux particuliers de s'enrichir. Un esprit d'expansion anime alors le royaume, qui se rêve en grand dominateur de la Baltique.

Gagnant en maturité, Christine se détache très vite des discours pleins d'assurance des adultes. Dès ses 7 ans, elle nourrit la crainte d'être manipulée par son entourage sur la base des doctrines religieuses, qu'on lui assène en la menaçant du fouet si elle s'en écarte. L'ambassadeur de France arrivé en 1634 la trouve très mûre pour son jeune âge, et rend compte qu'elle a déjà « la contenance si assurée et quelque chose de si hardi dans le visage qu'elle est bien fille de son père ». La jeune reine ne fait état de ses réflexions personnelles qu'à la fin de sa vie, avouant qu'elle n'avait pu que se cantonner dans son enfance à des déclarations publiques et protocolaires, en étant toujours observée. Très tôt, elle se montre aussi soucieuse de paix, à rebours de la politique agressive menée par son royaume, qui ouvre un nouveau front au Danemark en 1643 pour gagner davantage

2. Ce valet avait été mêlé à une rixe – un coup monté, au dire de l'ambassadeur.

de provinces et forcer ce vieux rival à suspendre ses tarifs douaniers. Son enfance solitaire, rythmée par l'écho des batailles et les allées et venues des diplomates, peut expliquer cette aspiration au calme et son souhait d'éloigner des motifs d'inquiétude qu'elle ne pouvait dissiper avant sa majorité. Ainsi, que penser de l'émotion – dont fait état l'ambassadeur de France dans un rapport – que Christine affecte en apprenant le décès de Richelieu en 1642 ? S'agit-il d'un simple discours dicté par les ministres pour flatter le puissant allié de la monarchie nordique ? Ou de la manifestation d'une réelle angoisse de la reine, qui craint d'être sans allié à la veille de sa majorité ?

Des choix incompris

En 1644, le « roi » Christine de Suède atteint ses 18 ans : la régence prend fin et les ministres cessent d'exercer librement leurs pouvoirs. La demoiselle, qui a obtenu de siéger au Conseil depuis dix-huit mois déjà, infléchit sa politique et pousse ses représentants à conclure la paix au plus vite, cette fois-ci avec le soutien de la France – dont l'intérêt est alors de mettre fin à la guerre pour garantir l'ordre pendant la minorité de Louis XIV. Mazarin, successeur de Richelieu, est frappé par l'inflexibilité des diplomates suédois dans leurs revendications, et ne cesse d'appeler à la modération. La reine Christine, en allant dans son sens, contredit sciemment ses conseillers et ne tarde pas à se brouiller avec le chancelier Oxenstierna. Dès l'été 1645, la jeune femme concrétise sa politique en concluant avec le Danemark une paix avantageuse, car la douane danoise disparaît et le royaume s'agrandit des grandes îles de la Baltique et de nouvelles provinces frontalières. Une telle rupture dans la politique belliqueuse du royaume peut être interprétée comme la marque d'un traumatisme personnel de la reine remontant à la mort de son père, ou encore la volonté d'imposer sa personnalité en début de règne. Il faut toutefois exclure tout désir de simplement correspondre aux clichés de la communication féminine – prétendument faite de douceur et de bons sentiments –, car Christine manifeste dès cette époque un profond mépris du sexe dit « faible ». Ce dédain a souvent été interprété comme de la misogynie basique, mais la reine l'explique dans ses mémoires : elle constate que les femmes sont ignorantes et incapables de diriger, mais c'est parce qu'on les y contraint.

Ce premier pas doit cependant être complété par la signature d'une paix générale en Allemagne, qui doit entériner la victoire de la Suède et de ses alliés. Il en est question dès 1641, mais les accords définitifs mettant fin à cette interminable guerre ne tombent qu'en 1648 en Westphalie. En ce qui concerne la Suède spécifiquement, le traité d'Osnabrück du 24 octobre 1648 lui est favorable : le royaume acquiert la Poméranie occidentale et les évêchés de Brême et de Verden sur les côtes nord du Saint Empire. Par toutes ces adjonctions, alors que Gustave II avait déjà conquis la Livonie sur les marges de la Pologne et de la Russie, Christine se rend maîtresse d'un petit empire maritime capable d'intervenir chez tous ses voisins et de contrôler une grande part du commerce régional. Le « roi » de Suède peut désormais se revendiquer principale puissance du nord de l'Europe et première du monde protestant. La jeune souveraine, régnant sur un peuple guerrier, passe aussi pour une négociatrice de première force et une pacifiste avant l'heure. Son sens de l'État et du bien supérieur tranche avec les appétits de la noblesse suédoise, contre laquelle elle s'appuie sur la composante roturière des États de Suède.

Christine de Suède peut alors envisager un règne plus serein, et se préoccupe de montrer à tous la jeune gloire qui est la sienne. Sa cour ne brille pas d'un grand éclat jusqu'ici. Installée le plus gros de l'année à Stockholm dans le château du Kronor (« Trois Couronnes » en suédois), un équivalent du Louvre composé d'une forteresse du XIIIe siècle agrandie et modernisée à la Renaissance, mais encore dominée par un haut donjon circulaire, la reine ambitionne d'être la souveraine la plus brillante de son temps. Elle vit à grands frais, multipliant les achats d'œuvres d'art italiennes et hollandaises. Sous l'impulsion de l'érudit parisien Gabriel Naudé, elle constitue en quelques années une remarquable bibliothèque garnie de manuscrits médiévaux et orientaux et cherche à attirer des talents étrangers – français au premier plan – pour mettre sa cour au niveau des autres puissances modernes et maintenir ses relations amicales avec l'allié de naguère. Ainsi est-ce sur la suggestion de l'ambassadeur de France que René Descartes, le célèbre scientifique et philosophe, est invité à devenir précepteur de la reine en 1649. Il se rend à Stockholm en fin d'année et noue une relation régulière avec son élève, dont l'instruction était déjà d'un haut niveau – elle est capable d'entretenir une correspondance en latin avec des universitaires européens. Mais le climat nordique et le rythme de vie éprouvant de la jeune femme – qui lui impose ses leçons dès avant 5 heures du matin – ont raison de sa santé : la mort l'emporte le 11 février 1650. Marquée néanmoins par le contact de l'éminent penseur, qui lui a ouvert de nouveaux horizons intellectuels, la reine encourage la venue d'autres artistes et savants français, allant jusqu'à prendre comme secrétaire un des attachés de l'ambassade de France. Sa haute culture est vite reconnue à travers l'Europe, si bien que Pascal lui envoie sa machine d'arithmétique, un prototype de calculatrice, en 1652. En parallèle de la république des lettres, la souveraine rassemble autour d'elle une cour à son goût, favorisant des nobles plus proches de son âge, comme le fils du connétable de Suède, Magnus Gabriel De la Gardie, qui reçoit de grandes libéralités de sa protectrice et devient gouverneur de Livonie.

Les deux phénomènes, combinés, en viennent toutefois à rendre la souveraine impopulaire : ses achats et ses faveurs coûtent aussi cher qu'une guerre, alors que la cour de Suède était jusqu'alors plutôt austère, tout en laissant planer des doutes sérieux sur sa moralité – certains la dépeignent comme une nymphomane bisexuelle –, alors qu'elle n'est toujours pas mariée. Rumeurs et calomnies se multiplient au cours de ces années de liberté, pendant lesquelles Christine semble privilégier des étrangers et des « mignons » de la cour pour ses plaisirs que certains imaginent « coupables ». Cherchant à gagner des fidélités, la reine multiplie les anoblissements parmi ses sujets et souhaite organiser son couronnement avec le plus grand faste en 1650. La cérémonie s'accompagne de luxueuses festivités – Christine reçoit de son favori, De la Gardie, un exceptionnel trône d'argent, toujours exposé aux cérémonies royales aujourd'hui –, mais échoue à rassurer ses sujets. L'avenir de la dynastie inquiète, et les nouvelles dépenses assèchent un peu plus les caisses de l'État. Sujet d'inquiétude supplémentaire pour son peuple : plus le temps passe, moins Christine envisage de se marier, consciente qu'elle perdra une grande part de son autonomie. Elle arbore d'ailleurs à l'occasion des vêtements masculins, sans doute dans l'intention d'afficher sa volonté d'indépendance et son refus d'être réduite à sa condition de femme, avec les désavantages que celle-ci implique dans l'Europe du temps où tous les grands trônes sont occupés par des hommes. Ce message reste toutefois incompris et ne fait qu'attiser les médisances. En somme, en politique comme dans ses goûts, la reine souffre d'un décalage croissant entre ses aspirations personnelles et ce qu'on attend de sa fonction.

Après avoir esquivé quelques plans de mariage, Christine fait graduellement accepter au Sénat qu'elle restera célibataire et que sa succession échoira à son cousin germain, Charles Gustave, fils de la sœur aînée de Gustave II. La manœuvre permet de donner quelques gages au plan dynastique, mais ne rend pas pour autant le mode de vie royal plus populaire. On peut donc attribuer à la lassitude et à une salutaire lucidité sur la dégradation de son image le choix radical de la jeune femme en 1654, après une décennie de gouvernance personnelle sur un règne total de vingt-deux ans : renoncer au trône. L'abdication, effective le 6 juin 1654, lui permet de se retirer d'autant plus honorablement – elle garde l'usage du titre royal malgré sa renonciation – que des compensations financières confortables, assises sur divers domaines suédois, viennent assurer son futur. Sitôt ces arrangements conclus et la couronne transmise au nouveau Charles X de Suède, elle donne libre cours à l'énergie de ses 27 ans pour partir à la découverte du monde.

La quête de reconnaissance

À partir de cette époque, la nouvelle vie de Christine de Suède devient romanesque, alternant entre les coups d'éclat scandaleux d'une vie définitivement libre et l'envie de justifier le rang royal dont la jeune femme se prévaut toujours. Emportant sa précieuse bibliothèque et sa maisonnée sur les routes à l'automne 1654, la reine sans royaume quitte le nord et se lance dans un long voyage européen. Les Suédois étant honnis des Allemands en raison des dévastations de la guerre de Trente Ans, la jeune Scandinave évite de s'aventurer dans le Saint Empire et suit les routes maritimes, qui l'amènent début 1655 à Bruxelles, capitale des Pays-Bas espagnols. Le choix de cette destination ne laisse pas d'étonner, les Habsbourg, maîtres des Pays-Bas, n'ayant guère de raison d'être agréables à une ancienne ennemie. Pourtant, l'archiduc Léopold-Guillaume, lui aussi féru d'art et de musique, la reçoit très aimablement et fait donner des ballets à son intention.

Avant même son départ, la princesse en exil, essentiellement par instinct de survie, songeait peut-être déjà à se rapprocher du parti catholique. Car désormais, le monde protestant lui est globalement fermé : en dehors des rancunes de la Suède et de l'Allemagne, le Danemark demeure un ennemi héréditaire et l'Angleterre n'est pas plus envisageable, car elle vient de traverser sa première révolution sous l'égide du terrible Cromwell – un tyran doublé d'un régicide qui a organisé le procès du roi Charles Ier, décapité à la hache en 1649. Dans le camp catholique, la Pologne est à exclure en raison d'anciennes revendications sur le trône de Suède, qui entraînent une nouvelle guerre entre les deux pays dès 1655. La France pourrait figurer une destination toute désignée si la présence de l'ancienne souveraine n'avait pas risqué de gêner les relations entre Mazarin et le nouveau roi de Suède. Le monde des Habsbourg, incluant l'Espagne, l'Autriche et l'Italie, n'a aucune chance de l'accepter en raison des guerres précédentes – sa présence aux Pays-Bas ne pouvant être d'ailleurs qu'une solution temporaire. Dernière solution : Rome. Le Saint-Siège, carrefour diplomatique de niveau européen, est le cœur spirituel du monde catholique, tout en demeurant politiquement une force neutre.

C'est le seul endroit d'où Christine ne sera pas chassée, à la condition de renier la foi de ses ancêtres. L'étrangère, probablement encouragée par l'archiduc Léopold-Guillaume, s'y résout pour trouver un nouveau foyer. Plus tard, celle-ci avoue dans ses mémoires inachevés que, dès sa jeunesse, elle était incrédule et s'était composé « une religion à sa façon », loin de prendre les sermons et les doctrines assénées par ses précepteurs pour des vérités intangibles. Nombreux sont ceux qui la qualifient après sa conversion d'incroyante, ou qui la font passer pour une victime des Jésuites, ce dont elle se défend jusqu'à sa mort. Sans doute taraudée par quelques regrets, ou désireuse de préserver sa liberté apparente, Christine ne souhaite pas, en effet, que sa conversion soit connue publiquement dans un premier temps. Ce changement de religion pose encore question et fait couler beaucoup d'encre de son vivant. Rien ne semblait annoncer une tentation pour un culte et un dogme qu'elle ne pouvait en aucun cas pratiquer dans son royaume qui prohibait fermement le catholicisme.

La Ville éternelle est cependant encore loin en 1655. Avant d'autoriser l'exilée à s'y établir, le pape Alexandre VII insiste en effet pour que l'abjuration de l'ancienne cheffe du camp protestant en Europe éclate au grand jour. La voyageuse traverse les terres des Habsbourg et consent à renoncer publiquement au luthéranisme – toujours présenté comme une hérésie par la papauté – à Innsbruck, aux portes de l'Italie, avant d'être accueillie en grande pompe à Rome le 20 décembre 1655. En pleine période de la Contre-Réforme, le retentissement est énorme et achève de séparer définitivement Christine de son pays. Elle n'en prend pas immédiatement conscience, trop éblouie par les ors de la liturgie pontificale et la splendeur du palais Farnèse, où elle est logée. Ce n'est que lorsque les rentes de Suède commencent à s'espacer, forçant ses serviteurs à vendre l'orfèvrerie et les tapisseries dont le palais a été pourvu par le Vicaire du Christ, que se pose le problème de sa subsistance.

Dès lors, une course à l'argent, que l'exilée espère remporter en s'asseyant sur un nouveau trône, entraîne la malheureuse vers des mirages, et à plusieurs reprises sur les routes. Le besoin de renflouer ses caisses devient si pressant que Christine de Suède quitte Rome en juillet 1656 pour aller exiger de son cousin Charles Gustave qu'il tienne sa part du marché : les revenus de plusieurs villes et domaines suédois à vie en échange de son abdication. Le retour vers la Scandinavie s'interrompt néanmoins en septembre, à Paris, où la rencontre avec la Cour française suscite un mutuel étonnement. Les différences fondamentales de mœurs entre la lointaine et rude monarchie nordique et l'honnête galanterie des pays latins montrent chez les courtisans français les excès des sophistications de la culture de cour, et chez la reine une indéniable absence de civilité : elle jure, se montre grossière et méprise les femmes, bien qu'elle loue leur élégance. La réprobation de Mme de Motteville, une des dames au service d'Anne d'Autriche, est claire dans ses *Mémoires* :

> En présence du roi, de la reine et de toute la cour, elle appuyoit ses jambes sur des sièges aussi hauts que celui où elle étoit assise, et les laissoit voir trop librement : elle faisoit profession de mépriser toutes les femmes, à cause de leur ignorance, et prenoit plaisir de converser avec les hommes sur les mauvaises matières, de même que les bonnes : elle n'observoit nulle règle de toutes celles que les rois ont accoutumé de garder, à l'égard du respect qu'on leur porte.

Mazarin, qui a joué les intermédiaires avec succès auprès des Suédois, tente de se servir de Christine, cherchant à obtenir le ralliement d'Alexandre VII à la France contre l'Espagne en échange d'un hypothétique royaume de Naples. Un jeu de dupes se met en place entre le malin cardinal, qui souhaite soustraire le Saint-Siège au parti espagnol, et l'apprentie intrigante qui se rêve en reine du Sud – sans penser que l'Espagne ne laissera sûrement pas Naples lui échapper si facilement. Retournant directement à Rome, la reine échoue néanmoins à rallier le pape à sa cause, et choisit de revenir en France l'année suivante pour négocier de nouveaux plans avec le principal ministre de Louis XIV. L'accueil est d'emblée moins chaleureux dès lors que l'influence supposée de l'ancienne souveraine apparaît bien plus réduite qu'elle ne le prétendait. Celle-ci aggrave encore sa position avec un énorme scandale qui donne chair aux nombreux ragots mettant en doute sa moralité.

Ses deux favoris du moment, membres de sa maisonnée, nouent une intrigue dans laquelle l'un d'eux, Giovanni Monaldeschi, est finalement reconnu coupable de calomnie envers son rival et de manipulation à l'égard de sa maîtresse. Christine, intransigeante dans son honneur de reine, ordonne qu'il soit mis à mort, ce qui est fait par trois coups d'épée assénés par ses gens dans la galerie des Cerfs du château de Fontainebleau, le 10 novembre 1657 – scène marquante dont Alexandre Dumas se souviendra plus tard en écrivant sa pièce *Christine à Fontainebleau*. Les courtisans français poussent des hauts cris, choqués que l'étrangère se soit autorisée à faire perpétrer un meurtre dans l'enceinte d'une résidence royale. L'intéressée n'en exprime aucun regret, arguant dans une lettre à Mazarin sa désinvolte fidélité aux mœurs du Nord : « Étrangler les gens plutôt que les craindre. » Le motif de cette exécution sommaire n'est pas moins sulfureux, car il ne fait dès lors plus de doute que l'ancienne reine, si elle apprécie le célibat pour elle-même, n'en méprise pas moins la chasteté, à une époque où les femmes n'ont aucune liberté sexuelle. Mazarin tente de sauver les apparences en prétendant que le crime est politique : le serviteur occis avec si peu de discrétion se serait rendu coupable de trahison en ayant rapporté aux Espagnols les preuves des conciliabules de Christine en faveur de la France. Rien n'y fait néanmoins, des pamphlets pullulent dans le royaume et au-delà, et l'importune est désormais qualifiée de « Sémiramis suédoise », en référence à la mythique et vénéneuse maîtresse de Babylone. La France n'a dès lors plus qu'une hâte : faire partir la gêneuse. Celle-ci retourne vers l'Italie, au grand soulagement de la cour.

À son retour à Rome en mai 1658, le climat s'avère sensiblement plus glacial. Alexandre VII lui accorde de demeurer dans sa cité, car elle est la seule monarque réformée à être retournée au catholicisme. Mais Sa Sainteté refuse désormais de la voir, et ne l'associe plus jamais à la vie publique.

Toutefois, Christine garde de cette nouvelle aventure l'ambition de réaffirmer son rang royal, par goût du pouvoir comme par souci d'indépendance, et poursuit des chimères de couronne pendant une dizaine d'années. Par hasard, Charles X de Suède meurt le 13 février 1660, laissant un fils en bas âge. Christine y voit une opportunité. Elle a quitté sa patrie depuis six ans, et passé depuis lors la moitié de son temps sur les routes à courir après l'argent et ses rêves de couronne. Le petit roi pourrait disparaître, auquel cas la revenante pense pouvoir remonter sur le trône qu'elle a imprudemment abandonné. Encore faut-il composer avec le conseil de régence institué par Charles X et présidé par le nouveau chancelier, qui n'est nul autre que l'ancien favori de Christine, De la Gardie. Lorsqu'elle revient à Stockholm en octobre 1660 pour faire valoir ses droits, l'ancienne souveraine doit rapidement déchanter. Ses ex-sujets l'accueillent froidement, sans aucune intention de la réintégrer dans ses prérogatives. Le clergé luthérien ne la ménage pas, ne lui pardonnant pas son abjuration, non plus que la noblesse qui préfère les possibilités d'intrigues d'une régence au pouvoir strict d'une reine fantasque et discréditée. Christine comprend alors qu'elle est désormais indésirable et rentre à Rome en 1662, frustrée mais non résignée. Elle tente un nouveau séjour en Suède en 1666 mais les vexations infligées à son arrivée – on interdit à son confesseur de pénétrer sur le sol suédois – démontrent que la monarchie nordique lui est désormais inaccessible.

L'illusion suédoise s'étant dissipée, l'ancienne souveraine caresse un dernier espoir en 1668, cette fois en direction du trône de Pologne. Cette monarchie est élective depuis un siècle, et les trois derniers rois titulaires appartenaient comme elle à la dynastie des Vasa. Le prestige de cette parenté paraît assez fort à Christine pour justifier sa candidature auprès de la diète polonaise, mais le pays est traumatisé par la terrible guerre déclenchée par Charles X de Suède en 1655, surnommée « le Déluge[3] ». Élire une reine suédoise s'avère donc inconcevable, et la manœuvre échoue totalement malgré le soutien du pape. C'est la dernière désillusion de Christine et l'acte ultime qu'elle joue sur la scène internationale. Après 1668, la souveraine s'installe au palais Corsini et passe les vingt dernières années de sa vie en mécène. Son cercle devient l'un des plus brillants de Rome, mêlant artistes, écrivains et savants – comme le sculpteur Le Bernin ou encore le compositeur Scarlatti. Le cénacle, qui se désigne à partir de 1674 comme « l'Académie du Riario », sert les objectifs de l'homme qui fut son grand amour, Decio Azzolino (1623-1689), un petit noble des États pontificaux – fait cardinal l'année même où Christine de Suède a abdiqué, et écarté du gouvernement papal en 1669.

Ce dernier souhaite soustraire définitivement le Saint-Siège aux influences étrangères, particulièrement âpres au moment des conclaves. Le cardinal forme avec ses amis un « escadron volant » – une faction de prélats italiens visant à désarmer les partis étrangers à l'œuvre dans la Ville éternelle – et la reine appuie ses démarches sans réserve, ce qui lui vaut parfois des critiques du monde diplomatique. Sa condamnation des dragonnades, ordonnées par Louis XIV pour convertir de force les protestants de son royaume, suscite des accusations de compromission ou de crypto-protestantisme de la part de l'ambassade de France, sans que cela menace réellement son existence. Dans ses dernières années, elle s'occupe toutefois moins de politique que de son image, de sa docte correspondance, et de la gestion de ses propriétés nordiques dont dépend sa survie. Christine veille ainsi jalousement à ce que, pour l'opinion et l'histoire, on

3. Le « Déluge » a été une guerre foudroyante lancée par Charles X en prenant prétexte des protestations de la Pologne contre son accession au trône. La majeure partie du pays a été envahie et occupée en trois mois.

l'appelle « la reine Christine », et non juste « Christine » (comme si elle n'était qu'une particulière), ou « la reine » (car elle se sait une souveraine spéciale, ni épouse ni mère de roi, mais dépositaire d'une couronne en ligne directe).

Devenant plus pieuse sur ses vieux jours, la reine déchue se sent en devoir d'expliquer ses choix de vie et entame, sur la suggestion du cardinal Azzolino, la rédaction de ses mémoires, qui permettent de mieux cerner sa personnalité sans dévoiler tous ses mystères. Elle meurt le 19 avril 1689 à 62 ans, après des années à souffrir d'un érysipèle persistant. Quoiqu'elle n'ait jamais rien montré d'un tempérament de sainte, une place lui est réservée dans la nécropole papale, à la basilique Saint-Pierre, où son tombeau, affichant ostensiblement la couronne et les sceptres, attributs de la royauté, rappelle pour l'éternité la fierté d'une femme trop libre pour son temps.

Christine de Suède, une fois délaissés ses espoirs de couronne, a trop d'intelligence pour ne pas comprendre que son image posthume est bien plus importante pour sa gloire que les infortunes de son vivant. Ses mémoires viennent expliquer la complexité de sa psyché, et les écrits de ses proches – amants, ambassadeurs, correspondants – attestent de ses multiples facettes, trop nombreuses et trop brillantes pour son siècle. Ses contradictions et sa politique fascinent dès le XVIIIe siècle, et ses excès inspirent les intrigues des auteurs romantiques, avant que la psychanalyse ne s'empare de son profil atypique au XXe siècle. Au terme de toutes les spéculations, des fantasmes et des critiques, elle apparaît aujourd'hui comme ce qu'elle fut : une femme politique de génie, qui aurait eu toute sa place parmi les icônes de la révolution sexuelle.

Christine de Suède offre enfin et surtout un parfait exemple de personnalité tiraillée entre son besoin d'exprimer son identité profonde, complexe et décalée, la conscience d'être une exception à plus d'un titre, et le poids du conformisme de son temps. Ses lettres, publiées après sa mort, en témoignent aux yeux de la postérité :

> Je vois bien qu'on m'a tout à fait oubliée en Suède, puisqu'on est capable d'avoir de si indignes sentimens de moi : je m'en console toutefois, sachant qu'il y a une nécessité qui fait oublier les absens. Je mourrai quand il plaira à Dieu, mais ce sera d'une manière digne de Christine, & en quelque temps qu'arrive ma mort, elle ne démentira jamais ma vie, s'il plaît à Dieu.

Bibliographie sélective

Archenholtz Johann, *Mémoires concernant Christine reine de Suède [...]*, Amsterdam/Leipzig : Pierre Mortier ; Amsterdam/Leipzig, Jean Schreuder & Pierre Mortier le jeune, 4 tomes, 1751-1760.

M. L., *Lettres choisies de Christine, Reine de Suède à Descartes, Gassandi, Grotius, Pascal...*, Villefranche, chez Hardi Filocrate, 3 volumes, 1759.

Motteville Françoise de, *Mémoires*, Collection des mémoires relatifs à l'histoire de France, Paris, Foucault, 1824.

Peter Cécile, « Les voyages de la reine Christine de Suède en France (1656-1658) : regards croisés d'hier et d'aujourd'hui », in *Voyageurs européens à la cour de France, 1589-1789*, Rennes, Presses universitaires de Rennes, 2014.

Quilliet Bernard, *Christine de Suède*, Paris, Fayard, 2003.

« La République des Lettres et Christine de Suède », *Revue d'histoire nordique*, Toulouse, Presses universitaires du Midi, 2017.

9

Marie-Thérèse (1717-1780), « mère courage » de l'Autriche

PAR JEAN-PAUL BLED

Rien ne semblait destiner la jeune archiduchesse Marie-Thérèse à endosser le rôle d'une souveraine qui imprimerait durablement sa marque à l'Autriche et à l'Europe centrale, et autour de laquelle s'édifierait un mythe qui traverserait le temps jusqu'à demeurer vivant plus de deux cents ans après sa disparition. Déjà, elle aurait pu ne pas régner. Le plus probable, ce scénario serait effectivement devenu réalité si son père, l'empereur Charles VI, avait eu un fils qui lui aurait succédé. La Pragmatique Sanction de 1713 avait cependant réservé le cas où il n'aurait pas d'héritier mâle et prévu que le trône pourrait alors revenir à une fille. Les années passant, cette hypothèse avait gagné en crédibilité, sans que l'empereur perdît l'espoir de finir par avoir un fils. Ce vœu ne s'étant pas réalisé, c'est donc Marie-Thérèse, son aînée âgée de 23 ans, qui est appelée à monter sur le trône quand Charles VI disparaît brutalement, en octobre 1740.

Les incertitudes pesant sur sa succession ont eu pour conséquence que Charles VI s'est abstenu de préparer Marie-Thérèse à assumer, le moment venu, la responsabilité de la conduite de la monarchie. Elle a reçu l'éducation typique d'une archiduchesse dans laquelle, en plus de l'apprentissage des langues (italien et français) et de la religion, le chant et la danse occupent une place de choix. Aussi, lorsque la mort de son père la prend par surprise, n'a-t-elle aucune connaissance des affaires de l'État, ce qui ne laisse pas d'être un lourd handicap. Pour aggraver les choses, elle est une femme, et beaucoup, dans les Cours étrangères, se montrent convaincus que son sexe la condamne à l'incompétence et à l'impuissance, ce qui revient à dire qu'elle pourrait être une proie facile pour ceux qui auraient des desseins hostiles envers la monarchie. Frédéric II, roi de Prusse, est le premier à dégainer. Impatient de conquérir la Silésie, la province habsbourgeoise la plus riche, il l'envahit en décembre 1740. D'autres États, désireux de participer à la curée qui s'annonce, ne tardent pas à se joindre à ce qui s'apparente bientôt à une offensive générale contre la Maison d'Autriche. La France, l'Espagne, la Saxe et la Savoie s'unissent dans une vaste coalition.

L'incarnation de l'esprit de résistance

Confrontée dès l'entame du règne à une adversité qui menace d'emporter jusqu'à la monarchie, Marie-Thérèse ne balance pas. Elle est résolue à ne rien céder. En même temps, elle est parfaitement consciente de son impréparation. Elle connaît l'étendue de ses lacunes et sait qu'elle a besoin de conseils pour affronter cette épreuve. Mais auprès de qui les obtenir ? Par respect pour la mémoire de son père, elle a gardé auprès d'elle ses plus proches collaborateurs. Mais la plupart d'entre eux sont des vieillards, parfois égrotants, naturellement peu portés à des actes d'énergie. Pis, plusieurs recommandent à leur souveraine de composer. Il n'y a pas jusqu'à François-Étienne de Lorraine, l'époux de Marie-Thérèse, qui ne lui prodigue le même conseil de traiter avec le roi prussien. Mais, sourde à ces appels au défaitisme, celle-ci reste inflexible. Seul dans son entourage, le baron

Johann Christoph von Bartenstein, celui-là même qui avait négocié son mariage avec le jeune duc de Lorraine, soutient sans réserve sa volonté de résister. Mais, quels que soient sa valeur et son dévouement – et ils sont grands –, c'est trop peu. Au cours de ces premières années du règne, Marie-Thérèse apprendra « le dur métier de roi » au contact quotidien des réalités et des problèmes. Et surtout, elle pallie son manque d'expérience par une volonté indomptable et hors du commun. Si l'être de caractère se révèle dans l'épreuve, la souveraine en fournit sûrement la plus parfaite démonstration.

Instruite par les leçons du début du règne, la souveraine va s'employer à trouver des collaborateurs qui soient en accord avec elle et dans lesquels elle puisse placer sa confiance. Pour l'essentiel, elle a la main heureuse dans ses choix. On citera, entre autres, le général comte Léopold Daun, le comte Friedrich Haugwitz, le comte – puis prince – Wenzel Kaunitz, le comte Emmanuel Silva-Tarouca et le baron Gerard van Swieten. On n'y verra qu'une seule exception. Marie-Thérèse maintient longtemps, trop longtemps sa confiance envers son beau-frère, Charles-Alexandre de Lorraine, qui additionne les revers face à Frédéric. Il faut attendre le début de la guerre de Sept Ans en 1756 pour qu'elle admette, après une nouvelle défaite, qu'il est un piètre capitaine et ne lui renouvelle pas son commandement. Il ne tombe pas pour autant en disgrâce. Il devient un excellent gouverneur des Pays-Bas et laisse une trace forte dans la mémoire des Belges. Cette exception mise à part, elle pourra dire sur le tard de sa vie :

> La petite part de gloire que je me suis acquise dans le monde, je la dois uniquement au bon choix que j'ai fait de mes familiers.

En effet, longue est la liste de ses collaborateurs qui se montrent dignes de sa confiance. Tous unis par un égal dévouement à la personne de leur souveraine, ils concourent aux succès du règne. C'est donc un juste hommage que le sculpteur Kaspar Klemens von Zumbusch leur rendra un siècle plus tard, en les associant à la mémoire de la souveraine sur le monument élevé à Vienne, aux abords de la Ringstrasse.

Dans ces premiers moments où tout menace de s'effondrer, la jeune femme, alors dans l'éclat de sa blonde beauté, doit d'abord compter sur elle. Elle découvre aussitôt des qualités qui seront autant d'atouts pour surmonter ces épreuves. D'abord, une intelligence intuitive qui, tout au long du règne, sera l'une de ses armes de prédilection. De plus, de sa féminité, dans laquelle beaucoup voyaient une source de faiblesse, elle fait au contraire une force. La relation qu'elle noue avec la Hongrie en fournit un bel exemple. Elle y démontre qu'elle possède un sens politique très aiguisé, soignant jusque dans les plus petits détails l'organisation du déplacement qui, motivé par un double objectif, la conduit en avril 1741 à Presbourg, afin de se faire couronner reine de Hongrie et tenter d'obtenir de la diète une levée de plusieurs dizaines de milliers d'hommes pour l'aider à combattre ses ennemis, au premier chef le roi de Prusse. Le succès est pourtant loin d'être acquis. Voici à peine un demi-siècle que la Hongrie est entrée tout entière dans l'ensemble habsbourgeois. Incarnation de la *Natio hungarica*, la noblesse, jalouse de ses prérogatives, entend bien ne pas s'en laisser déposséder. Or, Marie-Thérèse conduit cette affaire complexe avec une maîtrise remarquable, trouvant en chaque occasion les gestes et les mots justes. Elle a compris que, dans ce genre de partie, chaque détail compte. Ainsi, pour son entrée à Presbourg, choisit-elle de s'habiller à la hongroise, une attention qui lui conquiert les cœurs. La foule, ravie, ne mesure pas ses acclamations : « *Vivat domina et rex noster !* »

Mais la nouvelle souveraine doit maintenant obtenir l'accord de l'Assemblée. Pour s'adresser à ses auditeurs, elle porte la couronne de Hongrie et s'est vêtue de noir, deux choix riches de sens par lesquels elle veut montrer son attachement au pays et souligner la gravité de l'heure. Les termes de son discours ont été soigneusement pesés :

> Abandonnée de tous, nous cherchons notre unique et seul refuge dans la fidélité des Hongrois et leur courage d'antique réputation. Dans l'extrême péril où se trouvent notre personne, nos enfants, la Couronne et l'Empire, nous adjurons les États de nous porter un secours efficace et sans le moindre retard. Pour nous, notre mission est de rétablir la Hongrie et son peuple dans leur ancienne prospérité et la gloire de leur nom. Les fidèles États de Hongrie éprouveront en toutes choses les effets de notre bienveillante affection.

Un beau discours et, de plus, très habile par son contenu, d'abord parce qu'il parle à l'esprit chevaleresque et à la fierté de la noblesse hongroise. Marie-Thérèse ne cache rien de la situation dramatique où les événements l'ont placée, mais sait faire un atout de cette apparente faiblesse, en suggérant aux Hongrois que son salut dépend d'eux. L'effet de ces paroles est immédiat et spectaculaire. D'un même élan, les députés se dressent et s'écrient *Moriamur pro rege nostro Maria Theresia* (« Mourons pour notre roi Marie-Thérèse »). Celle-ci s'est aussi révélée une fine négociatrice. La séance de la diète a été précédée d'intenses tractations. À l'arrivée, en échange de ce qu'elle était venue chercher, Marie-Thérèse a confirmé les libertés hongroises, mais s'est refusée à toute concession qui aurait risqué de mettre en péril l'autorité de la Couronne, démentant ainsi les craintes de ses conseillers qui avaient jugé ce voyage avec appréhension.

Au cours de ces journées, Marie-Thérèse a expérimenté un art de gouverner qui lui a réussi et dont elle va désormais régulièrement user. Un autre exemple en est donné quelques mois plus tard alors qu'une armée franco-bavaroise approche de Linz, dernier verrou avant Vienne. Elle retrouve la même habilité oratoire quand, à la veille de la bataille, elle écrit au général Khevenhüller, le commandant de son armée, une lettre accompagnée de deux portraits, le sien et celui du petit archiduc Joseph, son premier fils, alors seulement âgé de 1 an :

> Cher et loyal Khevenhüller ! Tu as ici, sous les yeux, une reine abandonnée du monde entier avec son héritier ; selon toi, que va-t-il advenir de cet enfant ? Ta souveraine s'adresse à toi comme à un serviteur loyal [...]. Agis, ô héros et loyal vassal, comme ta conscience te l'ordonne devant Dieu et les hommes. Prends la justice pour bouclier ; fais ce qui te semble droit ; sois aveugle dans ta condamnation du parjure ; suis l'exemple de ton maître Eugène[1], qui repose en Dieu, et de ses faits immortels et sois certain que ta famille et toi, aujourd'hui et pour l'éternité, vous recevrez de Notre Majesté et de nos Descendants grâce, faveur et gratitude et du Monde la gloire. Nous te le jurons par Notre Majesté.

La griffe agile de l'impératrice se lit dans cette lettre. Comme quelques semaines plus tôt devant les nobles hongrois, elle fait appel à l'esprit chevaleresque de son général, instaurant la posture d'une dame avec son féal. Khevenhüller reçoit cette lettre alors qu'il a réuni autour de lui ses officiers à dîner. Il décide aussitôt de la leur lire. Leur réaction ne se fait pas attendre : d'un même mouvement, ils se lèvent, tirent leur épée et, d'une seule voix, s'écrient : « *Moriamur pro*

1. Il s'agit du prince Eugène de Savoie, un des plus grands capitaines des guerres contre la France de Louis XIV et contre les Ottomans, vainqueur des Français à Malplaquet et des Turcs à Zenta et à Belgrade.

Maria Theresia ! » C'est encore à ce cri que, le lendemain, les soldats de Marie-Thérèse reprennent Linz.

S'il faut un dernier exemple, il nous est fourni par sa réaction à la victoire de Kolin remportée par le général Daun le 18 juin 1757, soit au début de la guerre de Sept Ans. Réaction d'autant plus forte qu'il s'agit de la première défaite de Frédéric II face aux Autrichiens. De nouveau, elle dévoile son talent à trouver le ton et les mots justes propres à parler au cœur de son interlocuteur :

> Le 18. Jour de naissance de la monarchie. Cher comte Daun ! Je n'aurais pas voulu laisser s'achever cette grande journée sans vous adresser mes félicitations les plus cordiales et les plus reconnaissantes. La monarchie vous doit son salut et moi mon existence. Aussi longtemps que je vivrai, cela ne s'effacera assurément ni de mon cœur ni de ma mémoire ; au contraire, il me semble que cela me sera d'année en année plus présent et plus frais et que je ne l'exprimerai jamais assez tant à vous qu'aux vôtres. Que Dieu vous garde, comme mon véritable meilleur ami, encore de nombreuses années pour le bien de l'État, de l'armée et de ma personne.

Une fois de plus, Marie-Thérèse sait créer entre elle et ceux qui la servent un lien affectif fort qui puise ses racines dans la tradition médiévale revitalisée par les valeurs de l'âge baroque. Cette filiation est encore soulignée quand la souveraine salue dans Daun son « premier chevalier », un gage de confiance renforcé dès l'année suivante lorsqu'elle le fait grand-croix de l'ordre militaire, la plus haute distinction autrichienne qu'elle crée justement en son honneur.

Marie-Thérèse sait toujours faire preuve d'autorité face à des situations qui engagent les intérêts vitaux de la monarchie. Dès le début de la guerre de Succession d'Autriche, elle oppose un refus catégorique à ceux qui la pressent de s'entendre avec Frédéric II et impose sa volonté de lutter jusqu'au bout. Au sortir de ce conflit qui confirme la perte de la Silésie, mais voit le redressement de la monarchie sur tous les autres fronts, elle se retrouve dans une situation d'isolement quand il s'agit de redéfinir la politique étrangère. Elle s'oppose sur ce sujet capital pour l'avenir à la majorité des membres de la *Geheime Konferenz* (Conférence secrète) qui plaident pour le renouvellement de l'alliance anglaise : il n'existerait pas, selon eux, d'autre option pour contenir le roi de Prusse. Marie-Thérèse est d'un avis contraire. Elle a tiré un trait définitif sur l'alliance anglaise qui l'a surtout ligotée quand elle voulait se concentrer sur la reconquête de la Silésie. En guise de remplacement, elle entend explorer l'hypothèse d'une entente avec la cour de Versailles, qui représenterait une véritable révolution diplomatique au regard des siècles d'affrontements entre les Habsbourg et la France des Valois, puis des Bourbons. Au sein du Conseil, il n'est que le comte Kaunitz, récent négociateur du traité d'Aix-la-Chapelle qui a mis fin à la guerre de Succession d'Autriche, pour soutenir le point de vue de sa souveraine. Marie-Thérèse écoute poliment ces interventions, mais ne les suit pas. Elle tranche sans appel pour un nouveau système qui serait centré sur l'alliance de l'Autriche des Habsbourg et de la France des Bourbons. Mais tout reste à faire et l'impératrice s'attelle aussitôt à la tâche. Premier acte du plan, Kaunitz est envoyé à Versailles avec la mission de poser les premiers jalons. En 1753, nouvelle étape, il est nommé à la tête de la diplomatie autrichienne. En 1756, enfin, Marie-Thérèse peut se féliciter du travail accompli. L'objectif du renversement des alliances est atteint. Désormais conclue, l'entente avec la France restera le pilier de sa politique étrangère jusqu'à la fin du règne.

Les leçons de la guerre ont aussi convaincu l'impératrice d'entreprendre un vaste train de réformes à l'intérieur. Celles-ci concerneront les possessions héréditaires, à l'exception de la Hongrie qui, on le sait, bénéficie d'un statut particulier. Elle a tiré de ces années noires la conviction qu'il importe avant tout de renforcer les moyens administratifs et financiers de l'État, ce qui suppose d'abaisser les pouvoirs des diètes provinciales contrôlées par la noblesse. La réalisation de ce programme est confiée au comte Haugwitz que Marie-Thérèse décrit ainsi : « Honnête, sans arrière-pensée ni esprit de favoritisme, sans ambition ni parti. » Il peut compter sur un soutien sans faille de sa souveraine quand les opposants à ses réformes se mobilisent pour y faire obstacle. La charge est menée lors de la Conférence secrète du 29 janvier 1748 par le comte Harrach, porte-parole de l'aristocratie de Bohême. Celui-ci propose rien de moins qu'un plan qui reviendrait à renforcer les diètes au détriment de l'État. L'impératrice ne se laisse impressionner ni par ces arguments ni par la majorité qui se dégage en leur faveur. En conclusion de la séance, elle impose une fois de plus sa volonté aux opposants à sa politique. Elle confirme sa confiance en Haugwitz qui aura toute liberté pour appliquer les réformes exigées par l'intérêt supérieur de la monarchie.

Pour faire face à toutes ses obligations, Marie-Thérèse a mis au point une méthode de travail qui montre à l'expérience son efficacité. Elle y a été aidée dès le début du règne par un noble d'origine portugaise de son proche entourage, le comte Emmanuel Silva-Tarouca. Ce haut dignitaire n'appartient pas à la Geheime Konferenz, mais, loin de s'en inquiéter, elle y voit un avantage. Il ne cherchera pas à l'influencer dans le sens d'intérêts personnels. Elle sait, en outre, qu'il se tient à l'écart des coteries, un autre argument en sa faveur. Silva-Tarouca soumet donc à sa souveraine le schéma d'une journée ordinaire autour d'un emploi du temps strictement minuté depuis le lever. Si elle lui apporte quelques retouches, Marie-Thérèse l'adopte pour l'essentiel.

Le temps réservé à la direction de l'État est coupé de pauses pour qu'elle prenne ses repas, rende visite à ses enfants et s'accorde de nécessaires moments de détente. Elle se met au travail à 9 h 30. Jusqu'à midi, Marie-Thérèse est occupée par la lecture des actes et des dossiers, les rapports des ministres et les audiences. Elle s'installe de nouveau à son bureau à 16 heures, jusqu'à 20 h 30. Au total, elle consacre sept heures aux affaires de la Couronne, un volume bien supérieur à celui de ses prédécesseurs. Elle est la première d'une série de monarques qui, absorbés par leur métier de souverain, ne mesurent pas le temps qu'ils donnent au travail. Plus encore, les fatigues de la grossesse, un état qu'elle connaît à seize reprises entre 1737 et 1756, ne la détournent pas de poursuivre ses tâches quotidiennes. Lorsqu'elle doit garder la chambre, elle se fait porter les dossiers à traiter et n'en continue pas moins de recevoir ses conseillers comme si de rien n'était. La conduite de l'Empire ne souffre aucun répit. Mais Marie-Thérèse sait tout de même se réserver des moments de distraction. Le soir, quand elle ne va pas au spectacle, elle aime à jouer aux cartes avec des amis proches, comme le général Daun.

Le deuil impossible

La mort de François-Étienne en août 1765 marque une césure dans l'histoire du règne. Déjà parce que Marie-Thérèse lui portait un amour qui avait résisté à l'épreuve du temps. Sa disparition brutale à Innsbruck à l'occasion du mariage de leur second fils, l'archiduc Léopold, la frappe de plein fouet, au point qu'elle songe un moment à abdiquer. Elle n'en fait rien, mais, à partir de ce jour fatidique, elle ne quittera plus le deuil. Ce coup du destin terrible a aussi des conséquences politiques qui vont peser sur les quinze dernières années du règne.

Dès son accession au trône, l'impératrice décide d'attribuer à son époux le titre de corégent, un titre spécialement créé à son intention. Beaucoup en concluent aussitôt que cette décision est une manière habile de donner le change, et que François-Étienne est bien le véritable maître conformément aux lois de la nature. Mais il ne faut pas attendre longtemps pour que ces fins analystes se convainquent de leur erreur. À peine ouverte la crise qui va conduire à la guerre avec la Prusse de Frédéric II, elle met les pendules à l'heure. Elle récuse sèchement l'option de négocier avec l'ennemi, précisément celle défendue, on l'a vu, par François-Étienne, et impose sa volonté de lutte à outrance. Il apparaît ainsi clairement dans quelles mains repose la réalité du pouvoir. La décision de Marie-Thérèse de faire de son époux son corégent lui a été dictée par les sentiments et il n'y a plus désormais à douter qu'il s'agit là d'un titre purement honorifique, sans contenu politique.

Pour autant, Marie-Thérèse n'entend pas transformer son mari en roi fainéant. Tout au contraire, elle a pour lui un projet prestigieux. En sa qualité de femme, elle ne peut prétendre ceindre la couronne du Saint Empire à la suite de ses ancêtres. Il reviendra donc à François-Étienne de la porter. Mais il y a un préalable à franchir : l'élection par le collège impérial de neuf membres[2]. Or, en 1741, dans le contexte de la guerre de Succession d'Autriche, François-Étienne se heurte à une coalition trop puissante actionnée par Frédéric II et, en sous-main, par la France de Louis XV. À sa place est élu Charles-Albert, le prince-électeur de Bavière, qui, avec le titre impérial, cumule celui de roi de Bohême. Il ne s'agit cependant que d'un intermède. En 1745, à la mort de Charles-Albert, François-Étienne est enfin élu pour lui succéder sous le nom de François Ier.

La maison de Habsbourg, ou plus correctement désormais de Habsbourg-Lorraine, a donc récupéré la fonction

2. Le collège électoral comprend 9 membres : 3 ecclésiastiques, les archevêques de Cologne, Mayence et Trèves, et 6 laïcs, les rois de Bohême et de Hanovre, le margrave de Brandebourg, le prince palatin, le duc de Saxe et le prince-électeur de Bavière.

impériale. Elle n'en sera plus dépossédée jusqu'à la dissolution du Saint Empire en 1806. François-Étienne assume la responsabilité théorique des affaires, étant entendu que celles-ci sont subordonnées aux intérêts de l'Autriche, et donc à la volonté de sa femme. Les activités du corégent ne s'arrêtent pas là. Marie-Thérèse lui laisse carte blanche pour la gestion des finances familiales. Il y montre un véritable talent, au point qu'à l'arrivée il aura notablement augmenté le *Familienfonds* (fonds de famille), une réserve sur laquelle la fortune des Habsbourg s'appuiera jusqu'aux derniers jours de la monarchie.

Joseph II

Pour éviter le renouvellement de la mésaventure de 1741, Marie-Thérèse prend la sage précaution de faire élire roi des Romains son fils aîné, l'archiduc Joseph, du vivant de François-Étienne. Ainsi, le moment venu, la succession se passera sans encombre; effectivement, à sa mort, tout se déroule comme escompté. Mais, plus important encore, Marie-Thérèse décide, après la disparition de son époux, de le remplacer par Joseph comme corégent. Elle entend bien que ce titre, comme dans le cas précédent, reste honorifique. Cette fonction sert à l'apprentissage de son fils au métier de souverain. Mais, comme avec François-Étienne, Marie-Thérèse se réserve les décisions. Sauf que Joseph ne l'entend pas ainsi. Lorsque les circonstances l'élèvent au rang de son père, il s'est déjà forgé des idées bien arrêtées sur les grands dossiers où les intérêts de la monarchie sont en cause. Or, il est évident que de sérieuses divergences le séparent de sa mère. Fort de ses certitudes, il est prompt à penser que le temps de Marie-Thérèse appartient désormais au passé et que le moment est venu pour lui de saisir les rênes du pouvoir.

Les circonstances commencent par paraître favorables à Joseph. Toujours sous le choc de la mort de son époux, sa mère ne montre plus la même capacité de concentration et de travail. Elle confie au fidèle Silva-Tarouca :

> Je ne me reconnais plus, je suis comme les animaux, sans esprit ni raison. J'oublie tout. Je me lève à cinq heures et ne fais rien de toute la journée.

L'inconsolable veuve surmonte certes cette mauvaise passe. Malgré sa robustesse physique, elle commence néanmoins à ressentir les premiers effets de l'âge – elle a 48 ans à la mort de François-Étienne. Pour autant, elle n'est pas prête à laisser agir Joseph à sa guise, ce qui annonce d'inévitables conflits entre la mère et le fils.

Le premier éclate sur l'affaire de San Remo qui, bien qu'appartenant à la république de Gênes, était historiquement lié au Saint Empire. Joseph prétend réaffirmer ces droits, faisant fi de la mise en garde de Kaunitz qui lui rappelle que Gênes est l'alliée du roi de France. Faut-il mettre en péril l'alliance entre les cours de Vienne et de Versailles pour une affaire somme toute mineure ? Joseph le prend alors de haut et clame qu'il se refuse à être « le pantin d'un ministre », un propos que Marie-Thérèse n'aurait jamais tenu. N'admettant pas que Kaunitz soit humilié de la sorte, celle-ci intervient sous la forme d'une lettre à son fils dans laquelle elle n'hésite pas à le tancer sévèrement :

> Votre cœur n'est pas encore mauvais, mais il le deviendra. Il est plus que temps de ne pas goûter ces bons mots, ces dictions spirituelles qui n'aboutissent qu'à affliger, mettre en ridicule les autres, éloigner par là tous les honnêtes gens et par là croire que tout le genre humain ne mérite pas qu'on l'estime et l'aime.

Dans la même veine, la conclusion tombe, cinglante :

> Vous êtes une coquette d'esprit.

On aurait pu imaginer que Joseph ne laisserait pas passer cette volée de bois vert. Tout au contraire, il fait amende honorable, ce qui amène naturellement à s'interroger sur sa sincérité. Marie-Thérèse n'est probablement pas dupe. Mais sans doute faut-il pousser l'analyse plus loin, car cette situation se reproduit de très nombreuses fois et presque toujours avec le même dénouement. Joseph est impatient de promouvoir des réformes qu'il estime indispensables. La première partie du règne a montré que l'impératrice n'en avait pas peur. Elle en réalise d'importantes qui ont transformé et modernisé la monarchie. Mais celles voulues par Joseph lui paraissent inspirées par un esprit de système qui fait fi de la tradition et des sensibilités sans le respect desquelles il ne peut y avoir de bonne politique. Elle en connaît la source. Joseph se nourrit de la lecture des philosophes pour lesquels elle a une profonde antipathie. Le scénario est toujours le même. Joseph commence par exiger, se montre volontiers arrogant et joue à l'esprit fort. Lorsque Marie-Thérèse refuse son agrément, il maugrée sûrement dans son for intérieur, mais s'incline. L'ascendant de sa mère continue de s'exercer sur lui et il n'ose pas la défier. Ces affrontements récurrents ne sont pas sans laisser des traces. Pour l'Impératrice, ils sont un vrai sujet de souffrance et ses victoires ont un goût amer. Dans une nouvelle lettre à Joseph, elle se laisse aller à écrire :

> Il est cruel de s'aimer et se torturer mutuellement […] Avec les meilleures volontés, nous ne nous entendons pas.

Parmi ces sujets de discorde, il en est un sur lequel la souveraine se montre particulièrement inflexible : celui de la tolérance religieuse. Prince philosophe, Joseph en fait un de ses chevaux de bataille et revient régulièrement à la charge. Mais, gardienne de la tradition catholique de sa maison, Marie-Thérèse refuse de transiger. Elle ne laissera pas introduire la liberté religieuse dans ses États – abstraction faite de la Hongrie et de la Transylvanie où le pluralisme confessionnel était inscrit dans leur Constitution lorsque les Habsbourg les ont conquises ou reconquises à la fin du XVIIe siècle. La souveraine a fait siennes des idées de la Contre-Réforme catholique et les a traduites dans les faits, mais elle n'ira pas plus loin. La question revient sur le devant de la scène dans les dernières années du règne quand un noyau de protestants est découvert en Moravie. Marie-Thérèse entend aussitôt le disperser. Mais Joseph tempête. Il s'ensuit un échange de lettres dans lequel elle presse son fils de ne jamais oublier que le catholicisme constitue un des piliers de la monarchie. De son côté, celui-ci brandit la menace de sa démission mais se garde d'en rien faire. Marie-Thérèse finit cependant par infléchir sa position. Les protestants pourront pratiquer leur culte en privé. En échange, leurs enfants seront élevés dans la foi catholique. Une décision interprétée par les protestants comme un premier pas vers une reconnaissance officielle. Ceux-ci ayant provoqué des troubles, elle recourt cette fois à la manière forte, en prenant à leur encontre des mesures d'expulsion vers la Hongrie.

Il est pourtant un dossier – et non des moindres – sur lequel Marie-Thérèse n'a pas gain de cause. L'idée d'un partage de la Pologne est venue de Catherine II qui a progressivement établi sa tutelle sur le pays. Frédéric II s'y montre aussitôt favorable. Elle est précisée quand les deux États renouvellent en 1769 l'alliance qui les unissait depuis les lendemains de la guerre de Sept Ans. Minée par des divisions internes, son mal endémique, la Pologne est une proie rêvée pour ces grands fauves de la politique européenne. Mais le projet prévoit d'associer l'Autriche à l'entreprise. Or, Marie-Thérèse s'y déclare hostile, son sens moral lui interdisant de dépecer un État souverain. À l'inverse, Joseph n'a pas ces scrupules et sa position est renforcée par l'appui que Kaunitz lui apporte. Lorsque le partage est devenu inéluctable, Marie-Thérèse cède à la nécessité et la décision est actée, le 5 août 1772, par le traité de Saint-Pétersbourg. Mais son opinion n'en est pas modifiée pour autant, comme elle l'explique à son principal ministre :

> Je ne comprends pas la politique qui permet qu'en cas que deux se servent de leur supériorité pour opprimer un innocent, le troisième peut et doit, à titre de pure précaution pour l'avenir et de convenance pour le présent, imiter et faire la même injustice, ce qui me paraît insoutenable.

Elle revient sur le sujet dans une lettre à son fils, l'archiduc Ferdinand. Elle y redoute que ce partage honni ne « mette une tache sur tout [s]on règne » :

> Dieu veuille que cela ne me rende très responsable dans l'autre monde. Je vous avoue, je ne finirai point sur cet article, tant il m'est à cœur et me persécute et m'empoisonne [...].

Par-delà les railleries de Frédéric II (« Elle pleurait, mais prenait toujours »), Marie-Thérèse s'est comportée jusqu'au bout en souveraine chrétienne. C'est encore comme telle qu'elle quitte la scène du monde. À partir de l'automne 1780, sa santé s'altère. Son cœur donne des signes évidents de fatigue. Devenue presque obèse, elle souffre de troubles respiratoires et a de plus en plus de mal à se mouvoir. Consciente de son affaiblissement, elle écrit au comte Mercy-Argenteau, son ambassadeur auprès de la cour de Versailles : « Ma santé va grand train. » Le 15 octobre, elle complète son testament. Elle va jusqu'à y faire l'aveu qu'elle préférerait « voir des États gouverner par un étranger croyant que par un prince indigne de ses ancêtres et de sa mission ». Difficile de ne pas y voir une allusion à Joseph, même si son nom n'est pas cité. C'est comme si, à l'approche de l'ultime départ, elle ne pouvait cacher l'angoisse qui la ronge.

En novembre, son état s'aggrave. Aux progrès de la maladie, elle oppose un courage inspiré des certitudes de la foi. Malgré les souffrances qui la tenaillent, elle continue de travailler, de traiter les dossiers, de parapher les documents. Dans la nuit du 27 au 28, tout espoir paraît perdu. Alors qu'on la presse de s'allonger pour dormir, elle refuse, car, dit-elle, « je crains de m'endormir, je n'entends pas être surprise par la mort, je veux voir la mort en face ». Marie-Thérèse atteint la grandeur du stoïcisme chrétien. Elle affronte la fin avec un courage égal à celui dont elle a toujours fait preuve dans les combats de sa vie. Ses derniers mots l'illustrent encore. Vers 9 heures du soir, comme répondant à un appel, elle se lève de son fauteuil. Elle ne réussit qu'à faire quelques pas et s'effondre sur une chaise longue. Joseph se précipite aussitôt vers elle : « Votre Majesté est mal couchée », constate-t-il. L'impératrice a encore la force de lui répondre : « Oui, mais assez bien pour mourir. » Quelques instants plus tard, elle rend son dernier soupir.

Par sa détermination, Marie-Thérèse a sauvé la monarchie qui menaçait de s'effondrer sous les coups de ses ennemis. Face à l'épreuve, elle se révèle une femme de courage et d'énergie, deux qualités cardinales qui ne la quitteront jamais. Ce cap passé, acharnée au travail, elle a un souci constant de placer son action entre tradition et modernité. Il en résulte un équilibre subtil et réussi qui lui vaut l'affection de ses peuples et inscrit son œuvre dans la durée. Le contraste est saisissant avec son successeur. En dix ans de règne, Joseph II manque de détruire, par esprit de système, ce que sa mère avait patiemment construit. Il faudra l'intelligence et le sens du compromis de son frère Léopold II pour que soit sauvé l'héritage de celle qui est désormais érigée en mère de la monarchie danubienne.

Bibliographie sélective

Badinter Élisabeth, *Le Pouvoir au féminin. Marie-Thérèse d'Autriche, 1717-1780. L'impératrice-reine*, Paris, Flammarion, 2016.

Bled Jean-Paul, *Marie-Thérèse d'Autriche*, Paris, Fayard, 2001 ; Paris, Tempus, 2012.

Mraz Gerda et Gottfried, *Maria Theresia. Ihr Leben und ihre Zeit in Bildern und Dokumenten*, Munich, Süddeutscher Verlag, 1979.

Solberg-Rilinger Barbara, *Maria Theresia. Die Kaiserin in ihrer Zeit. Eine Biographie*, Munich, C.H. Beck, 2017.

Tapié Victor-Lucien, *L'Europe de Marie-Thérèse*, Paris, Fayard, 1973.

10

Catherine II (1729-1796), autocrate éclairée

PAR LORRAINE DE MEAUX

L'aventure de Catherine II est si singulière qu'elle frappe encore aujourd'hui, comme elle a émerveillé ses contemporains. Cette jeune femme, qui n'était ni russe ni destinée à un brillant avenir, s'est imposée à la tête de l'immense Empire des tsars auquel elle a laissé sa marque indélébile. Née Sophie Auguste Friederike, petite princesse d'Anhalt-Zerbst, elle est mariée au tsarévitch Pierre, héritier désigné de l'impératrice Élisabeth. Les bizarreries et les vices de son époux la persuadent bientôt qu'il sera impropre à gouverner. Mais loin de se projeter dans le rôle secondaire d'épouse du tsar, Catherine se sent appelée à une mission ambitieuse dans sa patrie d'adoption dont elle a fait siennes avec enthousiasme la foi, la langue et la culture. En 1762, un complot qui élimine Pierre III la porte au pouvoir suprême, qu'elle gardera jusqu'à sa mort en 1796. Ce tour de force fonde la légende de Catherine II. Cette dernière s'est imposée en effet comme un personnage de premier plan sur la scène politique européenne, suscitant l'intérêt et l'admiration. Ses contemporains la surnomment « Sémiramis du Nord », en référence à cette reine mythique fondatrice de Babylone et des Jardins suspendus. Mais elle est aussi « Catherine le Grand » sous la plume de Voltaire, ou encore « Femme grand homme » pour le comte de Ségur, ambassadeur de France à Saint-Pétersbourg, traduisant le caractère exceptionnel d'une destinée perçue par ses contemporains comme « masculine ». Avec trente-quatre ans de règne riches en événements marquants, la dernière femme à avoir gouverné la Russie est virtuose dans l'art d'exercer le pouvoir. À travers son éducation et ses modèles, mais aussi ses goûts, son caractère et ses sentiments, ou encore ses actions et ses ambitions, se dessine le portrait d'une femme d'exception qui a conscience d'avoir réalisé d'immenses efforts pour accomplir son destin malgré sa condition féminine, ainsi qu'elle le formule elle-même :

> Ah ! si le ciel, au lieu de jupes, m'avait donné une bonne culotte de peau..., je me ferais fort de répondre de tout.

Aux origines de l'ascension : la stratégie matrimoniale

Le 21 août 1745, le mariage à Saint-Pétersbourg du tsarévitch Pierre commence par un long cortège vers l'église de la Nativité de la Vierge[1]. La cérémonie est suivie par dix jours de fêtes ininterrompues : bals, mascarades, dîners de gala, opéra italien, comédie française, feux d'artifice. Inspiré du mariage du dauphin de France (le fils aîné de Louis XV) qui s'est déroulé six mois auparavant, l'événement propulse Catherine, âgée de 16 ans, dans le petit grand monde des puissants. Qui aurait pu se douter que la première-née du modeste prince d'Anhalt-Zerbst réaliserait une si prestigieuse alliance ?

Les premières années de la jeune Sophie Auguste Friederike sont en effet assez communes. Officier plutôt ordinaire au service de la Prusse, son père s'est marié sur le tard avec Jeanne-Élisabeth de Holstein, jeune femme ambitieuse et frivole. Catherine n'aimait pas évoquer son enfance, n'y

1. Future cathédrale Notre-Dame de Kazan.

voyant « rien d'intéressant » ainsi qu'elle le confia au baron de Grimm. Son père commandait le régiment d'infanterie d'Anhalt-Zerbst cantonné à Stettin (actuelle Szczecin, au nord-ouest de la Pologne). C'est là que la future impératrice vit le jour en 1729, causant la déception de ses parents, qui auraient préféré un fils. Quatre enfants naquirent après elle, mais seuls Catherine et son frère Frédéric-Auguste atteignirent l'âge adulte. Avec le recul, Catherine accorde une importance spécifique à sa gouvernante française, Mlle Cardel, qui s'occupa d'elle jusqu'à son départ pour la Russie et à laquelle elle envoya des fourrures en signe de reconnaissance. La Française éveilla l'intelligence de la jeune fille, lui donnant à lire Racine, Corneille et Molière. Elle ne se privait pas de lui dire qu'elle avait l'esprit gauche et chercha à la rendre alerte et primesautière, même si elle n'était pas elle-même une lettrée d'exception. La souveraine résume avec son humour caustique leurs « capacités » communes :

> Elle savait presque tout sans avoir rien appris, à peu près comme son élève.

L'impératrice resta fidèle à cette ambiance intellectuelle autodidacte, qui reposait sur la spontanéité et l'enthousiasme.

Mlle Cardel apprend aussi à sa pupille à se tenir en public : elle juge son menton trop pointu et lui recommande de le tirer en arrière. Catherine s'amuse rétrospectivement à souligner les lacunes de son éducation :

> Que voulez-vous, j'ai été élevée pour épouser quelque petit prince du voisinage et l'on m'a appris ce qu'il fallait pour cela. Moi et Mademoiselle Cardel, nous ne nous attendions pas à tout ceci !

Dame d'honneur de la princesse d'Anhalt-Zerbst, la baronne de Printzen, suivant de près les études et les progrès de la future impératrice, confirme que cette dernière n'avait ni qualités ni facultés exceptionnelles et pensait qu'elle serait « une femme ordinaire ». La jeune fille poursuit alors le rêve commun à toutes les petites princesses allemandes : ceindre une couronne en trouvant un époux.

Du côté maternel, la jeune fille bénéficie d'une ascendance à « fort potentiel », qui lui ouvre l'accès à la sphère étroite des familles régnantes européennes. En effet, son oncle maternel, Charles-Auguste de Holstein, emporté précocement par la maladie, avait failli épouser la future impératrice Élisabeth de Russie, qui garda toujours un souvenir ému de ce fiancé... Le moment venu, la princesse de Zerbst a su exploiter cet avantage : en 1741, le coup d'État[2] portant au trône la grande-duchesse Élisabeth marque un tournant de taille pour la famille d'Anhalt-Zerbst, qui est désormais en relation directe avec la cour de Russie. La mère de Catherine envoie à la nouvelle tsarine ses félicitations, auxquelles Élisabeth répond en demandant un portrait de sa sœur Anna, mariée au duc de Holstein et mère d'un certain Pierre-Ulric... Lorsque Élisabeth choisit pour héritier ce neveu, Pierre-Ulric de Holstein donc, les liens se resserrent et le destin de la future Catherine commence à intéresser les souverains : octroi de distinctions et échanges de portraits sont les signes apparents de l'agitation générale. Le père de Catherine est nommé feld-maréchal par le roi de Prusse en juillet 1742. Via l'ambassade de Russie à Berlin, un portrait de la tsarine dans un cadre magnifique de diamant est offert à la princesse d'Anhalt-Zerbst. En retour, cette dernière fait réaliser le portrait de sa fille par le Français Pesne pour l'envoyer à Saint-Pétersbourg. Sans être particulièrement réussie,

2. Les régiments de la Garde renversent la régente Anna Leopoldovna, assassinent son fils, le tsar Ivan VI, et placent sur le trône la fille de Pierre le Grand et de Catherine Ire, Élisabeth, qui régnera jusqu'à sa mort en 1761.

cette œuvre joue son rôle à merveille. La tsarine découvre avec plaisir une bonne candidate au mariage : des joues roses et un visage plein, des yeux clairs expressifs. En somme, les deux futurs promis sont parents, du même âge et issus du même univers culturel. Cela devrait assurer une union solide.

À la fin de l'année 1743, une lettre de Brümmer, maître de cour du grand-duc Pierre, invite la princesse d'Anhalt-Zerbst à se rendre sans tarder à Saint-Pétersbourg avec sa fille, mais sans son mari. L'envoyé français La Chétardie fait valoir une « paternité peu encombrante du prince de Zerbst », « bonhomme en soi, mais d'une imbécillité peu ordinaire ». Les intrigues mises en œuvre pour réaliser cette alliance sont tenues secrètes et s'engagent au niveau supérieur de la politique européenne, soit directement entre l'impératrice de Russie et le roi de Prusse : les Zerbst, parce qu'ils sont justement une famille de rang moyen, offrent un bon compromis. Frédéric souhaite éviter un mariage entre l'héritier russe et une princesse de Saxe. À Saint-Pétersbourg, il semble aussi qu'une princesse de second rang sera plus malléable. Dans un petit texte *pro memoria* remis avant le voyage, le prince de Zerbst rédige de sa main des recommandations à sa fille, qu'il ne devait jamais revoir et dont elle ne suivit aucune : ne pas se convertir à l'orthodoxie, placer le bon plaisir de son mari au-dessus de tout, éviter de contracter avec qui que ce soit des relations trop intimes, garder à part soi son argent de poche, ne se mêler d'aucune affaire de gouvernement. Si elle remercie son père pour ses « gracieuses instructions », la future Catherine se trouve avec sa mère à une tout autre école : comme le futur mariage soulève l'opposition du conseiller Bestoujev[3], car il s'accompagne d'un renversement d'alliance (le rapprochement de la Russie avec la Prusse et la Suède),

3. Le tout-puissant chancelier (ministre des Affaires étrangères) Alexeï Bestoujev (1693-1766) conduit une politique proautrichienne qui divise la cour en deux partis irréconciliables.

la princesse de Zerbst ouvre son salon aux adversaires de ce dernier et mène maladroitement intrigues et complots. Légère et imprudente, elle s'attire la colère d'Élisabeth et risque de compromettre la future union. Mais Catherine est déjà à la manœuvre, prête à réaliser ses ambitions, malgré les relations exécrables qu'elle entretient d'emblée avec son fiancé :

> Il m'aurait quittée sans regret. Pour moi, vu ses dispositions, il m'était à peu près indifférent, mais la couronne de Russie ne me l'était pas.

Dès ses premiers pas dans son nouveau pays, celle qui s'appelle désormais Catherine[4] est l'artisan principal de sa propre réussite.

À l'école de la cour de Russie : genèse d'une femme d'exception

À 15 ans, Catherine s'émancipe totalement de sa famille et, de façon générale, de son passé. Elle possède déjà la sûreté de jugement qui va faire son génie, ainsi qu'une grande capacité d'adaptation. À peine arrivée à Saint-Pétersbourg, elle veut se faire russe. Elle s'intéresse à la langue et à l'orthodoxie, se démarquant avec ostentation de son fiancé qui, avec ses manières allemandes, provoque le mécontentement autour de lui. Elle s'appuie sur sa femme de chambre Prascovia Nikitichna, qui l'initie aux coutumes locales. La vie à la cour d'Élisabeth est semée d'embûches, mais peu importe :

4. En adoptant la foi orthodoxe à l'occasion de son mariage, Sophie Auguste Friederike prend le prénom de Catherine, plus russe.

> Le cœur ne me prédisait rien de bon; l'ambition seule me soutenait. J'avais au fond du cœur un je-ne-sais-quoi qui ne m'a jamais laissée douter un seul instant que je parviendrais à devenir impératrice de Russie de mon chef.

Dans la genèse de cette femme de pouvoir, indépendance d'esprit et confiance en soi se conjuguent et s'épaulent mutuellement.

Avant d'exercer le pouvoir suprême, Catherine se dote progressivement des atouts nécessaires à une telle aventure en se forgeant un caractère de fer. Elle surmonte sans difficulté sa solitude à Saint-Pétersbourg, d'où sa mère a été renvoyée et où aucun membre de sa famille n'est invité. Elle pratique des activités viriles : la chasse et l'équitation.

> Je me levais à trois heures du matin et m'habillais moi-même de pied en cap en habit d'hommes. Un vieux chasseur, que j'avais, m'attendait avec les fusils. Il y avait un esquif de pêcheur tout prêt au bord de la mer. Nous traversions le jardin à pied, le fusil sur l'épaule. Nous nous mettions, lui, moi, un chien d'arrêt et le pêcheur qui nous menait, dans cet esquif, et j'allais tirer des canards dans les roseaux qui bordent la mer, des deux côtés du canal d'Oranienbaum qui s'étend sur deux verstes dans la mer.

C'est aussi comme un homme qu'elle pratique l'équitation, cette passion qu'elle partage avec l'impératrice Élisabeth. Mais cette dernière y voit une cause de la difficulté de la grande-duchesse à enfanter et lui demande de monter en amazone. Pour sauver les apparences, Catherine fait réaliser une selle et une tenue adaptées, lui permettant de ruser lorsqu'elle monte en public. Quant à la maternité, elle finit par cocher cette case indispensable dans le contrat tacite qui la lie à la Couronne de Russie, mais ce n'est pas vraiment un accomplissement : en 1754, après dix ans de mariage et deux fausses couches, elle met au monde un fils, prénommé Paul, dont on lui ôte tout de suite la garde et pour lequel elle n'éprouvera jamais de sentiments maternels.

Catherine précise également sa vision politique au gré de ses nombreuses lectures. « Dix-huit années d'ennui et de solitude [me] firent lire bien des livres », disait-elle à propos de cette longue période de formation. *L'Histoire du roy d'Henri le Grand* par Hardouin de Péréfixe lui sert de modèle. Henri IV reste pour elle un héros sans égal dont elle commandera le buste à Falconet. Elle lit aussi Brantôme et sa *Vie des dames illustres*. Sans oublier le monumental *Dictionnaire historique et critique* de Pierre Bayle, qui consolide sa culture générale. Elle construit ainsi sa vision du rôle des grands monarques dans l'histoire : mieux vaut agir en s'adaptant, sans principes absolus ni vérités éternelles. Grâce à *De l'esprit des lois* de Montesquieu, elle se familiarise avec les grands problèmes politiques et sociaux de son temps. Aux lectures s'ajoute l'écriture : correspondances ou travaux divers, elle écrit tous les jours d'une plume alerte et vive. Elle confie à ses *Mémoires* les péripéties de son mariage malheureux et couche sur le papier projets et pensées.

Elle développe aussi une conception certaine de l'amour, trouvant dans ses amants les inspirateurs de son destin. Avec vingt et un favoris identifiés, la souveraine affiche une forme de dévergondage qui révèle son goût de la sensualité sans restreindre son irréductible indépendance : c'est elle qui choisit et qui rompt. Les mille cent soixante-deux lettres échangées entre Catherine II et le prince Grigori Potemkine mêlent passion amoureuse et commentaires des événements importants : génial organisateur, le favori est devenu un interlocuteur essentiel, sans jamais se départir de son rôle secondaire. Déjà, avec le futur roi Poniatowski, elle sort de la sphère étroite où l'impératrice Élisabeth veut l'enfermer pour s'intéresser aux affaires de Pologne ; avec Grigori Orlov – jeune homme empressé et rassurant dont elle a un fils en 1762 –, elle saisit sa chance : sans même qu'ils conspirent, leurs intérêts se rejoignent. Catherine ne supporte plus la grossièreté de son mari et redoute d'être mise à l'écart en cas de remariage de ce dernier avec sa favorite, Elizaveta Vorontsova. Les frères Orlov, officiers de la Garde, s'inquiètent de leur côté des projets de réforme militaire du tsar qui ne jure que par le modèle prussien et veut supprimer la Garde, corps d'élite. Publiquement injuriée, Catherine ne restera pas les bras croisés : à un dîner diplomatique de quatre cents couverts donné en juin 1762 pour la ratification du traité de paix avec la Prusse, à travers l'immense table, Pierre III a en effet bruyamment traité sa femme d'idiote : « *Doura* ! »

Lorsque les Orlov passent à l'action et enferment son mari, Catherine se laisse sans façon élever au trône[5] : sa détermination facilite la réussite de la conspiration. Elle est déjà prête à assumer de façon imperturbable le rôle de souveraine. Son credo politique sera célèbre :

> Toute la politique est fondée sur trois mots : circonstances, conjectures et conjonctures.

À la tête de la Russie, elle l'applique avec un talent remarquable, réunissant au plus haut point despotisme éclairé et expansion calculée.

Catherine II autocrate : une certaine idée de la grandeur

L'idée que Catherine II se fait d'elle-même et la vision qu'elle a de son empire sont indissociables. La grandeur

5. Le 28 juin 1762, Pierre III est d'abord écarté du pouvoir, arrêté et assigné à résidence au palais de Ropcha où il est contraint de signer son acte d'abdication, avant d'être assassiné dans des circonstances troubles par Alexis Orlov et ses gardiens.

est le déterminant commun : à la majesté de la souveraine répond la puissance impériale. Si elle n'est pas grande, elle impressionne d'emblée, comme le montre la description d'Élisabeth Vigée-Lebrun :

> J'étais d'abord extrêmement étonnée de la trouver très petite ; je me l'étais figurée d'une grandeur prodigieuse, aussi haute que sa renommée. Elle était fort grasse, mais elle avait encore un beau visage, que ses cheveux blancs et relevés encadraient à merveille. [...] J'ai dit qu'elle était petite de taille ; pourtant les jours de représentation, sa tête haute, son regard d'aigle, cette contenance que donne l'habitude de commander, tout en elle enfin avait tant de majesté qu'elle me paraissait la reine du monde.

Et si son costume est « simple et noble », son bonnet n'est pas « orné de rubans, mais de diamants de la plus grande beauté ». Catherine II maîtrise l'art de paraître. Son charisme est indéniable : « Je plaisais, c'était mon fort », résume-t-elle. L'effet produit sur ses interlocuteurs est tétanisant : en présentant ses lettres de créances, l'envoyé du roi de France, le comte de Ségur, a une si grosse émotion qu'il en oublie son discours préparé à l'avance et doit en improviser un autre. Si Catherine séduit, elle se fait craindre aussi. Le chevalier d'Éon dresse le portrait d'une femme inquiétante :

> Romanesque, ardente, passionnée : elle a l'œil brillant, le regard fascinateur, vitreux, un regard de bête fauve. [...] Elle est prévenante, affable ; mais quand elle s'approche de moi, je recule par un mouvement dont je ne suis pas le maître. Elle me fait peur.

Un demi-siècle après sa disparition, le célèbre opposant à la monarchie autocratique Alexandre Herzen souligne son étonnant pouvoir de fascination :

> Cette femme-empereur [...] occupa plus d'un quart de siècle tous les esprits contemporains, depuis Voltaire et Frédéric II jusqu'au khan de Crimée et aux chefs des [Kazakhs].

Catherine ne se laisse jamais rien imposer et ne perd jamais sa contenance, ainsi qu'en attestent de nombreuses anecdotes. Ainsi le comte de Solms, envoyé de Frédéric, note-t-il le 3 juillet 1764 :

> Du côté de la nation, il y a beaucoup de mécontentements et de fermentation, et beaucoup de courage et de fermeté, du moins en apparence du côté de l'impératrice. Elle est partie d'ici [pour la Livonie] avec l'air le plus serein et la contenance la plus assurée, quoique, deux jours auparavant, il y ait eu une mutinerie dans les Gardes.

En 1788, au moment où va éclater la guerre suédoise[6], l'impératrice fait face à une pénurie d'hommes dans l'armée. Le comte d'Anhalt, précédé par une réputation militaire européenne, offre ses services en demandant le rang de général en chef et le commandement suprême. Au refus de Catherine, stupéfait, il déclare qu'il ira planter ses choux. « Soignez-les bien », répond tranquillement l'impératrice. Doute, abattement physique et moral, lassitude ou découragement lui sont inconnus. Elle est « la sentinelle qu'on ne relève jamais » chantée par le poète Derjavine. Endurance et courage sont des traits majeurs de son caractère : en juillet 1765, alors qu'elle est souffrante, peut-être enceinte,

---

6. Confronté à une opposition intérieure et poussé par la Grande-Bretagne, la Prusse et la Hollande, le roi Gustave III de Suède conclut une alliance avec l'Empire ottoman à l'été 1788 et entre en guerre avec la Russie (1788-1790), alors même que l'impératrice a engagé la plupart de ses troupes contre la Porte.

elle assiste aux grandes manœuvres qu'elle a commandées, restant de longues heures à cheval. En 1768, elle se fait inoculer la petite vérole – la variolisation précède l'invention du vaccin –, la première dans son Empire. L'exemple courageux qu'elle donne ainsi lui vaut, encore une fois, l'éloge paradoxal de ses amis philosophes – Voltaire, Diderot et d'Alembert –, qui célèbrent la réformiste pour mieux taire l'autocrate.

Inspirée par leurs idées, elle a entrepris un programme de réformes contenu dans son *Instruction pour la Commission législative* (ou *Nakaz*). Le texte précède la décision de réunir une Assemblée de législateurs. L'impératrice veut codifier les lois de l'Empire, ce qui n'a pas été fait depuis 1649, et contribuer à la rationalisation et à la modernisation du droit et des mœurs, dans le respect toutefois des « réalités russes ». Elle expose la nécessité de lois fondamentales et l'existence d'un bien public, mais n'entend la séparation des pouvoirs que sous l'angle administratif et reste convaincue que seule l'autocratie convient au gouvernement de l'immense Russie. La dénonciation de la peine capitale et de la torture fait cependant de ce texte un écrit libéral – qui lui vaut d'être interdit en France. Sans application directe, l'*Instruction* reste cependant pure utopie : Catherine échoue notamment à abolir le servage et préfère dissoudre l'Assemblée dès 1768. Mais elle réforme l'administration locale, accordant plus de pouvoir à la noblesse dans le gouvernement des provinces tandis qu'elle dote Saint-Pétersbourg d'un maire, d'un conseil municipal et d'une Assemblée (*douma* municipale). Soucieuse de développer l'instruction, la culture et les beaux-arts, elle crée l'Institut de jeunes filles nobles de Smolny et mène des chantiers ambitieux dans sa capitale et ses environs : aménagements des quais et de la Galerie marchande, édifications de palais et fondation de la Bibliothèque publique impériale.

Dans l'exercice de sa fonction, sa ligne de conduite demeure invariable : c'est elle qui fixe les règles. Virtuose dans l'art de régner, elle ne partage pas son pouvoir : autocrate, elle attend de l'administration civile et militaire, mais aussi de tous ses sujets en général, une obéissance totale. L'établissement d'un conseil est dans ce contexte purement formel : « Mon conseil, de l'avis duquel je suis toujours lorsqu'il est du mien », confie-t-elle au prince de Ligne. Elle gouverne seule : si elle est aidée par ses favoris – dont elle change régulièrement, comme on l'aura compris –, c'est elle la souveraine. Si en théorie ses sujets ont le droit de pétition, il est interdit de guetter son passage pour lui remettre un placet, sous peine de knout ou de Sibérie. Non seulement elle ne supporte pas la contradiction, mais elle est convaincue d'avoir toujours raison. Cette volonté toute-puissante est un principe de gouvernement qui s'aggrave avec les années : de septembre 1773 à septembre 1774, le Cosaque illettré Emelian Pougatchev a tenu tête à la souveraine, se faisant passer pour Pierre III, fédérant paysans, serfs, nomades bachkirs et tatars en un immense soulèvement des confins de l'Oural à la Volga. Mis en cage, le révolté est conduit à Moscou pour être décapité à la hache et démembré. Catherine gouverne aussi par la terreur. Dans une lettre à Grimm en 1774, elle écrit :

> Je vous dirai que je n'ai point les torts que vous me donnez, parce que je ne me trouve point les qualités que vous me prêtez : je suis peut-être bonne ; je suis ordinairement douce, mais, par état, je suis obligée de vouloir terriblement ce que je veux, et voilà à peu près tout ce que je vaux.

Au comte de Ségur, elle précise :

> Je me suis fait des principes, un plan de gouvernement et de conduite, dont je ne m'écarte jamais ; ma volonté, une fois émise, ne varie pas.

Ainsi, en 1768, lorsque Piotr Roumiantsev, qui mène la guerre contre les Ottomans, s'inquiète en sa présence de la supériorité numérique écrasante des Turcs, Catherine ne renonce-t-elle pas à la guerre, au contraire, et les victoires russes à Azov ou à Tchesmé lui donneront raison. Face aux difficultés, elle reste imperturbable. Tandis que la révolution emporte la monarchie française, elle vitupère, mais n'intervient pas. Vis-à-vis des Français présents en Russie, elle fait appliquer une implacable surveillance, condamnant fermement toute suspicion révolutionnaire. Elle écrit en 1796 :

> Si j'étais Louis XVIII, ou bien je ne serais pas sortie de France, ou bien aussi il y aurait longtemps que j'y serais rentrée malgré vents et marées, et cette sortie ou rentrée n'aurait dépendu que de moi, exclusivement puissance humaine.

Et si elle avait été George III, elle n'aurait pas laissé perdre l'Amérique !

Sa politique étrangère s'avère entièrement dédiée au renforcement de la puissance russe : sous son règne, l'expansion territoriale est sans précédent. À l'élargissement des frontières à l'ouest jusqu'au Niémen et au Dniestr s'ajoutent les conquêtes au sud, avec la Crimée et le Kouban, mais aussi Derbent et Bakou au Caucase. L'activité diplomatique et militaire est incessante avec la mise en place du « système du Nord », soit l'alliance de la Russie avec la Prusse, l'Angleterre et le Danemark, les deux guerres contre la Porte ottomane (1768-1774 et 1787-1792), l'annexion de la Crimée (1783), les trois partages de la Pologne (1772, 1793 et 1795), enfin la guerre contre la Suède (1788-1790). Son Empire s'étend considérablement et passe de 20 à 37 millions d'habitants. Le « projet grec » est révélateur du goût de l'impératrice pour la démesure : en 1782, elle expose à l'empereur d'Autriche Joseph II sa volonté de chasser le sultan d'Istanbul et de rétablir « l'ancienne monarchie grecque ». Son deuxième petit-fils, judicieusement prénommé Constantin, en occuperait le trône. En 1783, la conquête de l'ancienne Tauride marque une première étape :

> Nous prenons la ferme résolution d'en finir une fois pour toutes avec les troubles de la Crimée[7] et à cette fin nous réunissons à notre Empire la presqu'île de Crimée, l'île de Taman et tout le Kouban.

L'impératrice effectue en 1787 un voyage grandiose dans sa nouvelle possession : à Kherson, le cortège passe sous un monumental arc-de-triomphe portant l'inscription : « Ceci est la route de Byzance. » À Bakhtchissaraï, capitale des khans, Catherine II loge dans les appartements du dernier Giray. Puis elle découvre sa fondation, le port de Sébastopol, d'où la flotte russe peut atteindre Constantinople en trente heures. Catherine fonde ainsi le mythe d'une Crimée russe. Pourtant, cette annexion provoque la deuxième guerre russo-turque de son règne : en juillet 1787, la Porte exige le départ de l'envahisseur. Le conflit sanglant montre la détermination de l'impératrice qui voit les victoires russes s'enchaîner : en 1789, à Otchakov, les Russes massacrent défenseurs et civils ; le 10 décembre 1790, la prise du fort d'Izmaïl, sur le Danube, fait 26 000 morts côté turc ; au Caucase, le jeune cheikh Mansour[8] est fait prisonnier, avant de mourir en 1794 dans la forteresse de Chlisselbourg. En janvier 1792, le traité de Jassy confirme les gains

7. À l'issue de la guerre russo-turque de 1768-1774, les Tatars de Crimée, jusque-là vassaux de l'Empire ottoman, deviennent en théorie indépendants ; mais, contesté par sa population, le khan se place sous la protection de Catherine II.

8. Chef de guerre tchétchène, le cheikh Mansour (1760-1794) a unifié la lutte des peuples du Caucase sous la bannière de l'islam contre la Russie avant d'être capturé en 1791.

territoriaux : l'Empire s'agrandit d'Otchakov et des terres situées entre Boug et Dniestr. La Turquie accepte aussi le protectorat russe sur la Géorgie, recevant en échange la possession de la Moldavie et de la Bessarabie. À l'issue de cette expansion décisive, l'impératrice décide la fondation d'Odessa, dernier appel du « projet grec ». S'il ne devait pas se réaliser, ce programme inaugure le « rêve oriental » de la Russie impériale, « Nouvelle Byzance » ou « Troisième Rome » qui allait alimenter pensée politique et impérialisme russes tout au long du XIXe siècle. Catherine II marque non seulement son temps, mais le destin de son immense Empire. Consciente de sa destinée hors du commun, elle écrit :

> Nulle histoire ne fournit ni de meilleurs ni de plus grands hommes que le nôtre. J'aime cette histoire à la folie.

Il est clair qu'elle a tout fait pour associer son nom et son règne à l'élaboration de l'hyperpuissance russe, développant le projet politique et territorial de Pierre le Grand, fondateur de « l'Empire » russe (1721) et de sa double vocation, entre Occident et Orient.

L'exercice du pouvoir, sa seule passion ?

Par certains aspects, les habitudes de l'impératrice n'ont rien d'extraordinaire : elle aime les chiens – qui jouent un rôle important dans son quotidien –, les oiseaux et les chevaux. À la cour, au cœur du palais d'Hiver, son appartement, au premier étage, n'est pas très vaste. Son quotidien est casanier : à 6 heures, sa première femme de chambre l'aide à une rapide toilette, puis elle passe dans son cabinet de travail où on lui sert un café fort. À 9 heures, elle repasse dans sa chambre à coucher où elle reçoit ministres et hauts fonctionnaires en audience. Après avoir été coiffée et apprêtée, elle gagne la chambre de toilette officielle : c'est l'heure du petit lever auquel assistent ses petits-enfants, le favori et quelques intimes. Le dîner, notre actuel déjeuner, a lieu à 13 heures, en compagnie d'une dizaine de convives, autour de mets simples : bœuf bouilli et concombres salés, de l'eau avec du sirop de groseille, et, sur recommandation des médecins, un verre de madère ou de vin du Rhin. Catherine prend ensuite son métier à broder, tandis qu'on lui fait la lecture. Dans l'après-midi, le travail reprend. À 16 heures, elle emprunte la longue galerie qui relie le palais d'Hiver à celui de l'Ermitage, pour aller voir son « musée » et effectuer sa « promenade de santé ». La gloire d'un grand souverain passant par la possession de belles choses, elle a acheté d'exceptionnelles collections européennes comme celles de Crozat ou du duc de Choiseul[9]. Elle a aussi acquis la bibliothèque de Diderot, lui laissant généreusement la charge d'en être le « bibliothécaire » pensionné. À 6 heures, Catherine II regagne les appartements de réception pour les entrées. Elle fait lentement le parcours de ses salons, distribue quelques mots aimables, puis se met à son jeu : whist à 10 roubles, piquet ou boston. Elle a fait afficher les « Règles d'après lesquelles on doit se conduire en entrant » :

> Article 1 : on déposera en entrant ses titres et son rang, de même que son chapeau et son épée.
>
> Article 2 : les prétentions portées sur les prérogatives de la naissance, l'orgueil ou autres sentiments de nature semblable, devront aussi rester à la porte.
>
> Article 3 : soyez gai ; toutefois ne cassez ni ne gâtez rien.

---

9. Grâce à la médiation de Denis Diderot, l'extraordinaire collection de dessins et de peintures de Pierre Crozat (1665-1740) et de ses descendants constitue toujours un élément phare des trésors du musée de l'Ermitage. En 1772, la souveraine achète la collection du duc de Choiseul (1719-1785), principal ministre de Louis XV entré en disgrâce.

Sauf les jours de réception (classées en « grandes, moyennes et petites », selon le nombre d'invités), il n'y a pas de souper. Vers 10 heures, l'impératrice passe dans sa chambre à coucher. La vie de la cour n'est pas spécialement brillante, reflet du désintérêt de la souveraine, dont le diplomate français François-Michel Durand de Distroff dresse le portrait suivant :

> La tragédie lui déplaît, la comédie l'ennuie, elle n'aime pas la musique, sa table est sans la moindre recherche ; le jeu n'est pour elle qu'une contenance ; elle n'aime dans les jardins que les roses ; elle n'a enfin du goût que pour bâtir et régenter sa Cour, car celui qu'elle a pour régner, pour figurer dans l'Univers, est passion.

L'autocrate vieillissante s'applique à se montrer en pleine possession de ses moyens physiques. À partir de 1792, elle a cependant beaucoup grossi et ses jambes sont constamment enflées. Elle souffre de migraines et de maux d'estomac. Masson, secrétaire particulier du grand-duc Alexandre, raconte :

> Monter et descendre l'escalier du palais, s'habiller et paraître un instant, était un travail pour elle d'autant plus grand qu'elle s'efforçait toujours de paraître jeune et bien portante, et qu'elle ne voulait pas se servir de chaise à porteurs.

Ses dents sont gâtées, sa voix est altérée, son teint de plus en plus rouge. Mais son port altier, son regard bleu et vif impressionnent toujours autant. L'année 1796 la trouve particulièrement active : à défaut d'une nouvelle guerre avec la Turquie, elle a lancé une expédition contre la Perse, première étape d'un « projet indien » imaginé par Platon Zoubov, de trente-huit ans son cadet et sa dernière toquade.

Quelques jours avant sa mort, elle programme une séance de pose pour Élisabeth Vigée-Lebrun :

> On veut absolument que vous fassiez mon portrait, je suis bien vieille; mais enfin, puisqu'ils le désirent tous, je vous donnerai la première séance d'aujourd'hui en huit.

Mais, le 5 novembre, une attaque d'apoplexie la laisse inconsciente. L'impératrice gît, immobile et muette, dans l'incapacité de dicter ses dernières volontés, et expire le lendemain. C'est donc Paul qui lui succède, alors même que les dissensions entre la mère et le fils n'ont cessé d'augmenter avec les années. Ce dernier ne pardonne pas à Catherine la mort violente de son père. Proclamé empereur, son premier acte sera de déterrer les restes de Pierre III pour organiser son couronnement posthume et l'enterrement conjoint de ses parents, macabre réunion des époux : le 5 décembre, les deux cercueils sont acheminés ensemble du palais d'Hiver à la forteresse Pierre-et-Paul, lieu de sépulture officielle des souverains russes. Élisabeth Vigée-Lebrun est le témoin de cette étrange marche :

> Je vis de ma fenêtre cette lugubre cérémonie comme on voit un spectacle des premières loges. Le cercueil de l'empereur défunt était précédé par un chevalier de la Garde, armé de pied en cap d'une armure d'or; celui qui marchait devant le cercueil de l'impératrice n'avait qu'une armure de fer.

Mais la postérité de l'impératrice devait déjouer les projets malintentionnés de Paul Ier, assassiné à l'issue d'un complot qui confia le trône à Alexandre Ier. Petit-fils choyé de l'impératrice, ce dernier s'attacha à renforcer l'héritage politique de Catherine « la Grande ». Présent sur la scène européenne, où il affirme la prépondérance de la Russie à l'issue des guerres napoléoniennes, il souscrit aussi pleinement à la tentation orientale, adhérant au « système asiatique » de l'écrivain et voyageur Jean Potocki, qui théorise l'expansionnisme russe vers le sud et l'est appelé à se réaliser tout au long du XIXe siècle et dont Nicolas II, avec la rivalité russo-japonaise, fut l'ultime continuateur. La petite princesse d'Anhalt-Zerbst a donc légué à la Russie un principe majeur, qui s'est prolongé à travers la période soviétique jusqu'à nos jours : une politique de puissance qui s'invente une mission séculaire en même temps qu'elle domine un espace eurasiatique au sein duquel le pouvoir s'affirme de façon autoritaire. À condition de savoir s'appuyer sur la trilogie : « Circonstances, conjectures et conjonctures. »

Bibliographie sélective

HELLER Michel, *Histoire de la Russie et de son empire*, traduit du russe par Anne Coldefy-Faucard, Paris, Flammarion, 1997.

LIECHTENHAN Francine-Dominique, *Catherine II. Le courage triomphant*, Paris, Perrin, 2021.

MEAUX Lorraine DE (dir.), *Saint-Pétersbourg. Histoire, promenades, anthologie, dictionnaire*, Paris, Robert Laffont, « Bouquins », 2003.

MEAUX Lorraine DE, *La Russie et la tentation de l'Orient*, Paris, Fayard, 2007.

Mémoires de l'impératrice Catherine II écrits par elle-même, préface d'Alexandre Herzen, Londres, Trübner et Cie, 1854.

MONTEFIORE Simon Sebag, *Catherine the Great and Potemkin: The Imperial Love*, Phoenix, 2004.

RIASANOVSKY Nicholas V., *Histoire de la Russie, des origines à 1996*, traduit de l'anglais par André Berelowitch, Paris, Robert Laffont, « Bouquins », 1994.

WALISZEWSKI Kazimierz, *Le Roman d'une impératrice. Catherine II de Russie*, Paris, Perrin, 2011.

11

Marie-Antoinette (1755-1793), l'illusion du pouvoir

PAR HÉLÈNE DELALEX

« Il m'aime beaucoup et fait tout ce que je veux », se félicite Marie-Antoinette dans une lettre à sa mère, écrite quelques mois après son mariage. Le ton est donné, et le sera pour longtemps. La jeune femme mesure l'amour de son époux à sa complaisance envers elle. Cette docilité ostensible du dauphin envers son épouse, à qui il semble tout céder, autorise certains personnages, tel le comte de Mercy-Argenteau[1], à rêver pour elle d'un destin plus grand. Forte de son empire sur l'esprit du roi, Marie-Antoinette devrait facilement être en mesure de s'emparer du pouvoir.

Parler de politique pour une reine de France est, certes, antinomique. Depuis la loi salique[2], le système de dévolution de la Couronne comme la légitimité du pouvoir suprême sont exclusivement masculins. Hormis le cas particulier des régentes, les reines n'ont constitutionnellement aucun rôle politique, si ce n'est celui de donner un héritier à la

1. Ambassadeur de Vienne à la cour de France, Mercy est chargé par l'impératrice Marie-Thérèse de surveiller sa fille. Durant dix ans, il lui adresse des rapports secrets détaillant les moindres faits et gestes de Marie-Antoinette.

2. La loi salique est édictée au XIVe siècle, mais rattachée à un ancien code oublié attribué aux Francs saliens, en vue de faire croire à son ancienneté.

monarchie. Parler de politique pour Marie-Antoinette paraît sans doute encore plus vain, tant son éducation et son goût, sur ce point, relèvent du néant. Incarnation absolue du pouvoir au féminin en Europe, sa mère, l'impératrice Marie-Thérèse, reine de Bohême et de Hongrie, ne lui a pas transmis son goût pour la politique[3]. C'est donc par le prisme toujours complexe de l'influence que se joue la question du pouvoir chez Marie-Antoinette, car il n'existe qu'à travers celui du roi. Prisme mouvant où les faux-semblants ont souvent conduit contemporains et historiens à exagérer l'influence politique de cette reine « qui fait le roi » et, en creux, à sous-estimer la lucidité de Louis XVI.

« L'extrême ascendant de la reine sur l'esprit du roi »

Marie-Thérèse, qui connaît bien le grand pouvoir de séduction dont sa fille use avec tous depuis l'enfance, lui conseille :

> Vous avez quelque chose de si touchant dans toute votre personne qu'on a peine à vous refuser. C'est un don de Dieu, dont il faut le remercier et se servir pour sa gloire et pour le bien d'autrui.

Marie-Antoinette est, au sens propre du terme, irrésistible. Il est impossible de lui dire non. Louis XV accordait déjà tout à la dauphine qui, à peine arrivée et du haut de ses 13 ans, dispensait ses ordres aux plus grands personnages du royaume avec un naturel et une audace inouïs. Le vieux Gabriel, premier architecte du roi et illustre directeur de l'Académie royale d'architecture, était resté sans voix lorsqu'elle lui avait demandé, sans passer par le roi,

3. Voir le chapitre 9 (« Marie-Thérèse », de Jean-Paul Bled).

de bien vouloir remplacer la voûte peinte et sculptée de sa chambre, dans l'enfilade sacrée des grands appartements de Louis XIV, par quelque chose de plus moderne. Pour être certaine de parvenir à ses fins avec son époux, elle avait élaboré, comme elle le confie à Mercy, « un plan fort arrangé et suivi, au moyen duquel, dans les moindres occasions, elle savait très bien amener M. le dauphin à son avis ». Et lorsqu'on lui refuse, elle revient à la charge. Sa belle-sœur, la comtesse de Provence, observait :

> La reine a une bonne qualité, quand elle veut une chose elle ne la quitte point. Et en vient toujours à ses fins.

Impensable aux règnes précédents, où un seul mot du roi suffisait à n'y plus jamais revenir.

Un port de tête altier, un visage à l'ovale fin, un teint à l'éclat éblouissant effaçant jusqu'à ses traits, une lèvre inférieure un peu forte lui donnant une moue boudeuse, des formes délicates mais à la douceur arrondie, une grâce incomparable dans ses mouvements : la jeune dauphine attire tous les regards et gagne rapidement les cœurs. Fasciné par son charme et sa vivacité étincelante, Louis XVI ne sait rien lui refuser. Travaux, appartements, nouvelles charges dispendieuses, paiement de ses dettes de jeu abyssales, augmentation de sa cassette, du budget de sa maison... Il éprouve indéniablement pour elle de la fierté, surtout lorsqu'il la compare aux épouses de ses frères, les comtesses de Provence et d'Artois, cette dernière « encore plus laide, parfaitement sotte, maussade et disgracieuse », selon le portrait peu amène qu'en dresse la comtesse de Boigne. Mercy résume :

> Il en est amoureux dans toute l'étendue du terme, et il joint à ce sentiment celui de l'estime.

Rien ne sert aux ministres d'argumenter, ils la savent soutenue inconditionnellement par le souverain. Le duc de Croÿ, l'un des grands mémorialistes de l'époque, raconte :

> Comme le roi paraissait devenir de plus en plus amoureux de la reine, et qu'elle aimait à mener, on pouvait s'attendre à de grands débats, et que tout ce qui ne plierait pas devant la reine pourrait bien ne pas rester longtemps en place.

Les années passant, Marie-Antoinette abuse, et s'amuse même parfois, de la « complaisance sans bornes » de Louis XVI à son égard. Mme Campan, sa première femme de chambre, rapporte comment, un soir avec ses favoris, elle avança de sa propre main une pendule pour l'envoyer coucher plus tôt, car sa lourde présence, qui imposait la retenue, était un trouble-fête pour la joyeuse assemblée :

> Le roi se couchait à 11 heures précises. [...] Il crut réellement que l'heure de son coucher était arrivée, se retira, et ne trouva chez lui personne de réuni pour son service du soir. Cette plaisanterie circula dans tous les salons de Versailles et y fut désapprouvée.

Une autre fois, elle tourne avec malice sa question, forçant le roi à accepter sa demande contre son gré. Il s'agissait pour elle d'accorder une audience au duc de Choiseul, ministre des Affaires étrangères de Louis XV et principal artisan de son mariage, alors en complète disgrâce. Son départ lui avait ôté son seul appui à la Cour et elle tentait tout pour le faire rétablir. Mais Louis XVI, qui le haïssait, ne voulait pas en entendre parler. En juin 1775, alors à Reims pour la cérémonie du sacre, l'occasion se présente, mais elle n'ose pas s'y risquer à l'insu de son époux. Dans une fameuse lettre à son ami le comte de Rosenberg, elle raconte par quelle ruse elle parvient à ses fins :

> Vous croirez aisément que je ne l'ai point vu sans en parler au roi, mais vous ne devinerez pas l'adresse que j'ai mise pour ne pas avoir l'air de demander permission. Je lui ai dit que j'avais envie de voir M. de Choiseul, et que je n'étais embarrassée que du jour. J'ai si bien fait que *le pauvre homme*[4] m'a arrangé lui-même l'heure la plus commode où je pouvais le voir.

« Le pauvre homme »... Le mot est venu naturellement sous sa plume au milieu d'un éclat de rire, dans un mélange de sympathie et de pitié. Rosenberg montre la lettre à l'impératrice : l'expression la glace. Elle l'éclaire soudain sur le peu de respect et d'autorité dont jouit Louis XVI dans son couple et peut-être, comprend-elle aussitôt, auprès du peuple tout entier. Ainsi Marie-Antoinette éprouve-t-elle d'abord son pouvoir comme une sorte de jeu dont elle cherche les limites, s'amusant telle une enfant à braver les interdits et à manipuler les adultes pour les rendre à ses volontés. De son côté, Mercy annonce à l'empereur Joseph II, son frère, qu'il est temps d'envisager d'exploiter plus utilement « l'extrême ascendant de la reine sur l'esprit du roi » :

> Cet ascendant est tel que la reine pourrait tout effectuer, même en matière d'État si elle en avait la volonté. [...] Je lui exposai les réflexions essentielles qui se présentaient sur le degré de solidité et d'augmentation qu'allait prendre son influence en toute affaire majeure et sur l'usage le plus utile à en faire. [...] Par l'opinion générale établie déjà depuis longtemps, il ne dépend que de la reine de gouverner ce royaume.

4. C'est nous qui soulignons.

« *Il faut à la reine un Premier ministère* »

L'ambassadeur, Joseph II et le chancelier Kaunitz, le principal ministre de Marie-Thérèse, voient en elle une ambassadrice officieuse qui pourrait exercer sans peine son influence sur « les affaires sérieuses », dans le sens des intérêts de l'Autriche. Reste à s'entendre sur la méthode, qui doit rester discrète. Kaunitz suggère :

> Il est nécessaire que, bien loin d'en faire parade, elle se conduise en toute occasion de façon que le roi ait l'air de faire tout et d'avoir tout fait.

Il ne faut surtout pas « exciter dans l'esprit du roi l'idée maligne que la reine le gouverne », ajoute-t-il. Mercy acquiesce :

> Elle acquerra un pouvoir absolu sur le roi, mais il faut qu'elle le gouverne sans paraître vouloir le gouverner.

Au printemps 1774, le chancelier résume la marche à tenir dans un mémoire adressé à l'impératrice, rédigé en français. L'une des méthodes retenues est de passer par les ministres :

> Il semble que la reine devrait se borner à n'employer son crédit [...] qu'à faire nommer aux premières places, au ministère et de façon que les ministres n'ignorassent pas qu'ils lui devaient leur élévation, nul moyen n'étant plus propre à la faire influer dans toutes les affaires majeures de la façon la plus décisive, sans qu'il y paraisse, et moyennant cela sans exciter l'envie ou la jalousie.

L'attention doit se porter en priorité sur le choix du ministre des Affaires étrangères, le poste clé. Mercy reprend :

> La première de ces mesures est de surveiller avec grande attention la tête du roi, d'en écarter soigneusement toutes les insinuations des alentours, de ne point paraître vouloir le presser ni le gouverner sur rien. Mais au premier indice d'une disposition à prendre un principal ministre ou plusieurs nouveaux ministres dans le Conseil, d'agir alors de manière que les choix à faire soient dictés par la reine.

Kaunitz propose ensuite que Louis XVI, « très jeune, sans expérience et d'un génie médiocre », prenne un Premier ministre. Halte là ! Ce « personnage incommode » constituerait un intermédiaire de plus, et c'est à Marie-Antoinette que Mercy destine le rôle. Il explique à l'impératrice :

> Le métier d'un Premier ministre en France a toujours été d'intercepter et de détruire le crédit des reines. [...] Il faut à la reine un premier ministère, c'est-à-dire qu'il faut qu'elle soit assurée d'avoir à sa dévotion les deux ou trois principaux ministres du roi, et que ces personnages tiennent à la reine par la protection qu'elle leur accordera.

L'heure a sonné pour elle de prendre en main le timon de l'État, car :

> [Le roi] n'aura probablement jamais ni la force ni la volonté de régner par lui-même. Si Mme l'archiduchesse ne le gouverne pas, il sera gouverné par d'autres.

Dans l'élaboration de leur plan, un détail leur échappe : Marie-Antoinette. Non seulement elle ne montre toujours aucune inclination pour « les affaires sérieuses », mais elle est, à proprement parler, ingouvernable. En politique comme dans tout, elle n'en fait qu'à sa tête. Un rapport secret remis en 1776 à l'impératrice confirme :

> Elle est maîtresse de ses volontés, elle n'aime pas l'application, elle ne veut pas de gêne. [...] Le sentiment qui perce déjà en elle est son désir, ou plutôt sa volonté décidée d'être absolument indépendante. Elle a assez fait connaître dans toutes les occasions qu'elle ne veut être ni gouvernée, ni dirigée, ni même guidée par qui que ce soit.

Mercy ne ménage pas ses efforts, tentant sans relâche de « remuer l'esprit de la reine du côté du poids et de la considération politique ». Il espère aiguiser son goût pour le pouvoir en le parant du voile de la nécessité d'État. Pour cela, il la persuade que son mari est incapable de régner, qu'il est faible et indécis, timide et lent, qu'il n'exercera jamais l'autorité « que d'une façon précaire », et qu'« il est presque infaillible qu'[elle] soit réservée un jour à gouverner la France ». Jour après jour, il la dresse à mépriser le roi. Comment lui reprocher ensuite d'avoir sous-estimé son époux ?

Mercy n'obtient en retour que « des effets momentanés toujours subordonnés à une dissipation outrée ». Il croit le moment venu lorsque la souveraine, en 1778, attend son premier enfant. Le roi est aux anges après sept longues années d'attente. Il faut profiter de ce nouveau crédit inespéré pour influer enfin de manière décisive sur les affaires :

> L'état de grossesse de la reine lui donne maintenant une consistance si supérieure à celle qu'elle a eue par le passé qu'il en résulterait ici en tous sens les changements les plus avantageux si cette auguste princesse savait bien évaluer sa position, ainsi que tout le parti qu'elle peut en tirer.

Mais la jeune femme pense plus aux joies de sa future maternité qu'aux lourdes contraintes du pouvoir.

Force est de reconnaître que la prise de pouvoir espérée se solde par un fiasco cuisant. Mercy se résigne et l'avoue à Joseph II : « Inaction totale » de sa part en la matière, pour ne pas dire « une véritable répugnance ». Pire :

Elle laisse d'ailleurs le roi dans une sorte de persuasion que la reine s'ennuie des affaires d'État, qu'elle ne veut point les connaître ni se mettre à même d'en alléger le poids à son époux.

Aucun espoir de l'engager dans une action politique suivie. Mercy admet qu'elle n'a peut-être tout simplement pas les moyens des ambitions qu'il lui assigne. Il reconnaît :

> Son tempérament naturel ne lui permet pas de reconnaître dans son ensemble un plan même très clair, et de l'exécuter petit à petit, J'ai même constaté qu'elle s'égare en mélangeant diverses affaires, qu'elle en devient indécise et qu'elle se laisse en quelque sorte décourager.

Il est obligé d'admettre que Marie-Thérèse avait, une fois encore, fait preuve de clairvoyance, qui lui écrivait :

> Malgré la confiance que le roi semble témoigner jusqu'ici à ma fille, je doute qu'elle aura jamais beaucoup de part aux affaires; indépendamment du système politique de la France, son inapplication y mettra toujours un obstacle trop fort.

La connaissant bien, elle craint surtout qu'« elle n'y mette trop de feu » et parvienne à influencer Louis XVI « dans ses idées mal digérées », tout cela « peut-être sans autre effet que de se rendre importune au roi, suspecte aux ministres et odieuse à la nation ». Comme toujours, elle met en garde :

> Je connais la jeunesse et légèreté de ma fille, jointe à son peu de goût pour l'application – et qu'elle ne sait rien –, ce qui me ferait d'autant plus craindre pour la réussite dans le gouvernement d'une monarchie aussi délabrée que l'est à présent celle de France, et si ma fille ne pouvait la relever, ou que l'état de cette monarchie vînt encore empirer de plus

en plus, j'aimerais mieux qu'on en inculpât quelque ministre que ma fille.

Mais si Marie-Antoinette se montre rétive à l'instruction des dossiers, elle a cependant une grande qualité qui pourrait habilement être exploitée. Elle est sensible et s'attache naturellement plus aux personnes qu'aux idées, et lorsqu'elle défend une cause, elle y met une ardeur, une ténacité et une audace extraordinaires. À son jeune âge, elle en a déjà plusieurs fois donné la preuve. Le triumvirat se met d'accord : il faudra la cantonner aux nominations. Il suffira de lui désigner les personnes à soutenir.

« Le roi a beaucoup de peur d'être gouverné »

Un autre élément capital échappe à nos trois Viennois : ils se trompent lourdement sur la nature de Louis XVI. En roi Bourbon, ce dernier est entraîné depuis l'enfance à la circonspection envers les femmes. Il partage la hantise héritée de Louis XIV de « se faire gouverner », que ce soit par son entourage ou par ses épouses et maîtresses. Dans ses *Mémoires*, Charles Perrault rapporte les paroles du jeune monarque s'adressant à ses ministres assemblés, à l'issue de sa prise de pouvoir personnel en 1661 :

> Je suis jeune, et les femmes ont ordinairement bien du pouvoir sur ceux de mon âge. Je vous ordonne à tous que, si vous remarquez qu'une femme, quelle qu'elle puisse être, prenne empire sur moi et me gouverne le moins du monde, vous ayez à m'en avertir. Je ne veux que vingt-quatre heures pour m'en débarrasser.

Louis XVI ne déroge pas à cette ligne. Marie-Antoinette s'en plaint à son frère :

> La méfiance naturelle du roi a été fortifiée d'abord par son gouverneur, dès avant mon mariage. M. de La Vauguyon l'avait effrayé sur l'empire que sa femme voudrait prendre sur lui, et son âme noire s'était plu à effrayer son élève par tous les fantômes inventés contre la maison d'Autriche. M. de Maurepas [le principal ministre de Louis XVI à son avènement], quoique avec moins de caractère et de méchanceté, a cru utile pour son crédit d'entretenir le roi dans les mêmes idées. M. de Vergennes suit le même plan, et peut-être se sert-il de sa correspondance des affaires étrangères pour employer la fausseté et le mensonge.

Mercy confirme que « le roi a beaucoup de répugnance et de peur d'être gouverné. Il en soupçonne aisément le projet quand on lui parle d'affaires de gouvernement, que par conséquent il y avait de grandes précautions à prendre ». Louis XVI tient donc son épouse éloignée de toute décision politique.

Mercy, Joseph II et Kaunitz n'ont pas non plus compris que le souverain fait une distinction fondamentale entre la vie de cour et la vie politique, souscrivant à cet autre dogme de Louis XIV :

> En abandonnant notre cœur, il faut demeurer maître absolu de notre esprit.

On mesure ainsi l'importance de l'aveuglement de l'ambassadeur lorsqu'il assure à l'impératrice :

> Le roi marque un vrai empressement à concourir aux amusements de son auguste épouse, et il en sera certainement de même en matières plus sérieuses, quand la reine témoignera qu'elle s'en occupe et qu'elle s'y intéresse.

Il n'a pas saisi que cette « complaisance sans bornes » pour les plaisirs et divertissements de la reine était le prix à payer pour l'écarter du pouvoir : Louis XVI lui laisse arbitrer la Cour pour mieux l'éloigner du gouvernement. Telle est sans doute la finalité sous-jacente lorsqu'il lui offre, à son avènement en mai 1774, le Petit Trianon qu'elle désirait depuis longtemps et dans lequel elle va s'investir avec la passion qu'on lui connaît. Pendant qu'elle s'amuse avec son architecte Mique à « culbuter les jardins » à grands frais, le roi procède au remaniement de ses ministres, dont celui des Affaires étrangères. Alors que Vienne souhaitait Bernis et que la reine préférait le baron de Breteuil, c'est l'incommode Vergennes qui est nommé. Cette nomination cruciale passe ainsi, se désole Mercy, « sans presque que la reine en fût informée ni sans qu'elle s'en fût occupée le moins du monde ».

Louis XVI a de bonnes raisons de tenir son épouse à l'écart des affaires. Il connaît ses qualités, mais aussi ses limites intellectuelles et sa légèreté. Il redoute aussi ses colères : « Il la craint au moins autant qu'il l'aime », résume l'ambassadeur. La stratégie est donc de l'occuper ailleurs, de la contenir en ne lui donnant que des informations parcellaires et, lorsqu'elle montre des velléités d'intervention, d'éviter de la heurter de front en l'écoutant, puis en opposant à ses demandes des réponses vagues entrecoupées de silence. Tout un art. En 1784, Marie-Antoinette se lamente auprès de Joseph II :

> Il est de son naturel très peu parlant, et il lui arrive souvent de ne me parler des grandes affaires, lors même qu'il n'a pas d'envie de me les cacher. Il me répond quand je lui en parle, mais il ne m'en prévient guère, et quand j'apprends le quart d'une affaire, j'ai besoin d'adresse pour faire dire le reste par les ministres, en leur laissant croire que le roi m'a tout dit. Quand je reproche au roi de ne m'avoir pas parlé de

certaines affaires, il ne se fâche pas, il a l'air un peu embarrassé et quelquefois il me répond naturellement qu'il n'y a pas pensé. Je vous avouerai bien que les affaires politiques sont celles sur lesquelles j'ai le moins de prise.

La faiblesse supposée de Louis XVI est donc loin d'être aussi grande qu'il y paraît. Intelligent, raisonné et doué d'une infinie patience, il écoute son épouse s'agiter en faveur de tel ou tel, mais n'en tient pas compte lorsque cela porte à conséquence. Afin de ménager son orgueil, qui est grand, il lui cède sur les « petites choses », sans grands enjeux, afin de pouvoir l'éconduire sur l'essentiel, tout en veillant à lui accorder, lorsque cela est nécessaire, une consolation. Mais lorsque la raison d'État entre en jeu, le monarque sait être ferme et ne lui cède pas un pouce de terrain. Pour preuve, la reine n'obtient jamais, malgré ses infinies manœuvres, le retour en grâce de Choiseul auquel le roi oppose toujours un véto inébranlable. Alors qu'elle plaide une nouvelle fois sa cause en contestant ouvertement ses décisions, son mari la remet fermement à sa place, comme le rapporte le comte de Creutz, homme de lettres et diplomate suédois :

Cette princesse fit un nouvel effort en faveur de M. de Choiseul. Elle blâma l'administration présente, déprima les talents des ministres; dépeignit avec les couleurs les plus vives les prétendus désordres qu'avaient produits les nouveautés introduites par M. de Saint-Germain [ministre de la Guerre], parla du mécontentement général qui en avait résulté [...]. Ces remontrances furent fort mal reçues du roi. Il lui répondit avec humeur : que depuis quelque temps elle n'avait cessé de blâmer les choix qu'il avait faits, et qu'il suffisait qu'il accordât sa confiance à quelque ministre pour qu'il devînt un objet d'aversion, mais qu'elle était aussi mal instruite que mal conseillée; qu'il connaissait mieux les affaires et les hommes qu'elle, et que, comme il était uniquement appliqué du bien de son royaume, et qu'il n'en

> était distrait ni par l'intrigue ni par la frivolité, il croyait qu'il était moins sujet à se tromper qu'elle, et par conséquence, il la priait une fois pour toutes de ne plus revenir à la charge. [...] La réponse du roi et surtout ses reproches ont mis le désespoir dans le cœur de la reine.

Le même véto se reproduit dans les deux affaires pour lesquelles Joseph II demande à Marie-Antoinette de faire pression sur son mari. En 1778, dans la guerre de Succession du duché de Bavière, les Habsbourg s'opposent à une alliance prusso-saxonne pour s'emparer de cet électorat. En vertu du traité de Versailles[5], l'empereur réclame à la France un renfort militaire de 24 000 hommes. « L'empereur écrivit en même temps à Marie-Antoinette, pour qu'elle pressât instamment le roi de le secourir », raconte le comte de La Marck, diplomate et futur député. Refus de Louis XVI. Même opposition ferme en 1784 dans l'affaire de l'ouverture de l'Escaut[6] : malgré les demandes réitérées de son épouse, le monarque décide de soutenir la Hollande contre l'Autriche. Joseph II enrage et s'en prend à sa sœur à qui il reproche d'être sous l'influence de Vergennes. Cette dernière lui rétorque habilement qu'elle est parfaitement lucide sur les limites de son « pouvoir ». L'influence est une affaire d'apparence, plus on feint d'en avoir, et plus on en a :

> J'en ai parlé clairement au roi et plus d'une fois. Il m'a quelquefois répondu avec humeur, et comme il est incapable

---

5. Signé le 1er mai 1756, le traité de Versailles est un accord diplomatique entre l'Autriche et la France, dont l'un des volets établit une union défensive engageant mutuellement les deux pays à se prêter assistance en cas d'attaque.

6. L'empereur Joseph II tenta de forcer les Hollandais à lever la fermeture du fleuve l'Escaut pour donner un accès à la mer aux Pays-Bas autrichiens. Louis XVI refusa de soutenir les ambitions commerciales de l'Empire qui violaient les clauses du traité de Münster (1648) dont la France était garante.

de discussion, je n'ai pu lui persuader que son ministre était trompé ou le trompait. Je ne m'aveugle pas sur mon crédit. Je sais que surtout pour la politique je n'ai pas grand ascendant sur l'esprit du roi. Serait-il prudent à moi d'avoir avec son ministre des scènes sur des objets sur lesquels il est presque sûr que le roi ne me soutiendrait pas ? Sans ostentation ni mensonge, je laisse croire au public que j'ai plus de crédit que je n'en ai véritablement, parce que, si on ne m'en croyait pas, j'en aurais encore moins. Les aveux que je vous fais, mon cher frère, ne sont pas flatteurs pour mon amour-propre, mais je ne veux rien vous cacher.

« Ce départ de M. d'Aiguillon est tout à fait mon ouvrage »

En politique comme dans la vie, ce qui anime la jeune reine est de pouvoir réparer les injustices du sort. À l'automne 1775, lors d'un bal, elle rencontre pour la première fois la ravissante comtesse de Polignac. Lorsqu'elle s'étonne devant elle de ne pas l'avoir vue avant, cette dernière lui avoue que son dénuement ne lui permet pas de faire figure à la Cour. Touchée par sa sincérité, Marie-Antoinette la comble aussitôt de bienfaits, titres, charges et privilèges, pour elle et son clan avide, des faveurs tellement exorbitantes qu'elles scandalisent l'opinion jusqu'à susciter, selon Mercy, « le dégoût ».

Dans la même lignée, c'est pour corriger – ou venger – l'offense faite à son cher Choiseul, et pour cette seule raison, qu'elle se risque à prendre parti dans « l'affaire de Guines ». Le comte de Guines, ambassadeur de France en Angleterre, plus connu, selon un mot fameux, pour ses succès mondains que diplomatiques, était un ami intime de Choiseul. Résumons cette interminable affaire. Au printemps 1771, Guines porte plainte contre son secrétaire Tort de la Sonde qu'il accuse d'avoir abusé de son nom pour jouer sur les fonds publics à la Bourse de Londres. Ce dernier se défend de n'avoir agi que de connivence avec l'ambassadeur et l'accuse à son tour d'avoir spéculé d'après les informations que sa place lui procurait. En juin 1775 s'ouvre au Châtelet un procès pénal pour « délit d'initié », dirait-on aujourd'hui. Le duc d'Aiguillon, secrétaire d'État des Affaires étrangères, prend le parti de Tort. Cet ancien ministre de Louis XV, créature de Mme Du Barry et instigateur de la chute de Choiseul, avait tout pour se faire détester de la reine, qui décide alors d'apporter ouvertement son soutien à Guines. Le scandale éclate bientôt : Marie-Antoinette a obtenu du roi, contre le vote du Conseil et l'avis de Vergennes, l'autorisation pour son protégé d'attaquer publiquement le duc d'Aiguillon en publiant sa correspondance avec lui. Ce dernier se défend en révélant à son tour des mémoires secrets. Le scandale est total, le ministre doit démissionner de ses fonctions et, au final, Guines gagne son procès. Loin d'être rassasiée, Marie-Antoinette porte le coup de grâce en obtenant du roi l'exil du ministre : « Ce départ de M. d'Aiguillon est tout à fait mon ouvrage », se vante-t-elle auprès de son ami le comte de Rosenberg.

Quelle entrée remarquée en politique ! Le comte de Creutz loue son habileté :

> Cette princesse s'est conduite dans cette affaire avec un secret et une habileté au-dessus de son âge. Elle n'a pas dit un mot en public à M. de Guines pendant tout ce temps ; on croyait qu'elle l'avait abandonné. Et tout d'un coup, on vient de voir l'effet le plus éclatant de son crédit ; on ne doute plus du pouvoir qu'elle a sur le roi.

Mercy est enfin comblé et persuade l'impératrice que la reine « en impose » désormais à « tous les ministres du roi ». L'histoire se répète un an plus tard, en 1776, lorsque Guines est de nouveau accusé, cette fois-ci par le gouvernement, de mener à Londres une politique en contradiction avec les instructions du ministère. Vergennes demande le renvoi de l'ambassadeur. Marie-Antoinette repart en croisade et sa colère s'abat désormais sur les hommes nouveaux du gouvernement : elle demande le renvoi de Vergennes, de Turgot et de son ami Malesherbes, ministre de la Maison du roi, des hommes intègres dont le seul tort est de persécuter son protégé. Mercy s'inquiète :

> Le public n'ignore pas que tout cela s'opère par la volonté de la reine et par une sorte de violence exercée de sa part sur le roi.

« C'est mon cœur seul qui agit dans tout ceci »

Sa créature politique lui échappe. La reine n'écoute personne, à part les petits « Machiavel » de sa société qui savent à dessein l'émouvoir ou piquer son amour-propre. N'ayant bénéficié d'aucune éducation en la matière et tenue soigneusement à l'écart du gouvernement depuis son arrivée en France, comment pourrait-elle exercer une influence politique solide, comment pourrait-elle examiner avec clairvoyance les enjeux et les conséquences de ses actions ? Elle vit dans l'instant. Ses manœuvres maladroites sont dictées par ses émotions : « C'est mon cœur seul qui agit dans tout ceci », explique-t-elle à sa mère. Mercy précise :

> Elle a de la peine à interpréter le langage des ministres, qui se sauvent par de grands mots, dont elle n'aperçoit pas toujours le peu de valeur.

Ces derniers ont compris qu'elle n'est pas de taille à leur opposer une réelle résistance :

> Elle généralise ses demandes sans les appuyer sur les raisonnements politiques qui donneraient toute la force à ces mêmes demandes, et la moindre objection faite par les ministres reste sans réplique.

Comme elle ne peut argumenter longtemps, elle convoque et ordonne. Aux objections raisonnées que lui oppose Vergennes au sujet du rappel de Guines, elle lui répond : « J'y persiste et je l'exige ! » Un peu court. Toute opposition est aussitôt interprétée comme une offense personnelle et une atteinte à sa dignité. Elle croit pourtant les impressionner :

> Après avoir causé avec Mercy sur le mauvais état des affaires, j'ai fait venir MM. de Maurepas et de Vergennes. Je leur ai parlé un peu fortement, et je crois leur avoir fait impression, surtout au dernier.

Puis elle oublie et passe à autre chose, ce qui mine un peu plus son crédit. Mercy raconte encore :

> Il arrive de là que les ministres, se persuadant que la reine oublie d'un jour à l'autre ce qui s'est passé la veille, ne se gênent point dans leurs arrangements.

Comme Louis XVI, ils ont compris la meilleure manière de la neutraliser : laisser passer l'orage. Mais ils restent stupéfaits par son audace, comme ce jour où « l'Autrichienne » se permet, en plein Conseil, d'envoyer un message au roi lui demandant d'interrompre la séance pour venir la voir… Louis XVI obéit : « Le roi sortit et nous restâmes à attendre son retour, ce qui fut assez long », raconte, médusé, le comte de Saint-Priest. Vienne commence aussi à s'alarmer de ces ingérences maladroites. Joseph II la morigène alors violemment, la renvoyant de manière presque humiliante à sa situation, dans une lettre réquisitoire si dure que

Marie-Thérèse crut devoir en empêcher l'envoi, demandant à son fils de l'adoucir et de l'abréger :

> De quoi vous mêlez-vous, ma chère sœur, de déplacer des ministres, d'en faire envoyer un autre sur ses terres, de faire donner tel département à celui-ci ou à celui-là, de faire gagner un procès à l'un, de créer une nouvelle charge dispendieuse à votre Cour, enfin de parler d'affaires, de vous servir même de termes très peu convenables à votre situation ? Vous êtes-vous demandé une fois par quel droit vous vous mêlez des affaires du gouvernement et de la monarchie française ? Quelles études avez-vous faites ? Quelles connaissances avez-vous acquises, pour oser imaginer que votre avis ou que votre opinion doit être bonne à quelque chose, surtout dans des affaires qui exigent des connaissances aussi étendues ? Vous, aimable jeune personne, qui ne pensez qu'à la frivolité, qu'à votre toilette, qu'à vos amusements toute la journée, et qui ne lisez pas ni n'entendez parler raison un quart d'heure par mois, et ne réfléchissez, ni ne méditez, j'en suis sûr, jamais, ni ne combinez les conséquences des choses que vous faites ou que vous dites ?

La disgrâce de Turgot et Malesherbes en 1776 ne lui est pas véritablement imputable. Comme toujours en politique, elle n'obtient de Louis XVI que ce qu'il avait déjà résolu lui-même. S'il accepte de se séparer de ses ministres, c'est moins par faiblesse que parce qu'il partage le jugement de son épouse. Il nourrit une même aversion pour le duc d'Aiguillon, qu'il soupçonne, depuis sa retraite parisienne, de mener en sous-main une cabale diffusant des rumeurs contre lui et la reine. La faveur éclatante de Guines visait surtout à acheter son silence, lui qui en savait beaucoup et avait montré qu'il n'avait aucune réserve. Quant à Turgot et ses ambitieux projets de réformes qui lésaient les classes privilégiées, il avait réussi à faire l'unanimité contre lui. La situation était bloquée. Le roi, qui avait tant estimé son mérite et l'avait soutenu en faisant enregistrer de force des édits en lit de justice, n'avait plus d'autre choix que de se séparer de lui.

Ces intrusions de Marie-Antoinette l'exposent inutilement. Lorsque, dans un mensonge, elle assure à Marie-Thérèse qu'elle n'est pour rien dans leur renvoi, cette dernière, sans la croire vraiment, lui répond :

> Je suis bien contente que vous n'ayez part au changement des deux ministres [...]. Vous dites que vous n'en êtes pas fâchée ; vous devez avoir vos bonnes raisons ; mais le public, depuis un temps, ne parle plus avec tant d'éloge de vous, et vous attribue tout plein de petites menées qui ne seraient convenables à votre place.

L'opinion ignore qu'en réalité le roi néglige ses avis. La France entière se persuade de sa faiblesse coupable devant les volontés de cette capricieuse qui fait valser les ministres et dépense sans compter les deniers publics. L'impératrice l'avait prédit : ces actions politiques aussi inutiles que bruyantes font retomber sur elle la responsabilité des actes du gouvernement. À la moindre difficulté, l'opinion se retournera contre elle. C'est le cas en 1785, lors de l'affaire du collier. Le choix désastreux de Louis XVI d'envoyer devant la grande chambre du Parlement ce qui n'était qu'une sombre intrigue de cour porte un coup irrémédiable à sa réputation. Le procès trouve dans l'opinion publique, toujours prête à s'enflammer, une puissante caisse de résonance et le nom de la reine est jeté en pâture. Malgré son innocence criante, Marie-Antoinette fait désormais figure de coupable. Elle paie la rançon de sa légèreté passée, de son caractère dépensier et des manœuvres ostentatoires qu'elle a parfois déployées pour manipuler le roi. Le procès de l'affaire devient le sien et la haine dissimulée jaillit pour la première fois au grand jour.

« *C'est la reine qui fait tout* »

Voilà donc, jusqu'en 1787, la nature réelle de son activité politique. On lui prête beaucoup, elle n'obtient pas grand-chose. Les choses évoluent de manière décisive après le renvoi de Calonne et l'accession de Brienne aux affaires : c'est alors qu'elle commence réellement à peser. Si Louis XVI est convaincu de la nécessité de mettre en place davantage de justice fiscale, il ne parvient pas à imposer les réformes nécessaires. Turgot, Necker, les contrôleurs généraux des Finances tombent les uns après les autres devant la fronde des ordres privilégiés. Charles Alexandre de Calonne, qui leur succède en 1783, tente à son tour de faire face au déséquilibre abyssal du budget : il décide de développer l'emprunt – à des taux exorbitants – pour stimuler la croissance économique, puis reprend les projets de Turgot en proposant la création d'un nouvel impôt unique et universel, la « subvention territoriale » frappant tous les propriétaires sans distinction de privilèges. Au début de l'année 1787, le projet soumis à l'Assemblée des notables suscite un tel tollé que le ministre se trouve, lui aussi, contraint de démissionner. Ce nouvel échec plonge le roi dans une profonde dépression. Forcée de sortir de sa réserve, Marie-Antoinette propose de faire nommer l'un de ses protégés, l'archevêque de Sens, Loménie de Brienne. Le souverain accepte. Désormais, il a confiance en elle et consulte ses avis. Le nouveau ministre se heurte à l'opposition du Parlement qui invoque une loi non écrite interdisant à la Couronne de lever un nouvel impôt sans convoquer les états généraux. Le 25 août 1788, il est à son tour contraint de démissionner. La situation financière s'aggrave dangereusement. Le Trésor est vide. L'opinion commence à gronder.

Louis XVI est acculé, plus irrésolu que jamais. Privé de tout projet politique, il s'enferme dans un silence mortifère. « Le personnage qui est au-dessus de moi n'est pas en état », confie Marie-Antoinette à Mercy. Résignée à sauver ce qui peut l'être, elle prend les rênes du gouvernement alors même que son image est profondément ternie. C'est elle qui propose de rappeler l'illustre banquier Jacques Necker, renvoyé du ministère en mai 1781 et dont la popularité est considérable dans tous les milieux. Sous l'empire de la nécessité, le souverain, las, accepte. « C'est la reine qui fait tout », écrit Axel de Fersen, son chevalier servant. Reste à convaincre l'intéressé lui-même qui risque de perdre sa réputation dans cette histoire. La souveraine convoque elle-même le ministre. Fébrile devant cette initiative, elle sent d'emblée, pour la première fois, le poids écrasant de la vraie responsabilité politique, ainsi que le danger que représente sa position. Elle écrit à Mercy :

> Je viens d'écrire trois lignes à M. Necker pour le faire venir demain à 10 heures, chez moi, ici. Il n'y a plus à hésiter ; si demain il peut se mettre à la besogne, c'est le mieux. Elle est bien urgente. Je tremble, passez-moi cette faiblesse, de ce que c'est moi qui le fais revenir. Mon sort est de porter malheur, et si des machinations infernales le font encore manquer ou qu'il fasse reculer l'autorité du roi, on m'en détestera davantage.

Le 27 décembre 1788, fait inédit, le roi l'invite à siéger à la séance extraordinaire du Conseil en vue de la convocation des futurs états généraux. Sur proposition de Necker, le doublement du tiers état est décidé pour faire contrepoids au clergé et à la noblesse qui bloquent toute réforme fiscale. « La reine s'est imposé l'expédient sage, et même nécessaire, de renfermer en elle-même ses opinions », raconte Mercy. Elle sait que son impopularité atteint des sommets et n'ose participer au débat. La dépression de Louis XVI l'oblige à le suppléer alors qu'elle est déjà bien trop mal vue pour pouvoir s'y risquer.

Sauver la monarchie

Depuis leur arrivée forcée au soir du 6 octobre 1789, Paris a les yeux fixés sur la reine, dont l'énergie et la résolution sans faille tranchent sur l'atonie et le perpétuel vacillement du roi, aggravés par la mort du dauphin d'une tuberculose osseuse quatre mois plus tôt. Plus que jamais, Marie-Antoinette est en première ligne. Ses actions politiques au cours de ces deux années sont bien connues, nous ne ferons que les rappeler.

Le 3 juillet 1790, elle rencontre à Saint-Cloud, en présence du roi, « le monstre » comme elle le nomme : en l'occurrence le comte de Mirabeau, noble déclassé élu député du tiers état, un personnage à la « laideur grandiose » selon les mots de Victor Hugo, dont l'éloquence éblouissante subjugue l'Assemblée. Contre une somme considérable qui lui permettrait d'éponger ses nombreuses dettes, il propose de mettre son intelligence politique et ses réseaux au service de la monarchie, à condition que cet arrangement demeure secret. Il sait que s'il veut diriger le roi, c'est la reine qu'il faut convaincre. Par l'intermédiaire de Mercy et du comte de La Marck, il entre donc en contact avec la souveraine. Et le charme opère. L'homme se rêve en nouveau Mazarin gouvernant à ses côtés. Il lui conseille de constituer à l'Assemblée un parti monarchiste, de corrompre les députés les plus importants et de réclamer l'élection d'une nouvelle Assemblée, dont il s'engage à influencer les travaux constitutionnels dans le sens d'un accroissement du pouvoir royal. Malgré sa répugnance, la reine se résigne à subir ses services ; mais, le 2 avril 1791, la mort subite du ténor met un terme à ce projet irréaliste.

C'est alors qu'elle appelle de ses vœux le secours des puissances étrangères : le roi Charles IV d'Espagne, l'impératrice Catherine II de Russie, le roi de Suède Gustave III, l'empereur Léopold II qui a succédé à son frère. Son secret espoir est de mobiliser une coalition capable d'organiser la riposte contre-révolutionnaire. Vienne, Madrid et Stockholm pourraient masser des troupes aux frontières pour fournir un point d'appui aux bons Français qui se rallieraient au roi, tenter un coup de force et renverser la Révolution. Elle consacre presque toutes ses journées à la rédaction de courriers adressés, grâce à des intermédiaires, aux têtes couronnées du continent ainsi qu'aux chefs des émigrés français, ses beaux-frères les comtes d'Artois et de Provence. Ses suppliques de plus en plus désespérées sont toutes accueillies par un silence assourdissant. Aucune puissance ne veut prendre le risque de secourir la famille royale. Toutes voient sans déplaisir la France sombrer dans le chaos. Égarée, désemparée par « ce silence profond de Vienne », Marie-Antoinette demeure dans l'attente d'un geste de son frère qui ne viendra jamais. Le roi, qui est au courant de ses démarches, ne les désapprouve pas, même si, contrairement à elle, il n'y croit plus.

Loin de l'accabler, le désespoir galvanise son courage. Avec Fersen, elle échafaude le plan de la fuite à Varennes, dont le roi ordonne l'exécution. Elle portera la responsabilité du naufrage de cette singulière odyssée. Dans la lourde berline qui la reconduit à Paris, elle noue des liens avec le jeune Antoine Barnave, un jeune et brillant commissaire de l'Assemblée, partisan d'une monarchie constitutionnelle modérée. De retour aux Tuileries, gardée à vue, elle entame avec lui une correspondance secrète, jouant un double jeu en lui laissant croire qu'elle se range à l'idée d'une Constitution, tout en continuant à appeler de ses vœux une intervention étrangère. Elle se bat et ne se résigne pas. Pour les révolutionnaires, c'est elle qui pousse le roi à refuser les compromis proposés par les députés – d'où son nouveau sobriquet de « Madame Veto », succédant à celui de « Madame Déficit ». Pour détrôner Louis XVI, c'est donc elle qu'il faut abattre.

Elle découvre en elle des ressources insoupçonnées, sentant s'éveiller les qualités natives héritées de sa mère. Elle confesse à Mercy :

> C'est dans le malheur qu'on sent davantage ce qu'on est. Mon sang coule dans les veines de mon fils, et j'espère qu'un jour il se montrera digne petit-fils de Marie-Thérèse.

Si toutes ses interventions tournent à vide, l'action politique lui donne néanmoins l'illusion de contrôler la marche des événements – quand elle ne les précipite pas. Car c'est elle, enfin, qui presse l'envoi du fameux manifeste, signé le 25 juillet 1792 par le duc de Brunswick, menaçant les Parisiens d'impitoyables représailles s'il était fait le moindre outrage à la famille royale. Or, seul le début reprend ses indications, le reste du texte étant un ultimatum aussi terrifiant qu'absurde qui met définitivement le feu aux poudres, poussant les jacobins à renverser la monarchie lors de la journée du 10 août[7].

Au cours de ces dernières années cruciales où la reine tient le premier rôle sur le théâtre politique, il faut reconnaître qu'aucune de ses actions n'est mue par un grand dessein. Marie-Antoinette n'a jamais compris la Révolution. Nourrie depuis son enfance à la vulgate absolutiste, elle ne peut entendre les causes de cette crise économique, idéologique, institutionnelle, morale et sociale qui la dépasse et dans laquelle elle n'est pour rien. Murée dans son orgueil, la digne fille des Césars ne peut admettre les aspirations libérales nées de la philosophie des Lumières, l'idée nouvelle

7. L'insurrection amène l'Assemblée législative à prononcer la suspension du roi, marquant ainsi la fin de la monarchie. La famille royale est incarcérée à la prison du Temple. Le 1er août 1793, deux mois avant son procès, Marie-Antoinette est enfermée dans une cellule de la Conciergerie, avant d'être exécutée le 16 octobre suivant.

de nation, et les réformes les plus légitimes, à la différence notable de Louis XVI, ne lui parurent toujours que des usurpations. Dans ses lettres, elle appelle les révolutionnaires « les méchants », « les fous », « les monstres », voir « les gueux ». Elle s'illusionne sur la portée de ce qu'elle s'acharne à considérer comme une révolte passagère. Lors de sa première entrevue avec la reine, le général Dumouriez constate son aveuglement. Alors qu'il lui parle de la Constitution, celle-ci le coupe :

> — Cela ne durera pas, prenez garde à vous.

Il lui répond :

> — Ceci n'est pas un mouvement populaire momentané, comme vous semblez le croire. C'est l'insurrection presque unanime d'une grande nation contre des abus invétérés.

Ses actions, dont elle ne mesure pas les conséquences, n'ont qu'un seul but : préserver les siens et rétablir les droits, immuables à ses yeux, du pouvoir royal. Lors de son premier interrogatoire avant son procès, quand on lui demande si ses ennemis sont ceux qui font la guerre à la France, elle répond :

> Je regarde comme mes ennemis ceux qui peuvent faire du tort à mes enfants.

Si Louis XVI pense sauver son trône en acceptant des compromis, la reine souhaite sauver sa famille à tout prix, quitte à verser le sang de son peuple. Et l'on peut conclure, avec Simone Bertière :

> Si l'on examine sa conduite au cours de l'année 1792, on ne peut esquiver la question cruciale – une question plus que

jamais d'actualité. Pour sauver sa vie, ou même pour faire triompher ce qu'on croit être le bien ou le bonheur d'un pays, tous les coups sont-ils permis quand le prix à payer risque d'être lourd en vies humaines et en ravages de toutes sortes ? Marie-Antoinette ne se l'est pas posée. Louis XVI, si. Mais elle a une excuse qui lui est propre. Louis XVI a été méprisé, non haï. Elle a dû, quant à elle, affronter la haine. En tuant la part d'attachement qu'elle commençait d'avoir pour la France, le flot d'exécration qui se déverse sur elle depuis des années a anesthésié chez elle les scrupules. Comment lui reprocher une trahison dans laquelle les responsabilités sont aussi partagées ?

Bibliographie sélective

ARNETH Alfred Ritter VON, FLAMMERMONT Jules, *Correspondance secrète du comte de Mercy-Argenteau avec l'empereur Joseph II et le prince de Kaunitz*, 2 volumes, Paris, Imprimerie nationale, 1889-1891.

ARNETH Alfred Ritter VON, GEOFFROY Auguste, *Correspondance secrète entre Marie-Antoinette et le comte de Mercy-Argenteau, avec les lettres de Marie-Thérèse et de Marie-Antoinette*, 3 volumes, Mesnil-sur-l'Estrée, Firmin Didot, 1874.

BERTIÈRE Simone, *Les Reines de France au temps des Bourbons. Marie-Antoinette l'insoumise*, Paris, Éditions de Fallois, 2002.

CROŸ Emmanuel, duc DE, *Journal inédit (1718-1784),* publié par le vicomte de Grouchy et Paul Cottin, 4 volumes, Paris, Flammarion, 1906-1907.

DELALEX Hélène, *Marie-Antoinette. La légèreté et la constance*, Paris, Perrin/Bibliothèque nationale de France, 2021.

—, « L'affaire du collier ou l'art délicat de la calomnie », in Jean-Christian PETITFILS (dir.), *Les Énigmes de l'histoire de France*, Paris, Perrin, 2017.

—, *Un jour avec Marie-Antoinette,* Paris, Flammarion, 2015.

LEVER Évelyne, *Correspondance de Marie-Antoinette (1770-1793)*, Paris, Tallandier, 2005.

OZOUF Mona, *Varennes. La mort de la royauté. 21 juin 1791*, Paris, Gallimard, coll. « Les journées qui ont fait la France », 2005.

PETITFILS Jean-Christian, *Louis XVI*, Paris, Perrin, 2005, rééd. 2021.

THOMAS Chantal, *La Reine scélérate. Marie-Antoinette dans les pamphlets*, Paris, Seuil, 1989.

12

Victoria (1819-1901), la reine des deux nations

PAR EDMOND DZIEMBOWSKI

Le 22 janvier 1901 s'achevait le plus long règne de l'histoire britannique avant celui d'Élisabeth II. Prenait fin une époque dont on a surtout retenu ses caractéristiques économiques et sociales et, plus encore, ses traits culturels et moraux. L'on oublie généralement que les années « victoriennes » ont également été un moment crucial pour la monarchie. Incarnée pour la première fois depuis un siècle par une femme[1], l'autorité royale dut affronter de nombreux vents contraires : l'affirmation du système parlementaire et des idéaux démocratiques, la forte présence d'un prince consort jaloux de son autorité, la montée en puissance du sentiment républicain… Le règne aurait pu être le dernier de l'histoire des îles Britanniques. Il n'en fut rien. Incarnant parfaitement son prénom, Victoria donna un nouvel élan à une institution millénaire.

L'histoire de la monarchie britannique s'écrirait-elle au féminin ? Chez les rois ayant laissé une trace, l'on trouve bien Charles Ier, Henri VIII, et, antérieurement, Richard III, Henri II et Guillaume le Conquérant. Mais à y regarder de près, aucun de ces hommes n'a été considéré avec beaucoup

1. La dernière femme à avoir régné sur les îles Britanniques avant Victoria est la reine Anne (1702-1714).

de respect par la postérité. Et que dire des têtes couronnées passées à la trappe de l'oubli ? Qui se souvient, hormis les historiens, des quatre George qui se sont succédé de 1714 à 1830 ? Qui se souvient même de Guillaume III d'Orange (1689-1702), surnommé le « libérateur » pour son rôle dans la révolution de 1688 ? Et que penser de ces monarques du XXe siècle, ces Édouard et ces George pour ainsi dire interchangeables ?

Comparées à ces souverains masculins dont l'action, le physique et le caractère se sont estompés sous l'effet de l'érosion temporelle, deux femmes devenues reines font figure d'exception. Dans la périodisation de l'histoire britannique conditionnée par les règnes, il n'y eut que deux grands moments, ou, si l'on adopte le regard moins naïf de l'historien, deux moments devenus au fil du temps des moments légendaires : celui d'Élisabeth Ire (1558-1603)[2], puis, trois siècles plus tard, celui de Victoria.

Une reine, un siècle

Ces soixante-trois ans et sept mois s'écoulant du 20 juin 1837 au 22 janvier 1901 ont, avant toute chose, été les témoins de transformations inouïes dont Victoria est devenue la figure emblématique, à défaut d'en avoir été la force motrice. Elle a vu le chemin de fer et les navires à vapeur remplacer les diligences et la marine à voile, puis, à la fin de sa vie, les premières automobiles et les premiers tramways électriques circuler dans les rues de Londres. La photographie puis le cinématographe ont démultiplié son image ; le téléphone et le phonographe ont produit le même miracle en transmettant et en immortalisant sa voix devenue fluette avec l'âge. Quand Victoria monte sur le trône, la société britannique, aristocratique et rurale, ressemble encore

2. Voir le chapitre 6, « Élisabeth Ire Tudor », par Sophie Brouquet.

beaucoup à celle des premiers George. Le développement irrésistible de la classe moyenne et de la classe ouvrière allié à un processus d'urbanisation de plus en plus rapide aura raison de cet ordre pluriséculaire. Si le XVIIe siècle a été pour l'Angleterre celui des révolutions politiques, celui de Victoria a été le creuset d'une révolution globale aux effets bien plus profonds. Et, fait remarquable, cette révolution qui n'était pas politique dans ses fondements a contraint la vieille monarchie à s'adapter.

Les variations de l'image de la souveraine offrent une remarquable illustration des multiples facettes du règne et des mutations du siècle. Arrêtons-nous devant le portrait, réalisé par sir George Hayter en 1840, de Victoria dans ses habits de couronnement. Assise sur un trône qui conserve des restes de rococo, placée sous un baldaquin qui, lui aussi, sent son XVIIIe siècle à plein nez, la jeune reine qui regarde au loin en tenant avec une certaine élégance un sceptre un peu long pour sa petite personne est le digne rejeton de la dynastie de Hanovre. Portons-nous en 1846 : nous voici devant la célèbre toile de Franz Xaver Winterhalter présentant une Victoria un peu plus âgée en compagnie du prince Albert et des cinq enfants qui sont déjà venus au monde. C'est une incarnation nouvelle du pouvoir que nous donne à voir ce tableau au style lourd et emprunté : vu de profil, vêtu sobrement de noir, dominant par sa taille une souveraine sagement assise à l'arrière-plan, Albert montre qu'il a pris l'ascendant sur une femme devenue la mère de famille que retiendra la postérité. Avançons encore dans le temps. Avec l'apparition, puis le développement de la photographie, la distance temporelle devient moins flagrante. Le XVIIIe siècle a définitivement cédé la place à des temps plus modernes. Les clichés qui se succèdent nous font voir la silhouette de plus en plus épaissie et les traits de plus en plus marqués par l'âge d'une dame éternellement vêtue de noir. Vient enfin le temps du cinématographe. Ces premières images animées d'un souverain de Grande-Bretagne, celles d'une princesse impotente et presque aveugle qui, assise dans son carrosse, ne cesse de saluer la foule pendant les festivités de son dernier jubilé, sont d'un prix inestimable. Nous avons en effet sous les yeux une monarchie britannique qui, menacée de disparition quelques décennies plus tôt, a connu une remarquable renaissance. La rencontre d'une femme avec la nation a engendré un nouvel avatar de la royauté : une royauté qui, hier encore regardée sous l'angle privilégié de l'autorité, est devenue l'emblème d'un peuple. Le pouvoir est devenu symbole.

Les premiers pas d'une Hanovre

Bien que l'Angleterre n'ait jamais possédé de loi « salique » excluant les princesses du trône, être une femme dans l'univers hautement viril de la politique, qui plus est pendant un siècle de domination masculine incontestée, s'apparente à un outrage à la nature. Loin de défendre les personnes de son propre sexe, Sarah Stevenson est catégorique. La vocation d'une princesse, affirme l'épouse de l'ambassadeur des États-Unis, n'est pas de régner ni – encore moins – de gouverner :

> Il est toujours mauvais, selon moi, qu'une femme renverse l'ordre de la Providence en prenant dans ses mains la direction des choses [...] L'homme est au-dessus de la femme, ou mieux, comme le dit l'Écriture, « le mari conduit la femme comme le Christ conduit l'Église ».

Tel est le premier et redoutable obstacle qui attend en 1837 la jeune princesse de 18 ans. Le second est tout aussi sérieux. Depuis la Glorieuse Révolution de 1688, la monarchie anglaise est une monarchie limitée. Mais quelles sont ces limites ? Dans un pays où la coutume joue un rôle aussi puissant que la loi écrite, tout dépend, en dernier ressort, de la personnalité, de l'intelligence politique et de la volonté du souverain. Tout dépend aussi du facteur temps. Si une pratique politique a été sanctionnée par plusieurs décennies ininterrompues, elle est devenue coutume. Il s'avère alors difficile de faire machine arrière.

Homme d'un naturel autoritaire, Guillaume III (1689-1702), à qui le Parlement imposa en 1689 une Déclaration des droits bornant son pouvoir, défendit jalousement sa prérogative. Souffrante et moyennement intéressée par les arcanes de la politique, la reine Anne (1702-1714), qui lui succéda, laissa au contraire une marge de manœuvre appréciable à ses serviteurs. C'est sous son règne qu'apparut le Premier ministre. Le changement de dynastie au profit de la lignée des Hanovre[3] renforça encore cette tendance à l'effacement volontaire du monarque. Nés en Allemagne, connaissant mal les rouages de la politique britannique, George Ier (1714-1727) et son fils George II (1727-1760) s'appuyèrent sur des hommes de confiance auxquels ils confièrent les affaires intérieures. Ils ne conservèrent la haute main que sur la diplomatie et la guerre. Cette pratique du pouvoir qui annonçait un déclin de l'autorité royale fut cependant remise en cause à l'avènement en 1760 du troisième Hanovre. Né en Angleterre, le grand-père de Victoria s'employa à gouverner dans la plénitude des pouvoirs que lui conférait la Déclaration des droits. Cette conduite troubla un monde politique qui n'avait connu depuis un demi-siècle que des souverains en retrait des affaires publiques. Le réveil de l'autorité royale fut cependant éphémère. La guerre

3. En vertu de l'Acte d'établissement de 1701 excluant les catholiques de la succession au trône, l'électeur Georg Ludwig de Hanovre, de confession luthérienne, devint roi de Grande-Bretagne à la mort de la reine Anne, dernière princesse protestante de la dynastie des Stuarts.

contre la France révolutionnaire et napoléonienne consolida le rôle du cabinet et l'autorité du Premier ministre. En 1820, à la mort de George III, les jeux paraissaient être faits : la monarchie s'était dépouillée de l'essentiel de ses pouvoirs.

Ce n'était pourtant pas aussi simple. George IV (1820-1830), puis Guillaume IV (1830-1837) n'étaient pas décidés à voir leur rôle réduit à celui d'un doge de Venise. En 1834, on vit le roi s'opposer à la majorité libérale au Parlement et tenter, à la faveur d'une dissolution surprise, d'imposer le tory[4] sir Robert Peel comme Premier ministre. Ce fut cependant un échec. Les élections générales de 1835 donnèrent la majorité aux whigs. Guillaume IV dut se soumettre au verdict des urnes : il rappela au ministère le whig lord Melbourne. Le principe de la responsabilité gouvernementale devant le Parlement était acquis. La future reine n'allait pas tarder à en faire l'expérience.

Ni Victoria ni son prédécesseur n'avaient suffisamment de recul pour mesurer les effets de la réforme du système électoral qui avait été votée en 1832. Mettant fin à un « long XVIIIe siècle » où l'on vit, malgré des défauts de plus en plus criants, perdurer un mode d'élection à la Chambre basse qui avait des côtés surréalistes, le *Great Reform Act* supprima les « bourgs pourris », circonscriptions ne comptant qu'une poignée de votants, et redistribua les sièges devenus vacants à des agglomérations qui, jusqu'ici, étaient privées de la franchise électorale.

Ce qui, à l'aune des révolutions dont la France est coutumière, apparaîtra comme une « réformette » constitue en réalité le point de départ d'une transformation en profondeur

4. Apparus à la fin du XVIIe siècle, les whigs défendaient les privilèges parlementaires, tandis que les tories soutenaient la prérogative royale. Au XIXe siècle, les whigs sont devenus des libéraux prônant un réformisme modéré. Le parti tory, pour sa part, a donné naissance au parti conservateur.

de la vie politique du Royaume-Uni. En portant le corps électoral à environ 20 % de la population masculine adulte, elle se présente comme la première étape de la longue marche vers la démocratie parlementaire dont le règne de Victoria sera le théâtre[5]. À plus court terme, la réforme apporte du sang neuf à la vie politique : le scrutin n'est plus, comme c'était le cas jusqu'alors, gagné d'avance par les hommes en place. Le principe d'une alternance au pouvoir des deux partis, libéral et conservateur, est désormais acquis. C'est à la tête d'un royaume dont la mutation politique s'avère plus profonde qu'on ne le supposerait de prime abord que s'installe ainsi la jeune souveraine.

La royauté y a-t-elle encore une place ? Contrastant avec les deux monarques qui l'ont précédée et dont l'image était de longue date écornée par une vie privée peu exemplaire[6], Victoria, avec toute la fraîcheur de ses 18 printemps, jouit d'un *a priori* favorable. Pour reprendre la formule d'une de ses historiennes, Monica Charlot, elle bénéficie d'un indiscutable « état de grâce ». L'histoire de la Grande-Bretagne a cependant montré que les retrouvailles de la monarchie avec le peuple étaient fragiles. Pour trouver un souverain vraiment aimé de ses sujets, il faut remonter à Marie II, cosouveraine de 1689 à sa mort en 1694 aux côtés de Guillaume III d'Orange, et surtout à Élisabeth Ire. Est-ce un hasard ? Il s'agissait de deux femmes.

---

5. Les réformes de 1867 et de 1884 portèrent le nombre des votants à 60 % de la population masculine adulte. Il fallut cependant attendre 1928 pour que soit instauré le suffrage universel masculin et féminin.

6. Connu pour ses débauches lorsqu'il était prince de Galles, George IV fit scandale à son avènement en interdisant à son épouse, Caroline de Brunswick, d'assister à son couronnement. La vie de son frère n'est guère plus édifiante : sa liaison avec l'actrice Mrs. Jordan, avec laquelle il eut dix enfants illégitimes, fut brocardée par les satiristes et les caricaturistes.

Le déroulement de la journée du couronnement, le 28 juin 1838, paraît indiquer qu'une troisième femme est en passe de réaliser cet exploit. À la vue de la foule qui acclame le cortège en direction de l'abbaye de Westminster, la reine avoue avoir éprouvé une grande fierté. La réconciliation de la monarchie avec une nation qui n'éprouvait, en règle ordinaire, qu'une indifférence polie envers l'hôte de Buckingham Palace semble bien amorcée.

Semble. Car, devenue reine, Victoria se trouve désormais à la merci du moindre scandale éclaboussant sa Cour. Et scandale il y a. Accusée d'avoir eu une liaison avec sir James Conroy, favori de la mère de Victoria, et d'être enceinte de ses œuvres, lady Flora Hastings, sans doute atteinte d'un cancer, meurt le 5 juillet 1839. Aussitôt, la capitale prend fait et cause pour cette femme, qu'elle regarde comme la victime d'une campagne de calomnies. Victoria, par contrecoup, est atteinte : la reine, il est vrai, n'a guère soutenu lady Flora alors que montaient les rumeurs sur sa prétendue conduite. Hier considérée avec faveur, Victoria est maintenant huée et affublée de sobriquets. Celui de « Madame Melbourne » plaît beaucoup aux Londoniens.

L'insulte fait référence aux relations de la reine avec son Premier ministre. Victoria se sent à l'aise avec ce vieil aristocrate libéral, relique vivante du XVIIIe siècle. Vis-à-vis de la jeune souveraine, Melbourne joue un rôle identique à celui que tint le ministre lord Bute auprès de George III. Et ce n'est pas un hasard. La reine possède plus d'un trait commun avec son grand-père, notamment cette opiniâtreté qui confine au fanatisme. Si la rumeur a fait d'elle, et très vite, une « Madame Melbourne », c'est que Victoria, tombée sous le charme de son ministre-mentor, est absolument sûre de son fait : Melbourne doit demeurer envers et contre tout aux affaires. Même si sa présence va à l'encontre des règles constitutionnelles ? Peu importe alors la Constitution…

Par un formidable bégaiement de l'histoire, la scène qui se déroule en 1839 reprend beaucoup d'éléments observés pendant la vie de l'entêté – d'aucuns diront borné – George III. Tout commence le 7 mai, en pleine affaire Flora Hastings. En difficulté au Parlement, Melbourne remet sa démission. La reine est effondrée. Elle écrit dans son journal :

> Tout, tout mon bonheur disparu ! Cette vie heureuse et paisible gâchée.

Dans ces réflexions, où perce l'attitude capricieuse d'une enfant gâtée, se décèle la tentation de prendre des libertés avec la pratique institutionnelle. Le chef des tories, sir Robert Peel, doit logiquement succéder à Melbourne, ce que ne peut accepter Victoria. Circonstance aggravante, le Premier ministre pressenti demande à la reine de renvoyer ses dames d'honneur. Celles-ci sont en effet les épouses de ténors whigs, chose incompatible avec la nouvelle donne favorable aux conservateurs. Melbourne, que Victoria a consulté, lui intime d'accepter. Le mentor, une fois n'est pas coutume, ne sera pas obéi. La réponse de la jeune princesse est cinglante :

> La reine ne peut adopter une mesure qui lui est insupportable.

Ce refus a peut-être fait l'affaire de Peel, qui doutait de la solidité de sa majorité. Au terme de cette espèce de vaudeville, il jette l'éponge et Victoria, à son immense plaisir, voit revenir à Downing Street son cher Melbourne.

L'affaire rebondit deux ans plus tard, en août 1841, avec la démission, cette fois pour de bon, de celui-ci et la nomination de Peel, que la reine est forcée de sanctionner. Qu'à cela ne tienne : bafouant les usages en vigueur, elle continue de correspondre avec son ancien Premier ministre.

Hérédité, quand tu nous tiens ! Victoria, on l'a dit, reproduit de manière saisissante l'étrange manège de George III avec son ancien Premier ministre lord Bute. À près de quatre-vingts ans de distance, l'on observe la même confiance aveugle envers un être revêtu de toutes les qualités, et, plus grave encore, le même refus acharné de se plier au jeu politique et aux règles constitutionnelles. Et, comme ce fut le cas au temps du grand-père, la machine à rumeurs se met en branle : on parle d'une « influence souterraine » de l'ex-ministre ; on prétend même que Peel ne serait qu'une marionnette entre les mains de Melbourne et de la reine. Aucun doute : pour le meilleur comme pour le pire, Victoria est une vraie Hanovre.

L'illusion albertino-victorienne

Elle sera la dernière à porter ce nom. À sa mort, la maison royale prendra celui de Saxe-Cobourg et Gotha. Puis, tirant les leçons de la poussée du sentiment antigermanique produite par la guerre, George V, petit-fils de Victoria, adoptera en 1917 le patronyme ostensiblement britannique de Windsor, refermant par la même occasion la longue parenthèse allemande ouverte en 1714.

Célébré le 10 février 1840, le mariage de Victoria avec Albert de Saxe-Cobourg-Gotha (1819-1861) en constitue le dernier épisode marquant. Si sa prestance conquit en un instant le cœur de la reine, le jeune homme n'en est pas moins fraîchement accueilli dans un pays connu de longue date pour sa germanophobie. Qu'importe : pour le moment, lui et la reine vivent une intense histoire d'amour. Très vite, les naissances succèdent aux naissances. Nés en 1840 et 1841, Victoria (« Vicky ») et Albert Édouard (« Bertie ») seront suivis de sept autres frères et sœurs. Les effets politiques du mariage et des nombreuses maternités ne se font pas attendre. Même si son autorité était de plus en plus circonscrite par l'évolution institutionnelle, Victoria, jusqu'à son union avec Albert, demeurait néanmoins seule à la barre. C'était elle qui recevait régulièrement son Premier ministre et les membres du cabinet. C'était elle qui leur donnait des recommandations sur la conduite des affaires. C'était elle qui correspondait avec les têtes couronnées d'Europe. C'était elle, enfin, qui marquait ses réserves devant des mesures contraires à ses vues. Après 1840, cette configuration a cédé la place à un cas de figure inédit dans les annales.

Albert n'est ni Guillaume III d'Orange, qui fut cosouverain aux côtés de la reine Marie, ni Georges de Danemark, époux de la reine Anne, qui exerça une responsabilité militaire importante. Celui qui porte le titre d'altesse royale, puis, à partir de 1857, de prince consort n'a pas de place clairement définie dans la machine du pouvoir. Mais l'homme, avec détermination, creuse son sillon. Bien que simple mari de la personne placée à la tête de la première puissance mondiale, Albert ne peut douter un seul instant de sa supériorité. Se confiant au vainqueur de Napoléon, figure historique du conservatisme tory, le vieux duc de Wellington, il affirme vouloir être « le gérant des affaires privées [de Victoria], son unique et discret conseiller politique, son seul assistant dans ses rapports avec les représentants du gouvernement, son secrétaire privé et son ministre permanent ». Albert veut aussi corriger les imperfections qu'il a décelées dans le comportement public et privé de son épouse. Il entend « la façonner à son image ». Une image tout en rigidité : cet homme aux mœurs sévères a pris une part active à l'édification de la chape morale qu'on a qualifiée bien à tort de « victorienne ».

En 1846, lorsque Winterhalter réalise son tableau de la famille royale, la rééducation politique et morale est accomplie. La femme de pouvoir que fut Victoria pendant les trois premières années de son règne est désormais tenue en lisière par un époux qui, profitant de ses grossesses à répétition, a réussi à se mêler de tout : organisation et gestion financière de la maison royale, entretiens réguliers avec la classe politique, relations avec les dirigeants d'Europe. Albert est ostensiblement présent aux côtés de Victoria lorsque celle-ci, premier souverain depuis Henri VIII, foule le sol de France. En septembre 1843, le couple royal est reçu par le roi des Français Louis-Philippe (1830-1848). La reine et son époux sont ensuite accueillis par leur oncle – Victoria et Albert sont cousins germains –, le roi des Belges Léopold Ier (1831-1865).

Ce dernier mérite un mot. Son règne contredit en effet l'idée selon laquelle la monarchie en Europe était immanquablement vouée à décliner avec les progrès des principes de liberté et d'égalité. Bien que respectueux des pouvoirs qui lui étaient conférés, Léopold n'en était pas moins attaché à son autorité. Il s'employa aussi à favoriser les mutations économiques, sociales et culturelles de son royaume. Nul doute qu'il incarnait une sorte de modèle pour Victoria et Albert. En témoigne la volonté de ce dernier d'épouser à son tour la modernité : l'Exposition universelle de 1851 doit beaucoup à ses efforts. En témoigne également son souci de contrôler la diplomatie. Évoquant le prince consort dans son célèbre ouvrage *La Constitution anglaise* (1867), Walter Bagehot[7] est formel :

> Il avait des qualités rares d'un monarque constitutionnel ; s'il eût pu vivre vingt années de plus, il se serait fait en Europe une réputation égale à celle du roi Léopold.

Déjouant les obstacles institutionnels, partisans et personnels, le couple alberto-victorien était-il en train de rebattre les cartes du pouvoir en faveur d'une dyarchie à dominante masculine ? La question restera sans réponse. Le 14 décembre

7. Journaliste dont les éditoriaux de *The Economist* étaient très suivis, Walter Bagehot (1826-1877) se rattache à la mouvance libérale whig. Devenu un classique, son essai *La Constitution anglaise* est également marqué par le républicanisme alors en plein essor dans le royaume.

1861, après une brève maladie, Albert rendit son dernier soupir. Le règne de Victoria était arrivé à son instant décisif.

Une dame en noir pour une « république déguisée »

En 1864, une main anonyme accrocha aux grilles de Buckingham Palace cette curieuse annonce : « Ces locaux imposants sont à vendre en raison du déclin de l'activité du dernier occupant ». Provocateurs et amers, ces mots reflètent l'impression produite dans le public par la conduite de la reine après la mort du prince consort. Ces quelque dix années d'un deuil interminable sont entrées dans la légende. Ce sont celles d'une souveraine vêtue de noir, boudant un palais de Buckingham lui rappelant de douloureux souvenirs et passant la majeure partie de son temps à Windsor ou dans ses résidences d'Osborne, dans l'île de Wight, et de Balmoral, en Écosse. Ce sont aussi celles d'une reine qui, sous le choc de la disparition de l'amour de sa vie, un homme qui était devenu au fil des ans un acteur non négligeable de la machine du pouvoir, aurait virtuellement abdiqué.

Dérogeant à une tradition pluriséculaire, la reine absente n'ouvre plus les sessions parlementaires, ce qui fait dire à Bagehot, et non sans raison, que la souveraine a cessé d'être « un État du royaume » investi d'une « autorité au même titre que la Chambre des lords et la Chambre des communes ». Victoria n'a pourtant pas totalement renoncé à sa tâche. Pendant son long veuvage, elle continue de recevoir ses ministres en audience et d'entretenir une correspondance avec les hommes d'État européens. Ces liens avec le Vieux Continent deviennent d'ailleurs de plus en plus étroits à mesure que ses enfants se marient. Vicky est unie en 1858 à Frédéric de Prusse ; en 1862, la princesse Alice est mariée à Louis de Hesse ; en 1863, le prince de Galles « Bertie » épouse la princesse Alexandra de Danemark. Avec les premières naissances qui suivent ces unions commence à prendre forme la figure de la « grand-mère de l'Europe ».

Suivons toujours Bagehot, qui conclut en une formule appelée à être constamment reproduite dans les livres d'histoire :

> Le souverain [...] jouit du triple droit d'être appelé à fournir des avis, à donner des encouragements et, enfin, à infliger des avertissements.

Aux yeux avertis de cet analyste, l'éclipse du veuvage n'a certainement pas pris la forme d'une abdication. Mieux, cette pratique discrète et pour une part indirecte du pouvoir aurait produit une configuration institutionnelle dont on ne peut que se féliciter. Le même observateur est néanmoins saisi d'un doute. Sommes-nous encore sous un régime monarchique ?

> L'Angleterre a vu les appendices de la monarchie se convertir en institutions républicaines [...] l'existence d'une population nombreuse et hétérogène dans notre pays nous a obligés à conserver le masque du passé, tout en faisant passer, par-dessous ce masque, la réalité nouvelle.

Cette réalité, Bagehot la résume par une formule tranchante :

> L'Angleterre est une république déguisée.

L'annonce accrochée aux grilles de Buckingham Palace ne doit pas être prise à la légère. Elle est l'expression d'une Angleterre qui ne comprend pas que l'on s'obstine à maintenir une institution qui, au vu et au su de tous, a perdu non seulement son utilité, mais aussi sa dignité. Jadis moquée pour sa dépendance vis-à-vis de Melbourne, Victoria est maintenant l'objet de brocards sur sa prétendue liaison avec son domestique écossais John Brown, dont la perpétuelle présence auprès de la personne royale alimente toutes les rumeurs. L'hebdomadaire satirique *Punch* n'est pas le dernier à ridiculiser une femme qui, hypocritement drapée dans des habits de deuil, aurait vite trouvé le réconfort dans les bras d'un être de basse extraction. En juillet 1866, l'on y lit une féroce parodie du bulletin de la Cour :

> M. John Brown a fait une promenade sur les hauteurs. Il a ensuite mangé un haggis. Dans la soirée, M. John Brown a eu le plaisir d'écouter de la cornemuse. M. John Brown s'est ensuite retiré tôt dans la soirée.

Survenant au terme d'une décennie de présence diaphane de la personne royale, la chute en 1870 de l'empire de Napoléon III et la proclamation de la IIIe République agissent comme un puissant catalyseur sur le sentiment antimonarchique britannique. Sous l'égide du militant libre-penseur Charles Bradlaugh, les premiers clubs républicains font leur apparition. Bientôt, on les voit essaimer sur tout le territoire. En mai 1873, le mouvement est devenu assez puissant pour se réunir en conférence à Birmingham. Son programme a le mérite de la clarté. Une république rationnelle, efficace et peu coûteuse remplacerait avantageusement le système vermoulu des monarques incompétents, des titulaires de sinécures et des aristocrates oisifs. Si l'Angleterre est une « république déguisée », comme l'assure Bagehot, autant qu'elle ôte au plus vite ce travestissement.

Le « joli roman » d'une reine nationale

En 1845 paraît un roman intitulé *Sybil, ou les deux nations*. De par ses origines modestes et la confession juive de sa famille, Benjamin Disraeli, son auteur, est un original dans le monde parlementaire de Westminster. Avec *Sybil*, il lance un vif réquisitoire contre une société divisée en deux « nations » qui s'ignorent : celle, très minoritaire, des puissants, et celle d'une masse qu'il qualifie d'« esclaves ». Le livre de ce père fondateur du conservatisme moderne, dont certaines pages n'auraient pourtant pas déparé sous la plume de Marx ou d'Engels, se donne à lire comme une solennelle mise en garde. Si la première de ces nations continue d'ignorer la seconde, l'avenir sera effrayant.

En avril 1872, c'est le même Disraeli qui s'exprime au Free Trade Hall de Manchester. Entré en 1868 à Downing Street avant d'y être délogé quelques mois plus tard par son rival Gladstone, Disraeli est devenu l'homme de confiance de la reine Victoria, qui a trouvé son nouveau Melbourne. Son discours de Manchester répond à la poussée républicaine dans le pays :

> Messieurs, l'influence de la monarchie en Angleterre doit toujours être grande [...] Une nation comme l'Angleterre a un cœur aussi bien qu'une raison. Dans les moments d'adversité nationale, dans les moments de péril [...], c'est une grande chose que nous ayons une institution vers laquelle l'affection populaire puisse se porter.

Tenant compte de la démocratisation irréversible et des progrès du républicanisme, Disraeli a compris que la monarchie devait au plus vite changer de visage pour fédérer les deux nations qui continuent de vivre dans un splendide, mais dangereux isolement. En 1874, le voici de retour aux affaires, bénéficiant plus que jamais de la confiance et de l'amitié de la reine. La puissance coloniale de l'Angleterre atteint alors son apogée. S'il est un symbole de cet impérialisme britannique, c'est sans conteste la péninsule indienne qui, après avoir vécu deux siècles sous le contrôle de la

Compagnie des Indes, est passée en 1858 sous l'autorité directe de la Couronne. Disraeli est sûr de son fait : le sauvetage de la monarchie passera par l'Inde.

En 1876, il défend au Parlement une mesure qu'il estime capitale. En plein accord avec Disraeli, Victoria, mettant fin pour l'occasion à sa longue bouderie parlementaire, se rend en personne pour présenter aux lords et aux communes le projet de loi de son gouvernement. Il consiste à faire de la reine du Royaume-Uni l'impératrice des Indes.

Bien que l'opposition menée par Gladstone fasse la grimace et qu'à l'étranger, particulièrement en France, on se gausse d'une mesure grotesque, celle-ci s'avère un coup de maître. Certes, la nouvelle titulature est superbement pompeuse. Mais c'est justement son caractère boursouflé qui la rend si séduisante auprès du public. En faisant de Victoria, sa détentrice, la première princesse de l'Europe et même du monde, loin désormais devant les souverains de Russie, d'Allemagne et d'Autriche-Hongrie, ce titre d'impératrice des Indes flatte l'orgueil national. En plaçant ostensiblement l'autorité royale devenue impériale au cœur d'un projet d'expansion coloniale qui, au même moment, suscite les premiers accès de chauvinisme « jingoïste[8] », Disraeli a transfiguré Victoria. Il en a fait une entité qui n'a plus existé depuis l'Élisabeth de l'Invincible Armada. Il en a fait une légende vivante. Il en a fait la mère patriote d'une nation qui se regarde avec une fierté ô combien tapageuse comme la plus patriote de l'univers.

La monarchie est en train de remonter la pente. Hier tentée par la république, l'opinion populaire hésite, puis succombe aux charmes de cette royauté *new look*. La métamorphose

8. Apparue à la fin des années 1870, cette forme d'exaltation de la grandeur nationale frôlant l'hystérie doit son appellation à une chanson qui était chantée en chœur dans les pubs et dont la formule « by Jingo » introduisait un refrain chauvin et belliqueux.

ne s'arrête pas en effet au changement de titulature. Disraeli semble avoir lu avec profit les observations de Bagehot qui, dès 1867, avait pressenti l'entrée du pouvoir royal dans une ère nouvelle. Celle du spectacle... L'essayiste écrivait :

> Une famille sur le trône a encore son utilité en ce sens qu'elle sert à porter les rayons de la souveraineté jusqu'aux profondeurs de la vie commune. Rien de plus puéril, en apparence, que l'enthousiasme des Anglais pour le mariage du prince de Galles. [...] Tout le monde, sauf quelques esprits chagrins, aime à voir le charme d'un joli roman se mêler un instant aux scènes austères de la vie sérieuse.

« Joli roman » : pour ne pas être balayée par l'histoire, la monarchie se devait d'abandonner ses atours hautains et froids. Les deux dernières décennies du siècle voient les liens de la souveraine avec le peuple remis à plat. S'est imposé un spectacle monarchique s'appuyant sur un cérémonial réglé avec la plus grande minutie, mettant en exergue à la fois la pompe et l'humanité du régime. Il est loin le temps du couronnement de Victoria, dont le déroulement, du fait de son impréparation, fut le théâtre de scènes folkloriques[9]. Planifié comme une campagne militaire, le jubilé de diamant de 1897 voit l'aboutissement du processus de fabrication d'une reine nouvelle. Une reine du peuple. Une reine dont l'image, les faits et gestes sont propagés jusqu'au bout du royaume par la presse populaire en plein essor et par les premiers films d'actualité cinématographique. Une reine dont l'image est reproduite presque à l'infini sur une multitude de produits

9. Le clergé se montra particulièrement défaillant, notamment lors des parties chantées de la cérémonie. L'archevêque de Canterbury commit aussi plusieurs bévues. On le vit s'acharner à passer l'anneau à l'annulaire de la reine alors qu'il était prévu pour l'auriculaire. Le public manqua de respect : on entendit des bavardages pendant tout le couronnement.

dérivés : gravures, photographies, mais aussi médailles, tasses, théières, assiettes et coussins.

En 1837, Victoria était la reine d'une petite nation réduite aux élites politiques et sociales. Dans l'autre nation qui lui faisait face, sa présence lointaine était, au mieux, tolérée. En 1901, ce sont les deux nations réunies qui pleurent sa disparition. Là est le miracle victorien et ici commence sa légende. Une légende appelée à prospérer, comme le révèle le règne d'Élisabeth II, marqué d'une empreinte symbolique qu'on ne peut qualifier que d'un seul terme : victorienne.

Bibliographie sélective

CANNADINE David N., « The last Hanoverian sovereign ? The Victorian monarchy in historical perspective, 1688-1988 », in A. L. BEIER, D. N. CANNADINE, J. M. ROSENHEIM (dir.), *The First Modern Society. Essays in English History in Honour of Lawrence Stone*, Cambridge, Cambridge University Press, 1989.

—, « The context, performance and meaning of ritual: The British monarchy and the "Invention of Tradition", c. 1820-1977 », in E. HOBSBAWM, T. RANGER (dir.), *The Invention of Tradition*, Cambridge, Cambridge University Press, 2008.

CHARLOT Monica, *Victoria. Le pouvoir partagé*, Paris, Flammarion, 1989.

LANGLADE Jacques DE, *Disraeli, le fou de la reine Victoria*, Paris, Perrin, 1996.

—, *La Reine Victoria*, Paris, Perrin, 2009.

WILLIAMS Richard, *The Contentious Crown. Public Discussion of the British Monarchy in the Reign of Queen Victoria*, Farnham, Ashgate, 1997.

13

Cixi (1835-1908), la mystérieuse impératrice

PAR VALÉRIE NIQUET

Passée du statut de concubine impériale de sixième rang[1] à celui d'impératrice régnant sur un pays de 400 millions d'habitants, Cixi[2], personnage maléfique s'il en fut, a longtemps symbolisé tous les excès et les faiblesses de la Chine de la dynastie Qing (1644-1911). Elle a subi les préjugés d'une société encore profondément misogyne où les femmes n'avaient aucun pouvoir puisque, selon les règles confucianistes, elles devaient toutes obéissance à leur père, puis à leur mari et à leur fils. Comme Marie-Antoinette avant elle, Cixi a été accusée de tous les vices par les fonctionnaires chinois hostiles aux Qing. Despotique, elle aurait été la principale responsable de l'affaiblissement de la Chine et de la chute de la dynastie. Mais, pour d'autres, c'est elle qui, en assumant les responsabilités à la place de deux empereurs trop faibles – son fils Zaichun, puis son neveu Guangxu –, aurait permis aux Mandchous de conserver le pouvoir quelques années supplémentaires. Alors, sauveuse ou fossoyeuse ?

1. Sur huit.

2. Elle est également connue sous le nom de Ts'eu Hsi, transcription ancienne de la graphie de son nom.

De concubine impériale à impératrice douairière

Pendant longtemps, Cixi dirige la Chine – ou plus précisément le « Grand Empire Qing » – derrière le rideau, afin de n'être vue d'aucun de ses interlocuteurs masculins. Elle vit dans le « palais de l'arrière » (*hou gong*), c'est-à-dire dans la partie nord de la Cité interdite réservée aux femmes et aux eunuques, qu'elle ne peut quitter, même au sommet de son pouvoir. Ce n'est qu'à la toute fin de sa vie que les épouses de diplomates étrangers sont reçues et qu'elle accepte d'être prise en photo, dans l'intention de renvoyer une meilleure image d'elle à l'international. Ce sont ces clichés qui contribuent à forger le mythe d'une impératrice étonnante et totalement exotique : traits figés, visage blanc et lunaire, regard marqué par deux billes noires acérées, haute coiffure cérémonielle, lourds vêtements brodés de la cour mandchoue, doigts prolongés par d'étranges étuis de jade ou d'or ornés de pierreries destinés à protéger ses très longs ongles griffus – selon la coutume des élites chinoises ou mandchoues. Pour le peuple, Cixi, à peine connue dans les lointaines provinces où seul le nom de l'empereur régnant est publié lors de son intronisation, n'est qu'un symbole. Pour tous, étrangers ou Chinois, elle figure une sorte d'idole à la réalité floue – celle que décrit si bien par son absence le *René Leys* de l'écrivain Victor Segalen. Mais comment la femme qui se cache derrière ces postures fixes et ces yeux impénétrables a-t-elle pu accéder aux plus hautes marches du pouvoir ?

Comme toutes les impératrices ou concubines impériales, Cixi est mandchoue. Le 29 novembre 1835, dans une des allées de la Ville tatare[3], près des murs rouges de la Cité

3. Désigne un quartier de Pékin. Autre nom de la ville mandchoue, pour la distinguer de la ville chinoise.

interdite, elle voit le jour dans la famille de petite noblesse d'un fonctionnaire au service de la dynastie[4]. Cixi est l'aînée d'une fratrie de cinq enfants, composée de deux filles et trois garçons. Sa position de première-née explique peut-être son caractère, déjà très affirmé semble-t-il.

Tout comme les Mongols – dont ils sont proches –, les Mandchous (Jürchen-Toungouses[5]) font partie des tribus nomades, qui, depuis des temps immémoriaux, exercent une pression sur les dynasties chinoises. Si les Qing se sont sinisés culturellement après s'être emparés du pouvoir et après avoir évincé la dynastie chinoise des Ming à la faveur de rébellions paysannes du XVIIe siècle, leurs élites maintiennent toutefois une distance stricte avec la population Han[6]. Ainsi, à Pékin, la ville mandchoue autour de la Cité interdite est-elle séparée de la ville chinoise, au sud. Bien sûr, les Chinois sont écartés des positions de pouvoir les plus élevées. Un des torts de Cixi, aux yeux des membres de la noblesse mandchoue, sera donc de briser cet interdit et de s'entourer de hauts fonctionnaires han favorables aux réformes. Elle nommera notamment plusieurs gouverneurs dans les provinces du sud de l'Empire. Les Mandchous adoptent également des coutumes spécifiques, la plus visible étant le refus de bander les pieds de leurs filles[7], contrairement à l'habitude répandue en Chine depuis le Xe siècle pour des raisons esthétiques. Comme ses pairs, Cixi – dont la taille n'aurait pas dépassé 1,50 mètre – porte donc de larges chaussons brodés à la

4. Dont les membres seront envoyés en Mongolie, à Hohhot, loin des allées étroites de la capitale, dès 1849.

5. C'est le nom des tribus de même origine nomade qui ont précédé les Mandchous.

6. Terme sous lequel on désignait la population chinoise.

7. Pour bloquer la croissance des pieds, la partie avant était progressivement repliée sous la plante. Les pieds étaient alors transformés en moignons très douloureux.

semelle épaisse de plusieurs centimètres. Et, à l'inverse des Chinoises de la bonne société, elle peut marcher librement.

Par ailleurs, dans l'Empire, le sang impérial ne peut être mêlé à celui des Han. Ainsi toutes les familles mandchoues ou mongoles doivent-elles déclarer la naissance de leurs filles qui, rapidement, deviennent disponibles pour être choisies comme concubines impériales, épouses de princes, voire impératrices. Seules celles qui n'ont pas été sélectionnées après une procédure particulière – qui peut durer plusieurs mois – peuvent rentrer dans leur famille et se marier. C'est à ce titre qu'en 1850, à 15 ans, une jeune fille du clan Naha, dont le prénom de naissance n'est pas connu, est présentée au palais au milieu de plusieurs dizaines d'autres, pour être soumise aux rites sélectifs des concubines impériales. En 1852, elle entre au palais de l'arrière comme concubine de sixième rang du jeune empereur Xianfeng – qui a succédé à son père en 1850. On lui donne alors le nom de Lan. Plus tard, après la naissance de son fils, elle devient la concubine Yi, avant de prendre enfin le nom de Cixi en tant qu'impératrice douairière. Tous ces changements d'identité accompagnent sa montée en puissance.

Le domaine des femmes est composé d'un labyrinthe de pavillons, dont l'aménagement répond à des règles précises en fonction du rang de la concubine qui l'occupe. L'impératrice y règne et maintient l'harmonie. Chaque jour, les femmes sont choisies par l'empereur et préparées par les eunuques pour se rendre à ses côtés. Les journées, monotones, s'écoulent ainsi et sont rythmées par les repas, la broderie, la musique et sans doute les querelles. En 1856, Cixi fait un bond considérable dans la hiérarchie des concubines impériales en donnant un fils à l'empereur : Zaichun, le petit prince impérial, est son premier héritier (et il sera le seul survivant). Rapidement, sa mère devient « Noble Consort Yi », et est ainsi élevée au second rang derrière l'impératrice Zhen. Toutefois, c'est cette dernière qui est officiellement considérée comme la génitrice de

Zaichun. En dépit de cette « montée en grade », Cixi ne dispose encore d'aucun pouvoir et d'aucune influence. En outre, sa culture est limitée : elle parle le chinois mais sait à peine l'écrire ; elle ne connaît que mal le mandchou, une langue en voie de disparition en dehors de la Cour. Elle n'est donc pas en position d'influencer l'empereur, avec qui elle aurait toutefois partagé le goût de la musique et de l'opéra chinois.

Tout change lorsque, en 1861, Xianfeng, que l'on dit faible et dépressif, meurt de maladie. À ce moment, il se trouve à Rehe, en territoire mandchou, où il s'est réfugié avec les siens après l'incendie du palais d'Été par les troupes franco-anglaises en 1860. Pour des raisons conjuguant un caractère affirmé, un désir d'indépendance certain, un intérêt manifeste pour les affaires politiques et un sens inné de l'opportunité (ou de l'intrigue, selon ses détracteurs), Cixi décide d'imposer son pouvoir et réussit son coup d'État le 2 novembre. Pour cela, elle obtient le soutien et la complicité de l'impératrice en titre et d'un demi-frère de l'empereur, le prince Gong. Grâce à eux, elle parvient à évincer les huit régents que Xianfeng avait nommés avant sa mort (car il se savait malade). Elle y arrive d'autant plus facilement que ces conseillers étaient considérés comme largement responsables des maux dans lesquels s'enfonçait l'Empire depuis la première guerre de l'Opium (1839-1842)[8]. Accusés de conduite inconvenante en présence de l'empereur-enfant Zaichun[9] (dont les deux femmes se partagent désormais le statut de mère), trois des huit régents sont vite condamnés à mort. Ainsi, à respectivement 26 et 25 ans, la concubine Yi et l'impératrice Zheng – qui n'avaient peut-être pas envie de terminer leur vie en tant qu'éternelles épouses de l'empereur disparu, désœuvrées et confinées au fond du palais, ou

8. Nous y reviendrons.
9. Il devient empereur sous le nom de Tongzhi en 1861, à l'âge de 5 ans.

se laissant mourir comme le voulait la plus haute tradition confucianiste des veuves respectables[10] – deviennent-elles co-impératrices douairières. Elles obtiennent ce titre en invoquant un précédent sous le règne de Kangxi au XVIIe siècle.

En 1861, les deux femmes, qui règnent désormais seules, prennent les noms de Ci'an et Cixi – partageant ainsi le même premier caractère, comme des sœurs. L'élément le plus intéressant des années de pouvoir de l'ancienne concubine réside sans doute dans cette direction bicéphale. En effet, leurs qualités et leurs actions se complètent, et Cixi ne peut se passer du soutien de la seule impératrice douairière (*Huang taihou*) en titre. Dotées chacune d'un sceau que l'empereur leur aurait remis, les complices gouvernent depuis le gynécée, derrière un paravent. Leur premier décret précise qu'elles prennent seules les décisions « sans interférence », mais elles déclarent aussi qu'elles n'ont pas la volonté de régner officiellement ; c'est bien au nom de l'empereur « régnant », le jeune Zaichun, qu'elles publient leurs édits. Cette répartition du pouvoir entre les deux co-impératrices est maintenue, avec différents statuts, jusqu'à la mort de Ci'an en 1881, puis celle de Cixi en 1908.

Pendant les premières années de son règne, ce tandem féminin joue également un double rôle de mère pour le jeune souverain encore enfant, et veille à son éducation avec les précepteurs choisis parmi les plus grands lettrés confucéens de l'époque. Malheureusement, Zaichun meurt en 1875, à 18 ans, de petite vérole ou de syphilis. À sa disparition, c'est un neveu de Cixi qui lui succède[11].

---

10. Dans l'Antiquité, les empereurs se faisaient enterrer entourés de leurs esclaves et de leurs concubines.

11. Le fils de la sœur de Cixi et du prince Chun (un beau-frère de l'empereur Xianfeng) est intronisé à 4 ans. Il deviendra empereur sous le nom de Guangxu, mais ne jouera qu'un rôle symbolique.

Un empire en crise

Le règne de Cixi correspond à la fin de la dynastie Qing, mais aussi – et plus largement – à celle du système impérial qui s'est imposé au IIIe siècle avant notre ère avec le premier empereur, Qin Shihuangdi (221-206 av. J.-C.), puis la dynastie des Han (de 206 av. J.-C. à 220 ap. J.-C.). Ce millénaire ne s'est pas déroulé sans à-coups : périodes de division (plus nombreuses dans l'histoire de la Chine que les moments d'unité), conquête par des tribus étrangères qui ont imposé leurs propres dynasties (comme celle des Yuan mongols entre 1271 et 1368, ou des Qing mandchous ensuite), etc. Mais le principe impérial n'a pas été fondamentalement remis en cause pendant toutes ces années. En effet, les rebelles aspiraient à devenir empereurs et à fonder leur propre dynastie. Ainsi les « barbares », en se sinisant culturellement, reprenaient-ils à leur compte les fondements du système – jusqu'aux fameux examens impériaux qui permettent de sélectionner les fonctionnaires qui administreront l'Empire avec le souverain en son centre. Ce n'est donc qu'à partir du milieu du XIXe siècle, avec les guerres de l'Opium, que l'Empire s'est trouvé confronté à des puissances extérieures (occidentales puis japonaise) qui refusaient de se conformer aux rites impériaux et de reconnaître la supériorité de l'empereur. Au contraire, ces pays prétendaient prendre pied dans l'Empire, de gré ou de force, et y commercer librement. De fait, si, au XVIIIe siècle, l'empereur Qianlong pouvait adresser une lettre au roi d'Angleterre pour rejeter toutes ses propositions de commerce (la Chine n'ayant besoin de rien selon lui), au XIXe siècle l'Empire n'avait plus les capacités militaires de résister.

La première guerre de l'Opium éclate en 1839, quatre ans après la naissance de Cixi. Elle oppose les Britanniques et la dynastie Qing, qui a interdit en 1800 sur son territoire le commerce du principal « bien » d'exportation de la Grande-Bretagne. L'enjeu n'est pas seulement la consommation de cette substance répandue à l'époque, c'est celui de l'ouverture de la Chine au commerce et à l'influence occidentale. Ce conflit se termine en 1842 par une défaite des forces Qing, incapables de résister aux moyens plus modernes des troupes européennes, et la signature des premiers « traités inégaux ». Le 29 août, le traité de Nankin accorde quatre nouveaux ports en concessions aux étrangers, qui n'avaient jusqu'alors accès qu'à Canton, ainsi que l'île de Hong Kong. La Chine est également ouverte aux missionnaires chrétiens, catholiques et protestants, qui contribueront à répandre de nombreuses idées nouvelles à l'intérieur d'un pays longtemps fermé l'Occident.

La deuxième guerre de l'Opium commence en 1856 et se prolonge jusqu'en 1860, l'Empire faisant cette fois face à une coalition (Royaume-Uni, France, puis Russie) qui impose sa volonté à une dynastie affaiblie. C'est à la fin de ce conflit que le palais d'Été – construit par les Jésuites au début du XVIIIe siècle pour l'empereur Qianlong – est pillé, puis brûlé. L'action a été accomplie en représailles du massacre de vingt-neuf émissaires diplomatiques britanniques et français envoyés à Pékin pour négocier un traité. Ils ont d'abord été faits prisonniers, en dépit de leur statut, puis ont été torturés au « Bureau des châtiments ». Mais le traité de Pékin signé en 1860 ouvre toutefois de nouvelles concessions aux Occidentaux : les Allemands s'installent au Shandong, où ils importeront l'industrie de la brasserie avec la bière Tsingtao ; le port de Tianjin, aux portes de la capitale impériale, est ouvert à son tour aux étrangers ; la Russie tsariste, elle, avance ses pions dans la péninsule du Liaodong, au nord-est de la capitale.

Cette deuxième guerre se déroule en même temps qu'une crise interne qui soulève toute la Chine du Sud : la révolte des Taiping[12]. En 1853, une sorte de secte millénariste paysanne qui se réfère à un christianisme revisité (les Taiping, donc) s'empare de Nankin, où elle établit un royaume autonome autoproclamé qui entend mettre fin à la dynastie des Qing, qu'elle juge corrompue. Son chef y impose une sorte d'égalitarisme primitif, y compris – en théorie – entre les hommes et les femmes. Le mouvement n'est écrasé qu'en 1864, avec l'aide de conseillers militaires américains et britanniques auxquels Cixi fait appel, dévoilant ainsi sa capacité à s'adapter aux circonstances.

À cette époque, la Chine est également très pauvre, car elle est confrontée, après deux siècles de relative prospérité, à un nouveau cycle de catastrophes naturelles – notamment à des inondations dramatiques qui changent le cours des fleuves et pèsent sur les récoltes. La paysannerie afflue alors en ville, et le système de greniers impériaux, chargés de distribuer des céréales en période de disette, ne suffit pas à endiguer la misère. Les ravages provoqués par ces dérèglements climatiques et par la révolte des Taiping au sud du Fleuve bleu (le Chang jiang), véritable grenier à riz de l'Empire, pèsent sur l'image de la dynastie mandchoue, toujours étrangère aux yeux de nombreux Chinois han. C'est aussi sous Cixi qu'émerge une forme de nationalisme chinois, au fur et à mesure que le pays s'ouvre avec réticence aux « envahisseurs », et se trouve confronté à des concepts nouveaux (tel celui de nation), jusque-là inconnus du monde chinois traditionnel.

De plus en plus influents après les guerres de l'Opium, les Occidentaux plaident en faveur de la construction de chemins de fer, de l'ouverture de mines de charbon (dont la Chine est très riche) et d'une forme d'industrialisation (notamment dans le textile). Ces réformes seraient bien sûr profitables, mais l'impératrice et son entourage entretiennent

12. Taiping signifie « Grande paix ».

une attitude ambivalente face à ces demandes répétées : en effet, la crainte que les entreprises étrangères ne soient les seules à tirer parti de cette ouverture est très forte, ainsi que celle que les armées ennemies ne pénètrent plus facilement à l'intérieur des terres grâce aux chemins de fer. D'autant que, avec les deux guerres perdues, l'Empire a déjà été confronté à la « diplomatie de la canonnière » mise en œuvre par la France et l'Angleterre face à la résistance du pouvoir impérial. Le culte des ancêtres, essentiel dans la société chinoise, joue également un rôle dans cet apparent refus du progrès. La campagne est couverte de tumulus de tombes familiales, érigés sur les terres appartenant aux différents clans, selon les règles de géomancie traditionnelles. Tracer une voix de chemin de fer sans toucher à ces sépultures serait donc particulièrement complexe et heurterait plus que de simples croyances, car elles constituent le fondement même de la Chine ancestrale.

Cixi hésite donc quant à l'attitude à adopter. Si elle se heurte à l'opposition d'une partie de la noblesse de cour, elle accepte toutefois un certain nombre d'avancées technologiques. La plus importante est le renouvellement de la flotte chinoise. On a beaucoup écrit – notamment en Chine communiste – que l'impératrice avait finalement utilisé les fonds réservés à la modernisation de la marine pour reconstruire le palais d'Été[13]. Si une partie des fonds a sans doute été détournée, on ne peut nier que Cixi a également encouragé le développement d'une flotte moderne qui repose sur l'achat de bâtiments aux arsenaux britanniques et allemands (les meilleurs du monde). En 1888, l'armada des Qing est composée de 78 navires pour un tonnage total de 84 000 tonnes. Contrairement aux idées reçues, elle est donc extrêmement puissante et se hisse sur les premières marches

13. Entre autres, un bateau de marbre toujours visible aujourd'hui sur le lac Kunming.

du podium : sur le papier, c'est la plus importante d'Asie, et la huitième dans le monde. Elle est officiellement placée sous le commandement d'un Chinois han réformateur, Li Hongzhang ; mais les conseillers étrangers sont également très présents pour former les marins et les officiers.

Pourtant, à la fin des années 1880, le développement de cette flotte d'exception cesse, car l'Empire a besoin de toutes ses ressources pour faire face à un nouveau cycle de catastrophes naturelles. À cette époque, les conseillers de Cixi (dont le très influent Wang Tonghe, lettré confucianiste précepteur de l'empereur) ne considèrent pas le Japon de Meiji – qui, lui, poursuit sa modernisation à marche forcée – comme un ennemi potentiel. En Chine, l'entraînement des troupes laisse donc à désirer, et la corruption absorbe une large part des fonds destinés à l'entretien de la flotte et aux manœuvres. Résultat : en 1895, c'est le Japon qui inflige à l'Empire sa défaite la plus humiliante.

La première guerre sino-japonaise éclate en 1894 au sujet du contrôle de la Corée – État tributaire de l'Empire chinois sur lequel l'archipel nippon étend son influence. La flotte chinoise est anéantie à Weihaiwei le 12 février 1895, et la Chine doit signer le traité de Shimonoseki avec Tokyo le 17 avril de la même année. Après les guerres de l'Opium, l'Empire doit de nouveau payer un montant considérable de réparations. À l'issue du conflit, Taïwan, devenue province chinoise en 1885, mais très mal contrôlée par l'Empire mandchou, est cédée sans trop de réticences au Japon et devient la première colonie de l'Empire nippon qui suit le modèle des grandes puissances occidentales de l'époque. De surcroît, le royaume de Corée devient indépendant, et le Japon prend pied dans la péninsule du Liaodong aux portes de Pékin[14]. La débâcle est d'autant plus complète et hon-

14. Elle deviendra colonie japonaise en 1911.

teuse que l'Empire de Chine a toujours considéré le « petit Japon » comme un État vassal.

Des réformes avortées et la révolte des Boxers

Les épisodes les plus négatifs dans la vie de Cixi – ceux qui seront constamment rappelés, tant par les Chinois réformateurs que par les étrangers – accusent l'échec de sa politique de réforme à la fin du XIXe siècle et son soutien à la révolte antiétrangère des Boxers. Pourtant, l'intronisation du jeune empereur Guangxu en 1889 aurait dû, en théorie, pousser Cixi à se retirer. Mais après la défaite face au Japon en 1895, contre toute attente, l'impératrice retrouve un rôle de premier plan qu'elle avait perdu avec l'intronisation de son neveu.

À cette époque, l'influence des réformateurs – qui souhaitent développer la Chine et la renforcer (*ziqiang*) en adoptant les techniques de l'Occident, tout en préservant « l'esprit chinois » – pèse de plus en plus. Le jeune empereur les soutient, car il aurait voulu s'inspirer des monarchies constitutionnelles allemande ou britannique, sur le modèle de la restauration Meiji au Japon.

Au mois de juin 1898 intervient alors une grande période de réforme, dite « des Cent Jours[15] ». Cixi l'aurait initialement soutenue, mais l'opposition de la bureaucratie traditionnelle et de la Cour mandchoue (gardienne des traditions et regroupée derrière le prince Chun, père de l'empereur) interdit toute réelle mise en œuvre. Inquiète des conséquences et soucieuse de la stabilité de la dynastie, Cixi se range finalement du côté des conservateurs et interrompt le mouvement. Six fonctionnaires réformateurs sont exécutés le 28 septembre 1898. Kang Youwei, le théoricien

15. En raison de sa durée éphémère.

des réformes proche de l'empereur, lui, fuit à l'étranger le 21 septembre[16]. Le même jour, l'empereur Guangxu lui-même est « exilé » par sa tante dans l'un de ses palais du domaine de Zhongnanhai[17], qui jouxte la Cité interdite. Un décret de Cixi le déclare vite « incapable d'exercer le pouvoir ». Il y mourra en 1908, la veille du décès de l'impératrice douairière, peut-être empoisonné à l'arsenic.

Peu après, dès 1899, se déroule la révolte des Boxers dirigée contre les étrangers[18]. L'ancienne concubine, comme nous l'avons vu, est inquiète de l'influence croissante de l'Occident sur la société chinoise. Elle décide alors, ainsi que les milieux conservateurs de la Cour, de soutenir cette rébellion qui gagne toute la Chine. Au mois de mai 1900, le quartier des légations étrangères à Pékin est assiégé pendant cinquante-cinq jours, jusqu'à ce que les armées occidentales et japonaises organisent une expédition contre Pékin depuis Tianjin[19]. L'impératrice fuit de nouveau à Rehe, répétant l'épisode qui avait suivi le sac du palais d'Été en 1860. Elle ne reviendra à Pékin qu'en 1902, à la veille de l'effondrement de l'Empire.

Après cet échec cuisant, les étrangers imposent leurs lois dans les concessions. En 1905, la puissance japonaise se renforce encore lorsqu'elle détruit la marine russe dans

16. Il publiera des mémoires à charge contre l'impératrice dont s'inspireront beaucoup de témoins occidentaux à la fin du XIXe siècle.

17. C'est aujourd'hui la résidence des dirigeants chinois.

18. Les Boxers, dont le nom vient de leur pratique des arts martiaux qui, selon d'anciennes croyances taoïstes, les rendait invincibles, étaient les membres d'une société secrète créée au XVIIIe siècle. À la fin du XIXe siècle, soutenue par les éléments les plus conservateurs de la Cour mandchoue, elle s'est soulevée contre l'influence grandissante des étrangers dont beaucoup, notamment des missionnaires, ont été massacrés.

19. L'épisode a été popularisé par le film *Les 55 Jours de Pékin* (Nicholas Ray, Andrew Marton, Guy Green, 1963).

une victoire qui surprend le reste du monde. Désormais, en Asie, c'est l'Empire nippon qui domine, et l'immense Chine qui est dépecée par les puissances occidentales – comme le représentent les caricatures de l'époque.

Au couchant de sa vie, l'impératrice adopte toutefois quelques mesures destinées à « moderniser » la Chine : les mariages entre Han et Mandchous sont autorisés et les pieds bandés officiellement interdits (mais la coutume se poursuivra pendant encore des années). Il faut attendre 1905 pour que les examens impériaux, fondés sur une connaissance parfaite des classiques confucéens, ainsi que du tir à l'arc et de l'art équestre pour les fonctionnaires militaires, soient abolis. Mais ces réformes arrivent trop tard : le pouvoir impérial n'est plus qu'une coquille vide avec à sa tête un personnage discrédité et sans réel pouvoir.

Le 15 novembre 1908, l'impératrice meurt à 72 ans d'une attaque cérébrale, au lendemain du décès de son neveu, l'empereur Guangxu. La dynastie s'effondre trois ans plus tard avec la révolution Xinhai[20], le 10 octobre 1911, puis l'abdication du dernier empereur, Puyi, le 12 février 1912.

Exercer le pouvoir « derrière le rideau »

Dans ce contexte difficile, depuis leur arrivée au pouvoir en 1860, les journées de Cixi et de Ci'an sont très lourdes. D'autant que le rôle du dirigeant est important : il écrit (ou fait écrire en son nom) des édits qui permettent le bon fonctionnement des multiples rouages de l'immense bureaucratie impériale; il doit contrôler et approuver toutes les nominations de fonctionnaires présentées par le « Bureau de

20. Nom donné à la première révolution républicaine chinoise qui a renversé la dynastie des Qing en 1911, année Xinhai selon le calendrier chinois.

la fonction publique[21] » (*libu*) ; enfin, il lui revient – et c'est sans doute la tâche la plus lourde – de lire tous les rapports envoyés par les fonctionnaires locaux. Ces derniers décrivent les difficultés auxquelles ils font face, proposent des décisions, font part de révoltes ou de rébellions, d'exemples de bonne conduite, de crimes, ou encore de phénomènes naturels extraordinaires qui pourraient être interprétés comme des signes funestes pour la dynastie. En 1861, après la seconde guerre de l'Opium qui a mis un peu plus en évidence les faiblesses de la Chine des Qing, l'impératrice, avec Ci'an, tente d'imposer son contrôle contre une bureaucratie minée par une corruption systémique avec un succès limité.

L'empereur, et les impératrices douairières qui agissent en son nom, doivent aussi accomplir des rites, au temple du Ciel ou à celui de la Terre. Car, selon les confucianistes, c'est le respect scrupuleux de ces coutumes qui assure la stabilité de l'Empire ; tout désordre peut faire craindre à la dynastie la perte du « Mandat du Ciel ». On dit que Cixi, pour accomplir ces tâches, se lève aux aurores (tout comme la co-impératrice). Elle doit revêtir les tenues cérémonielles très riches, ornées de broderies et dans des tons pastel – qui s'accordent avec son statut de veuve. Seul le jaune impérial est éclatant. Elle porte aussi la coiffure mandchoue très haute et décorée de bijoux et de fleurs, séparée en deux parties sur le sommet du crâne. Sur les épaules, elle revêt une résille de perles fines d'une très grande valeur, fermée par des broches de jade. Sa journée est ensuite rythmée par les réceptions de fonctionnaires provinciaux et les entretiens – toujours derrière le rideau – avec ses conseillers. Éternel fidèle, le prince Gong, à la tête du Grand Conseil impérial et en charge de la diplomatie, restera auprès d'elle jusqu'à sa mort.

En 1861, au lendemain de la deuxième guerre de l'Opium, Cixi établit le Zongli Yamen, organisme gouvernemental

---

21. Il s'agit d'un des départements de l'administration chinoise.

en charge des relations avec les pays étrangers. Le prince Gong, réputé favorable à des relations apaisées avec les autres pays en dépit des traités inégaux et des défaites successives, sera remplacé en 1898 par son beau-frère, le prince Chun, beaucoup plus hostile aux puissances occidentales. Mais, contrairement à l'image qu'on a pu avoir d'elle – particulièrement après la révolte des Boxers –, Cixi s'est montrée relativement ouverte aux étrangers. C'est d'ailleurs un Britannique, Robert Hart, arrivé en Chine à 19 ans comme élève interprète, qui dirigera avec succès les douanes chinoises de 1863 à 1911. Ce sont également des étrangers, un missionnaire britannique puis un missionnaire américain, qui seront placés à la tête de la première école destinée à former des Chinois aux autres langues – le Tongwen Guan, fondée en 1862. En outre, des émissaires sont régulièrement envoyés en Occident, et Cixi consulte avec attention leurs rapports, qui décrivent l'organisation politique et sociale aux États-Unis et en Europe.

Cixi a longtemps servi de repoussoir aux nationalistes chinois, fondateurs en 1912 de la première République, opposés à la dynastie étrangère qui régnait sur l'Empire depuis plus de deux cent soixante ans. Ensuite, les communistes en ont fait le symbole de tous les maux du féodalisme dont la société chinoise n'avait pu s'extraire pour avancer vers le développement. Après la mort de Mao Zedong en 1976, la chute de son épouse Jiang Qing s'est accompagnée de comparaisons peu flatteuses avec la dernière impératrice douairière, seule femme à avoir réellement exercé le pouvoir impérial, même si elle n'a jamais formellement « régné ». Mais, depuis les années 1990, Cixi fait l'objet d'une forme de réhabilitation, fondée sur l'accès à des sources chinoises jusqu'alors peu étudiées en Chine et même inaccessibles aux chercheurs étrangers. Certains ont voulu voir en elle une icône féministe ou l'artisan de la modernité et des réformes tournée vers l'Occident, par-delà les apparences. La réalité – si tant est qu'elle puisse être saisie dans le cas d'une femme coupée du monde extérieur qui n'a pas laissé de journaux ou d'écrits personnels – se situe sans doute entre ces deux extrêmes : sorte de « Fu Manchu » au féminin, elle fut le réceptacle de tous les fantasmes sur la Chine des témoins occidentaux de son époque, en même temps qu'une réformatrice empêchée et, partant, incomprise.

Bibliographie sélective

Chang Jung, *L'Impératrice Cixi. La concubine qui fit entrer la Chine dans la modernité*, Paris, JC Lattès, 2015.

Cheng Anne, *Histoire de la pensée chinoise*, Paris, Seuil, « Points », 2002.

Niquet Valérie, *La Chine en cent questions*, Paris, Tallandier, 2021.

Seagrave Sterling & Peggy, *Dragon Lady: the Life and Legend of the Last Empress of China*, Londres, Vintage, 1993.

Spence Jonathan, *The Search of Modern China*, Londres, W. W. Norton, 2022.

14

Golda Meir (1898-1978), le sionisme au féminin

PAR GEORGES AYACHE

Avant d'être désignée Premier ministre d'Israël en 1969, Golda Meir gravit patiemment tous les échelons du pouvoir politique. Pour elle, seule compte la mission qu'elle s'est fixée dès ses jeunes années : défendre contre vents et marée la cause sioniste. D'un caractère bien trempé, elle passe pour inflexible, abrupte, voire cassante envers ceux qui l'entourent. Mais elle n'en a cure, et rien ne peut la faire dévier de son projet. Être une femme au sein d'un milieu essentiellement masculin n'est certes pas un atout à ses yeux, mais, volontaire et opiniâtre, elle refuse que son sexe soit sa faiblesse. David Ben Gourion, le fondateur de l'État hébreu, dira même d'elle un jour qu'elle était le « seul homme » de son gouvernement.

Une sioniste modèle

1902, Ukraine. La petite Golda Mabovitch, 4 ans, fuit avec les siens un des pogromes les plus meurtriers de l'histoire de l'Empire tsariste. Les bruits de bottes des Cosaques, les maisons pillées et brûlées, l'indicible épouvante resteront longtemps gravés dans sa mémoire. À cette époque, Golda ne sait pas encore grand-chose de l'existence, sinon qu'elle est une rescapée. Mais, une décennie et demie plus tard, la famille Mabovitch trouve un havre de paix à Milwaukee, dans le Wisconsin. Adolescente, celle qu'on surnomme à présent « Goldie » est devenue une vraie Américaine, dans le sillage de sa sœur aînée, Sheyna. Intelligente et dynamique, elle aspire à l'aventure… que cette petite ville assoupie sur les rives du lac Michigan – dont le renom n'est dû qu'à la vitalité des brasseries que l'on y trouve – ne risque pas de lui offrir.

À l'origine, le rêve de Golda était de devenir institutrice. C'est donc presque par hasard, au gré de conversations avec ses proches, qu'elle en vient à se passionner pour la cause sioniste – celle du retour des Juifs sur leur terre ancestrale. En Palestine, à des milliers de kilomètres de Milwaukee, plusieurs vagues d'émigrants européens se sont déjà installés pour cultiver la terre « promise » et rompre avec la fatalité diasporique du ghetto. Golda se plonge donc avec ferveur dans *L'État des Juifs*, le manifeste de Theodor Herzl qui, le premier, a vulgarisé le principe même d'une telle implantation. Elle dévore aussi les écrits d'Aharon David Gordon, ce philosophe qui prône avec force l'idée d'un renouveau juif par le travail de la terre. À presque 20 ans, la jeune femme considère qu'elle n'a pas de temps à perdre. Aussi adhère-t-elle au *Poaléi Zion*, le parti sioniste travailliste – non sans tricher sur son âge pour s'y faire admettre. Elle décide également d'enseigner le yiddish à la Folkschule, l'école du Centre juif de sa ville. Au grand dam de son père Moshe, elle porte même la bonne parole sioniste, juchée sur une caisse, devant la synagogue de son quartier. On est alors en 1917[1].

Pendant ce temps, en Europe, la guerre fait rage. Golda songe alors à s'engager dans la Légion juive – unité composée de sionistes en appui aux Alliés –, avant de découvrir

1. Alors Secrétaire au Foreign Office, Arthur Balfour avait signé en novembre 1917, à l'instigation de son ami Weizmann, une déclaration solennelle promettant au peuple juif un « foyer national » en Palestine.

qu'on n'y recrute pas les femmes. Mais son attention est bientôt détournée par un intellectuel un peu timide d'origine lituanienne : Morris Meyerson. Elle en tombe amoureuse et l'épouse peu après. Plus romantique et méditatif que sa femme, Morris paraît éloigné du sionisme et rétif à toute espèce de militantisme. Golda, elle, sait ce qu'elle veut : émigrer en Palestine. De son caractère un peu ombrageux pointe déjà une détermination peu commune, et c'est ainsi que le couple décide de partir en mai 1921.

En ce temps-là, *Eretz Israel*[2] est à des années-lumière de l'Amérique. Si les immigrés d'Europe centrale et orientale n'y sont pas trop dépaysés, ce n'est pas le cas des juifs d'Europe occidentale et surtout ceux d'outre-Atlantique. Les Meyerson se retrouvent ainsi brutalement confrontés à l'existence au kibboutz : une vie collectiviste agricole rudimentaire, sans confort ni intimité. Pire encore, ces milieux frustes de pionniers s'accommodent fort mal des intellectuels. Morris en souffre durement, au point de reprendre le chemin de l'Amérique quelques années plus tard[3]. Golda, au contraire, en est galvanisée. Pour elle, le kibboutz incarne l'idéal sioniste et semble combler ses aspirations les plus profondes d'indépendance et d'action.

À Merhavia, dans la vallée de Jezréel, où les Meyerson se sont d'abord établis, l'existence n'est pourtant pas idyllique. Elle écrira dans ses mémoires :

> Pas de vergers, pas de prairies, pas de fleurs. Rien, sauf le vent, la pierre et quelques champs brûlés par le soleil.

---

2. Littéralement, la « Terre d'Israël ».

3. Au fil du temps, leur séparation devient irréversible (jusqu'à la mort de Morris en 1951). Pour autant, le couple, qui avait deux enfants, ne divorcera jamais.

Pas de pain, soit, mais du rêve ! Si Golda travaille un temps la terre et accepte des petits travaux sans grand intérêt, il n'est pas dit que le train du sionisme la laissera au bord du chemin. Malgré sa maîtrise imparfaite de l'hébreu, elle s'élève peu à peu dans la hiérarchie des dirigeants sionistes. Elle participe ainsi aux congrès politiques et syndicaux du mouvement où elle côtoie des leaders d'envergure, tels Yitzhak Ben-Zvi, futur président d'Israël, David Ben Gourion et Moshé Shertok, futurs chefs du gouvernement[4]. En 1923, elle est affectée à l'Histadrout, la grande centrale syndicale des travailleurs qui préfigure les institutions du futur État juif. Elle se fait respecter par tous ces milieux essentiellement masculins, même si les hommes la prennent d'abord de haut. Sans être pour autant une authentique féministe, elle est chargée de l'intégration des immigrantes et de la législation féminine du travail. D'ailleurs, en Amérique, elle n'a jamais été suffragette. Cette autodidacte pragmatique prône un « féminisme constructif » se nourrissant moins de déclarations tonitruantes que de réalisations concrètes. Elle considère d'ailleurs que le kibboutz est le lieu privilégié de l'émancipation des femmes, tant professionnelle que personnelle, voire sexuelle.

Golda s'investit donc corps et âme dans ses nouvelles responsabilités, quitte à se rendre moins disponible pour ses deux enfants, Menahem et Sarah, nés respectivement en 1924 et 1926. Elle n'est certes pas la seule femme sioniste à entrer en politique. D'autres figures apparaissent, telles Rachel Yanait, Ada Maimon-Fishman ou encore Rachel Katznelson[5], mais elles n'ambitionnent pas de carrière

---

4. Entre-temps, Moshé Shertok a changé son patronyme en Moshé Sharett.

5. Écrivain et militante sioniste, Rachel Yanait (1886-1979) est l'épouse de Yitzhak Ben-Zvi, premier président d'Israël. Figure de la gauche sioniste, Ada Maimon-Fishman (1893-1973) est la première

active à la manière des hommes. Golda, elle, s'enracine peu à peu dans le paysage, malgré la jalousie des uns et les rumeurs malveillantes des autres. Pour beaucoup, elle est perçue comme une arriviste. Elle se voit aussi reprocher une vie privée « dissolue » dans une société où les mœurs sont pourtant distendues. Certaines femmes du kibboutz la traitent de sorcière ou de *mehaschefa* (femme entêtée et dominatrice). Mais elle ne s'en préoccupe guère. Elle goûte la liberté au point de cultiver, non sans coquetterie, un côté « femme fatale » qui se traduit par ses grands chapeaux, son éternel fume-cigarette et son aura mystérieuse. De taille moyenne, le regard profond et inspiré, elle n'est pas une véritable beauté, mais elle sait capter l'attention des hommes. Beaucoup plus tard, Golda déclarera même, non sans exagération :

> Ne pas être belle fut une bénédiction. Cela m'a obligée à développer d'autres ressources intérieures. Une jolie fille a un handicap à surmonter.

Sans démonstration fracassante, elle entend simplement mener sa vie à sa guise, sans le moindre complexe à l'égard des hommes.

À partir des années 1930, la direction sioniste confie à Golda quelques missions à l'étranger. Elle se rend plusieurs fois aux États-Unis – elle est encore de nationalité américaine – afin de réunir des financements. On la tient pour une proche de David Ben Gourion[6] qui étend alors son autorité sur l'ensemble du mouvement sioniste, tant à

---

femme à être admise au Comité exécutif de l'Histadrout. Écrivain, active culturellement au sein du mouvement sioniste, Rachel Katznelson (1885-1975) est l'épouse de Zalman Shazar, troisième président d'Israël.

6. Né en 1886 à Plonsk, au cœur de la Pologne russe, sous le nom de David Gryn, Ben Gourion (« lionceau » en hébreu) a émigré en Palestine dès 1906. Il est la figure dominante du

l'intérieur du Yishouv[7] que sur un plan international. À dessein, il dépêche Golda en Angleterre. Il sait que la jeune femme, à la différence de Haïm Weizmann, l'homme de la « Déclaration Balfour », n'est pas anglophile. Elle ne ressent aucune tendresse particulière pour ce pays qui, depuis la fin de la Première Guerre mondiale, se livre à un double jeu en Palestine[8] entre Juifs et Arabes. Un pays qui, au fil de « Livres blancs[9] » successifs, s'efforce de réduire à la portion congrue le territoire du « foyer national » promis aux Juifs. En 1937, lors de la publication du rapport de la commission Peel qui, pour la première fois, propose une partition de la Palestine entre Juifs et Arabes, Golda aura un cri du cœur :

> Un jour ou l'autre, mon fils Menahem me demandera de quel droit j'ai abandonné la plus grande partie de ce pays et je ne saurai quoi lui répondre.

À cette époque, l'avènement des totalitarismes fasciste et nazi préfigure une catastrophe majeure pour les Juifs d'Europe, plus que jamais en quête de refuge. La voie de la Palestine leur est coupée par des Anglais de plus en plus soucieux de ménager les susceptibilités arabes. Or, les perspectives semblent tout aussi inexistantes partout ailleurs. À l'été 1938, une conférence internationale sur les réfugiés se

---

mouvement sioniste dès les années 1930, et devient par la suite chef du gouvernement d'Israël entre 1948 et 1953, puis de 1955 à 1963.

7. La première communauté juive de Palestine.

8. À la fin de la guerre, tirant les conséquences politiques de l'effondrement de l'Empire ottoman, la Société des Nations confie à la Grande-Bretagne un mandat sur la Palestine et l'Irak et à la France un mandat sur le Liban et la Syrie.

9. Trois Livres blancs sont publiés en 1922, 1930 puis 1939. Ils répondent à une même logique de réduction de l'immigration juive et de négation d'un État juif indépendant.

tient en France, à Évian, à l'initiative du président Roosevelt. Meyerson y assiste en qualité d'« observatrice juive de Palestine », mais la parole lui est refusée au cours des débats. D'une même voix, les trente-deux nations participant à la conférence déclarent qu'elles ne peuvent accueillir le moindre réfugié. En rage, Golda ne mâche pas ses mots devant la presse :

> Il y a une chose que j'espère bien voir avant ma mort, c'est que mon peuple n'ait plus jamais besoin qu'on lui exprime sa sympathie.

Cette pasionaria a décidément du cran, et Ben Gourion ne s'y trompe pas. En 1945, il promeut Golda au Vaad Hapoel (ou Comité exécutif de l'Histadrout) qui est le « gouvernement » de la puissante organisation travailliste. Un peu plus tard, elle est admise au Va'ad Le'umi, le Conseil national juif représentant l'ensemble du Yishouv. Dans le sillage de son mentor, qu'elle soutient sans réserve, mais aussi de Moshé Sharett ou d'Eliyahou Golomb[10], Golda fait désormais partie des personnalités qui comptent. Preuve de son ascension : en juillet 1946, elle supplée temporairement Moshé Sharett – alors détenu par les Anglais – à la direction politique de l'Agence juive, l'exécutif sioniste en Palestine. Cette femme est une intérimaire de choc, à en juger par sa réaction lorsqu'elle entend un jour le secrétaire général de l'autorité mandataire lui lancer froidement : « Madame Meyerson, convenez donc que si les nazis ont persécuté les Juifs, il devait bien y avoir une raison à cela. »

---

10. Un des fondateurs de la Légion juive pendant la Première Guerre mondiale, Eliyahou Golomb fait partie de ceux qui ont créé la Haganah (ou force d'autodéfense juive) au début des années 1920. Avant sa mort en 1945, à l'âge de 52 ans, il aura le temps de jeter les bases de l'armée du futur État juif.

Outrée, elle claque la porte du bureau du haut fonctionnaire.

Lors du vote à l'Onu sur le plan de partage de la Palestine entre Juifs et Arabes en novembre 1947, Golda se trouve à Jérusalem en qualité de représentante de l'Agence juive. Elle comprend aussitôt que ce partage va entraîner la guerre. Pour espérer résister face à des armées arabes plus nombreuses et déjà organisées, les sionistes ont besoin de s'armer. Il faut donc de l'argent, beaucoup d'argent. Tous les regards se portent instinctivement vers l'Amérique, bien sûr. Ben Gourion envisage de s'y rendre lui-même, mais Golda l'en dissuade, faisant valoir que le « Vieux », comme on l'appelle, est indispensable sur place. Celui-ci finit par se résigner : « Bon, allez-y, mais sur-le-champ. » Le soir même, elle prend l'avion, sans bagage, à l'exception de son sac à main et d'un méchant manteau dégoté à la hâte. À New York, Boston ou encore Philadelphie, elle plaide inlassablement la cause du futur État auprès du Conseil des fédérations juives et du Fonds social juif. Six semaines de pugnacité et d'efforts intenses lui permettent de récolter 50 millions de dollars. De quoi laisser admiratif un Ben Gourion dont l'objectif initial était moitié moindre :

> Le jour où l'on écrira cette histoire, on dira qu'il s'est trouvé une Juive pour recueillir l'argent qui aura permis la création de notre État[11].

Peut-être, après tout, Meyerson est-elle plus douée pour le *fund raising* que pour la diplomatie classique. Car peu de temps auparavant, le Vieux la charge d'aller rencontrer en grand secret le roi Abdallah de Transjordanie afin de le sonder sur ses intentions. La mission est aussi risquée qu'aléatoire, et Golda échoue à le convaincre de rester à

11. Propos rapportés par Golda Meir dans son autobriographie.

l'écart du conflit naissant. En mai 1948, elle rencontre de nouveau le souverain hachémite. Pour rester *incognito*, elle se fait passer pour une musulmane palestinienne, voilée et vêtue de vêtements amples. Avec Abdallah, l'échange est vif, celui-ci laissant entendre que les sionistes sont trop impatients de créer leur propre État. Elle le contredit sèchement :

> Je ne crois pas que nous soyons aussi pressés que vous le dites. Cela fait deux mille ans que mon peuple attend.

Plus tard, on reprochera à Golda sa raideur, son manque de tact ainsi que sa méconnaissance des us et coutumes arabes, sinon du langage diplomatique. De tels reproches ont beau être justifiés, elle s'en moque. Seules comptent à ses yeux la volonté politique et la création d'un État juif. Elle n'a jamais prisé les coutumes orientales – ces fameux salamalecs – qui lui sont étrangères et dont la subtilité n'est à ses yeux que de la duplicité.

La « femme fatale »

Quand est proclamée la création de l'État d'Israël le 14 mai 1948, Golda Meyerson est l'une des deux seules femmes[12] à apposer sa signature au bas de la déclaration d'indépendance lue par Ben Gourion. Pour une des rares fois de sa vie, elle ne peut retenir ses larmes. Mais elle n'a pas le temps de savourer ce moment historique : la guerre a commencé et le kibboutz de Revevim, au cœur du Néguev, où vit sa fille Sarah, est déjà menacé par les forces égyptiennes. Golda est alors de nouveau envoyée aux États-Unis pour une nouvelle levée de fonds qui sera encore plus réussie que la précédente, avec 150 millions de dollars récoltés. Elle en

12. L'autre femme signataire s'appelait Rachel Cohen-Kagan.

est récompensée par sa nomination comme ambassadrice d'Israël en Union soviétique. Bien sûr, elle est la seule femme israélienne à accéder à un poste de responsabilité aussi éminent.

À l'époque, l'URSS est l'alliée du nouvel État hébreu qu'elle a d'ailleurs été la première à reconnaître officiellement. Mais Moscou s'apprête à renverser ses alliances au Proche-Orient. Tant que les sionistes s'opposaient à la Grande-Bretagne, les communistes n'y trouvaient que des avantages. Une bonne relation avec Israël était la promesse pour eux de prendre pied dans une région essentielle du point de vue stratégique en raison de ses ressources pétrolières. Or, la guerre froide naissante bouscule l'équilibre existant et rend les pays arabes plus attractifs du point de vue du Kremlin qui s'inquiète, par ailleurs, de l'expression de la judéité à l'intérieur de ses propres frontières. Le raidissement du régime soviétique a tôt fait de faire échouer la mission de Golda. Celle-ci ne restera finalement que sept mois au pays des soviets.

De retour au pays, celle-ci s'en console en remportant en janvier 1949 un siège de député à la Knesset, le Parlement israélien, après la victoire des travaillistes du parti Mapaï[13]. Peu après, Ben Gourion, devenu chef du gouvernement, la nomme ministre du Travail. La tâche est redoutable : il s'agit purement et simplement d'affronter, durant sept longues années, les conséquences d'une déferlante migratoire entraînant un doublement de la population juive de l'ancien Yishouv[14]. Si Golda s'acquitte honorablement de sa mission, cela ne suffit pas à convaincre le bloc religieux[15], qui a déjà regimbé au moment où elle a été nommée ministre.

13. Absorbé en 1968 dans un grand parti travailliste, le Mapaï restera près de trente ans au pouvoir.

14. Près de 685 000 Juifs à la fin de 1951.

15. Alliance de petits partis religieux juifs orthodoxes.

Lorsqu'elle est candidate à la mairie de Tel-Aviv, elle en est écartée sous prétexte qu'elle est une femme. Les promesses égalitaires du kibboutz sont-elles vouées à rester lettre morte ? L'intéressée aura l'ironie méprisante :

> Dire que voilà deux mille ans que nous attendions un État juif, et qu'il faut qu'on me fasse ça, à moi !

Golda prend une revanche éclatante en juillet 1956, quand Ben Gourion la choisit comme ministre des Affaires étrangères. En elle, il trouve non seulement une fidèle entre les fidèles, mais surtout une lutteuse de sa trempe : tenace et inflexible. Elle a beau œuvrer en équipe, elle passe pour une solitaire peu commode dont le travail est la raison d'être. Golda est désormais la figure d'Israël à l'étranger et le Vieux exige qu'elle hébraïse son nom : Meyerson se mue ainsi en « Meir » (« celui qui a reçu la lumière »). Elle ressent pourtant de la frustration dans ses nouvelles fonctions, car la politique étrangère reste le pré carré du chef du gouvernement. Celui-ci décide de tout et tient Golda à l'écart des dossiers sensibles au bénéfice d'hommes importants, tels Moshé Dayan ou Shimon Peres[16].

La vérité est que Golda « n' » est « qu' » une femme dans un milieu irréductiblement masculin. Lors de la crise internationale de 1956, consécutive à la nationalisation du canal de Suez par le président égyptien Nasser, Golda Meir n'est vraiment informée du détail des tractations avec la France et la Grande-Bretagne – en vue d'une action militaire conjointe contre l'Égypte – que lorsque les pourparlers en sont au stade final. À elle, en revanche, le rôle ingrat de défendre la

---

16. Moshé Dayan est alors chef d'état-major de Tsahal, tandis que Shimon Peres occupe les fonctions de secrétaire général du ministère de la Défense.

position d'Israël face à l'hostilité de l'Assemblée générale des Nations unies :

> Les États arabes jouissent unilatéralement des « droits de la guerre ». Et à Israël revient la responsabilité unilatérale de maintenir la paix. Mais la belligérance n'a rien d'une rue à sens unique.

À elle aussi les empoignades musclées avec les ambassadeurs arabes ou les entrevues délicates avec le Secrétaire général de l'Onu, Dag Hammarskjöld. Marginalisée sur « la » question des relations israélo-arabes, Golda tente de se rendre utile en développant des affinités avec les nations africaines naissantes. En effet, durant la décennie qu'elle passe à la tête de la diplomatie israélienne, elle noue avec l'Afrique des programmes fructueux de coopération, notamment agricole.

À l'orée des années 1960, toutefois, le gouvernement travailliste est usé par de longues années au pouvoir et miné de l'intérieur par des rivalités partisanes. Un affrontement politique surgit notamment entre Ben Gourion et l'ancien ministre de la Défense, Pinhas Lavon[17]. Pour la première fois, Golda prend brutalement position contre le Vieux. Revanche sur toutes ces années au cours desquelles elle a pu nourrir le sentiment d'être traitée en quantité négligeable ? Volonté politique classique de « tuer le père » ? Quoi qu'il en soit, elle ajoute sa voix à ceux qui contraignent le fondateur d'Israël à se retirer définitivement[18]. On est alors en juin 1963.

---

17. Ministre de la Défense entre janvier 1954 et février 1955, Pinhas Lavon (1904-1976) a dû démissionner à la suite d'un scandale mettant en cause les services d'espionnage israéliens. Au début des années 1960, cherchant à être réhabilité, Lavon s'est violemment heurté à Ben Gourion.

18. Ben Gourion s'était déjà retiré provisoirement de la scène politique entre janvier 1954 et novembre 1955.

Ancien ministre dans le cabinet de Ben Gourion, Levi Eshkol lui succède en tant que chef du gouvernement. Golda Meir, elle, conserve son ministère ainsi que sa rancune envers les disciples du Vieux : Dayan et Peres. Devenu ministre de l'Agriculture, le premier est intouchable en raison de son prestige immense tiré de sa campagne victorieuse du Sinaï contre l'Égypte en 1956, alors qu'il était chef d'état-major de Tsahal (Forces armées d'Israël)[19]. Golda déverse donc d'abord sa bile sur le second, qui incarne tout ce qu'elle déteste. Allergique à son tempérament qu'elle tient pour chafouin et intrusif, elle est aussi révulsée par la façon dont cet apparatchik cultivé se mêle de diplomatie, voire s'arroge un statut de ministre[20]. À ceux qui osent lui objecter que Peres a tout de même quelques qualités, elle ne manque pas de rétorquer vertement : « Al Capone aussi avait des qualités ! » Mais Golda se lasse de cette vie politique faite d'escarmouches trop fréquentes avec ses collègues, d'autant qu'elle a déjà 69 ans. Elle décide donc à contrecœur de quitter le gouvernement. On est en 1966, et elle confie alors à Eshkol : « Mieux vaut jouer les grands-mères à plein temps que les ministres à mi-temps. »

Au printemps 1967, une nouvelle crise éclate entre Israël et ses voisins arabes. Celle-ci résulte du blocus du golfe d'Akaba imposé par Nasser qui exige de l'Onu le retrait des casques bleus censés s'interposer au Sinaï depuis 1957. Israël est désormais menacé d'asphyxie et la guerre redevient probable. Or, il s'avère que Levi Eshkol n'est pas l'homme de la situation : hésitant, enclin aux atermoiements, il est dépourvu de leadership. Les Israéliens sont en quête d'un homme

19. Cette campagne militaire était la conséquence de la « crise de Suez » ouverte en juillet 1956. Elle fit de Moshé Dayan un héros national.

20. Shimon Peres ne sera pour la première fois ministre qu'en septembre 1970.

providentiel et se tournent naturellement vers Moshé Dayan, pourtant retiré de la vie publique depuis 1964.

À contre-courant de l'opinion publique, Golda Meir s'oppose farouchement à Dayan. Selon elle, la nomination de cet homme qu'elle juge irréfléchi et belliciste risque de coûter très cher politiquement : « Il faudra me marcher sur le corps avant que cela n'advienne ! »

Certes, parmi les dirigeants historiques du Mapaï, elle n'est pas la seule à voir en Dayan un vrai danger. Mais elle est de loin la plus agressive, au point d'être perçue par le quotidien *Haaretz* comme une « femme tout d'un bloc, dont le fanatisme politique destructeur [bloque] l'unité nationale ». D'autres lui décernent le surnom de « femme fatale ». Quand Eshkol se résigne à faire appel à Dayan en qualité de ministre de la Défense, Golda Meir se réfugie dans une naïveté feinte :

> On eût dit que les Israéliens comptaient sur Dayan pour apporter quelque chose qu'Eshkol ne pouvait offrir.

En effet, ce leader charismatique apporte aux Israéliens une confiance retrouvée en orchestrant Tsahal d'une main de maître, comme l'atteste le triomphe militaire absolu de la guerre des Six Jours[21].

La grand-mère d'Israël

L'heure de Golda Meir sonne enfin en février 1969, au lendemain de la mort subite de Levi Eshkol des suites d'une crise cardiaque. Elle n'est pourtant pas favorite pour lui succéder, le parti Mapaï se tournant d'emblée vers les deux

---

21. Du 5 au 10 juin 1967, Tsahal écrase les armées égyptiennes, jordaniennes et syriennes.

rivaux représentant la jeune génération : Moshé Dayan, toujours ministre de la Défense, et Yigal Allon, vice-Premier ministre. Cependant, ceux-ci se détestent depuis toujours et finissent par se neutraliser mutuellement. Dayan, en particulier, hésite à se déclarer franchement. Au faîte de sa gloire, il laisse passer sa chance, de même que l'occasion de traduire en atouts politiques sa popularité exceptionnelle. Mais il est vrai que l'ancienne génération issue de la guerre d'indépendance n'entend pas se dessaisir si facilement du pouvoir. De guerre lasse, le parti choisit une solution médiane en la personne de Golda Meir. Après tout, celle-ci incarne à sa façon la continuité d'un État au sein duquel elle a toujours tenu les premiers rôles.

Devenir Premier ministre d'Israël est la plus belle des consécrations pour cette septuagénaire hors du commun qui fait figure de roc indestructible. À l'extérieur de l'État hébreu, elle est aussi peu connue que l'était Eshkol. Le monde doit donc s'habituer à son apparence plutôt austère : invariablement vêtue de couleur sombre, coiffée en chignon, portant des chaussures à talons épais – les fameuses « chaussures de Golda » – et grillant cigarette sur cigarette, cette politicienne au caractère intransigeant et à l'esprit mordant est vite surnommée affectueusement la « grand-mère d'Israël ».

Levée tôt, Golda avale les dossiers qui s'accumulent sur son bureau dans un désordre auquel sa secrétaire particulière, Lou Kadar, s'efforce en vain de remédier. Leur lecture est ponctuée d'entretiens, toujours très brefs, avec ses principaux conseillers qui disposent d'une grande latitude. La pause déjeuner est expédiée en quelques minutes, et elle se remet à l'ouvrage jusqu'au soir, sauf quand elle doit tenir des réunions de cabinet ou se rendre à la Knesset pour débattre avec les parlementaires. Ce n'est généralement qu'à la nuit tombée que madame le Premier ministre rejoint son petit appartement de Jérusalem. Le jeudi, elle gagne son bureau de Tel-Aviv, où elle reste pour shabbat dans sa maison de Ramat-Aviv – c'est sa respiration à elle. Elle ne rentre généralement à Jérusalem que tard dans la soirée de samedi, ou tôt dans la matinée du dimanche.

Parvenue au sommet, Golda n'a nulle intention de se mettre à trahir ses convictions de toujours ou de se laisser pervertir par un quelconque esprit de compromis. Du reste, l'après-guerre des Six Jours n'incite nullement à baisser la garde. En effet, après la formidable humiliation qu'ils viennent de subir, les Arabes ne rêvent que de revanche. L'Égypte se lance dans une guerre d'usure qui, faute d'être spectaculaire, n'en est pas moins meurtrière. Côté palestinien s'est développée une nouvelle forme de terrorisme sachant fort bien se mettre en scène et jouer de l'opinion publique mondiale. L'apaisement n'est donc pas au rendez-vous. Aussi le credo de Golda ne varie-t-il guère d'un iota :

> Nous, les Juifs, avons une arme secrète dans nos guerres avec les Arabes. Nous n'avons nulle part où aller et nous devons nous battre.

À l'en croire, la revendication d'un État n'est que la dernière invention des pays arabes pour annihiler Israël car le peuple palestinien n'existe pas. Elle l'affirme sans ambages : « Les Palestiniens, c'est nous ! », exhibant au passage son passeport palestinien des années 1930. Et de préciser que le territoire naturel de ces réfugiés qu'on laisse croupir dans la misère des camps de fortune n'est autre que la Jordanie. Quand des voix s'élèvent pour critiquer sa politique, elle a la réplique sévère : « Je préfère vos condamnations à vos condoléances. » Au pouvoir, le sentiment de solitude qu'éprouve habituellement Golda Meir ne fait que croître : Israël ne pourra jamais compter que sur lui-même. D'autant qu'elle n'apprécie pas vraiment l'Europe, ce Vieux Continent qu'elle a dû fuir enfant, qui n'a jamais su protéger les juifs de l'irrémédiable et qui entend aujourd'hui faire la leçon au reste du monde. Une partie de la haine qu'elle voue à Shimon Peres n'est d'ailleurs pas sans lien avec la francophilie affichée par ce dernier.

Golda, elle, a toujours misé sur les États-Unis, pour des raisons tenant à son histoire personnelle. Or, en 1968, Richard Nixon – le président américain le plus pro-israélien depuis Harry Truman – commence son mandat. À ses côtés se trouve Henry Kissinger, un secrétaire d'État de confession juive. S'il se dit d'abord américain et hostile à tout comportement qui serait dicté par sa judéité, il n'en partage pas moins l'opinion de Golda Meir sur le terrorisme palestinien. Dès 1969, elle est reçue à la Maison Blanche et ses demandes d'armements sont accueillies favorablement. Pour autant, elle n'est pas dupe de ces bonnes dispositions dont rien n'assure le caractère irrévocable. La sécurité d'Israël ne peut être garantie que par les Israéliens eux-mêmes, ainsi que par la fermeté de ses dirigeants. Même la dégradation de l'image de son pays sur le plan international n'est pas de nature à la faire fléchir. Alors que bien des gouvernements occidentaux, sous la menace ou le chantage, sont en train de céder aux exigences des organisations palestiniennes, Golda Meir reste impavide : « Pour nous, ils sont restés des criminels, non des héros. »

Hors d'Israël, l'emblématique dirigeante passe peu à peu pour une personnalité dure, sinon bornée. La presse étrangère la décrit même comme une *Iron Lady*[22] implacable, dont l'intransigeance radicalise l'activisme palestinien. Cette même presse semble aussi oublier la rigueur extrême avec laquelle le roi Hussein de Jordanie a réprimé des Palestiniens devenus trop envahissants lors du fameux

22. Avant même que cette expression s'applique à Margaret Thatcher.

« Septembre noir[23] ». Les chefs d'État étrangers, dans leur ensemble, craignent cette femme sans concession qui se ferme à tout dialogue lorsqu'elle estime que les intérêts d'Israël sont en jeu.

Il en va différemment de la politique intérieure de Golda Meir, qui reste dans le droit fil d'un travaillisme de bon aloi. Dans son propre pays, la dame de fer s'efface volontiers pour laisser place à une personnalité beaucoup plus avenante. Si, dans le passé, elle n'a pas vraiment su être mère, sacrifiant ses enfants à la politique plus qu'il n'aurait fallu, elle sera une grand-mère modèle. Sa bienveillance s'étend même à son *kitchen cabinet*, une expression de la presse israélienne désignant les réunions officieuses organisées à son domicile, destinées à préparer les conseils de cabinet du lendemain et au cours desquelles se prennent des décisions importantes. Tout en discutant politique avec ses hôtes, la fine stratège se mue en maîtresse de maison accomplie, servant à ses hôtes du thé et des biscuits qu'elle a elle-même préparés. Cependant, ses contraintes de chef du gouvernement réduisent aux acquêts toute vie privée – la personne avec qui elle partage l'essentiel de son temps restant sa secrétaire particulière, la fidèle Lou.

À cette époque, Golda ne le sait pas encore, mais le pire reste à venir. Le 6 octobre 1973, profitant du jour de Yom Kippour, durant lequel toute la vie s'arrête chez les juifs pendant un peu plus de vingt-quatre heures[24], les troupes égyptiennes et syriennes déclenchent une attaque surprise. Assez rapidement, Tsahal est assailli par des armées arabes

23. En septembre 1970, écrasés par les forces jordaniennes, les dirigeants et activistes palestiniens se replièrent sur le Liban qu'ils n'allaient pas tarder à déstabiliser.

24. Le Yom Kippour, jour du « Grand Pardon », est la célébration la plus importante dans la religion juive. Ce jour-là, les juifs jeûnent et s'abstiennent de toute activité pratique pour se consacrer uniquement à la prière.

galvanisées. Pour la première fois de son histoire, l'État hébreu est réellement menacé. D'une certaine façon, cette guerre est le double inversé de celle de 1967. La situation est suffisamment grave pour que la chef du gouvernement appelle les États-Unis à l'aide. Fidèles à la parole donnée par Nixon, ceux-ci organisent un pont aérien salvateur fournissant à l'allié aux abois tanks, munitions, missiles et matériel médical. Des avions de chasse de l'US Air Force font également route en direction des aéroports militaires israéliens. Mais il faut attendre le dixième jour de la guerre pour qu'une contre-offensive audacieuse du général Sharon[25] sur le canal de Suez n'inverse le cours du conflit. *In extremis*, Tsahal remporte une nouvelle victoire après avoir frôlé une défaite dont le spectre pèsera longtemps dans la conscience collective du pays. Le bilan humain côté israélien (2 500 tués) est lourd et contraste avec les campagnes précédentes.

L'opinion publique réagit avec rancœur et même violence à cette catastrophe évitée de justesse. Elle en rend responsable le gouvernement, à commencer par Golda Meir et son ministre de la Défense Moshé Dayan – dont elle avait fini par reconnaître les qualités. Une commission d'enquête est alors diligentée afin de mettre au jour les responsabilités des principaux acteurs. Au terme d'investigations longues de plusieurs mois, Meir et Dayan sont exonérés de toute responsabilité directe, mais le mal politique est déjà fait. Pour la femme d'État, cela signifie la fin de son gouvernement (avril 1974), et partant, à 76 ans, de sa carrière politique.

25. Longtemps protégé par Ben Gourion et apprécié de Moshé Dayan, Ariel Sharon est honni par l'establishment militaire tant par son audace jugée de mauvais aloi que par son mépris de la discipline. À la veille de la guerre de Kippour, il s'apprêtait à entrer en politique, ce qui lui valait l'appellation de « général Likoud » (le Likoud étant la nouvelle coalition de droite israélienne) de la part de Golda Meir et du pouvoir travailliste.

Sa dernière apparition publique coïncide avec la visite surprise en Israël du président égyptien Anouar el-Sadate en novembre 1977.

La fin est sans doute amère mais cela fait longtemps que cette guerrière a perdu ses illusions. Elle connaît déjà l'ingratitude d'une opinion publique trop facilement oublieuse de ses mérites passés. Tout de même, quel parcours d'exception pour cette femme de caractère et de détermination, qui s'est identifiée à l'État hébreu au point de prendre rang parmi ses « Pères fondateurs » ! Par la grâce d'une volonté et d'une opiniâtreté hors du commun, la petite « Goldie » aura su conquérir sa place. Certes, les critiques ne l'auront guère épargnée : trop raide, trop sectaire, trop campée sur ses principes sionistes. Mais cela n'aura en rien altéré son comportement. Au demeurant, cette détermination et ce tempérament – sans doute surjoués – n'étaient-ils pas la condition *sine qua non* pour qu'une femme puisse s'imposer dans un monde de décideurs exclusivement masculins ? Quoi qu'il en soit, au crépuscule de son existence, plus rien ne pouvait impressionner Golda Meir. Tout au long de ces années épiques et dramatiques, elle avait été la forteresse d'Israël, sa voix et son visage, incarnant la détermination du jeune État à survivre et à s'imposer envers et contre tout.

Bibliographie sélective

Burkett Elinor, *Golda*, New York, HarperCollins, 2008.

Frischer Dominique, *Golda Meir. La femme derrière la légende*, Paris, L'Archipel, 2015.

Klagsburn Francine, *Lioness: Golda and the Nation of Israel*, New York, Schoken Books, 2017.

Martin Ralph G., *Golda: Golda Meir, the Romantic Years*, New York, Scribner's Sons, 1988.

Meir Golda, *Ma vie*, traduit de l'anglais par Georges Belmont et Hortense Chabrier, Paris, Robert Laffont, 1975.

Meir Menahem, *My Mother, Golda Meir: A Son's Evocation of Life with Golda Meir*, Gettysburg, PA, Arbor House Publishing Company, 1983.

Syrkin Marie, *Golda Meir: A Woman with a Cause*, New York, Putnam's Sons, 1963 (rééd. sous le titre *Golda Meir Israel's Leader*, New York, Putnam's Sons, 1969).

15

Indira Gandhi (1917-1984), la malédiction du pouvoir

PAR FRANÇOIS GAUTIER

Le 24 janvier 1966, trois ans plus tôt que Golda Meir et treize ans avant Margaret Thatcher, Indira Gandhi devient Premier ministre. Troisième leader de l'Inde indépendante et première femme à la tête de la « plus grande démocratie du monde », elle hérite d'un pays en proie à divers troubles et menaces qu'elle ne parviendra jamais totalement à apaiser, malgré les multiples efforts qu'elle déploie de 1966 à 1977, puis de 1980 à 1984.

Pendant toutes ces années, Indira impose le respect, et aucune femme n'est aussi puissante qu'elle. Car en Asie – et en Inde plus particulièrement –, le pouvoir du dirigeant est sans entraves. On dit qu'un sous-entendu, un regard de travers, une menace voilée peuvent être suffisants pour que des sbires suppriment la personne qui contrarie leur maître… Jusqu'au jour où ceux-ci font allégeance à un autre : le 31 octobre 1984, en plein cœur de son deuxième mandat, la femme d'État est sauvagement assassinée par ses gardes du corps sikhs[1].

1. Communauté minoritaire en Inde (3 % de la population) fondée par Guru Nanak, leur premier leader spirituel, afin de défendre les hindous qui étaient persécutés par les envahisseurs musulmans. Les sikhs, qui ont leur propre religion, se différencient

« Zut, c'est une fille ! »

Indira Gandhi voit le jour le 19 novembre 1917 à Allahabad, au nord de l'Inde, dans une famille influente : son grand-père, Motilal Nehru, est président du parti du Congrès[2], tandis que son père, Jawaharlal Nehru, devient le premier leader de l'Inde indépendante en 1947. Éduqué en grande partie au Royaume-Uni dans sa jeunesse – à Harrow et Eton (deux collèges réservés à l'élite britannique) –, Jawaharlal en revient épris des idéaux socialistes et fabiens[3], qui influenceront énormément sa politique économique, sociale et militaire lorsqu'il sera à la tête du pays. C'est sans aucun doute lui qui joue le rôle le plus important dans la formation du caractère d'Indira. Pourtant, à l'origine, Jawaharlal voulait un fils pour lui succéder : sa mère s'exclame même à la naissance de l'enfant : « Zut, c'est une fille ! » C'est pourquoi, toute sa vie, Indira cherchera à prouver à son père qu'elle est sa digne héritière – et c'est sans doute l'une des raisons de son incroyable force de caractère !

La jeune fille vit ses premières années dans l'opulence, à Anand Bhawan (« maison de la Joie ») : elle a ses quartiers

---

physiquement des hindous, principalement par le port de la barbe et du turban.

2. Le Congrès, fondé par l'Anglais Allan Octavian Hume en 1885, est le plus ancien parti politique indien. Il participe activement au mouvement indépendantiste, sous la tutelle du Mahatma Gandhi. Pendant longtemps, particulièrement sous la gouvernance d'Indira Gandhi, puis de son fils Rajiv, il domine la politique indienne. Il est aujourd'hui en déclin et éclipsé par le parti nationaliste hindou (*Bharatiya Janata Party*) de Narendra Modi, désormais Premier ministre.

3. La société fabienne, fondée en 1884, dont le nom est emprunté au général romain Quintus Fabius Maximus, participa à la création du parti travailliste, au sein duquel évoluèrent tant de nombreux Premiers ministres anglais.

dans un manoir qui possède quarante-deux chambres, un court de tennis, une piscine intérieure, un cercle d'équitation et 10 hectares de jardins ! Mais, contrairement à Jawaharlal, sa mère, Kamala, ne verse jamais dans l'occidentalisme. Cette brahmane du Cachemire est toujours vêtue de saris et pratique les rituels de la religion hindoue. Elle influence largement sa fille aussi, et c'est sans doute pour se rapprocher d'elle que, plus tard, Indira – malgré l'athéisme de son père – s'intéressera à l'hindouisme : elle visitera de nombreux temples et recevra le *darshan*[4] des grands gourous de l'Inde.

Dans sa jeunesse, le Mahatma[5] joue un rôle prépondérant dans le destin de sa famille : il prend son père Jawaharlal sous son aile, et fera même pression sur le Congrès et les Britanniques pour qu'il devienne le chef du gouvernement lorsque l'Inde accède à l'indépendance (à la place de Sardar Patel, qui était pourtant le favori). Déjà, lorsque Indira a 5 ans, son père et son grand-père décident de boycotter les produits anglais sous la pression du Mahatma Gandhi. On fait alors un immense feu de joie dans le parc d'Anand Bhawan, et Motilal et Jawaharlal y jettent tous leurs costumes sur mesure venus de Savile Row, leurs chemises à manchettes, leurs pantalons à pli, et même leurs chaussettes de Manchester ! Quant à Indira, déchirée, elle offre au feu toutes ses poupées chéries, sauf une, qu'elle cache dans un de ses placards. Cependant, après l'une des nombreuses visites du Mahatma à Anand Bhawan, le cœur lourd, elle finit par la brûler sur la terrasse du palais. (Elle dira plus tard : « Depuis ce jour, je hais les allumettes ! »)

4. En Inde, le *darshan* (« vision », en sanskrit) désigne le moment où l'on entrevoit son gourou, même de loin (ou bien dans un temple, lorsque les prêtres dévoilent le dieu ou la déesse).

5. Nom qui veut dire « grande âme » et qui est donné à des chefs spirituels.

Pour comprendre ce rejet des Britanniques, il est essentiel de rappeler que le sous-continent indien fut colonisé par de nombreuses nations européennes (dont la France), mais que ce furent les Anglais qui prirent finalement le dessus après avoir défait le remarquable Dupleix, gouverneur de Pondichéry. Ils régnèrent ensuite en maîtres de 1858 à 1947. Au cours de la première moitié du XXe siècle, on leur reproche de plus en plus de laisser l'Inde exsangue, car pour soutenir leur révolution industrielle, puis les deux guerres mondiales, ils pillent sans vergogne toutes les matières premières, provoquant ainsi de nombreuses famines.

Les années 1920 sont donc décisives pour Indira, et c'est sans doute à ce moment-là qu'elle devient nationaliste et se met à lutter contre l'occupant. En 1930, « Indu » fonde même un groupe de jeunes, appelé Var Sena[6], qui sert de courrier aux révolutionnaires, distribue des affiches clandestines et avertit les membres du Congrès d'Allahabad lorsque leurs maisons sont sur le point d'être fouillées par les Britanniques. Vêtue d'une tunique et d'un pyjama, un calot gandhien sur la tête, Indira n'a que 13 ans, mais elle a déjà l'air sérieuse et ne sourit que rarement.

« Indu Boy »

Indira découvre l'Europe en 1926, lorsque toute la famille s'installe en Suisse pour tenter de guérir sa mère, à qui l'on a diagnostiqué une tuberculose. Ce déménagement marque un gros changement dans sa vie : d'abord, elle passe d'un palais gigantesque à un tout petit appartement à Genève ; ensuite, elle qui a toujours eu de nombreux domestiques pour nettoyer sa chambre, laver ses vêtements, et même

6. Nom qui veut dire « Brigade des singes ». Il est inspiré du grand poème épique de l'époque indienne védique, le Ramayana.

l'accompagner aux toilettes doit se contenter d'une seule bonne, Marguerite, qui ne vient que quelques heures par jour. De plus, cette dernière ne parlant pas anglais, la jeune fille doit apprendre le français. Jawaharlal envoie ensuite sa fille à la célèbre École nouvelle de Bex, près de Lausanne, où elle reçoit une éducation stricte mais fort enrichissante sur le plan tant physique qu'intellectuel. Elle précise d'ailleurs :

> La directrice, Mlle Hemmerlin, m'a prise sous son aile et m'enjoignait de prendre des douches froides même en hiver, de faire un footing le matin, et de dévorer les œuvres des grands auteurs.

En 1927, parlant déjà couramment le français, Indira se rend à Paris avec son père et assiste à l'atterrissage triomphal du pilote Charles Lindbergh au Bourget, après que celui-ci a traversé l'Atlantique en solo.

La même année, les Nehru retournent en Inde, car la santé de Kamala s'est améliorée. Quelque temps après, en mars 1930, devant le collège britannique Erwing d'Allahabad, Indira rencontre son futur mari, Feroze Gandhi – qui n'a aucun lien de parenté avec le Mahatma –, alors qu'elle fait un *dharna* (une grève non violente) en compagnie de sa mère et d'autres femmes militantes du Congrès. Âgé de 18 ans à cette époque, Feroze s'intéresse peu à la politique indépendantiste du Congrès, car il est parsi : il appartient à la communauté perse adoratrice de Zarathushtra qui s'est réfugiée en Inde lorsque l'islam a commencé à se diffuser en Iran. C'est donc amusé que cet élève du collège assiste à la grève, lorsque, voyant soudain Kamala perdre connaissance sous l'effet de la chaleur, il se précipite pour l'aider. Resté proche de la famille Nehru, Feroze tombe peu à peu amoureux d'Indira et demande sa main à sa mère en 1933. Mais celle-ci la refuse, du fait du jeune âge de sa fille (elle n'a alors que 16 ans).

En 1935, alors que Jawaharlal est en prison, Indira et sa mère se rendent une deuxième fois en Europe, d'abord à Berlin, où Kamala doit subir une opération, puis à Badenweiler, en Suisse, dans un célèbre sanatorium près de Lausanne. Ainsi la jeune fille retrouve-t-elle son École nouvelle chérie et perfectionne-t-elle encore son français. Malheureusement, la malade meurt en février 1936, avec Feroze et Indira à son chevet, ainsi que son mari – que les Britanniques ont autorisé à quitter la prison de Dehradun. Indira retourne ensuite en Inde un court moment, puis son père l'envoie faire ses études à Oxford, en Angleterre. Elle y passe près de trois ans, échouant deux fois à son examen de fin d'études car elle ne maîtrise pas bien le latin.

Dans le même temps, à Londres, elle se retrouve souvent seule avec Feroze, qui y étudie lui aussi (à la London School of Economics). Progressivement, loin du regard désapprobateur de Jawaharlal, elle s'éprend à son tour de lui. Feroze est assez petit et plutôt trapu, tandis qu'Indira a un physique plutôt masculin (elle est même surnommée « Indu Boy » dans son enfance) : elle a des hanches étroites et une poitrine peu développée. Alors que lui déborde d'énergie, a déjà eu des aventures féminines et connaît le monde, elle est plutôt de nature timide et réservée. Le 26 mars 1942, ils se marient à Anand Bhawan, en présence des familles Nehru et Gandhi. C'est une cérémonie hindoue, avec des mantras en sanskrit. Deux enfants naissent de leur union : Rajiv en août 1944, puis Sanjay en décembre 1946. Cependant, l'incandescence des mois vécus à Londres et l'harmonie de la lune de miel passée au Cachemire s'évaporent assez rapidement : dès la naissance du premier enfant, Feroze commence à être infidèle à son épouse, ce qui la rend extrêmement malheureuse.

En 1946, Indira se jette à corps perdu dans la politique. À l'époque, le mouvement indépendantiste bat son plein, et les Britanniques, meurtris et affaiblis par la Seconde Guerre mondiale, décident de quitter l'Inde pour se concentrer sur la reconstruction du Royaume-Uni. Jawaharlal a donc besoin de sa fille pour préparer sa prise de pouvoir, voulue par le Mahatma Gandhi et encouragée par lord Mountbatten, le dernier vice-roi des Indes. Le 15 août 1947, il devient donc le Premier ministre de la toute nouvelle Inde indépendante, et Indira quitte Lucknow (où Feroze vit alors) pour s'installer à Delhi, dans une belle maison de l'avenue Teen-Murti, avec son père et ses fils. C'est durant ces années-là que la jeune femme fait l'apprentissage du pouvoir et de ses conventions : non seulement elle accompagne le Premier ministre lors de ses visites officielles, mais elle assume aussi les fonctions d'hôtesse lorsque des chefs d'État visitent le pays.

Bien qu'il soit conscient de ses infidélités, Jawaharlal veut que Feroze puisse subvenir aux besoins de sa famille. Il le promeut donc rédacteur en chef du journal congressiste *National Herald*. Le jeune homme s'intéresse maintenant à la politique du Congrès, car pendant ses études en Angleterre il a fait partie d'un groupe révolutionnaire appelé les Majlis. C'est pourquoi Nehru le nomme également candidat dans l'État de l'Uttar Pradesh. Durant les élections législatives de 1952, Indira fait campagne pour son mari, qui les remporte facilement. Feroze s'installe alors à Delhi, dans la maison du Premier ministre, mais il ne s'y plaît pas. Il finit par prendre quartier dans le bungalow qui lui est alloué par le gouvernement indien. En avril 1953, Indira se rend donc seule en Angleterre avec ses deux enfants, pour assister au couronnement de la reine Élisabeth II – en dépit de sa santé qui, comme celle de sa mère, a toujours été fragile.

En 1955, malgré elle, on la nomme membre du All India Congress Committee (le commandement central du Congrès). Les membres de la vieille garde de ce vénérable parti pensent, à tort, qu'elle se laissera facilement manipuler. Contre toute attente, la santé d'Indira semble s'améliorer avec le pouvoir : elle prend du poids, ses formes s'arrondissent et son teint se colore. Son père se repose de plus en plus sur elle. Il lui demande son avis avant chaque décision et l'envoie même en reconnaissance dans certains États, lors des deuxièmes élections législatives de 1957 – que le Congrès remporte encore une fois haut la main. Inévitablement, elle est élue présidente du mouvement en 1959, malgré l'opposition de son père, qui était bien placé pour savoir à quel point la vie politique en Inde était difficile et de plus en plus corrompue.

Parallèlement, Feroze ne se cache plus d'avoir de nombreuses maîtresses, ce qui embarrasse Jawaharlal au plus haut point, mais semble désormais laisser la principale intéressée de marbre. Le 8 septembre 1960, alors qu'Indira rentre d'une tournée postélectorale, on l'avertit que son mari, alors âgé de 48 ans, vient d'être victime d'une grave crise cardiaque. Lorsqu'il meurt, tard dans la nuit, ses derniers mots sont pour elle. Sa mort bouleverse celle qui, malgré tout, l'a aimé éperdument jusqu'à son dernier souffle.

Le pouvoir malgré elle

L'humiliante défaite indienne face à l'agression chinoise venue du Tibet en 1962[7] fragilise la santé de Nehru. Il meurt deux ans plus tard, le 27 mai 1964, alors qu'Indira est à son chevet. Rapidement, les leaders du Congrès la pressent pour qu'elle lui succède, mais celle-ci, encore très affectée par la mort de son père, refuse. C'est donc Lal Bahadur Shastri,

---

7. Mao Zedong ne pardonna jamais à l'Inde l'asile qu'elle donna au dalaï-lama et à ses suivants. En 1962, la Chine, qui revendiquait aussi certains territoires indiens dans les hauteurs himalayennes, décide de lui donner une leçon. Les Chinois descendent alors jusque dans les plaines de l'Assam, avant que les Nations unies n'imposent un cessez-le-feu.

un homme sans grande personnalité, qui devient Premier ministre en juin 1964. Il offre immédiatement un poste de ministre à Indira, mais celle-ci ne peut l'accepter, car elle n'est pas députée du parlement indien (le Lok Sabha) – ce qui est indispensable à l'époque pour entrer au gouvernement. Qu'importe ! Shastri contourne le problème en la nommant sénatrice, ce qui, automatiquement, lui ouvre les portes du pouvoir. Elle se contente d'abord du ministère de l'Information mais, très vite, elle estime qu'elle mérite un poste plus important et s'oppose ouvertement à son chef, qu'elle méprise. Le 3 janvier 1966, le Premier ministre meurt d'une crise cardiaque. Sept leaders du Congrès sont en lice pour le remplacer dans ses fonctions, mais c'est finalement la fille de Nehru qui est désignée, car on pense encore une fois qu'une femme sera facilement influençable. Le 24 janvier 1966, Indira devient donc Premier ministre. Après Sirimavo Bandaranaike[8] au Sri Lanka, elle est la deuxième femme au monde à la tête d'un gouvernement. La confrontation annoncée entre Indira et la vieille garde du Congrès éclate au grand jour lorsque, le 12 novembre 1967, elle est exclue du mouvement. Pour ne pas avoir à démissionner du poste de Premier ministre, Indira forme un nouveau parti qu'elle appelle Congrès (R) – pour « Réquisition » –, alors que l'ancien prend le nom de Congrès (O) – pour « Organisation ». Sentant le vent tourner, près d'une centaine de députés se joignent à elle, faisant ainsi éclater sa victoire au grand jour. Ce tour de force ne passe pas inaperçu à l'étranger et fait même l'admiration du *New York Times*, qui écrit en décembre 1967 :

> Elle a démontré qu'elle est une personne non seulement courageuse et implacable, mais également une admirable tacticienne. Voilà une femme Premier ministre !

8. Sirimavo Bandaranaike fut élue Premier ministre du Sri Lanka par trois fois : de 1960 à 1965, de 1970 à 1977 et de 1994 à 2000.

Dès lors, Indira écarte systématiquement tous ceux qui peuvent lui faire de l'ombre, s'entoure de gens de confiance – essentiellement des hommes – et met ainsi en place un pouvoir quasi absolu. À l'occasion des élections législatives de 1971, Indira parcourt le pays et fait 410 discours devant 20 millions d'Indiens – certains ayant marché des dizaines de kilomètres pour apercevoir celle qui représente l'Inde nouvelle. Elle remporte finalement les deux tiers de la majorité, soit 352 sièges sur 518, écrasant ainsi tous ses ennemis. C'est à partir de ce moment-là que les adorateurs et même certains ministres commencent à toucher les pieds[9], en signe de respect, de celle qui est désormais une icône.

La dame de fer

Dame de fer politique, Indira doit aussi se muer en chef militaire : la troisième guerre indo-pakistanaise le prouve. Au départ, tout découle de la partition des Indes – totalement aberrante – voulue par les Anglais. En 1947, sous l'impulsion de Mohammad Jinnah, chef de la Ligue musulmane, les Anglais acceptent de créer un pays séparé de l'Inde pour les musulmans, qu'on appellera le Pakistan (« le pays des Purs »). On découpe donc dans le nord de l'Inde les États majoritairement musulmans, particulièrement au Pendjab et dans le Sindh – ce sera le Pakistan occidental. Mais voilà : il existe à l'est, dans l'État du Bengale, une autre importante communauté musulmane – ce sera donc le Pakistan oriental, séparé du Pakistan occidental par

9. En Inde, on considère que les pieds sont sacrés, car ils foulent notre mère la Terre. On touche donc d'abord les pieds de son gourou, et des parents et grands-parents, en signe de respect. Cette pratique est malheureusement passée dans le monde politique.

près de 2 000 kilomètres de territoire indien ! En 1971, le Pakistan oriental, qui comprend alors 40 % de Bengalis hindous, méprisés et souvent ostracisés par les Pakistanais punjabis[10], commence à se révolter et à demander une plus grande autonomie. La répression du gouvernement central pakistanais est extrêmement violente, et à l'origine de l'un des plus grands massacres du XXe siècle : en 1971, les soldats pakistanais, dont la majorité ne sont pas Bengalis, tuent plus de 1 million de Bengalis hindous.

L'Inde est profondément bouleversée et incommodée par les réfugiés du Pakistan oriental qui affluent alors chez elle – on parle de 10 millions de personnes en l'espace de quelques mois, ce qui pèse lourdement sur une économie déjà fragile. Même les États-Unis s'en mêlent, et le maître diplomate américain Henry Kissinger, en route vers Pékin pour préparer la fameuse visite de Nixon à Mao, signifie clairement à Indira qu'en cas de guerre indo-pakistanaise l'Amérique ne la soutiendra pas. Cette attitude sanctionne clairement la politique prosoviétique menée par Nehru et sa fille, ponctuée par le traité de coopération qu'Indira signe avec l'URSS en 1971. Le Pakistan oriental déclare tout de même son indépendance, et prend alors le nom de Bangladesh, « le pays des Bengalis ». Son leader, Sheikh Mujibur Rahman, est arrêté et emprisonné par le dictateur militaire pakistanais Yahya Khan.

Le 3 décembre 1971, alors que Mme le Premier ministre est à Calcutta, elle s'adresse à une foule d'un demi-million de personnes :

> Nous sommes pour la paix, mais si on nous impose la guerre, nous nous battrons.

10. Originaires de l'État du Pendjab.

À ce moment, l'aviation pakistanaise bombarde des bases militaires indiennes. Elle retourne alors immédiatement à Delhi, dans un avion protégé par un escadron de MIGs. Le 6 décembre, elle annonce au Parlement que l'Inde reconnaît le Bangladesh, et que l'armée indienne s'est jointe aux forces indépendantistes bangladeshies du Mukti Bahini contre l'armée pakistanaise. Le 9 décembre, Nixon envoie dans l'océan Indien des navires de guerre – menés par le porte-avion nucléaire américain *Enterprise* – pour soutenir le Pakistan. La dame de fer ne cille point et ordonne au chef de son armée, le général Manekshaw, de prendre Dacca, la capitale du Pakistan oriental, avant l'arrivée des Américains. Le président américain dénonce publiquement « l'agression indienne au Pakistan », et Indira lui écrit en retour une longue lettre diplomatique qui a pour seule conséquence d'énerver encore un peu plus Nixon – qui, en conversation avec Kissinger, enregistrée, l'appelle « cette salope ».

En quatorze jours, l'Inde écrase l'armée pakistanaise, qui se rend finalement le 16 décembre, peu avant l'arrivée de la flotte américaine. On fait près de 100 000 prisonniers, alors qu'Indira annonce à un Parlement en délire le triomphe de l'armée indienne. Ses généraux la pressent de continuer l'offensive vers le Pakistan occidental, et d'en prendre les villes principales : Lahore, Karachi et Rawalpindi. Mais le cercle intime d'Indira, dont son secrétaire particulier Parameshwar Narayan Haksar, la persuade d'imposer un cessez-le-feu immédiat. Dix ans après son humiliante défaite contre la Chine, l'Inde vient donc de redresser la tête et de rugir avec superbe. Indira Gandhi devient dès lors l'héroïne de tout un peuple, et un sondage Gallup réalisé en 1971 la nomme la personne la plus admirée au monde.

Après ces événements, la vie reprend progressivement son cours en Inde. Indira est un bourreau de travail : elle se consacre à son pays généralement seize heures par jour. Se levant à 6 heures du matin, elle fait vingt minutes de yoga, puis prend sa douche et s'habille en cinq minutes – « ce que peu d'hommes savent faire », se vante-t-elle un jour. Ensuite, pendant son frugal petit déjeuner, elle jette un coup d'œil aux journaux. À 8 heures pile, elle s'assoit avec son secrétaire et prend connaissance des rendez-vous ainsi que de l'emploi du temps du jour. Ensuite, Indira, tels les maharajas et les empereurs moghols d'antan, donne un *darshan* – elle reçoit dans les jardins de son bureau du 1, avenue Akbar tous ceux qui veulent s'entretenir avec elle (elle reçoit tout le monde, aussi bien des ouvriers et des femmes que des étrangers). À cette époque, la sécurité en Inde est minimale, et il suffit aux intéressés de s'enregistrer auprès d'un des secrétaires subalternes du Premier ministre la veille du rendez-vous pour avoir le privilège de lui parler. À 10 heures, elle est de retour à son bureau jusqu'à 13 heures environ, puis retourne chez elle pour déjeuner légèrement. Le soir, après un après-midi de rendez-vous ou de sessions parlementaires, elle dîne en famille. Puis, jusqu'à minuit, souvent plus tard, elle travaille sur des dossiers ou rencontre des personnes de son entourage.

Vers l'état d'urgence

Lorsque le Pakistan perd le Bangladesh, le nouveau Premier ministre, Zulfikar Ali Bhutto, conscient de la supériorité numérique et militaire de l'Inde, décrète que son pays doit à tout prix acquérir la bombe atomique. Pour ce faire, les services secrets pakistanais contactent l'ingénieur nucléaire Abdul Qadeer Khan, qui travaille dans une usine d'enrichissement d'uranium en Hollande, et le persuadent d'en voler les plans. Ce rapt permet au Pakistan de commencer sa propre production d'uranium, et ainsi de faire le premier pas vers la « bombe islamique[11] ». Indira, ayant eu vent de cette affaire, décide que l'Inde doit également posséder cette arme suprême. Le 18 mai 1974, dans le plus grand secret, l'Inde fait exploser un engin souterrain – qui utilise du plutonium produit par un réacteur nucléaire fourni par le Canada – et devient ainsi la sixième puissance nucléaire au monde. Une volée de critiques s'ensuit de la part des États-Unis, ainsi que de certains pays d'Europe. Indira y répond calmement devant le parlement indien :

> Aucune technologie n'est démoniaque en elle-même – c'est la manière dont on l'utilise qui détermine son caractère. L'Inde n'accepte pas le principe de l'apartheid, même en matière nucléaire.

Mais l'euphorie liée à ce nouvel exploit technologique est de courte durée, et le ciel s'assombrit pour le Premier ministre. Une partie du peuple se révolte car les fermiers indiens, dont la qualité des récoltes dépend principalement de la mousson, subissent deux sécheresses à partir de 1974. Puis, en 1975, le puissant syndicat des chemins de fer, mené par l'homme politique George Fernandes, entame une grève nationale. Enfin, en juin 1975, la Cour suprême indienne annule la victoire d'Indira Gandhi aux élections partielles de Raebareli dans l'État d'Uttar Pradesh – siège qu'elle avait pourtant gagné démocratiquement. Pour faire face à ces troubles internes, elle décide alors de durcir sa politique. Le 25 juin 1975, soutenue par le Parti communiste indien (avec qui elle avait fait alliance aux élections précédentes) et la majorité du Congrès, elle déclare l'état d'urgence qui, dès lors, muselle les syndicats et la liberté de la presse, tout en

---

11. Elle est appelée ainsi car, malgré les efforts de l'Iran, c'est toujours la seule « bombe » possédée par un pays musulman.

suspendant les élections à venir. C'est sans doute l'épisode le plus noir de toute sa carrière politique.

Certes, la politique menée par Indira conjugue des effets positifs non négligeables : les trains roulent à l'heure, alors qu'ils avaient souvent jusqu'à douze heures de retard avant ; le change au noir, qui donne presque le double de la valeur officielle de 1 dollar ou de 1 franc, disparaît presque complètement ; les bureaucrates indiens, connus pour leur paresse et leur corruption, rentrent dans le rang ; et l'économie indienne sort enfin de son marasme. Cependant, les excès demeurent nombreux ; l'autoritarisme du gouvernement prend des proportions trop importantes et lui monte à la tête : Indira Gandhi concentre tous les pouvoirs entre ses mains et court-circuite le judiciaire. Pour aller à l'essentiel, la police met la moitié des syndicalistes, des journalistes et des hommes politiques en prison – avec l'aval silencieux d'Indira. Autre dérive : afin d'endiguer la surpopulation de l'Inde, son fils Sanjay, à la tête des Jeunesses du parti du Congrès, tente de stériliser les Indiens, d'abord par incitation économique (on offre un transistor aux hommes et aux femmes qui acceptent de se faire volontairement stériliser), puis par la force.

La chute, puis le retour

Sanjay a hérité de la plupart des défauts et des qualités de son père, et c'est sans doute pour cela qu'Indira lui pardonne tout. C'est une grave erreur, car les excès de ce fils, qui finit par avoir plus d'autorité que sa mère auprès des ministres, et qui décide de pratiquement tout sans la consulter, vont lui coûter cher. Le correspondant du *Washington Post* d'alors, Lewis Simons, rapporte même qu'il voit Sanjay gifler sa mère par deux fois lors d'un dîner. Vrai ou faux ? Nul ne le sait. Le 18 janvier 1977, Indira, qui commence à pressentir que la mégalomanie de son fils va trop loin, annonce des élections législatives anticipées pour mars, pensant que sa popularité et le nom de Gandhi vont lui assurer la victoire. Peu après, elle commence à faire campagne et visite chacun des vingt-deux États de l'Inde. Or, les foules ne sont pas aussi enthousiastes que lors des élections précédentes. De surcroît, Indira est malade et a souvent de la fièvre. Sentant le vent tourner, de nombreux leaders du Congrès désertent le parti et rejoignent l'opposition.

Le 16 mars 1977, 200 millions d'Indiens votent lors de ce qui est alors la plus vaste élection démocratique jamais tenue au XXe siècle. Indira perd son siège favori, celui de Raebareli, et le Congrès est battu à plate couture. Après avoir réfléchi et discuté avec sa famille, elle se rend à 4 heures du matin auprès du président indien, lui demande d'abroger l'état d'urgence et démissionne. Elle vient d'avoir 59 ans. Indira n'a même plus de toit sur la tête, car elle doit abandonner la résidence officielle des Premiers ministres, où elle a vécu treize ans. Entre-temps, le palais d'Anand Bhawan, où elle a grandi, est devenu un musée. Un ami lui prête alors une maison à Delhi ; elle s'y installe avec ses fils, ses belles-filles et ses deux petits-enfants. Il ne lui reste qu'un seul secrétaire, car tout le monde l'abandonne précipitamment. Elle a peu d'argent, et c'est Sonia – l'épouse de son fils Rajiv – qui s'occupe de faire les courses, la cuisine, et même de nettoyer la maison. On ne peut donc accuser Indira d'avoir été elle-même corrompue.

Dès 1977, le nouveau Premier ministre de l'Inde, Morarji Desai, qui provient du Janata Party (le Parti du peuple), entreprend une chasse aux sorcières qui la vise principalement. Son téléphone est mis sur écoute, elle est surveillée jour et nuit par des agents de sécurité, et les passeports de toute sa famille sont saisis. Les journaux s'acharnent contre elle, et les biographies qui sortent après sa chute en font une sorte de diablesse. Une commission judiciaire est même créée pour enquêter sur les excès de l'état d'urgence et, le 3 octobre 1977, elle est arrêtée et emmenée dans un fourgon policier. Des journalistes sont présents, bien sûr, et la prennent en photo, les menottes aux mains, regardant droit dans l'objectif, sa fameuse mèche blanche tranchant sur le reste de ses cheveux noirs. Ce cliché fait le tour du monde et retourne l'opinion en sa faveur. Elle est relâchée aussitôt et commence alors un périple à travers l'Inde qui ressemble fort à une campagne électorale. Elle n'a pas pardonné à l'ancienne direction masculine du Congrès, et scinde une nouvelle fois le vénérable parti en deux : le Congrès (I) – « I » pour « Indira » – s'organise autour d'elle et prépare activement son retour.

Morarji Desai décide qu'il est impossible de l'emprisonner de nouveau et plus sûr de poursuivre Sanjay, qui est jeté en prison au début de l'année 1978. Comme d'habitude, l'opposition se déchire, et la position du Premier ministre devient de plus en plus fragile. Son gouvernement tombe finalement le 15 juillet 1979, le Parlement est dissous, et le président en appelle à de nouvelles élections générales. Indira est prête. Non seulement elle gagne les deux sièges auxquels elle se présente elle-même – comme la Constitution indienne le permet –, mais son parti, le Congrès (I), remporte les deux tiers du Parlement, soit la majorité absolue ! Le 14 janvier 1980, la dame de fer est donc élue pour la troisième fois Premier ministre de la plus grande démocratie du monde. Son fils Sanjay, également réélu démocratiquement, se réinstalle avec sa mère et toute la famille dans leur ancienne demeure, avenue Teen-Murti.

La révolte sikhe

Les premiers mois de ce nouveau mandat sont heureux : l'autre belle-fille d'Indira, Maneka, donne naissance à un garçon qu'on appelle Feroze, en souvenir de son grand-père. Malheureusement, le 23 juin 1980, Sanjay Gandhi, pilote acrobatique de renom, s'écrase aux commandes de son Pitts S-2A. Son corps est si abîmé que les chirurgiens doivent le recoudre pendant six heures, afin que les foules puissent avoir un dernier *darshan.* C'est un énorme choc pour sa mère, qui aimait ce fils plus que tout, malgré ses excès.

Après sa mort, Indira continue sa mission, mais elle est devenue taciturne et solitaire. Elle ne fait désormais confiance à personne, sauf à son autre fils Rajiv et à sa belle-fille Sonia. Ne souriant jamais, elle est également affligée de nombreux tics qui la font cligner des yeux constamment, ce que l'on peut voir lors de ses interviews télévisées. Indira fait-elle pression sur Rajiv pour qu'il reprenne le flambeau dynastique ? Certainement, car, bien qu'il n'aime pas la politique, celui-ci se présente à Amethi – siège auparavant tenu par Sanjay. Il gagne et écrase son adversaire, devenant ainsi député du parlement indien le 17 août 1980.

À l'aube de cette nouvelle décennie, Indira, alors âgée de 63 ans, doit faire face à un nouveau problème : le séparatisme. Ce dernier a toujours été un fléau en Inde, car, avant même l'arrivée des Britanniques, le pays était divisé en de nombreux royaumes qui se faisaient souvent la guerre. Les sikhs forment une toute petite minorité mais ils ont toujours occupé une place centrale. En effet, ce peuple martial, formé aux combats, a non seulement été présent dans l'armée britannique, mais également dans l'Inde indépendante, lors des guerres avec le Pakistan. Toutefois, dans les années 1980, il fait montre d'une agressivité inédite lorsqu'une minorité, menée par Jarnail Singh Bhindranwale (leader d'une secte orthodoxe), demande l'indépendance du Pendjab – où vivent la majorité des sikhs.

Ainsi, en juillet 1982, Bhindranwale et deux cents de ses complices, armés, se saisissent du temple d'Or d'Amritsar, le lieu le plus sacré du sikhisme. De là, et pendant près de deux ans, le dirigeant et ses hommes de main défient l'État indien : ils proclament non seulement leur indépendance, mais assassinent des politiques et hauts fonctionnaires, tel le numéro 2 de la police du Pendjab, A. S. Atwal. En vraie stratège politique, Indira fait longtemps montre de diplomatie : elle négocie à de nombreuses reprises avec le leader séparatiste, envoie des émissaires, essaie d'éviter un conflit armé, mais tout échoue. Afin de déloger les sikhs séparatistes du temple d'Or, Gandhi fait donc intervenir l'armée indienne le 3 juin 1984 en lançant l'opération « Blue Star ». Bhindranwale est tué à cette occasion et, en trois jours, l'opération est terminée : 495 militants sikhs y trouvent la mort, ainsi que 83 soldats des forces armées indiennes. La durée de ce siège (presque deux ans) a toutefois de quoi impressionner et montre que le Premier ministre a tout fait pour éviter le recours à la violence d'État. À titre de comparaison, les islamistes qui prirent La Mecque le 20 novembre 1979 ne résistèrent pas plus de deux semaines face à l'armée saoudienne.

À l'issue de l'opération, les sikhs reprochent à la dame de fer – et c'est la principale cause de son assassinat – d'avoir endommagé le saint des saints des sikhs, car les soldats ont utilisé des tanks pour prendre d'assaut le temple d'Or. Ils ne lui pardonneront jamais cette profanation, bien que les témoignages des survivants attestent tous que des précautions avaient été prises afin de préserver les structures du monument. Conscients des dangers, les services secrets recommandent alors au Premier ministre de se débarrasser de ses deux gardes du corps sikhs, Beant Singh et Satwant Singh, mais elle refuse, arguant qu'elle leur accorde toujours toute sa confiance. Le 31 octobre 1984, à 9 h 20 du matin, alors qu'elle se rend, vêtue d'un sari orange et un sac rouge à la main, de sa résidence au bungalow d'à côté pour y être interviewée par le célèbre acteur Peter Ustinov (qui filmait un documentaire sur sa vie), Beant lui tire trois balles de revolver dans l'abdomen. Alors qu'elle gît au sol, Satwant lâche plusieurs rafales de mitraillette. Au total, on retrouvera trente balles dans son corps. Les deux gardes assassins sont immédiatement entourés par les forces paramilitaires qui gardent le domaine ; Beant est tué sur le coup, et Satwant grièvement blessé ; il sera pendu plus tard. Sonia, la belle-fille favorite d'Indira, l'accompagne à l'hôpital principal de Delhi, mais c'est trop tard. La dirigeante meurt sur ses genoux… Son assassinat sauvage prélude un lourd karma : celui de la persécution des sikhs, qui vivent un horrible génocide quelques mois plus tard ; celui de son fils Rajiv, qui lui succède avant de mourir assassiné à son tour en 1991 ; et enfin celui de sa belle-fille, Sonia, présidente du Congrès, qui souffre d'un cancer de l'utérus.

Sa fin tragique conclut la vie de bout en bout extraordinaire de cette femme d'État, qui connut une enfance solitaire, des amours impossibles, et dut, toute sa vie, se frayer un chemin pour s'élever jusqu'au sommet dans la jungle de la politique indienne. Elle tomba plusieurs fois, mais se releva toujours, la tête haute, pour retrouver le pouvoir qu'elle exerça d'une main de fer ; elle commit bien des erreurs mais sans jamais se départir d'un patriotisme incandescent et d'un sens politique rare qui lui permit de réformer l'Inde en profondeur, faisant accéder son jeune pays au club très fermé des grandes puissances.

Bibliographie sélective

Clément Catherine, *Indu Boy*, Paris, Seuil, 2018.
Frank Katherine, *The Life of Indira Nehru Gandhi*, New York, HarperCollins, 2002.
Jayakar Pupul, *Indira Gandhi: A Biography*, Londres, Penguin Books, 1993.
La Borie Guillemette de, *Indira Gandhi*, Paris, Libretto, 2014.
Nehru Jawaharlal, *Lettres d'un père à sa fille*, Londres, Puffin Books, 2004.
Prasad Sharada, *Indira Gandhi*, Londres, Puffin Books, 2013.

16

Margaret Thatcher (1925-2013), la « dame de fer » et ses mousquetaires

PAR EMMANUEL HECHT

Première femme cheffe de gouvernement en Europe de l'Ouest, Margaret Thatcher rêve d'un capitalisme populaire et d'une nation de propriétaires-actionnaires. Au terme de trois mandats, l'économie britannique sort de sa torpeur, malgré un bilan en demi-teinte. Elle parvient à convertir les conservateurs aux réformes et redonne sa fierté au Royaume-Uni avec la victoire aux Malouines. Détestée ou érigée en modèle encore aujourd'hui, elle domine les années 1980 marquées par la chute de l'URSS et l'avènement de la mondialisation, au point qu'on parle de la « décennie Thatcher ».

« Cherchez la femme, pardieu ! » Dans tout drame, une femme tient un rôle majeur, prétendait Alexandre Dumas. « Cherchez l'homme ! » est-on tenté de répondre, afin de cerner au plus près Margaret Thatcher, alias « Maggie », « Lady Disraeli », « Mrs. T. »... La première cheffe de gouvernement d'Europe occidentale n'a pas eu un, mais quatre hommes dans sa vie. Un pygmalion : Alfred Roberts (1892-1970), son père. Un prince consort : Denis Thatcher (1915-2003), son mari. Un mentor : Keith Joseph (1918-1994), l'idéologue du « thatchérisme ». Et un « vilain petit canard », Mark (né en 1953), son fils. Ils auront été ses mousquetaires.

Le 4 mai 1979, Margaret Thatcher, Première ministre de Sa Gracieuse Majesté, arrive au 10, Downing Street, la résidence officielle du chef de gouvernement, suivie de son mari. Impeccablement laquée, vêtue d'un tailleur bleu roi, la couleur du parti conservateur, les tories. Elle s'apprête à répondre aux questions des journalistes avec cette élocution unique, provoquée par une surocclusion, l'avancée des dents supérieures au-delà de la mâchoire inférieure, si bien rendue par son interprète dans la série *The Crown*, Gillian Anderson. Elle déclare :

> Je dois tout, absolument tout à mon père, et c'est passionnant pour moi que ces choses que j'ai apprises dans une petite ville, dans une modeste maison, soient justement les choses grâce auxquelles j'ai gagné cette élection.

Margaret Roberts naît le 13 octobre 1925, quatre ans après sa sœur Muriel, à Grantham (Lincolnshire) – nord-est de l'Angleterre –, dans l'appartement à l'étage de l'épicerie paternelle, au 1, North Parade. Ni jardin ni eau chaude et des toilettes à l'extérieur : cette maison en brique est spartiate. Alfred Roberts, le chef de famille, est fils de cordonnier. Il était trop pauvre pour réaliser son rêve : devenir instituteur. Il apprend son métier auprès d'un certain Clifford, et grâce aux 2 livres sterling épargnées sur les 12 reçues chaque mois, il achète à 25 ans son premier magasin. Il devient ainsi digne d'épouser Beatrice Stephenson, une couturière effacée, qui enseignera à ses deux filles les travaux ménagers et le piano. En 1923, ce jeune homme strict au visage carré et lunettes rondes, oreilles légèrement décollées, acquiert une boutique plus chic. Son slogan :

> If you get it from Roberts, you get the best[1].

1. « Si vous l'avez acheté chez Roberts, vous avez acheté le meilleur. »

« Maggie » témoigne :

> Nous étions méthodistes[2]. Nous aimions l'ordre, la précision et la rigueur.

Le père, pasteur le dimanche, inculque les préceptes dont sa fille ne se départira jamais : intégrité et dureté à la tâche. Autodidacte et lecteur boulimique, il se passionne pour l'éducation et l'économie. Commerçant prospère, il gravit les échelons de la notabilité provinciale : conseiller municipal, puis maire ; président du Rotary, puis de plusieurs associations. Il transmet à sa fille le goût de la chose publique. C'est un conservateur bon teint, en même temps partisan du libre-échange[3]. Hostile à la politique d'*appeasement* face à Hitler et à l'antisémitisme ambiant (la famille recueillera une jeune juive de Vienne), il liera toujours politique et morale.

Margaret est une élève appliquée. À force de travail, elle décroche une bourse au collège Somerville d'Oxford, où elle obtiendra deux licences, dans des matières aussi éloignées que la chimie et les lettres. Elle y subit le mépris de l'« élite » – elle déjeune à la table des boursières – et des enseignants de gauche, qu'elle n'oubliera pas. Vouée à la recherche, elle planche sur le plastique et les adhésifs, et elle semble destinée à une carrière de chimiste. Mais son militantisme précoce au parti conservateur lui ouvre une autre voie, avec une première candidature aux élections législatives, à Dartford (Kent), en 1951. Elle échoue, et ce encore pendant huit ans, avant d'être élue dans une autre circonscription, à Finchley, banlieue cossue du nord de Londres. En attendant,

2. Une dissidence de l'Église anglicane, au XVIIIe siècle, recommandant une lecture assidue des Écritures et une pratique religieuse plus intense.

3. Au XIXe siècle, les libéraux (whigs) sont les champions du libre-échange, alors que les conservateurs (tories) vantent les bienfaits du protectionnisme pour protéger les agriculteurs.

elle se lance dans des études de droit pour devenir avocate, spécialiste en droit fiscal. Surtout, elle réalise « l'une des meilleures choses » de sa vie : son mariage avec Denis, son deuxième homme. Son « roc ». En 1953, elle met au monde deux faux jumeaux, Carol et Mark. Elle se consacre alors à sa famille jusqu'en octobre 1959, date de son entrée aux Communes.

D'un prince consort l'autre

Si Alfred Roberts modèle sa fille à son image, Denis Thatcher (1915-2003) est son « prince consort », aussi influent que discret. Silhouette élancée et profil d'échassier à lunettes, toujours courtois, ce divorcé de dix ans son aîné a les atours du *gentleman*, bien que simple héritier d'une petite entreprise de peinture (il dirigera ensuite la compagnie pétrolière Burmah-Castrol). Il est amateur de « G&T » (gin tonic), de golf, de cricket et de voitures anglaises. Gros lecteur, y compris de journaux, il est féru d'économie et de politique. Lorsque les Thatcher passeront leur week-end annuel obligé à Balmoral, la résidence royale écossaise, autant la citadine Maggie sera mal à l'aise en bottes en caoutchouc, autant Denis et le prince Philip s'entendront comme larrons en foire. Tous deux ex-officiers (Denis a été capitaine d'artillerie pendant la campagne d'Italie, en 1943), amateurs de chasse et de chevaux, ils partagent le goût de la provocation. Ainsi Denis prendra-t-il un malin plaisir à défendre les régimes blancs de Rhodésie et d'Afrique du Sud. *British* jusqu'au bout des lèvres, il ne rate jamais un bon mot.

Malgré une vie professionnelle intense, il ne cesse d'encourager dans son ambition politique celle qu'il appelle « le patron » et qu'il juge être le « meilleur Premier ministre depuis Winston Churchill ». Dans les années 1950-1960, un tel couple n'est pas courant. De son côté, « Lady Disraeli » reconnaîtra :

> Je ne serais jamais restée Premier ministre pendant plus de onze ans si Denis n'avait pas été à mes côtés. Doté d'une forte personnalité, il a toujours eu des idées très précises sur ce qui devait ou ne devait pas être fait.

Margaret gravit avec régularité et ténacité les marches du pouvoir. En 1961, le Premier ministre Harold Macmillan lui offre un strapontin gouvernemental sur les retraites. Sa maîtrise du dossier impressionne ses collègues. De 1964 à 1970, elle occupe plusieurs postes dans le *shadow cabinet* (le cabinet fantôme), ce gouvernement virtuel formé par des députés de l'opposition. De retour au pouvoir, le chef de file conservateur Edward Heath en fait son ministre de l'Éducation. Appliquant à la lettre les consignes de rigueur, elle supprime la distribution quotidienne gratuite de lait aux 8-11 ans, y gagnant le surnom terrible de « voleuse de lait ».

Début 1975, Heath battu, le parti conservateur se cherche un nouveau leader. Elle se lance dans l'arène. Personne ne croit à ses chances, et pourtant, elle l'emporte au premier tour, après une campagne sans relâche. La fille d'épicier vient de bousculer les tories « etoniens[4] ». Au Parlement, elle gagne sa réputation de « puncheuse ». Elle étrille le gouvernement du travailliste Callaghan et apprend à encaisser les coups.

On commence à s'habituer à son allure décalée d'une génération – brushing, double rang de perles, boucles d'oreilles, tailleurs de tweed, chemisiers à ramages, trench Aquascutum ou Burberry's, sacs à main Asprey qu'elle sait utiliser à bon

---

4. Anciens élèves d'Eton, la plus prestigieuse des *public schools*, située à une quarantaine de kilomètres à l'ouest de Londres.

escient[5] et larges chapeaux ; à son regard glaçant, entre séduction et brutalité (« elle a la bouche de Marilyn et le regard de Caligula », résumera Mitterrand) ; à ses petites habitudes : chocolats et vitamine B-12 dans la journée, whisky-soda le soir et quatre heures de sommeil quotidiennes. Femme de tête, autoritaire, adepte de la méritocratie, elle déteste les féministes victimaires. Sans elle, les Spice Girls, groupe de pop hurlant son besoin de liberté, n'auraient pas existé, affirme Rachel Johnson, auteure du best-seller *Le Diable vit à Notting Hill* et sœur du *Brexiter* Boris.

Pendant « l'hiver du mécontentement » (1978-1979), le Royaume-Uni, paralysé par les grèves, s'enfonce dans l'anarchie et le découragement. Le pays est devenu « l'homme malade » de l'Europe, sous-équipé et peu productif. C'est l'époque où un personnage de l'écrivain John Le Carré prédit que « la Grande-Bretagne s'effondrera jeudi prochain » et que « personne ne s'en apercevra ». Le 3 mai 1979, à 53 ans, Margaret Thatcher remporte les élections. Avant d'entrer au 10, Downing Street, elle cite saint François d'Assise :

> Où règne la discorde, puissions-nous apporter l'harmonie.

Son « compagnon d'idées », Keith Joseph

Dans le combat qu'elle mène, elle peut compter sur quelques rares amis. En particulier sur Keith Joseph (1918-1994), le troisième homme de sa vie : son « compagnon d'idées ». Elle dédiera ses mémoires à ce passeur d'idées à

5. Devant ses adversaires, elle agite son sac à main ; les Anglais en ont déduit une gouvernance autoritaire fondée sur cette action : le *handbagging*.

l'origine de sa mue idéologique. Fils d'un magnat juif londonien de l'immobilier, il étudie le droit à Harrow et Oxford, à moins qu'il ne s'adonne surtout au cricket. À peine est-il devenu avocat qu'il rejoint en 1943 comme officier d'artillerie le front italien, où il sera grièvement blessé. Cérébral, il lit des auteurs pas encore à la mode : Hayek, Friedman, et les tenants de l'ordo-libéralisme allemand, qui forment les bataillons de la nouvelle vague libérale[6] de l'après-guerre. Joseph prétend avoir une potion magique pour sortir le Royaume-Uni de l'ornière : la privatisation du secteur public; la lutte contre l'inflation galopante par une politique monétaire restrictive; la levée des obstacles au libre-échange. À l'orée des années 1960, il devient l'un des piliers de l'aile droite et réformatrice du parti. L'État, insiste-t-il, doit offrir aux individus les mêmes chances afin de briser « le cercle vicieux de la pauvreté et de l'ignorance ». En 1974, l'année où Milton Friedman obtient son prix Nobel d'économie, il crée le Center for Policy Studies, un think tank polarisé sur les politiques économiques des autres pays, en particulier l'économie sociale de marché. Les tories le snobent. Alors, il prononce, le 22 septembre, un discours devenu fameux, à Preston (Lancashire), où il renvoie dos à dos travaillistes et conservateurs, unis par « trente ans d'interventionnisme ».

Dès lors, il pourra compter sur les relais influents du *Financial Times* et du *Times*. Sera-t-il l'homme providentiel

6. Dans sa somme *Néo-Libéralisme(s). Une archéologie intellectuelle*, Grasset, 2012, Serge Audier décrypte les différents courants du libéralisme. En particulier l'école autrichienne (Hayek, von Mises), qui réhabilite le « laisser-faire »; l'école de Chicago (Friedman et Baker), partisane d'un libéralisme empirique; l'ordo-libéralisme allemand (Rüstow et Röpke), vantant l'« économie sociale de marché », mise en pratique en RFA, selon laquelle le capitalisme est naturellement social.

des tories ? Trop direct et maladroit[7], il devra s'effacer au profit de « Maggie », plus politique. Après l'arrivée de cette dernière au pouvoir, il n'est pas nommé aux Finances – chancelier de l'Échiquier –, le poste où tout le monde l'attend, mais ministre de l'Industrie. Dans ce poste à contre-emploi, il devra éviter l'explosion sociale et continuer de financer à perte des secteurs promis à la privatisation. Ensuite, il dirigera le ministère de l'Éducation, où il proposera d'augmenter les droits d'inscription à l'université, tout en augmentant le nombre de bourses et en mettant en concurrence les facultés, suscitant un tollé chez les belles âmes. Maggie écrira :

> Il était presque trop brillant pour la politique ; mais celle-ci serait insupportable sans des hommes de sa valeur.

En réalité, ce conseiller privilégie « la puissance derrière le trône » (*the power behind the throne*[8]).

Au pouvoir, Margaret Thatcher va-t-elle avoir les moyens de sa politique ? Sur vingt-deux ministres, à peine cinq semblent fermes dans leurs convictions. Le premier budget prévoit le gel de l'embauche des fonctionnaires, une taxe sur les prescriptions médicales, une hausse des impôts indirects et la fin du contrôle des changes. Dix-huit mois plus tard, tout se dérègle : l'inflation (20 %), le chômage (jusqu'à 30 % dans certains bassins industriels) et le nombre de faillites explosent, la balance commerciale devient négative. En avril 1981, le quartier noir de Brixton, au sud de Londres, est en proie aux émeutes. Sur le front de l'Irlande du Nord, le cabinet doit gérer la « bronca » internationale suscitée

---

7. Dans une interview, il se déclare chaud partisan de la contraception, afin que les classes défavorisées, « les moins aptes à les élever », aient moins d'enfants. Il est aussitôt accusé d'« eugénisme ».

8. C'est le titre de sa nécrologie dans le *Guardian* du 12 décembre 1994.

par le refus d'accorder le statut de prisonnier politique aux membres de l'IRA[9] en grève de la faim. « Pas question de sympathiser avec une cause meurtrière », répond-elle, forte du soutien de l'opinion et de la classe politique. Le nationaliste irlandais Bobby Sands meurt le 5 mai 1981, suivi par neuf de ses camarades. Margaret Thatcher devient la femme à abattre. Elle échappe de justesse, le 12 octobre 1984, à une bombe de l'IRA, qui fait quatre morts dans un hôtel de Brighton. Les conservateurs commencent à douter. Margaret Thatcher ne cille pas. *There is no alternative* : tel est son credo, qui lui vaudra le surnom de « Tina ». La cure d'austérité livrera, enfin, ses premiers résultats, six mois plus tard.

« Lady T. » ne se décourage pas, elle travaille sans relâche dans son bureau, du matin jusqu'à 23 heures, sauf lorsqu'elle a un dîner officiel. Elle continue d'éplucher les dossiers, assise dans son canapé, jusqu'à 2 heures du matin. Elle ne sait pas déléguer et se méfie autant de ses ministres que des fonctionnaires du Civil Service, suspectés de mollesse. C'est Denis qui finit par l'interrompre pour qu'elle aille se coucher. Quatre heures de sommeil lui suffisent. Le week-end, elle s'entretient avec des experts à Chequers, la résidence de campagne des Premiers ministres. Elle y organise aussi des séminaires thématiques : l'URSS, l'Afrique du Sud… Les vacances ? Elles sont réservées aux « mauviettes ».

Elle est à son aise dans le décor simple du 10, Downing Street. « J'aimais vivre au-dessus de la boutique », écrit-elle dans ses mémoires, en faisant allusion à l'épicerie de sa jeunesse. Elle déjeune chichement : une salade, des œufs et du bacon, un morceau de fromage. Lors des soirées studieuses

9. *Irish Republican Army* : née pendant la guerre d'indépendance irlandaise, ensuite active en Irlande du Nord, ou Ulster, de 1969 à 1997 (cessez-le-feu). Après avoir déposé les armes en 2005, l'IRA ressurgit sous d'autres appellations issues de scissions.

avec ses conseillers, elle prépare elle-même un en-cas en cuisine.

La maison est reliée à une autre bâtisse transformée en bureaux, où travaillent quatre-vingts personnes. Elle recrute les hommes de confiance du *Private Office*, le cabinet privé, parmi les anciens des services secrets et du monde des affaires. Ils ont le mérite d'être loyaux et peu bavards. Un second cercle, la *Policy Unit*, est chargé de réfléchir aux grandes orientations gouvernementales. Enfin, une autre structure informelle, l'*Efficency Unit*, est chargée de jauger l'efficacité des administrations.

La « divine surprise » des Malouines

Pourtant, le salut politique de « Maggie » ne viendra pas de cette équipe resserrée, mais du beau milieu de l'Atlantique Sud. Le 2 avril 1982, « Lady T. » est informée que les Falklands[10] viennent d'être envahis par les troupes du général Galtieri, chef de la junte argentine. Personne au sein du cabinet ne sait situer cet archipel de 12 000 kilomètres carrés à 400 kilomètres des côtes, peuplé de 2 000 sujets britanniques et de 500 000 moutons. C'est pourtant « le pire jour » de la vie de Margaret Thatcher. Après avoir rapidement balayé l'hypothèse d'une solution pacifique, autrement dit l'abandon de la souveraineté britannique sur ce rocher, elle décide d'envoyer une armada. « Comment fait-on la guerre ? » demande-t-elle tout de même à Harold McMillan, qui était aux affaires lors de l'intervention de

10. Ou Malvinas en espagnol et Malouines en français, premier nom de cet archipel découvert par Bougainville en 1764, sous souveraineté espagnole trois ans plus tard, et ensuite disputé par Madrid et Londres. Une terrible bataille opposera en décembre 1914 les flottes allemandes et britanniques, lesquelles furent victorieuses.

Suez (1956). Fin avril, les troupes britanniques débarquent sur l'une des îles. Après de rudes combats, l'Union Jack flotte de nouveau sur la capitale Port Stanley le 4 juin. Le bilan est de 260 morts et 800 blessés côté anglais[11], mais l'Union sacrée est recouvrée. La cheffe de guerre trône au faîte de la popularité.

Si la Première ministre a montré une immense empathie auprès des familles des *boys*, c'est pour une autre raison qu'on la verra pour la première fois verser une larme : son fils Mark (29 ans) se perd dans les sables du Paris-Dakar, du côté de Tamanrasset, où sa 504 a heurté un rocher. Les avions algériens et français mettront six jours à le retrouver. La mère éplorée paie de sa poche les 1 789 livres nécessaires à la couverture d'une partie des frais. Après son sauvetage, le fils prodigue fanfaronnera :

> En 1982, il y a eu deux événements marquants : la guerre des Malouines et ma disparition.

Mark est donc le quatrième homme de la vie de Margaret Thatcher, un enfant gâté, instable et imprévisible. Il est aussi la mauvaise conscience de sa mère absente, son talon d'Achille.

Lorsqu'il demande au responsable de presse du 10, Downing Street comment il pourrait aider sa mère à gagner les élections suivantes, il s'entend répondre : « En quittant le pays. » Grand, portant beau, doté du même sourire carnassier que sa mère, il s'installe en Suisse après des accusations de commissions illicites sur des ventes d'armes. Puis au Texas, où il sera poursuivi pour fraude fiscale. Enfin en Afrique du Sud, où il sera accusé d'avoir tenté de financer des activités mercenaires dans une tentative de coup

11. Environ 650 morts, plus de 1 000 blessés et 11 000 prisonniers du côté argentin.

d'État en Guinée équatoriale. Aujourd'hui, il vivrait entre l'Espagne et Gibraltar.

Au Royaume-Uni, la victoire des *boys* dans l'Atlantique Sud, ô combien célébrée, vaut aux tories un triomphe électoral inégalé depuis la fin de la Seconde Guerre mondiale. Finie, la prudence du premier mandat : en cette année 1983, la « révolution thatchérienne » va pouvoir être lancée sur un air martial. « Maggie » dévoile son ordre de bataille :

> Comme nous avons vaincu aux Falklands l'ennemi de l'extérieur, nous avons à battre l'ennemi de l'intérieur qui est beaucoup plus coriace, mais aussi beaucoup plus dangereux pour les libertés.

Le syndicat des mineurs n'a qu'à bien se tenir.

Mais la priorité, ce sont les privatisations. British Aerospace est la première entreprise à sortir de l'orbite publique, suivie d'une soixantaine d'autres, dont Jaguar, British Gas, British Telecom, British Airways, Rolls Royce, BP, British Steel, Rover, la production d'eau et d'électricité… Le secteur public est réduit de moitié et près de un million de salariés passent au privé. Plus de dix millions de petits porteurs souscrivent jusqu'à cinq fois le capital mis en vente. La vieille garde conservatrice, et, bien sûr, l'opposition dénoncent le « bradage de l'argenterie de famille », alors que l'État renfloue ses caisses.

Dans un seul secteur, « Lady T. » maintient le contrôle étatique, sous la forme de taux subventionnés et de déductions fiscales : l'immobilier, tandis qu'elle fait mettre en vente les HLM municipales. Margaret Thatcher rêve d'un capitalisme populaire et d'une nation de propriétaires-actionnaires, d'une classe moyenne – dont elle est le pur produit – toujours plus nombreuse. Le héros de cette nouvelle Angleterre n'est-il pas le *self-made-man*, à l'image de Richard Branson, fondateur de l'empire Virgin ?

Contrairement aux idées reçues, elle se garde de détruire les deux piliers du *Welfare State*, l'État-providence institué en 1945 : l'assurance sociale et le service national de santé. Mais sa révolution ne l'aura emporté qu'une fois abattus la forteresse syndicale (treize millions d'adhérents, soit la moitié de la population active[12]) et son incarnation, Arthur Scargill, président de la National Union of Mineworkers (NUM), le très puissant syndicat des mineurs.

Ce fils de mineur est un « dur », marxisant[13] et grande gueule. En mars 1984, après l'annonce de la suppression de 20 000 emplois (sur 185 000), il décrète la grève en force, sans vote des militants. La Première ministre lance :

> S'il fallait appliquer à la lettre la théorie interdisant de fermer les secteurs non rentables, la Grande-Bretagne serait un musée.

Le gouvernement peut compter sur l'accord tacite de nombreux Britanniques. Lassés des excès des *trade-unions*, ils gardent en mémoire ces morts restés plusieurs semaines sans sépulture lors de la grève des fossoyeurs. Le conflit durera une année, soutenue par 130 000 grévistes et émaillée

---

12. Une première réforme, l'*Employment Act* de 1980, fait un délit du *secondary picketing* (l'extension des piquets de grève à des entreprises pas directement impliquées dans un conflit). Sans supprimer le *closed shop*, l'obligation pour un travailleur d'adhérer au syndicat reconnu par la direction d'une entreprise, elle permet cependant à celui-ci de refuser l'adhésion en invoquant une « clause de conscience ». En 1982, une nouvelle loi applique des amendes aux syndicats coupables d'actions illégales. Ensuite, une loi de 1984 contraint les syndicats à plus de transparence dans leur organisation interne (élections et finances).

13. Il a défendu le gouvernement communiste polonais de Jaruzelski contre le syndicat Solidarność. Il créera en 1996 le Socialist Labour Party, scission du parti travailliste ; son parti ira d'échec en échec.

de violents incidents contre les forces de l'ordre et les familles des mineurs non grévistes. Scargill finit par jeter l'éponge. La grève a coûté 30 milliards de livres. Et vingt-quatre puits sont fermés l'année suivante.

C'est, après les Malouines, la seconde grande victoire de « Lady T. », sans doute la plus durable. C'est aussi « le chant du cygne du mouvement ouvrier » (*the last hurrah of the working class*), selon la formule du journaliste gauchisant Owen Jones. Margaret Thatcher conclut :

> Cette défaite établit qu'il n'était plus question de laisser la gauche fasciste faire de la Grande-Bretagne un pays ingouvernable.

Ceux qui la haïssaient la détestent un peu plus. Parfois avec ambiguïté. « Cette fille d'épicier » exerce malgré tout une « fascination », reconnaît l'écrivain Ian McEwan : elle est « tellement autoritaire, efficace, omnisciente, exaspérante », qu'elle en dégage… une « dose d'érotisme ».

En juin 1987, Margaret Thatcher est élue une fois de plus après une nouvelle victoire des conservateurs. Son troisième mandat sera celui de trop, alors que la « thérapie de choc » semble avoir assaini l'économie. La croissance fait un bond à 3 %, tandis que l'inflation semble jugulée à 5 %. Le budget est excédentaire et le chômage se stabilise à 6 %. En quatre ans, le revenu moyen s'est accru de 35 %. C'est le « miracle Lawson », du nom du chancelier de l'Échiquier[14], un banquier d'affaires doublé d'un « économiste créatif[15] ». Les investissements étrangers affluent. La City prospère, l'immobilier s'envole. Le revers de la médaille conjugue la dégradation des infrastructures, le délabrement du secteur public, la précarité du salariat, la baisse de qualité

14. L'équivalent du ministre de l'Économie et des Finances.
15. D'après Margaret Thatcher.

de l'éducation, le doublement du nombre des pauvres, l'accroissement des disparités sociales et régionales, en particulier dans les anciennes cités industrielles du Nord, de l'Écosse et du pays de Galles. Bientôt, les indicateurs vont virer au rouge et les journaux ne parleront plus que du « chancelier-la-faillite ».

Lawson sera contraint à la démission en octobre 1989, officiellement pour désaccord avec le conseiller économique de la Première ministre. En vérité, il est favorable à l'entrée de la livre dans le Système monétaire européen[16] (SME), première étape vers l'euro, contrairement à elle. C'est un coup dur, car Lawson est un pilier du « thatchérisme ».

Au printemps suivant, la Première ministre, sans doute trop sûre d'elle, réussit l'exploit de jeter les Britanniques dans la rue avec le vote de la *poll tax*. La *community charge*, son nom officiel, fonctionne selon un principe simple. Puisque chaque habitant bénéficie des mêmes services locaux (ramassage des ordures, services sociaux…), la facture doit être identique, quels que soient la valeur locative du logement et les revenus de chacun. En arrière-plan, la loi vise à pénaliser électoralement les municipalités dépensières, c'est-à-dire travaillistes[17].

Maggie encaisse une nouvelle désillusion le 1er novembre 1990, lorsqu'un autre « éléphant » conservateur quitte la scène : sir Geoffrey Howe, nouveau ministre – contrarié – des relations avec le Parlement, et auparavant, vice-Premier

16. Ce système de parités plus ou moins fixes menait naturellement à l'Union économique européenne et à l'euro, selon les vœux de Jacques Delors. En juin 1990, John Major, nouvel argentier, et Douglas Hurd, nouveau chef de la diplomatie, parviennent à la faire plier sur cette question. Deux ans plus tard, l'Angleterre doit quitter le SME en raison de mauvais résultats économiques.

17. Outre que le principe, non proportionnel, de la nouvelle taxe a été d'emblée contesté pour son iniquité, sa collecte s'est révélée plus coûteuse que la formule antérieure.

ministre, ministre des Finances, puis des Affaires étrangères, leader des tories aux Communes. Il vient de déclarer que la Grande-Bretagne n'est pas opposée à la monnaie unique, alors qu'au même moment, à Rome, Margaret Thatcher égrène ses réserves. Lors de la réunion suivante du cabinet, elle accable celui qui n'est qu'« un idiot à la solde de l'étranger », divisant un peu plus le parti.

Le 20 novembre, bien qu'ouvertement contestée par une fronde de députés conservateurs, elle est confirmée à la tête du parti par un vote interne des députés[18]. Mais elle préfère prendre les devants deux jours plus tard en démissionnant. « Drôle d'époque », soupire-t-elle en faisant remarquer que les Britanniques ne l'ont pas chassée du pouvoir, comme ils l'avaient fait avec Churchill, son modèle.

L'Europe sera le cimetière des Premiers ministres britanniques[19] : John Major, David Cameron, Theresa May, et peut-être, demain, Boris Johnson ? Pourtant, à son arrivée au pouvoir, Margaret Thatcher plastronne dans un chandail patchwork aux couleurs des drapeaux européens. Son attitude tranche avec l'« euroscepticisme » insulaire, ancré depuis la non-adhésion du Royaume-Uni au traité de Rome (1957) instituant la Communauté européenne. Elle observe :

> Si la Grande-Bretagne se retirait, on pourrait imaginer qu'elle recouvrerait sa pleine souveraineté nationale. Mais ce serait une illusion. Nos vies seraient de plus en plus

---

18. Elle l'emporte par 204 voix contre 152 à Michael Heseltine, ex-ministre de la Défense et porte-voix des contestataires.

19. John Major, son successeur, sera balayé aux élections de 1997 sur fond de divisions entre « eurosceptiques et europhiles ». En 2015, le modéré David Cameron démissionne après la victoire du « Leave », la sortie de l'Europe, lors d'un référendum. Aux élections européennes de mai 2019, le *Brexit Party* balaie Theresa May, qui n'a pas su imposer à la Chambre des communes le texte négocié à Bruxelles avec les autorités européennes.

influencées par la CEE, sans que nous ayons notre mot à dire dans des décisions vitales qui nous affecteraient.

L'ancien président de la Commission européenne Jacques Delors confirme l'engagement européen de la locataire du 10, Downing Street[20]. Certes, elle a un objectif obsessionnel : la réduction de la contribution anglaise au budget européen. *I want my money back*, répète-t-elle. Elle finit par avoir gain de cause le 26 juin 1984, au sommet de Fontainebleau. « Elle a fait une mise en scène pas possible, puis a fini par dire "oui" après avoir avalé cul sec un verre de whisky », racontera un témoin. Elle plaide ensuite pour une coopération commune en matière de sécurité extérieure, mais, favorable à une Europe des patries, elle se cabre en 1989 avec le projet d'Union économique et monétaire, dénonçant « un socialisme à la Delors, coûteux et tatillon, instauré à l'échelle du continent ». Ce sera, on l'a vu, le point de rupture avec les dirigeants conservateurs, lequel précipitera sa chute.

Écartée du pouvoir, lady Thatcher peut se consacrer à sa fondation, qui prêche le libéralisme dans la nouvelle

20. « Mme Thatcher, qui était mon principal interlocuteur, avait ses vues particulières sur cette question, mais il n'empêche qu'elle était européenne. Et d'ailleurs, quand il a été question de me renouveler, elle a levé la main. Et quand il y avait des conseils européens parfois très compliqués – on y a passé des nuits ! –, eh bien, elle me demandait : "Monsieur Delors, honnêtement, qu'est-ce que vous pensez de cela ?" » Interview dans *Le Point* du 4 novembre 2021. Tout en critiquant son combat contre les syndicalistes et son absence de politique sociale, l'ancien président de la Commission européenne reconnaît qu'« elle a dirigé le pays à une époque où les leaders des grandes entreprises britanniques préféraient jouer au golf plutôt que de s'occuper de leurs affaires. Elle a d'ailleurs été sans indulgence avec eux. Elle avait l'impression que l'Angleterre se laissait aller [...] ». Éloignée du pouvoir, Margaret regrettera finalement d'avoir signé l'Acte unique en 1986 et finira par plaider pour un retrait de l'Union.

Europe centrale libérée du Mur. Anticommuniste viscérale, elle a toujours pris l'URSS de front. « Je connais bien la bête », s'amuse-t-elle. Aux affaires, elle s'est alignée en toutes circonstances (limitation des armements stratégiques, Afghanistan, raid contre Kadhafi...) sur la politique étrangère américaine, qu'il s'agisse de celle de Jimmy Carter ou de Ronald Reagan, malgré la multiplication d'anicroches au fil du temps[21]. Pragmatique, elle n'en juge pas moins Mikhaïl Gorbatchev « fréquentable » et elle est l'une des premières à juger la perestroïka[22] « bonne pour l'humanité », parce qu'elle « élargit le champ des libertés ».

Élevée au titre de baronne en 1992[23], elle siège de temps à autre à la Chambre des lords. Elle gagne surtout de confortables sommes d'argent en donnant des conférences partout dans le monde et constate non sans plaisir que les Premiers ministres travaillistes Tony Blair et Gordon Brown préservent son héritage. Elle déménage à Chester Square, l'une des adresses les plus huppées de Londres. La sortie mondiale de ses *Mémoires* a lieu le 18 octobre 1993. Elle étrille au passage Valéry Giscard d'Estaing, qui « considérait

---

21. En octobre 1983, la Première ministre britannique est opposée au débarquement américain sur l'île de Grenade. La même année, elle s'agace que l'Initiative de défense stratégique (Guerre des étoiles) de Ronald Reagan porte en germe l'abandon de la dissuasion. Sept ans plus tard, elle regrette que l'Otan écarte le principe d'une frappe nucléaire, etc. Il faudra la guerre du Golfe, en 1990, après l'invasion du Koweït par l'Irak, pour que Londres et Washington recouvrent leur « relation spéciale ».

22. Littéralement la « reconstruction ». Dans les faits, l'ensemble des réformes économiques, sociales et politiques menées par Gorbatchev de 1986 à 1991.

23. L'usage veut qu'un ancien Premier ministre soit anobli. Mais la hiérarchie des titres de noblesse est réservée aux hommes. C'est donc Denis Thatcher qui a été anobli, tandis que son épouse recevait l'ordre du Mérite, qui ne comptait alors que vingt-quatre membres vivants.

la politique comme un sport réservé à l'élite », et François Mitterrand, « intellectuel français sûr de ses qualités », incapable d'« accorder ses déclarations privées avec ses actes publics ». Seul le « bulldozer » Chirac, « carré, énergique, acharné dans la discussion », trouve grâce à ses yeux. Mais l'ensemble, compilation de chiffres et de faits, manque de souffle.

Près de dix ans plus tard, en 2002, « Lady T. » se retire définitivement de la vie publique pour ménager sa santé, après plusieurs attaques cérébrales. L'année suivante, elle est terriblement affectée par la mort de Denis. Trois des hommes de sa vie ne sont désormais plus de ce monde. Reste Mark, ce fils fantasque en délicatesse avec la justice. C'est pourtant la sœur jumelle de ce dernier, Carol, productrice de télévision prometteuse, fragilisée par une vie privée chaotique, qui s'occupera jusqu'à la fin de cette mère toujours « absente », hier à cause de ses lourdes fonctions, aujourd'hui à cause de sa mémoire défaillante.

Le 8 avril 2013, à l'annonce du décès de Margaret Thatcher, ses adversaires les plus acharnés lèvent des pintes de bière. Sur un mur de Belfast, on lit : « Dame de fer, rouille en paix. » Le disque « Ding Dong ! La sorcière est morte ! », refrain du *Magicien d'Oz*, se vend comme des petits pains. Aux obsèques, c'est d'abord sa petite-fille, la fille de Mark, Amanda, 19 ans – tailleur noir, collier de perles et chapeau asymétrique –, que l'on remarque lors de sa lecture d'un extrait de l'épître de Paul aux Éphésiens. Elle a fière allure. Certains se prennent déjà à rêver d'une « Maggie » *bis*…

Bibliographie sélective

Leruez Jacques, *Le Phénomène Thatcher*, Bruxelles, Éditions Complexes, 2000.

Sergent Jean-Claude, *La Grande-Bretagne de Margaret Thatcher*, Paris, PUF, 1994.

Thatcher Margaret, *Mémoires*, tome 1 : *10 Downing Street*, trad. Patricia Blot, Christophe Claro, Hervé Denès ; tome 2 : *Les Chemins du pouvoir*, trad. Serge Quadruppani, Michèle Gibault, Évelyne Châtelain-Diharce et Hervé Denès, Paris, Albin Michel, 1993.

Thiriot Jean-Louis, *Margaret Thatcher*, Paris, Éditions de Fallois, 2007 ; rééd. Tempus, 2007.

17

Élisabeth II (née en 1926), la reine universelle

PAR ANNE FULDA

Elle est LA reine. La reine universelle. Une sorte de produit générique de la monarchie. Une souveraine dont on n'a même pas besoin de préciser le pays sur lequel elle règne tant elle se confond avec lui, tant elle incarne le Royaume-Uni. Élisabeth II est indéniablement une star internationale – oui, une star, qui rayonne, se pare de ses plus beaux atours pour être vue et fait preuve d'un sens de la mise en scène hors pair. Les années passent et elle est toujours là. Impassible, comme éternelle. Immobile à grands pas. Illustration féminine de cette fameuse réplique du comte Salina (Burt Lancaster) dans *Le Guépard* : car, pour la reine, « il faut que tout change pour que rien ne change ». Et ce malgré l'évolution du monde, la disparition d'êtres chers, malgré les tabloïds, les réseaux sociaux, la fin de l'Empire britannique, le Brexit, l'avènement d'une société multiculturelle, la libération des mœurs qui a rendu les divorces banals jusqu'au sein de la famille royale. Malgré, aussi, le mariage en 2018 de l'un de ses petits-fils, le prince Harry, avec une Américaine métisse et divorcée… Malgré tous ces événements, et bien d'autres, la vie de la reine Élisabeth II continue donc vaille que vaille à l'identique – ou presque – depuis soixante-dix ans. Laissant apparaître en pointillés le portrait d'une reine tout en contrastes.

Royale et rurale. Distante et familière. Accessible et lointaine. Ancrée dans le passé, les traditions et le décorum, mais s'étant adaptée aux évolutions de l'époque, aux impératifs de la communication moderne, parfois à contrecœur. Conservatrice et réformiste. Apparemment dépourvue de toute forme d'hubris et, dans le même temps, accolant son nom à un nombre incalculable d'institutions, de théâtres, d'orchestres symphoniques et de compagnies de danse jusqu'au gouvernement *de Sa Majesté*. Une souveraine dispendieuse pour célébrer le faste royal, et économe, détestant le gaspillage dans la vie quotidienne, comme la petite fille qu'elle était, qui gardait les papiers d'emballage de ses cadeaux. Une dirigeante d'une courtoisie extrême, ne manifestant jamais la moindre impatience dans le flot continu d'obligations que le protocole lui inflige, mais sachant trancher, prendre des décisions parfois brutales, voire douloureuses, au détriment de sa famille. Par devoir. Pour sauvegarder la Couronne. Sans jamais se plaindre. *Never complain, never explain* : une évidence. Une règle de vie.

Le roc

Pas de doute, Élisabeth II est une « icône » planétaire des temps modernes qu'accompagne depuis des années un cortège de clichés mêlant folklore et protocole. Pêle-mêle s'y retrouvent ses corgis, ses pur-sang, son gin tonic, ses châteaux, ses carrosses, ses Rolls, ses tenues en Technicolor, ses bibis, son collier de perles à trois rangs, ses tiares et couronnes, ses sacs – qui, lorsqu'ils passent d'un bras à l'autre, signifient qu'elle souhaite mettre fin à un entretien ennuyeux –, sa collection de timbres, son royal salut dispensé d'une main gantée, son goût pour les puzzles, les jeux de société, son réveil sous les fenêtres de Buckingham par une aubade de cornemuse, sa difficulté à s'entendre avec ses brus successives... Il y a aussi ses habitudes immuables : l'été à Balmoral, Noël et Pâques à Sandringham, le reste de l'année à Buckingham. Le derby d'Epsom et Royal Ascot en juin. Et sa participation, une fois par an, à la seule association dont elle est membre, le Women's Institute de West Newton, dont la vocation est de « conserver une Angleterre verdoyante et aimable ».

Les années passent et Élisabeth II demeure donc presque inchangée. Un peu plus voûtée par le poids des ans. Tel un point fixe au milieu d'un tourbillon de mutations, notamment politiques. Elle « a su préserver l'aura de la couronne en suivant la marche du monde », résume Tony Blair. La souveraine aura tout vu : la Seconde Guerre mondiale qui la marquera profondément, la guerre froide, la crise de Suez, de Cuba, la décolonisation et la désagrégation de l'Empire britannique, la chute du mur de Berlin, la montée des nationalismes écossais et irlandais (elle effectue en 2011 la première visite officielle en Irlande depuis la guerre d'indépendance), la guerre des Malouines, la guerre en Irak, l'adhésion à la CEE en 1973, puis le Brexit, la guerre en Ukraine. Elle aura également vu le premier homme marcher sur la Lune, l'explosion des années 1960, le *Swinging London*, la libération des mœurs, la minijupe, les Beatles (qu'elle décore en 1965), les Rolling Stones, la révolution numérique...

À l'arrivée, un règne qui marque l'histoire, avec des années fastes et d'autres moins, comme cette fameuse année 1992, à tout jamais ancrée dans les mémoires comme l'*annus horribilis*, car marquée par l'échec des mariages de trois de ses enfants, mais aussi par l'incendie du château de Windsor (qui la conduira à accepter, comme le commun des mortels, de payer des impôts). Une vie ponctuée, comme celle de n'importe qui, par des peines et des drames (le décès prématuré de son père George VI en 1952, la mort de son mentor Churchill en 1965, celle de Lady Di en 1997, celle de lord Mountbatten, assassiné par l'IRA, celle de sa sœur Margaret), comme de grands bonheurs. Notamment celui d'avoir été apparemment une femme amoureuse de son mari, depuis qu'elle l'a rencontré, lorsqu'elle avait 13 ans et lui 18, au collège naval de Dartmouth (le prince Philip est décédé le 9 avril 2021).

Lorsqu'on évoque Élisabeth II, la reine « qui ne voulait pas être reine », selon le titre du livre de Marc Roche, les superlatifs pleuvent souvent. Quarantième souveraine du royaume britannique depuis Guillaume le Conquérant, elle est celle qui est restée au pouvoir le plus longtemps : soixante-dix ans depuis le 6 février 2022, soit presque autant que Louis XIV (1638-1717), mais plus que François Joseph et même que son aïeule la reine Victoria.

Élisabeth II est par ailleurs la monarque la plus célèbre de la planète ; celle qui, depuis qu'elle est montée sur le trône, a été probablement la personne la plus photographiée au monde. Elle n'est plus la femme la plus riche du royaume mais demeure l'une des plus fortunées (en 2019, selon le classement du *Sunday Times*, elle arrivait en 356e position) et reste l'étendard de cette machine à rêves qu'est la monarchie britannique, une force d'attraction économique, touristique et symbolique pour tous ses adeptes. Un instrument de ce fameux *soft power* si difficilement définissable. Elle est aussi – ce que l'on sait moins – l'une des personnes les mieux informées du royaume. Car si, selon la formule consacrée, Élisabeth II « règne, mais ne gouverne pas », elle dispose, grâce aux fameuses *boxes* en cuir rouge (auxquelles a désormais également accès son fils Charles), des doubles de tous les documents reçus par le Premier ministre et donc d'informations stratégiques concernant la situation nationale et internationale de son pays.

Le succès phénoménal de la série *The Crown* diffusée sur Netflix, qui a attiré plus de 100 millions de téléspectateurs dans le monde en 2020, est à la hauteur de son aura, qui ne faiblit pas avec les ans. Élisabeth II a sillonné le monde entier, s'est rendue dans tous les recoins ou presque de son royaume, jusque dans les plus obscurs comtés, a parcouru de long en large le Commonwealth[1], mais aussi le reste de la planète. Elle a rencontré les plus grands dirigeants du XXe siècle : Churchill, de Gaulle, Eisenhower, Kennedy, Gandhi, des papes (pour la première fois en quatre siècles et demi, elle a reçu en tant que souveraine britannique le chef de l'Église catholique lors de la visite de Jean-Paul II en 1982), des démocrates, mais également – politique oblige – des dictateurs comme Nicolae Ceauşescu ou Mobutu.

En un mot, Élisabeth II est probablement l'un des derniers mythes vivants. Une personnalité qui demeure dans l'inconscient collectif comme un repère immuable. Une vigie qui a toujours tenu son cap. Un symbole qui défie le temps, les modes, les troubles politiques et sociaux. Fidèle à ces paroles prononcées en 1947, à Cap Town, en Afrique du Sud, lors de son premier voyage officiel à l'étranger, alors qu'elle n'a que 21 ans :

> Je déclare devant vous tous que ma vie entière, qu'elle soit longue ou brève, sera consacrée au service de l'Empire britannique et de la grande famille impériale.

Elle a tenu promesse, glissant, le 23 juin 2016 : « Je suis toujours là… »

Oui, toujours là… Là, comme une statue du commandeur. Exerçant son drôle de travail, prenant, chronophage, envahissant. Impossible à exercer en courant alternatif. Un « dur métier » qui exige que souvent la femme, l'amoureuse,

---

1. Cette libre association créée en 1931, dont Élisabeth II est la souveraine, regroupe aujourd'hui seize monarchies, dont le Canada, l'Australie et la Nouvelle-Zélande.

la mère ou la sœur s'effacent au profit de la souveraine. Détail symbolique : Claire Foy, la jeune actrice qui a interprété Élisabeth II dans la série *The Crown*, a relevé dans une interview que sa bague du couronnement « était bien plus lourde » que son alliance…

La métamorphose

Dans l'un des rares documentaires auxquels elle a accepté de participer, *Élisabeth R* (1992), la reine a tenté de définir les contours de cette fonction hors du commun :

> La plupart des gens ont un travail qu'ils peuvent quitter quand ils rentrent à la maison. Dans cette existence-ci, le travail et la vie vont de pair. On ne peut pas vraiment séparer l'un de l'autre. Il s'agit de mûrir dans un rôle que l'on s'habitue à jouer et d'accepter le fait que le sort l'ait voulu ainsi, parce que je crois que la continuité est une chose très importante. Il faut se faire une idée du travail que cela comporte et ensuite de ce que rétrospectivement on y trouve de satisfaisant. J'ai la forte impression qu'en fin de compte la formation est la réponse à beaucoup de choses. On peut faire beaucoup de choses si on y a été convenablement formés et j'espère l'avoir été.

Ce « métier de reine », qui tient plus du sacerdoce que d'une simple profession, Élisabeth a commencé à s'y initier jeune. Dès que son père, le duc d'York (devenu George VI), s'est retrouvé sur le trône, consécutivement à l'abdication de son frère qui avait préféré l'amour d'une Américaine divorcée à la douceur de l'hermine…

À 10 ans, la petite fille qu'elle est, qui assiste, fascinée, au couronnement de son père, le sait : elle est devenue la première de la famille dans l'ordre de succession. Lilibeth, comme on la surnomme, sage et raisonnable, a grandi jusque-là en princesse, mais loin des fastes de la Couronne. Elle reçoit une éducation traditionnelle, mais pas franchement destinée à en faire une intellectuelle. À partir de l'accession au trône de son père, tout change cependant. Brutalement. Élisabeth est désormais Son Altesse royale, doit faire la révérence de manière solennelle à ses parents lorsqu'elle les rencontre la première fois dans la journée, ses amies doivent l'appeler *Ma'am*. Elle prend des cours d'histoire constitutionnelle deux fois par semaine au collège d'Eaton, de même que des cours particuliers d'histoire européenne et de littérature française. On la prépare donc à devenir reine, mais cet horizon semble encore lointain. Très lointain. Elle n'imagine pas que le destin lui tombera sur les épaules prématurément alors qu'elle n'a que 25 ans et n'est encore qu'une jeune femme timide, déjà mère de deux enfants. Elle n'y est pas vraiment préparée. Mais pour l'aider à affronter cette épreuve, Winston Churchill s'avère l'un des meilleurs professeurs qui soient. Il est le premier des quatorze Premiers ministres qu'elle a connus en soixante-dix ans. Le plus charismatique aussi. Un homme qui a connu les deux guerres mondiales, défié et vaincu Hitler, et qui restera à jamais à part ; un mentor politique et un père de substitution.

Dévastée par la mort de George VI, Élisabeth comprend qu'elle devra désormais faire passer ses sentiments après la raison d'État. Un principe qu'elle appliquera toujours à la lettre, quitte à paraître parfois inflexible. Ne se laissant aller à montrer quelque trouble qu'une seule fois, en essuyant furtivement une larme en public, en 1997, au moment de la mise hors service du *Britannia*, le dernier yacht royal britannique…

Cette anesthésie des émotions a cependant parfois pu passer pour de l'insensibilité ou pour une forme d'indifférence totale aux souffrances de son peuple. Et à deux reprises, ce sont des Premiers ministres travaillistes qui lui enjoignent d'exprimer sa solidarité avec les siens. Le premier d'entre eux est Harold Wilson, arrivé au pouvoir en 1964 et dont certains des membres du cabinet sont radicalement opposés à la monarchie... À la suite d'un glissement de terrain à Aberfan, un village minier du pays de Galles, ayant provoqué la mort de 144 personnes dont 116 enfants, il réussit, face au vif émoi qui s'exprime dans l'opinion, à convaincre la souveraine de manifester sa solidarité et un soupçon d'empathie. Ce qu'elle fait en se rendant sur place, mais une semaine plus tard.

Selon Jean-Pierre Naugrette[2], professeur de littérature anglaise du XIXe siècle, traducteur et romancier, c'est paradoxalement un travailliste qui a permis à Élisabeth II d'accomplir cet indispensable « travail » permettant d'articuler ce que Kantorowicz appelle « les deux corps du roi » : son corps terrestre et mortel et son corps politique, immortel, celui du royaume, qu'il transmet à ses successeurs.

> Mais Dieu que le royaume souffre lorsque le premier corps donne l'impression de ne pas souffrir.

Trente ans plus tard, ce « syndrome d'Aberfan » se reproduira au moment de la mort accidentelle de Diana, en 1997. Là encore, alors que le pays est en deuil, saisi par une émotion réelle, un chagrin sincère, et pleure « la princesse du peuple », la reine – dont les relations avec sa belle-fille étaient notoirement exécrables – se drape dans un premier temps dans une apparente indifférence (refusant de dire un mot ou de mettre les drapeaux en berne) qui glace ses sujets. Il faudra de nouveau l'insistance d'un autre Premier ministre travailliste, Tony Blair, pour que la reine exprime un minimum de compassion et se plie aux nouveaux rites de la communication à outrance. Naugrette écrit encore :

2. Dans un article intitulé « *The Crown* et le syndrome d'Aberfan », *La Revue des Deux Mondes*, juillet-août 2021.

> Si elles n'étaient pacifiques, les fleurs s'entassant contre les grilles pourraient faire penser à une prise de la Bastille symbolique opposant d'un côté les tenants de « la princesse du peuple », amie d'Elton John, adepte des missions caritatives, belle et généreuse, et de l'autre la reine officielle, racornie, glaciale, ne pensant qu'à ses corgis et ses chasses en Écosse [...] La reine estime que le peuple lui appartient. Le Premier ministre, élu du peuple, estime que c'est à la reine de l'incarner : ce n'est pas une rente ontologique, c'est une démarche éthique permanente dans laquelle le corps en souffrance de la vieille reine est en jeu.

Le message sera compris et permettra à Élisabeth de sortir de la crise la tête haute.

On peut au passage légitimement se demander en quoi Élisabeth II est une femme de pouvoir ? On le sait, le pouvoir politique de la reine d'Angleterre est plus symbolique que réel. Elle est garante de l'unité et de la stabilité du pays, elle incarne la Nation dans sa globalité. Un rôle obligatoirement neutre, apolitique, se situant au-dessus des partis et qui est symbolisé par son discours annuel à la Chambre des lords : une allocution solennelle lue à la première personne, mais rédigée par le Premier ministre...

Reine de Grande-Bretagne et d'Irlande du Nord, cheffe du Commonwealth et de l'Église anglicane, commandante en chef des armées, elle ne peut se permettre, dans le cadre de cette monarchie constitutionnelle qu'est la Grande-Bretagne, que de « formuler des avertissements, donner des encouragements et des conseils » au gouvernement, selon les règles énoncées par Walter Bagehot, l'auteur de *La Constitution anglaise* (1867), livre qu'Élisabeth II a épluché consciencieusement avant de monter sur le trône, tout comme ses prédécesseurs. On l'a dit, elle règne mais ne gouverne pas, ce qui ne lui ôte pas le droit, du moins en théorie, de donner son opinion sur les événements ou les décisions politiques. Marc Roche note malicieusement :

> Dans les faits, un souverain britannique ne règne que sur les cygnes, les baleines et les esturgeons – propriétés royales depuis 1324 – croisant dans les eaux territoriales de son royaume.

Pour autant, son pouvoir est loin d'être nul. Élisabeth II promulgue les lois, ouvre et suspend les sessions du Parlement. Le gouvernement est celui de Sa Majesté. D'où l'importance du fameux entretien hebdomadaire qui se tient chaque mercredi, sans témoins, entre la reine et le Premier ministre, et qui dure en général une heure. Un tête-à-tête reconstitué notamment dans la série *The Crown*. Formel et dense dans le même temps, il symbolise combien les deux entités ont partie liée. Elle invite également chaque année le chef du gouvernement au château de Balmoral, le premier week-end de septembre. Dans ses mémoires, Tony Blair a décrit cette expérience comme « un mélange intéressant d'expériences insolites, surréalistes, voire, osons le dire, flippantes », et raconte comment la reine dresse elle-même la table avant d'enfiler des gants en caoutchouc pour faire la vaisselle…

Qui que soit le locataire du 10, Downing Street, Élisabeth observe toujours un même cérémonial lors de cet entretien rituel. Elle sort de son sac une feuille sur laquelle elle a noté quelques points à évoquer. Aucun compte rendu, aucune note n'est prise. Politique intérieure et internationale, opérations militaires, informations concernant le Commonwealth ou la famille royale… il n'y a pas de sujets tabous. Normalement, rien ne doit sortir de cette entrevue, mais certains Premiers ministres ont un peu levé un coin du voile… comme David Cameron (2010-2016), qui a confié dans ses mémoires que la souveraine posait des questions d'une extraordinaire pertinence. Visiblement, sa manière de le faire, de la façon la plus anodine qui soit, peut être malicieuse et pleine de sous-entendus. Ce que l'on appelle le fameux *understatement* britannique. L'historien Philippe Chassaigne décrypte :

> Il est connu que, lorsqu'on lui présente une idée, si elle dit : « En quoi cela peut-il aider ? », cela veut dire qu'elle juge l'idée complètement idiote et qu'elle estime qu'il vaudrait mieux l'abandonner.

« Êtes-vous sûr ? » aurait valeur de refus définitif. Cela dit, rien n'oblige le Premier ministre à suivre un avis de la reine lorsqu'elle l'exprime.

Bien qu'elle soit censée observer une totale neutralité, d'aucuns ont cru percevoir certains signes comme des indices subtils de ses convictions. Ce fut le cas notamment au moment du Brexit ou du référendum sur l'Écosse. *A priori*, Élisabeth, qui avait promulgué la suspension du Parlement demandée par Boris Johnson fin août, puis prononcé un discours de politique générale devant la Chambre des communes deux semaines avant la date fatidique, a respecté la règle de sa réserve obligée. Mais il lui est arrivé d'envoyer des messages subliminaux. Ou du moins qui ont été interprétés comme tels. En prononçant des paroles apparemment sibyllines, ou plus volontiers en arborant des tenues aux couleurs symboliques.

Le 24 janvier 2019, alors que Theresa May, Première ministre de l'époque, peinait à faire voter l'accord sur le Brexit, une petite phrase prononcée au Women's Institute, dans laquelle la reine engageait les uns et les autres à recourir à « des recettes éprouvées, comme se parler avec respect et respecter les différents points de vue, se rassembler pour chercher un terrain d'entente et ne jamais oublier de prendre du recul », avait été interprétée comme un appel au compromis.

Deux ans plus tôt, en 2017, lors de son discours de politique générale, la robe bleue et le chapeau assorti orné de fleurs bleues avec une pointe de jaune – couleurs du drapeau de l'Union européenne – sont perçus comme une forme de soutien à l'Europe, alors que certains pensaient que le cœur de la reine battait plutôt pour l'autre camp. Des interprétations contestées dans les deux cas par Buckingham Palace qui a toujours mis en avant la stricte neutralité politique de la reine et avait même déposé plainte, en mars 2016, contre le tabloïd *The Sun*, qui avait titré : « La reine soutient le Brexit. »

En juillet 2018, c'est cette fois la broche arborée par Élisabeth II lors de la visite de Donald Trump qui avait fait parler. Pour accueillir le président américain, la reine avait en effet choisi un bijou offert quelques années plus tôt par le couple Obama… avant de revêtir le lendemain une robe bleue, couleur fétiche des démocrates.

Enfin, en 2014, quelques jours avant le référendum sur l'indépendance de l'Écosse, *the Queen* avait glissé, en sortant de la messe à l'église de Crathie en Écosse :

> Eh bien, j'espère que les gens réfléchiront très soigneusement au futur.

Ces quelques mots avaient été largement repris dans les médias et perçus comme une manière de se prononcer pour le maintien de l'Écosse dans le royaume, et d'envoyer, comme le lui avait demandé le Premier ministre de l'époque, David Cameron, un signe de soutien discret. Ce signe eut-il un impact sur le vote ? En tout cas, le 18 septembre, les Écossais se prononcèrent à plus de 55 % contre une sortie du Royaume-Uni.

Mais derrière ses signaux cabalistiques interprétés doctement par tous les experts de la Couronne, il est aussi arrivé que certains discours de la reine – qui s'exprime peu, d'une voix terne, et en usant souvent d'une magnifique langue de bois – aient une résonance singulière. Ce fut notamment le cas de celui qu'elle a prononcé le 5 avril 2020, en pleine pandémie de coronavirus. Une allocution exceptionnelle (la cinquième depuis le début de son règne, en dehors de ses traditionnels messages de Noël) prononcée depuis le château de Windsor. Un texte court et vibrant qu'elle a écrit elle-même, dans lequel elle exhortait ses sujets à l'optimisme :

> Des jours meilleurs reviendront ; nous retrouverons nos amis ; nous retrouverons notre famille ; nous nous reverrons.

Des paroles simples ayant la vertu de l'exemple et contrastant singulièrement avec l'image renvoyée à l'époque par un Boris Johnson désinvolte, organisant des fêtes au 10, Downing Street en faisant fi des consignes sanitaires. Une fois de plus, comme ses parents au moment de la Seconde Guerre mondiale, elle offre et incarne une image de stabilité dans la tempête. Un symbole de foi dans l'avenir, Élisabeth étant vêtue pour l'occasion d'une robe verte, couleur de l'espoir… Un détail ? Pas vraiment.

L'incarnation

À côté du pouvoir de la parole, dont la reine use modérément – en soixante-dix ans, peu de discours marquants sont à mettre à son actif –, Élisabeth II dispose d'un pouvoir difficilement quantifiable, mais qui s'avère de plus en plus déterminant : celui de l'image. Les tenues de cette *rainbow queen*, qui ne s'intéresse guère à la mode, font ainsi partie intégrante d'une stratégie de communication parfaitement orchestrée. Elles sont étudiées au plus près, choisies afin que la première ambassadrice du pays soit toujours facilement repérable et vêtue comme il convient, de manière confortable et pratique.

« Je dois être vue pour être crue », dit-elle souvent. Une formule éloquente, qui prouve combien la reine a compris que la pérennité de la Couronne est liée à la manière dont elle apparaît et est perçue. Immortalisée par les plus grands photographes, de Cecil Beaton à Annie Leibovitz, et par les plus grands peintres contemporains, de Lucian Freud (le petit-fils de Sigmund) à Andy Warhol, Élisabeth II est aussi célèbre que Mao, Che Guevara ou Karl Lagerfeld. Elle est devenue d'une certaine façon, selon les termes qu'employait le maître-couturier de Chanel, « une marionnette médiatique » contemporaine, à l'identité visuelle reconnaissable dans le monde entier.

Ce désir d'être vu et reconnu a toujours existé chez les monarques qui ont compris depuis des années la nécessité de se montrer. Traditionnellement sur des timbres, des tableaux, puis au fur et à mesure de l'évolution des technologies, avec des photos, des films ou sur les réseaux sociaux, sans oublier les nombreux voyages et représentations du pouvoir en majesté qui entretiennent l'illusion d'un contact direct entre le souverain et ses sujets. Élisabeth II n'a pas dérogé à la règle et elle a même innové en la matière, évoquant parfois avec humour cette notoriété hors normes. Ainsi, un jour, une cliente d'un magasin de Sandringham l'interpelle : « Excusez-moi, mais vous ressemblez à la reine. — C'est plutôt rassurant », lui rétorque la souveraine. Et, à un député qui lui fait remarquer combien ce doit être fatigant de rencontrer tant d'inconnus, elle répond : « C'est moins dur qu'il n'y paraît. Je n'ai pas à me présenter, ils savent qui je suis. »

En matière de communication, là encore Élisabeth sait s'adapter à son époque. Il faut dire qu'elle est très vite médiatisée, comme on ne dit pas encore à l'époque de sa naissance, et poussée à se mettre en avant par ses parents. Peu de temps après sa venue au monde le 21 avril 1926, on découvre la fille aînée d'Albert et Élisabeth, duc et duchesse d'York, dans les bras de ses parents. Quelques mois plus tard, en 1927, on la retrouve à 1 an, boucles blondes et regard clair et rieur, seule cette fois. Une star est née. Et le début d'une longue série de clichés. Alors que son grand-père George V, qui a toujours détesté les enfants, s'entiche d'elle, elle fait même l'objet dans les années 1930 d'un véritable culte populaire.

Quelques années plus tard, lorsque son père est devenu roi et que la Seconde Guerre mondiale a éclaté, la sympathique princesse est mise à contribution. Tandis que ses parents vont au-devant de la population dans Londres bombardée, elle prononce, à 14 ans, sa première allocution publique sur les ondes de la BBC, dans *Children's Hour*, pour adresser un message de soutien aux enfants britanniques. On la distingue aussi sur des photos en train de tricoter des pulls pour les soldats. Et alors qu'elle est nommée à 16 ans grenadier de la garde royale, avant de s'engager dans le service territorial auxiliaire, on la voit en 1945 conduisant une ambulance en uniforme ; un uniforme qu'elle arborera d'ailleurs au balcon de Buckingham, lors de la célébration de la victoire, le 8 mai 1945, aux côtés de ses parents, de Winston Churchill et de sa sœur.

Lorsqu'elle arrive sur le trône, Élisabeth n'est donc pas une novice en matière de maîtrise de l'image. Elle a l'habitude, depuis vingt ans, d'évoluer sous les objectifs des appareils photos et des caméras. Elle a déjà prononcé des discours en public, même si elle manque d'expérience et apparaît encore empruntée. Une fois devenue reine, elle apprendra au fil des ans à améliorer sa communication tout en se méfiant des journalistes.

Fine mouche, la souveraine, qui n'est pas dénuée de sens politique, sent instinctivement que la survie de la monarchie est étroitement liée à son image publique. Son souhait, suivant en cela les conseils de son mari, le prince Philip, que son sacre soit filmé en direct par la BBC et diffusé à la télévision, le 2 juin 1953, le prouve. Son biographe Jean des Cars écrit :

> Élisabeth II pressent qu'avec la télévision, ses sujets vivent un changement d'époque. [...] Un compromis est trouvé : on diffusera le couronnement parce que c'est un acte politique, mais on ne transmettra pas les images de l'onction sainte des prières et de la communion.

Avec cette décision – une première –, la reine envoie d'emblée au monde entier un gage de modernité : son fastueux couronnement à l'abbaye de Westminster marque l'avènement du nouvel âge cathodique dont elle est inséparable, mais qu'elle veille à soigneusement contrôler. Rapidement les vendeurs de postes de télévision sont en rupture de stock. La cérémonie, diffusée en Eurovision, sera regardée par 300 millions de téléspectateurs, dont 27 millions au Royaume-Uni. Par la suite, Élisabeth II saura de nouveau, tout en gardant les fondamentaux de la tradition, s'adapter sans se renier, ce qui est en quelque sorte sa marque de fabrique. À la fin des années 1960, sentant que la famille royale est perçue comme un peu désuète, hors du temps, par une société en plein bouleversement, Élisabeth II autorise ainsi le tournage d'un documentaire d'une heure trente censé lever un coin sur la vie quotidienne de la famille. *Royal Family*, diffusé sur la BBC, puis ITV, sera vu par 30 millions de téléspectateurs... Certains probablement interloqués face à la simplicité affichée et un peu surjouée de la famille royale.

Des années plus tard, après la mort de Lady Di et sa réaction tardive face à l'émotion populaire suscitée par sa disparition, la reine comprend qu'elle doit de nouveau séduire l'opinion. Le mariage, en 2011, de son petit-fils William avec la roturière Kate Middleton y participe, de même que la célébration du 60e anniversaire de son sacre ou la préparation des Jeux olympiques à Londres. Pour l'occasion, la reine participe même à un petit film réalisé par

Danny Boyle dans lequel on la voit lancer : « Good evening Mr. Bond ! » à Daniel Craig, avant d'être héliportée et de sauter en parachute (du moins sa doublure) pour donner le coup d'envoi des compétitions. Un film qui sera diffusé dans le monde entier et montrera que, décidément, la monarchie britannique est éternelle et n'a pas grand-chose à apprendre de Hollywood…

Dans ce même souci de coller à son temps sans lâcher sur l'essentiel, en 2014, à 88 ans, Élisabeth envoie son premier tweet signé « Elizabeth R » (comme *regina*) ; elle dispose aussi depuis de comptes Facebook et Instagram, tandis que ses discours sont diffusés sur YouTube et que la monarchie dispose d'un site Internet régulièrement mis à jour. La reine utiliserait également depuis quelques années des mails pour échanger avec ses petits-enfants et, lors de la pandémie de Covid, communiquer en visioconférences.

Cette modernité et cette réactivité en matière de communication n'expliquent qu'en partie la popularité persistante d'une monarque qui, sans la part de mystère et de sacré qui entoure toujours son trône, ne serait probablement plus là. Élisabeth II, qui considère sa fonction comme une mission divine et est l'un des derniers souverains à avoir été sacré, oint par les saintes huiles par l'archevêque de Canterbury, est en effet devenue à proprement parler un mythe, au sens que lui donne Roland Barthes – « des sortes de divinités sans réel pouvoir, mais vivant au-dessus des lois humaines » – et dont le rayonnement « dans l'inconscient populaire s'accroît à mesure que leur pouvoir réel s'amenuise ». Un mythe qui fascine notamment en France, probablement parce qu'il réunit, comme l'analyse finement Stéphane Bern, une bonne part d'éléments dont nous sommes frustrés :

> La continuité historique, la situation arbitrale du souverain indépendant des intérêts particuliers ou partisans,

et peut-être aussi ce que les Anglais appellent la *pageantry*, l'apparat, ce faste qui nous paraît toujours un peu illégitime lorsqu'il se déroule sous les ors de la République.

Un mythe qui n'envisage naturellement pas d'abdiquer et a la caractéristique rare d'avoir été une légende de son vivant… et, ultime paradoxe, d'être devenu iconique à son crépuscule.

Bibliographie sélective

BEDELL SMITH Sally, *Élisabeth II. La vie d'un monarque moderne*, Paris, Éditions des Équateurs, 2018.
CARS Jean DES, *Élisabeth II. La Reine*, Paris, Perrin, 2021.
—, *La Saga des Windsor*, Paris, Tempus, 2011.
« Élisabeth II », *Légende*, n° 4, 2021.
« Le modèle britannique. Le sacré qui nous manque », *Revue des Deux Mondes*, juillet-août 2021.
RIVÈRE Isabelle, *Élisabeth II. Dans l'intimité du règne*, Paris, Seuil, « Points », 2013.
ROCHE Marc, *Elle ne voulait pas être reine !*, Paris, J'ai lu, 2022.

18

Ellen Johnson Sirleaf (née en 1938), l'étoile solitaire du Liberia

PAR VINCENT HUGEUX

Dis-moi quels sont tes surnoms, je te dirai qui tu es et quelle femme tu fus. Au choix, « Mum Ellen », « Ma Ellen », « Ellie » ou « *The Iron Lady* ». La Libérienne Ellen Johnson Sirleaf, première présidente élue d'Afrique, aura endossé au gré d'un parcours tourmenté et romanesque chacun de ces labels. L'un après l'autre, voire tous ensemble. Mum et Ma, voilà pour la mère et l'aïeule de la nation, la matriarche souvent impérieuse, parfois consolatrice, de celles qui prêtent si peu de mérites aux hommes et tant de vertus à leurs sœurs. Ellie ? Diminutif un rien trop familier pour cette pionnière austère, volontiers cassante. Dame de fer, enfin, et fière de l'être. Même si quelques soupçons de rouille en terniront l'éclat.

Nulle n'est prophétesse en son pays. Gratifiée en 2011 d'un prix Nobel de la paix, la maussade madone aura toujours été plus révérée dans les palais occidentaux que sur ses terres. Cueillant lauriers et louanges à Oslo, Londres, Washington ou Paris ; essuyant dans les bas-quartiers de Monrovia d'amers griefs, à la mesure des formidables espérances que suscita son avènement. Son double patronyme a lui-même les couleurs contrastées d'un paradoxe. Johnson Sirleaf, et non Johnson-Sirleaf. Point de trait d'union. Tant pis pour le symbole : une trentaine d'ethnies cohabitent à grand-peine au Liberia, enclave côtière si souvent livrée à l'abjecte cruauté de porte-flingue plus ou moins galonnés. Et pourquoi diable avoir gardé ce nom d'épouse, Sirleaf, légué par un mari alcoolique et brutal, dont elle divorça à 23 ans ?

Le reflet, peut-être, de son identité plurielle, tiraillée, incertaine, aussi fragmentée et ambiguë que peut l'être celle d'une patrie taillée *ex nihilo*, dès 1822, dans le flanc ouest de l'Afrique, censée accueillir les esclaves affranchis de retour des États-Unis, élevée un quart de siècle plus tard – du jamais-vu sur le continent – au rang de république indépendante. Une utopie en trompe-l'œil, qui va très vite virer à l'aigre. D'autant que sous l'étendard bigarré de l'American Colonization Society[1], marraine de l'aventure, se coudoient pieux abolitionnistes et planteurs mus par le désir d'éloigner au plus vite cette main-d'œuvre émancipée dont ils craignent qu'elle ne sème, aussi, les germes de la révolte. D'emblée, la caste ultra-minoritaire et souvent métissée des Américano-Libériens, les Congos, astreint les « indigènes », ou *natives*, à une écrasante servitude, préfiguration des régimes d'apartheid à venir. Hormis la parenthèse chaotique et sanglante ouverte en 1980 par le putsch du sergent Samuel Doe[2], l'élite des revenants, protestante et

1. Fondée en 1816 par Robert Finley, l'American Colonization Society, d'emblée dénoncée par les cercles abolitionnistes, avait pour objectif prioritaire d'organiser l'émigration des Afro-Américains vers le continent noir, afin d'en diminuer les effectifs. Hostiles à l'affranchissement des esclaves comme à leur émancipation, ses animateurs achètent en 1821 des terres à l'embouchure du fleuve Saint-Paul, embryon du futur Liberia.

2. Né en 1951, Samuel Kanyon Doe renverse le président William Tolbert en avril 1980 et instaure un Conseil populaire de la Rédemption, cinq ans avant d'accéder formellement à la présidence. En butte aux rébellions de Charles Taylor et de son rival Prince Johnson, son régime dictatorial s'effondre lorsque, le 9 septembre 1990, les maquisards fidèles à ce dernier le capturent et le torturent à mort.

franc-maçonne, confisque les leviers du pouvoir et du savoir. Dès lors, le Liberia et ses 4,5 millions d'âmes ne sortiront de l'ombre que sous les feux des tragédies qui le dévastent ou, plus rarement, nimbé de l'aura de ses icônes. Dans l'ordre : l'atroce guerre prétendument civile qui l'endeuille de 1989 à 2003 – 250 000 tués, un million de déplacés et réfugiés –, puis l'épidémie d'Ebola, virus fatal à plus de 4 800 hommes, femmes et enfants entre mars 2014 et novembre 2015. Au rayon des totems, Ma Ellen, bien sûr, mais aussi son rival George Weah, l'ancien buteur du Paris-Saint-Germain et de l'AC Milan, seul Ballon d'or africain à ce jour.

La citrouille et le prophète

Le 29 octobre 1938, Ellen Eugenia Johnson voit le jour à Monrovia, au cœur d'une société âprement polarisée. Quoique *native* pur jus, elle passera très vite pour une Américano-Libérienne. Héritée d'un grand-père maternel allemand, négociant de son état, la pâleur de sa peau n'y est pas pour rien. Pâleur toute relative : dès sa naissance, la rondeur de son visage et son teint écarlate lui valent le sobriquet affectueux de *Red Pumpkin*, « citrouille rouge ». Il n'empêche. Bien plus tard, elle confiera au magazine *Time* l'un de ses songes d'alors : se réveiller Noire afin d'échapper aux railleries de ses camarades[3]. Autre facteur de confusion, son pedigree social. Conformément à une tradition tenace, ses parents, issus l'un et l'autre de familles désargentées, ont été placés dès l'enfance dans des foyers congos. Fils d'un dignitaire coutumier, et polygame, de la communauté gola[4], son père, Carney Johnson, enfilera avec l'aide de ses tuteurs

3. *Time* du 28 novembre 2011.
4. La communauté gola constitue un groupe ethnique minoritaire, présent dans l'ouest du Liberia et l'est de la Sierra Leone.

une robe d'avocat. Mieux, il sera le premier autochtone élu à la Chambre des députés et fera office, jusqu'à ce qu'une attaque cérébrale le cloue sur un fauteuil roulant, d'émissaire du président William Tubman[5], que la petite Ellen aperçoit parfois dans le salon de la maison familiale de Benson Street. Quant à sa mère Martha, adoptée par Cecilia et Charles Dunbar, elle deviendra enseignante et prédicatrice. Statut en partie délaissé quand l'infortune de son mari la contraint, pour subvenir aux besoins des siens, à vendre des plats cuisinés à la maison.

Qu'à cela ne tienne : pour la Citrouille, il y a du carrosse dans l'air. Sur le berceau de miss Pumpkin, numéro 3 d'une fratrie de quatre, quelques fées se sont penchées, dont un prophète itinérant, le « Très Ancien ». Le vieillard décrète à sa vue :

> Cette enfant sera quelqu'un d'important, Elle dirigera[6].

Oracle seriné année après année aux oreilles de la fillette par son entourage, avec un entrain teinté de dérision.

En attendant que le présage la rattrape, Ellen se plaît à faire les quatre cents coups avec frères et cousins à Julejuah, le fief natal de papa Carney, niché à une trentaine de

---

5. Né en novembre 1895, William Tubman a dirigé le Liberia de 1944 à sa mort, en 1971. Sous sa présidence, marquée par l'afflux d'investissements étrangers et d'indéniables efforts en faveur de l'unité nationale, le pays, modernisé, connaît une relative prospérité. En revanche, sa gouvernance prendra très vite un tour autoritaire, sinon dictatorial.

6. Apocryphe ou pas, la formule inspirera à Ellen Johnson Sirleaf le titre de son autobiographie, parue en 2009 chez HarperCollins : *This Child Will Be Great: Memoir of a Remarkable Life by Africa's First Woman President.* « Peut-être était-il prophète, y écrit-elle sans excès de modestie à propos du vieil augure. Car je suis convaincue d'avoir fait du bon boulot. Je sais que l'histoire me jugera comme le meilleur président [que le Liberia ait connu] à ce jour. ».

kilomètres au nord de la capitale. Elle grimpe aux arbres et barbote dans la rivière qui baigne le village. « Une obstinée, un vrai garçon manqué », confie sa sœur aînée et confidente Jennie, celle-là même qui, à la présidence, régentera son agenda. De fait, la gamine intrépide, future volleyeuse de talent, sacrifie aussi au culte du football, religion nationale, au point de briller dès l'âge de 8 ans dans une équipe mixte. À la même époque, une cruelle désillusion contribue à lui forger le caractère. Pour la première fois, Ellen doit prendre la parole devant les fidèles de l'église presbytérienne du quartier. La veille, au pied d'un goyavier du jardin familial, celle qui rêve d'enfiler un jour une blouse de prof a appris son texte par cœur. Las ! le moment venu, pas un mot ne franchit le seuil de ses lèvres. Humiliée, la petite paroissienne frappée de mutisme regagne sa chaise en pleurs.

Épouse amère

Simple anicroche dans un cursus exemplaire, qui la mène tout droit sur les bancs du College of West Africa, l'une des écoles secondaires les plus huppées de Monrovia. Pas mal pour une lycéenne dont les deux grands-mères étaient analphabètes... L'antichambre d'une fac prestigieuse, américaine de préférence ? Pas si simple. D'abord, l'argent manque pour régler la note d'une telle épopée transatlantique. Ensuite, l'amour s'en mêle. Il prend le visage, avenant et raffiné, d'un certain James Sirleaf, agronome en herbe tout juste sorti du fameux Institut Tuskegee, en Alabama. Voilà comment, à 17 ans, Ellen épouse le fringant James, alias « Doc ». Le couple s'installe chez Ma Callie, la mère du bellâtre. Lui travaille pour le ministère de l'Agriculture. Elle a déniché un job d'assistante comptable dans un garage. Dix mois après les noces naît un premier héritier, James, dit Jes[7]. Suivront en rangs serrés trois autres garçons, Charles, Robert et Adamah. Nul doute que la jeune maman s'acquitte vaillamment de ses devoirs, entassant son quatuor dans sa Coccinelle Volkswagen, le temps d'une virée à l'église ou d'une visite chez l'une des *grandmas.* Mais quand Doc décroche une bourse de l'université du Wisconsin, elle décide de le suivre, histoire d'approfondir ses études de comptabilité au Madison Business College. Quitte à trimer, pour les financer, dans un drugstore ou une station-service. C'est alors que le temps se gâte et que le vernis craque. Déjà, James s'était montré possessif, machiste, voire brutal. Porté sur la bouteille, il devient violent. Et quand le couple rentre au pays, ça ne s'arrange guère. La rumeur prétend que monsieur a giflé madame, recrutée entre-temps par le département du Trésor, dans son bureau du ministère des Finances, lui reprochant de rentrer trop tard du boulot. Pire, il aurait pointé vers elle son pistolet en présence de leurs quatre enfants. C'en est trop : Ellen demande et obtient le divorce.

Si contrasté fût-il, ce séjour outre-Atlantique annonce bien d'autres allers-retours. Quatre décennies durant, le cours de sa vie aura des allures de navette. Entre l'Afrique et l'Amérique ; entre la férocité des joutes politiques libériennes et la quiétude cossue des institutions bancaires ou des cénacles onusiens. Mais l'appel des racines finit toujours par l'emporter. Et tant pis s'il faut, pour surnager dans le cloaque de Monrovia, se salir un peu les mains et risquer parfois sa vie.

Il arrive aussi que le franc-parler de l'ex-Mrs. Sirleaf précipite ses exils. La petite paroissienne tétanisée par le trac a bien grandi, et elle a grandi en bien. En 1969, à la faveur

7. James Sirleaf Jr., qui avait fait carrière dans la banque puis le pétrole, est décédé en décembre 2021 à Monrovia, à quelques jours de son 65e anniversaire.

d'une conférence sur le développement, elle flétrit la dérive « kleptocratique » du régime du président William Tubman. Et doit à un professeur d'économie américain une exfiltration salutaire. Cap sur l'université de Boulder (Colorado), puis l'École de gouvernement John F. Kennedy de Harvard, où elle rafle deux ans plus tard un master en administration publique. Ainsi capée, la jeune diplômée décroche un maroquin de vice-ministre des Finances sous William Tolbert, le successeur de Tubman. Un autre discours, fracassant lui aussi, affine son profil d'imprécatrice. Devant la Chambre de commerce du Liberia, elle accuse les cadors du business national de ruiner le pays en thésaurisant leurs profits ou en les plaçant à l'étranger.

Diagnostic imparable mais qui tend à altérer son discernement. Loin de condamner, en avril 1980, le coup d'État de Samuel Doe, Ellen accepte de prendre les rênes de la Banque libérienne pour le développement et l'investissement, avant de les lâcher, horrifiée par les exactions du putschiste. Il faut dire que ce sous-officier d'ethnie krahn[8] a ordonné la liquidation du président Tolbert, assassiné à la baïonnette dans son lit, avant de convier la presse à assister à la mise à mort de treize de ses ministres, fauchés au fusil-mitrailleur sur une plage de la capitale. Retour à la case exil. Ce sera Washington, siège de la Banque mondiale, puis Nairobi (Kenya), où l'attend un fauteuil de numéro 2 du bureau régional de la Citibank.

Une captive miraculée

En 1985, année riche en élections, la mère divorcée replonge dans le chaudron libérien. Un temps candidate à

8. Le groupe ethnique krahn a fait souche dans l'intérieur de l'actuel Liberia ainsi qu'en Côte d'Ivoire dès le XVIe siècle. Il appartient à la vaste famille linguistique kru.

la vice-présidence contre le sortant galonné, elle se rétracte, préférant arracher un mandat de sénatrice, mais refuse de siéger pour dénoncer les fraudes grossières qui entachent ces scrutins. Son intransigeance lui vaut une assignation à résidence, puis, au lendemain d'un *pronunciamiento* anti-Doe avorté, une peine de dix ans de détention pour « sédition ». La réfractaire, qui a eu l'audace de vilipender les caciques de la junte, ne purgera que huit mois : soumis à d'intenses pressions de la communauté internationale, le clan Doe la libère à l'été 1986. Réclusion abrégée, donc, mais ineffaçable, tant elle fut ponctuée de périls et d'angoisses. D'abord, l'arrestation par une poignée de soldats ivres qui menacent en chemin de l'ensabler vivante en bord de mer. Puis le cachot surpeuplé de la prison militaire, où ses geôliers s'ingénient à la terroriser, tentant d'enflammer sa chevelure. Une nuit, ils embarquent tous les hommes de la cellule. Restée seule, Ellen entend le staccato des fusils automatiques et croit sa dernière heure venue. Pourquoi l'épargne-t-on ? Mystère.

Dans ce bagne fétide plane néanmoins le spectre du viol. Quand les garde-chiourmes traînent sous ses yeux une femme à demi dénudée, la captive les sermonne : « Vous ne pouvez pas faire ça ! Pensez donc à vos mères ! » Et quand l'un d'eux entreprend de l'avilir à son tour, elle ne doit le salut qu'à l'irruption d'un officier issu du clan tribal de son père. Mieux, son protecteur reste en faction devant la porte jusqu'au petit matin. La proscrite encaisse mais ne flanche pas. Elle argumente, elle exhorte, elle admoneste, sans jamais implorer. « Je n'ai pleuré à aucun moment, car j'ai le cuir épais », confiera-t-elle deux décennies plus tard, attribuant sa « force intérieure » à la foi et aux valeurs en vigueur dans sa famille[9]. Déjà, à l'heure de l'enfantement, son stoïcisme avait sidéré sa belle-mère, venue l'assister : pas une larme, pas un gémissement, pas une plainte. Après l'épreuve carcérale

9. *The Los Angeles Times* du 25 janvier 2007.

s'ouvre une nouvelle parenthèse américaine, à la tête cette fois d'une filiale de la Hong Kong & Shangai Corporation, banque mieux connue sous ses initiales HSBC.

Pour Ma Ellen, l'histoire bégaie. À l'approche de l'échéance présidentielle de 1997, elle abandonne le confort et le prestige attachés à sa mission de directrice Afrique du Pnud, le Programme des Nations unies pour le développement, afin de défier dans les urnes le caïd milicien Charles Taylor. Celui-là même que, aveuglée par le désir d'en finir avec le règne cauchemardesque de Samuel Doe, elle avait eu l'imprudence d'épauler[10]. Sans doute l'épisode le plus navrant de son riche CV. Incarcéré aux États-Unis pour détournement de fonds, Taylor était parvenu à s'évader de sa prison bostonienne et, de retour au pays, avait monté une rébellion avec le concours du « Guide » libyen Muammar Kadhafi. Au soir du réveillon 1989, le métis américano-libérien déclenche une insurrection armée. Devancé à Monrovia, la capitale, par Prince Johnson, un autre « seigneur de la guerre », il l'évince au prix d'un siège meurtrier, prélude à sept ans de malheur.

Bien sûr, l'*Iron Lady* du Liberia finira par admettre, de mauvaise grâce, avoir fait don de 10 000 dollars au sulfureux « Superglu », ainsi surnommé pour sa propension à happer les flux d'argent passant à sa portée au temps où il jouait les intendants du régime Doe aux États-Unis. Entendue en février 2009 par la commission Vérité et Réconciliation (TRC), instance créée au demeurant par ses soins, elle adopte le registre de la contrition. Verbatim :

10. Président de 1997 à 2003, Charles Taylor a été condamné le 30 mai 2012 à cinquante ans de détention pour crimes de guerre et crimes contre l'humanité par le Tribunal spécial pour la Sierra Leone. Fils d'un Américain blanc et d'une Américano-Libérienne, Taylor a joué un rôle écrasant dans l'atroce conflit qui a déchiré ce petit pays voisin du Liberia (1991-2002). Devant ses juges, celui qui purge toujours sa peine dans une prison britannique décrit Ellen Johnson Sirleaf comme… « une ancienne amie ».

> S'il est un acte pour lequel je dois présenter mes excuses à la Nation, c'est d'avoir été flouée par M. Taylor. Je le ressens dans ma conscience. Je le ressens tous les jours.

Confession assortie quelques mois plus tard de ce codicille :

> Quand la vraie nature de ses intentions a été connue, il n'y a pas eu opposante plus ardente et résolue que moi.

Argument un peu spécieux. Le costume de mécène abusée lui sied assez mal. Car Ellen Johnson Sirleaf assuma un temps la fonction de « coordinatrice internationale » du Front patriotique national du Liberia, ou NPLF, la vitrine politique de l'offensive tayloriste. De même, elle ne pouvait ignorer que ses contributions, en cash comme en vivres, atterriraient dans les camps d'entraînement des protégés de Kadhafi. Enfin, on ne l'a pas entendue désavouer le soutien que lui apporta la sénatrice Jewel Howard Taylor, l'ex-épouse du *warlord*. Reste que la future présidente aura eu le mérite de rompre précocement les ponts avec son allié. Mais aussi celui – quête de rachat ? – de plaider *urbi et orbi* en faveur de sa traduction en justice pour crimes de guerre. Ce qui ne la dispensa nullement de traîner comme un boulet le péché originel. Dans le rapport publié en juin 2009 par la TRC, fruit de trois ans de travaux, son nom figure au douzième rang des cinquante personnalités, élus ou hauts fonctionnaires, qu'il convient de bannir trois décennies durant de tout mandat public pour avoir frayé avec « l'une des anciennes factions guerrières ». Peine perdue : jugée inconstitutionnelle par la Cour suprême, cette recommandation restera lettre morte.

N'anticipons pas. Dans l'immédiat, le maître de Monrovia lamine sa bienfaitrice repentie : moins de 10 % des suffrages exprimés pour elle, 75 % pour Taylor. À l'évidence, le slogan de ce dernier, d'un cynisme glaçant, n'a en rien rebuté l'électorat : *He killed my ma', he killed my pa', but I will vote for him* (« Il a tué ma mère, il a tué mon père, mais je voterai pour lui »). À la clé, une nouvelle expatriation. Direction, cette fois, la Côte d'Ivoire voisine.

Les douze travaux d'Ellen

L'heure de la revanche sonne en 2005 à la faveur d'un scrutin sous haute surveillance ; celle que fournit un robuste contingent de l'US Army dépêché par George W. Bush. Largement devancée au premier tour par George Weah, la candidate du Parti de l'Unité le terrasse au prix d'une spectaculaire *remontada* : 59,4 % des voix contre 40,6 %. La star du ballon rond, qu'elle invitera vainement à rejoindre son gouvernement, hurle à la « tricherie massive » et refuse de reconnaître sa défaite, tandis que de violents accrochages opposent ses partisans aux forces de l'ordre. De tels soubresauts ne changent rien à l'affaire : deux semaines avant l'accession d'Angela Merkel à la chancellerie d'Allemagne, Ellen Johnson Sirleaf conquiert la magistrature suprême. Le 16 janvier suivant, elle prête serment lors d'une cérémonie d'investiture d'une solennité un rien anachronique, en présence de 3 000 hôtes de marque, dont la *First Lady* américaine Laura Bush, la patronne du Département d'État Condoleezza Rice et une brochette de présidents, du Nigérian Olusegun Obasanjo au Sud-Africain Thabo Mbeki. Entre deux haies de hauts-de-forme, de queues-de-pie et de boubous chamarrés, l'héroïne du jour, drapée de pied en cap dans une ample tenue ivoire, large étole sur l'épaule gauche, s'avance à pas lents vers un trône imposant, tout en velours pourpre et en boiseries dorées. Pour un peu, on en oublierait qu'elle peut aussi, au gré des meetings de campagne, enfiler un jean et un polo immaculé et coiffer une casquette de base-ball, ou envoyer à la volée des baisers à la foule, un sourire radieux illuminant son visage strié de rides… Dans un long discours truffé d'allusions au Très-Haut, Mum Ellen s'assigne pour mission de « vaincre la destruction physique et la décadence morale qui ont suivi quinze ans de guerre » et invite ses compatriotes à « pardonner sans oublier ». « Je veux, conclut-elle, que nous fassions retrouver le sourire à nos enfants. »

Pour y parvenir, le concours du Créateur n'aurait rien de superflu. Car l'élue hérite d'un champ de ruines, dont elle concédera avoir sous-estimé l'immensité. Le mythe de Sirleaf ou les douze travaux d'Ellen… Un État failli, exsangue, criblé de dettes, délabré, rongé par la corruption, soumis à la seule loi des armes durant près d'un quart de siècle. Et que dire de son économie sinistrée ? Le revenu annuel par tête, estimé à 800 dollars en 1980, a été divisé par huit. Les deux tiers des Libériens vivotent avec l'équivalent de moins de 1,25 euro par jour. Le chômage affecte 85 % d'entre eux et l'illettrisme près des trois quarts de la population. L'endettement total ? Sept fois le budget national. Les infrastructures ? Fantomatiques. La santé, l'éducation ? En jachère. L'espérance de vie ? 47 ans. La mortalité infantile ? Effarante, qu'elle soit due à la malaria, à la fièvre jaune, à la typhoïde ou à l'hépatite. Quant au VIH (sida), il infecte un adulte sur 16. Dans les *townships* – bidonvilles – insalubres de Monrovia comme dans les villages du Liberia profond, ni eau potable ni électricité. Dieu, quel chantier…

La tentation du gynécée

Her Excellency coiffe donc son casque par-dessus ses turbans au plissé savant, ornés d'ordinaire d'un médaillon solaire, et s'en va de par le monde plaider la cause de son cher pandémonium. Dès mars 2006, la voici à Paris, en sa qualité d'invitée d'honneur de la Journée internationale de la femme. Au menu, un colloque à l'Unesco, un autre au ministère de la Coopération, un déjeuner avec la fine fleur du patronat hexagonal, un dîner au Quai d'Orsay et un entretien dans le bureau élyséen de Jacques Chirac. Puis la globe-trotteuse traverse l'Atlantique – une vieille habitude – pour s'adresser au Congrès, qui lui réserve une *standing ovation*, avant de plancher devant le Conseil de sécurité des Nations unies. Là, elle réclame la levée de l'embargo sur le commerce du diamant[11], tout à la fois précieux atout et malédiction du Liberia, ainsi que l'extradition du fugitif Charles Taylor, encore lui, alors exilé au Nigeria.

Fâcheux présage ? Six mois après sa prise de fonction, un incendie ravage le palais présidentiel, connu sous le nom d'Executive Mansion. Qu'importe, son éphémère locataire installe ses bureaux au sommet du ministère des Affaires étrangères et retrouve le soir venu sa résidence privée. Envers et contre tout, les plaidoyers de la présidente aux fines lunettes sans monture font mouche. Forte de son éloquence, de son aura, de son expertise de banquière et de technocrate onusienne, elle obtient l'effacement de l'essentiel de la dette et séduit plus d'un investisseur de poids, renégociant au passage quelques contrats léonins. Ainsi en va-t-il avec le géant Firestone, avide de latex d'hévéa, ou l'aciériste Mittal, friand de minerai de fer et prompt à promettre 3 500 emplois directs et plus de 15 000 indirects. De même, la tombeuse de l'idole Weah s'engage à voler au secours d'une jeunesse indocile et désœuvrée, anciens enfants-soldats en tête. En vertu d'un *executive order*

11. Butin et carburant de nombreux conflits armés en Afrique, les « diamants du sang » font l'objet d'un intense trafic que les Nations unies peinent à endiguer. En 2000, l'Onu avait accusé Charles Taylor de soutenir et d'armer la rébellion sierraléonaise du Front révolutionnaire uni en échange de fortunes en *blood diamonds*.

(décret), l'école élémentaire devient, du moins en théorie, gratuite et obligatoire. Même volontarisme sur le front des services de base : dans six mois, jure Ma Ellen, nous aurons rétabli l'eau courante à Monrovia. Les libertés ne sont pas en reste. Une loi d'une audace inédite en Afrique garantit celle d'informer. Pour autant, l'ex-comptable ne se berce pas d'illusions. Elle répète comme une antienne :

> Il faut avant tout changer d'état d'esprit, s'astreindre à l'intégrité et au labeur.

Persuadée que de telles valeurs sont mieux ancrées chez les femmes, la divorcée la plus illustre du pays, dont les amies sillonnaient à l'heure de la campagne marchés et villages pour convaincre leurs concitoyennes de s'inscrire sur les listes électorales, envisage un temps de composer un cabinet 100 % féminin. Elle y renonce, faute de prétendantes qualifiées pour certains maroquins. Pour autant, Ellie confie à ses « sœurs », au fil de ses deux mandats, maints portefeuilles clés : les Finances, la Défense, les Affaires étrangères, le Commerce, la Justice, la Jeunesse, l'Agriculture… Le continent noir serait-il plus paisible si davantage de femmes y exerçaient le pouvoir ? s'enquiert auprès d'elle un journaliste du *Time*.

> Aucun doute à ce sujet. À capacités, qualifications et expériences égales, elles apportent à leur mission une dimension qui peut faire défaut aux hommes. Une sensibilité envers le genre humain. Qui leur vient peut-être de la maternité.

Tout indique que la « mère de la Nation » se rêve en déesse thaumaturge apte à panser les plaies, à soigner les blessures. Vision essentialiste, martelée de discours en interviews. « Dotées par nature de la rectitude morale requise », les actrices politiques seraient « plus sérieuses, plus bosseuses, moins corruptibles ». Dans les colonnes du *New York Times* en mars 2010, elle insiste :

> Là où j'ai travaillé, chaque fois qu'il y avait un scandale, un comportement déviant, c'était le fait d'un homme.

Voici comment, trois ans auparavant, Ma Ellen résumait ce que le *Boston Globe* décrivait comme « sa propre version du leadership maternel » :

> En tant que mère, je comprends les besoins. Comme grand-mère, je pense à notre avenir.

Et tant pis si, invitée à citer ses modèles, Ellen cite une seule femme, l'écologiste kényane Wangari Maathai, prix Nobel de la paix 2004, et trois mâles – Nelson Mandela, le Tanzanien Julius Nyerere et Barack Obama. Lequel, « admirateur inconditionnel », lui rend volontiers la pareille. Il est des hommages plus ambivalents. Tel celui rendu par le chef de l'État ghanéen John Kufuor peu avant l'élection victorieuse de 2005. Elle : « Ça vous pose problème, une femme présidente ? » Lui : « Je ne vous considère pas comme une femme[12]. »

Affaires de famille

La tâche s'avère tellement herculéenne que les « gens de peu » accordent à l'élue leur confiance. *Da woma, she tra' her bes'*. Le constat, formulé en *pidgin English*, cet anglais créolisé aux sonorités rugueuses, court les ruelles des bas-quartiers : « La femme, elle fait de son mieux[13]. » Mais

12. *The Washington Post* du 5 octobre 2005.
13. *The Los Angeles Times* du 25 janvier 2007.

très vite, le crédit initial s'étiole. D'autant que la croisade contre la corruption, dont témoigne la valse des ministres – une vingtaine sont virés au cours du premier sextennat – a tôt fait de s'enliser. Bien sûr, *da woma* crée dès son accession au pouvoir une commission *ad hoc*, censée éradiquer ce « cancer débilitant », élevé au rang d'« ennemi public numéro 1 »; instance qui piégera dans ses filets quelques belles prises, dont le *speaker* du Parlement et le chef de son parti. Bien sûr, elle promulgue un code de conduite des agents publics. Bien sûr, à peine investie, elle suspend tous les fonctionnaires des Finances, annonçant que seuls les critères de probité et de compétence présideront à leur éventuel maintien. Bien sûr, elle place les sociétés d'État sous la surveillance de contrôleurs internationaux. Mais le précepte de la « tolérance zéro » se heurte bien vite aux résistances d'une élite gangrenée de longue date par la concussion. Et le fléau n'épargne pas la proche famille, tandis que flotte sur l'exécutif un tenace relent de népotisme.

En février 2010, Mum Ellen doit se résoudre à destituer son cousin Ambulai Johnson, ministre des Affaires intérieures; lequel, pilier de son équipe gouvernementale, avait plus d'une fois assuré en son absence l'intérim de la présidence. Né d'une union ultérieure de l'ex-époux James, le beau-fils Fumba se voit propulsé aux commandes de l'Agence nationale de sécurité, dont il sera évincé pour avoir orchestré arrestations arbitraires et séances de torture. Jusqu'alors banquier d'affaires en Caroline du Nord, son aîné Robert endosse tour à tour le costume de conseiller à la présidence puis celui de patron de la Nocal, la Société pétrolière nationale. Charles, un autre fiston, héritera du fauteuil de gouverneur adjoint de la Banque centrale. Pourquoi pas? À ceci près que l'intéressé, accusé de « sabotage économique », figure en septembre 2018 parmi les quinze personnalités interdites de sortie du territoire;

inculpé l'année suivante pour avoir couvert l'impression illégale d'une fortune en billets, il sera néanmoins acquitté en mai 2020.

Dans la famille Johnson, je demande Richard… Son nom apparaît en novembre 2017 – comme celui de sa génitrice, d'ailleurs – dans les *Paradise Papers*, documents secrets dévoilés par le Consortium international pour le journalisme d'investigation, dont la teneur révèle un mécanisme mondial d'évasion fiscale. L'attitude du benjamin, Adamah, urgentiste dans un hôpital de Géorgie, suscitera tout autant la controverse : en octobre 2014, alors que le virus Ebola y sème la mort, il refuse de rentrer au pays. Dire que, deux mois plus tôt, sa mère avait révoqué les officiels planqués à l'étranger et qu'elle suppliait alors les partenaires du Liberia d'envoyer en urgence médecins et infirmiers…

Ma Ellen avait juré de n'accomplir qu'un mandat. Mais, à l'approche de l'échéance de l'automne 2011, elle en brigue un second, invoquant – inusable martingale des sortants – l'impératif de continuité et les vertus de la durée. Argument formulé en ces termes :

> Je veux être sûre de laisser derrière moi un héritage et d'avoir fait bouger les choses[14].

Y aurait-il lieu d'en douter ?

Un Nobel à double tranchant

Au terme d'une campagne endeuillée par les affrontements meurtriers entre militants de son Unity Party et les disciples du challenger Winston Tubman, champion du Congress for Democratic Change, le ticket formé par Ellen

14. *The New York Times* du 5 mars 2010.

Johnson Sirleaf et Joseph Boakai se voit crédité de 44 % des suffrages. Le ballottage s'apparente à une formalité : dénonçant une fois encore des « fraudes massives », le tandem Tubman-Weah se retire de la course. Mauvais perdants ? Peut-être. Reste que le coup de pouce providentiel offert à la présidente-candidate par le comité Nobel quatre jours avant le premier tour aura pour le moins nui à l'équité de l'empoignade. Même si « Ellie » partage le prix de la Paix avec sa compatriote Leymah Gbowee[15], indomptable féministe, et la journaliste yéménite Tawakkol Karman. Même si elle aura la bienséance de ne pas porter en sautoir un trophée venu du froid qui, au demeurant, n'émeut guère le Liberia « d'en bas ». « Coïncidence », esquive-t-elle. Interférence « inacceptable » et distinction « imméritée », rétorque son rival.

Imméritée, vraiment ? Les jurés d'Oslo ont tenu à honorer, via ce trio, « la lutte non violente pour la sécurité des femmes et leurs droits à une participation pleine et entière au travail de construction de la paix ». Il faudrait une âme de faussaire pour récuser le constat que Ma Ellen dresse deux mois plus tard dans une tribune confiée au *New York Times* et intitulée « Le legs d'Alfred Nobel aux femmes ». Celle qui échappa de si peu, dans la pénombre de son cachot, à l'agression d'un soudard écrit :

15. Marquée par son enfance chaotique et les traumatismes ineffaçables de guerres fratricides, animée par une foi ardente, Leymah Gbowee s'impose au fil des ans comme une figure marquante de la société civile libérienne. En dépit de son impact limité, la « grève du sexe », déclenchée en 2002 par cette luthérienne afin de stigmatiser le bellicisme des hommes, lui vaut l'attention des médias. Placée à l'automne 2011 à la tête d'une commission Paix et Réconciliation – distincte de la commission Vérité et Réconciliation mentionnée par ailleurs –, elle en démissionne un an plus tard, invoquant la persistance des phénomènes de corruption et de népotisme.

> Bien que les tribunaux internationaux aient à juste titre statué que le viol, employé comme arme de guerre, constitue un crime contre l'humanité, le fléau persiste en période d'anarchie. Le nombre de nos sœurs et filles de tous âges brutalement avilies au long des deux décennies écoulées défie l'entendement. À travers la mutilation de nos corps et la destruction de nos rêves, nous avons payé un tribut prohibitif aux conflits armés. Nous l'avons payé du prix de notre sang, de nos larmes, de notre dignité.

Inattaquable sur ce terrain, la dame de fer deux fois élue l'est moins sur celui des calculs électoraux. Après celle de Charles Taylor, voilà que resurgit l'ombre de Prince Johnson, dont elle s'abstient de désavouer l'embarrassant soutien. Devenu sénateur, ce chef milicien *native* fut avant tout, en septembre 1990, le tortionnaire du sinistre Samuel Doe. Sur une vidéo insoutenable, diffusée dans toute l'Afrique, on le voit siroter une bière en supervisant d'un œil goguenard les atroces sévices infligés à l'ancien sous-off.

Un virus et tant de maux

Lesté par le fardeau Ebola, qui met en évidence les carences criantes du système de santé et une dépendance aiguë envers l'aide internationale, le second bail ne corrigera pas les travers du premier. La pauvreté persiste, la corruption perdure, l'école reste à la traîne. Ni réconciliation authentique ni justice véritable. Et pas un criminel de guerre jugé au pays. Tandis que pleuvent les honneurs venus d'ailleurs – dont une place parmi les dix meilleurs dirigeants de la planète dans le palmarès 2010 du magazine *Newsweek* –, un déluge de blâmes déferle *at home*. Les uns lui reprochent son tropisme libéral et l'omniprésence à ses côtés de « gourous » américains, quitte à exhumer le credo cosigné en août 2008 avec le diamantaire Nicky Oppenheimer, P-DG de De Beers, éloge de la compétitivité et hommage aux investissements asiatiques[16]. Les autres fustigent sa tiédeur quant au sort des homosexuels, au motif qu'elle exclut d'abroger une loi contre la « sodomie ». Procès expéditif en l'occurrence : cette pieuse méthodiste refuse aussi de promulguer deux textes intensifiant la répression en la matière ; et chacun sait que toute tentative de dépénalisation dessinerait le plus court chemin vers le suicide politique…

Les défenseurs de l'environnement et de la biodiversité, eux, inscrivent à son passif un autre « péché » : la cession *de facto* d'un tiers du territoire à des sociétés forestières, minières et agro-industrielles, qui a pour effet de priver un million de Libériens de tout accès au hameau natal, aux champs, voire aux sites sacrés. Doléance que l'*Iron Lady* balaie avec une sécheresse d'institutrice irascible. Aux villageois qui décrient les méfaits d'un titan malaisien de l'agrobusiness, elle assène ce verdict :

> Vous essayez de saper votre propre gouvernement. […] Tenez-vous à voir les investisseurs fermer boutique et le Liberia replonger dans le passé ?

Au mitan du second sextennat, il se noie non dans le passé, mais dans un présent qu'enténèbre l'épidémie de fièvre hémorragique. Les cours du caoutchouc, du fer et de l'huile de palme s'affaissent, le port de Monrovia entre en léthargie, l'inflation flambe. À l'été 2014, Ma Ellen décrète l'état d'urgence, le couvre-feu, puis la fermeture des écoles et des marchés. Elle réclame en outre des pouvoirs spéciaux que les députés lui refusent. La défiance atteint son acmé quand les Monroviens incrédules voient affluer dans la cour du ministère de la Santé, si chichement pourvu en

16. *International Herald Tribune* du 29 août 2008.

ambulances, des 4 × 4 flambant neufs. Dans le bidonville de West Point, placé en quarantaine, des émeutes éclatent. Et voici la mère de la Nation contrainte d'aller présenter ses condoléances aux parents d'un adolescent tué par des vigiles.

Dans l'adversité, on l'a vu, la petite femme au visage grave, coiffe moirée et rang de perles, tend à se raidir. On la sait impérieuse, abrupte, tenace jusqu'à l'entêtement. Ici, au beau milieu d'une rue poussiéreuse, elle fait arrêter son convoi, qu'escorte une escouade de gardes du corps américains et nigérians, pour vérifier la qualité des briques à peine posées. Là, en plein déjeuner de travail, elle pointe l'index vers une serveuse tétanisée et l'apostrophe en ces termes : « Et toi, tu les paies, tes impôts[17] ? »

Comme une étoile solitaire

Il est pourtant un mérite que ses procureurs les plus implacables ne peuvent lui contester : à la différence de nombre de ses homologues subsahariens, Ma Ellen s'abstiendra de briguer un troisième bail au prix d'un bricolage constitutionnel. Décision fondée sur ce constat :

> Notre peuple ne l'accepterait pas. Et mon âge ne me le permettrait pas.

Quand sonnera cette heure, ironisait-elle déjà à l'orée du second mandat, « je devrai juste être en état de lire, de nager et de me reposer ». Et peut-être de s'adonner au loisir qui égayait ses insomnies : les puzzles. Quoi de plus naturel quand on a présidé aux destinées d'un pays mosaïque ? Pour autant, un énième accroc ternira sa sortie de scène. En

17. *The Financial Times* du 18 mars 2016.

janvier 2018, à la veille de la passation de pouvoir, la sortante est exclue du Unity Party pour « violation de sa charte ». Il faut dire qu'elle a soutenu l'ex-rival George Weah, et non le candidat investi Joseph Boakai, qui fut son vice-président douze années durant…

À 83 ans, et hors du Liberia, « Ma Nobel » persiste en retraitée surbookée à rafler les honneurs. À commencer par le « Prix de l'excellence en leadership africain », décerné en 2017 par la Fondation Mo-Ibrahim. Deux ans plus tard, la voici ambassadrice de bonne volonté de l'Organisation mondiale de la santé (OMS), titre qu'elle cède pour coprésider, au côté de l'ex-Première ministre néo-zélandaise Helen Clark, le « panel indépendant » chargé par l'agence sanitaire onusienne de penser la riposte aux pandémies. Mieux, celle qui dirige le Centre présidentiel Ellen Johnson Sirleaf pour les femmes et le développement a rallié les Global Elders, cette alliance de « sages universels » forgée dès 2007 à l'initiative de Mandela. Et elle figure parmi les trois anciens chefs d'État mandatés à l'automne 2021 par l'Union africaine pour œuvrer – en vain d'ailleurs – à la pacification du Tigré, province rebelle de l'Éthiopie et théâtre d'un épouvantable conflit[18].

« Ancienne présidente de la République du Liberia, avocate de la cause des femmes, douze fois grand-mère, paysanne. » Ainsi se présentait-elle en juin 2022 aux 86 744 abonnés de son fil Twitter. L'hymne national libérien

18. La guerre du Tigré éclate le 4 novembre 2020. Elle oppose le gouvernement fédéral éthiopien d'Abiy Ahmed, lauréat l'année précédente du prix Nobel de la paix, aux rebelles du Front de libération du peuple tigréen, dont les cadres ont longtemps confisqué le pouvoir à Addis-Abeba. Un temps aux abois, Ahmed parvient fin 2021 à enrayer l'offensive ennemie, avec le concours d'un contingent venu de l'Érythrée voisine. Meurtrier, ce conflit accable d'autant plus cruellement les civils que les secours humanitaires ne leur parviennent qu'au compte-gouttes.

exalte en son refrain la *Lone Star*, l'étoile solitaire. Une certitude : malgré les orages et les vents contraires, Ellen Johnson Sirleaf n'aura jamais cessé de croire en la sienne.

Bibliographie sélective

CIMENT James, *Another America. The Story of Liberia and the Former Slaves Who Ruled It*, New York, Hill & Wang, 2014.

CLEGG III Claude A., *The Price of Liberty. African Americans and the Making of Liberia*, The University of North Carolina Press, 2004.

COOPER Helene, *Madame la Présidente*, Genève, Éditions Zoé, 2018.

—, *La Maison de Sugar Beach*, Genève, Éditions Zoé, 2011.

GBOWEE Leymah, *Mighty Be Our Powers. How Sisterhood, Prayer and Sex Changed a Nation at War*, New York, HarperCollins, 2011.

HUBAND Mark, *The Liberian Civil War*, Londres, Routledge, 2013.

JOHNSON SIRLEAF Ellen, *This Child Will Be Great: Memoir of a Remarkable Life by Africa's First Woman President*, New York, HarperCollins, 2009.

MCPHERSON J. H. T., *History of Liberia*, Human and Literature Publishing, 2021 (livre électronique).

PAULAIS Thierry, *Le Liberia. Une singulière histoire*, Paris, Le Cavalier Bleu, 2018.

SCULLY Pamela, *Ellen Johnson Sirleaf*, Ohio University Press, 2016.

19

Aung San Suu Kyi (née en 1945), au nom du père

PAR SÉBASTIEN FALLETTI

Une icône illumine l'obscurité comme un fanal, avant d'être dévorée par la nuit. Le destin d'Aung San Suu Kyi tient du tragique, comme un manteau implacable enveloppant les frêles épaules de cette héroïne racinienne au port de tête aussi haut qu'obstiné. Depuis l'assassinat en 1947 de son père, le général Aung San, héros de l'indépendance face aux Britanniques, la *Lady* affronte les vents mauvais de l'histoire avec une détermination aristocratique frisant l'insolence. De son exil dans la verdoyante Angleterre à son retour en Birmanie, portant l'espoir démocratique d'un peuple tout entier, cette femme de tête fend les eaux avec l'assurance d'un prophète. Mise sous les verrous par la junte, sacrifiant son bonheur familial, le Prix Nobel de la paix 1991 accueille avec le détachement d'une « élue » son triomphe électoral en 2015, qui l'a propulsée à la tête du premier gouvernement birman issu des urnes. Comme l'accomplissement de la promesse paternelle, mettant un terme à cinquante ans de dictature militaire sans partage. Brûlée par l'Occident pour son silence face au massacre des Rohingyas et sa façon impérieuse de gouverner, l'icône est finalement rattrapée par son ennemi intime, l'armée birmane, le 1er février 2021. Le coup d'État militaire du général Min Aung Hlaing la jette une nouvelle fois derrière les barreaux, elle qui a déjà passé près de vingt ans en captivité. Comme une ultime épreuve pour l'égérie planétaire déchue, mariée à tout jamais à son peuple, dont le destin implacable a l'étoffe de la légende.

Femme de tête

D'abord, il y a cette prestance naturelle qui intimide. Cette froideur hautaine, parfois adoucie d'un sourire incandescent qui accueille le visiteur. La silhouette sèche et longiligne d'Aung San Suu Kyi, couronnée d'une longue chevelure de jais devenue poivre et sel au fil des années, se tient toujours droite, contre vents et marées. Un maintien tout aristocratique, plongeant dans ses origines de bonne famille de l'ethnie Bamar, qui domine la plaine centrale de Birmanie, enveloppé des meilleures manières *british*, héritées des bancs de l'école méthodiste anglaise à Yangon, puis de ceux d'Oxford. Même dans le rudimentaire box des accusés du tribunal de Naypyidaw, la *Lady* se tient fièrement sur sa chaise, le masque chirurgical plaqué sur son visage d'ambre, en ce jour de mai 2021. Sa queue de cheval dégage ses épaules, légèrement affaissées par les ans, mais toujours engoncées dans une chemise traditionnelle claire. Seules manquent les fleurs colorées dans ses cheveux qu'elle arborait au temps de son triomphe démocratique, à l'heure du « printemps birman ». Daw Suu (« tante Suu »), comme la surnomme avec révérence le petit peuple, fait face à ses juges, droit dans les yeux, avec l'assurance crâne des « élus ».

Impassible, elle attend, à 76 ans, le verdict de ce procès au long cours, aux allures de règlement de comptes politique, orchestrée par son éternel adversaire Tatmadaw, l'armée birmane. Elle risque jusqu'à une centaine d'années de peine d'emprisonnement. Autant dire une condamnation à vie, la fin d'une carrière politique hors normes. Les chefs d'accusation défilent, allant du plus grave – la « sédition » – aux plus triviaux – comme la contrebande de talkie-walkie ou de lingots d'or. Elle ne cille pas. Tout est bon pour salir l'héroïne déposée au petit matin du 1er février 2021 par un putsch éclair, dans sa résidence de Naypyidaw, quelques heures avant l'ouverture du nouveau Parlement, à l'orée d'un second mandat. La « conseillère spéciale », *de facto* Premier ministre, venait de remporter un nouveau triomphe électoral, accélérant la transition démocratique du pays de 54 millions d'habitants, infligeant un nouveau camouflet dans les urnes aux militaires. Mais peut-on terrasser une icône ? « S'ils touchent un de ses cheveux, le pays va exploser », confie « Max », nom de guerre d'un jeune manifestant de Yangon, converti à la résistance armée contre le coup du général Min Aung Hlaing, le nouvel homme fort du pays qui a pris le pouvoir par les tanks quelques mois avant sa mise en retraite.

Malgré les années et les épreuves de cette nouvelle captivité, la dirigeante déchue, privée de parole, affiche cette détermination qui frappait tant ses visiteurs du temps de sa splendeur. Un ambassadeur basé sur place raconte :

> C'est un personnage, qui vous intimide physiquement. Elle est toujours en représentation, avec sa raideur de grande bourgeoise. Elle ne vous met pas à l'aise.

Et le journaliste Bruno Philip, qui eut droit à un entretien dans sa résidence, témoigne :

> Ce qui frappe instantanément, outre sa prestance, c'est son regard. Ses yeux noirs vrillent ceux de son interlocuteur, elle paraît tendue de tout son être par sa volonté d'expliquer et de convaincre.

Une audience avec Aung San Suu Kyi commence par le silence. Lèvres pincées, anglais impeccable, elle ne fait rien pour briser la glace. Mais elle sait manier l'humour britannique, tout en *understatement*. « L'humour est un ingrédient de la survie », dit-elle. Élégante, la longiligne « dame de Yangon » a bâti sa légende grâce à ce charisme d'Antigone asiatique, mariant l'espoir démocratique et l'exercice solitaire du pouvoir, parfois impérieux.

Au début des années 1990, la figure de proue de la Ligue nationale pour la démocratie (NLD), déjà placée en résidence surveillée par la junte de l'époque, impressionne les visiteurs venus du monde entier à son chevet, dans sa maison familiale sise au 54, University Road, adresse devenue signe de ralliement. Dans cette demeure un brin délabrée, au charme colonial suranné, posée au bord d'un lac morne d'un quartier résidentiel du nord de Yangon, la cheffe de l'opposition démocratique en captivité donne déjà audience comme une reine. « Elle était seule, et très digne », se souvient Kim Sang-woo, alors conseiller du président sud-coréen Kim Dae-jung, futur prix Nobel de la paix en 2000, venu apporter son soutien à la nouvelle lauréate.

La reconnaissance du père

Aux murs de la villa où elle a grandi sont toujours accrochés des portraits de son père, le général Aung San, par qui tout a commencé, et par qui tout semble finir. Le père fondateur de la Birmanie moderne, martyr de l'indépendance. Ce militaire nationaliste, pétri de socialisme, qui s'allia avec le Japon impérial pendant la Seconde Guerre mondiale pour secouer le joug colonial britannique[1], négocie avec Londres

1. La Birmanie fut colonisée par les Britanniques de 1824 à 1948, incorporée dans l'Empire des Indes, conquise par le Japon impérial durant la Seconde Guerre mondiale, avant d'accéder finalement à l'indépendance.

l'indépendance du royaume des Mille Pagodes dès 1947. La même année, il remporte les premières élections de la Birmanie moderne avant d'être assassiné le 19 juillet par des officiers rivaux, au moment où le pays accède à l'indépendance. Cette figure paternelle absente, emblème de la nation, hante le destin de sa fille. « Mon père fut mon premier et grand amour », confiera-t-elle dans une interview à la BBC. Comme si l'extraordinaire aventure politique de Suu Kyi à la tête du mouvement démocratique birman revenait à accomplir la geste inachevée d'Aung San.

Enfant, elle grandit dans la maison coloniale paternelle, élevée par sa mère veuve, qui lui impose une éducation stricte. Après l'assassinat de son père, alors qu'elle a à peine 2 ans, un nouveau drame s'abat sur la fillette : son grand frère se noie dans la piscine de la villa. Plus tard, son autre frère aîné prendra la nationalité américaine, choisissant l'exil définitif, laissant Suu Kyi seule héritière politique potentielle de la lignée du héros. Pour autant, elle assumera toujours sa trajectoire, refusant d'y voir une ligne tracée d'avance. Elle a puisé son indomptable détermination dans ce devoir filial impératif, qui semble s'être abattu sur ses frêles épaules. Un diplomate à Yangon commente :

> Le rapport à son père l'habite intérieurement, comme une force spirituelle. Elle n'a même pas besoin d'en parler, c'est une évidence.

Au point de sacrifier son bonheur familial au mitan de sa vie, en 1988, plus de quarante ans après l'assassinat du héros. À cette époque, Aung San Suu Kyi mène alors une vie anonyme d'exilée en Angleterre, mariée à un universitaire britannique, élevant ses deux jeunes fils, tout en préparant un doctorat. Sous ces apparences tranquilles, un sens du devoir politique la taraude. Son mari Michael Aris écrit, dans l'introduction de *Freedom from Fear* (livre rassemblant les écrits de son épouse) :

> Depuis toujours, elle était profondément préoccupée par la question de savoir ce qu'elle pourrait faire pour aider son peuple. Pas une minute elle n'a oublié qu'elle était la fille du héros national de Birmanie, Aung San.

Ce spécialiste du bouddhisme tibétain a raconté cette soirée fatidique de mars 1988, où le destin bascula. Ce soir-là, le téléphone sonne à Oxford, dans la maison où le couple d'universitaires vient de mettre au lit ses deux garçons, Alexander et Kim. Au bout du fil grésillant, Suu Kyi apprend l'agonie de sa mère à Yangon. Aussitôt, elle prépare ses bagages : « J'ai immédiatement eu le pressentiment que nos vies seraient bouleversées à jamais », se souvient Aris. Un vol sans retour. Car bientôt, le printemps birman bourgeonne dans le sillage des moines en robe safran. La fille cadette consacre d'abord son énergie à soigner sa mère frappée par une attaque. Mais progressivement, la mobilisation politique l'emporte.

Le drame familial croise une nouvelle fois la grande histoire, lorsque le dictateur Ne Win[2] annonce sa démission, le 23 juillet, nourrissant ainsi les espoirs d'une ouverture démocratique. Yangon bouillonne. Et la discrète Suu Kyi est assiégée par les militants de la liberté, qui la pressent de s'engager dans le combat politique. Le 8 août 1988, jour auspicieux dans ce royaume pétri de superstitions, une foule immense défie la dictature militaire dans la capitale, réclamant la démocratie. Seule la fille du héros national peut incarner la légitimité de la révolte, affirment ses visiteurs,

2. Ce militaire règne d'une main de fer sur la Birmanie de 1962 à 1988, plongeant le pays dans l'isolement international, au nom d'un socialisme autarcique.

appuyant sur la corde sensible de la quadragénaire. Le 26 août 1988, devant la porte occidentale de l'immense pagode Shwedagon, elle franchit son Rubicon face à une foule grouillante d'un demi-million de manifestants pro-démocratie. Elle s'engage à la tête du mouvement, debout au micro, aux côtés d'un immense portrait de son père, le citant abondamment durant ce discours fondateur. Les dés sont jetés. Elle a 43 ans. Son mari et ses deux fils l'ont rejointe pour une rare visite, et l'espoir enflamme le royaume des Mille Pagodes. L'universitaire se mue en tribun. La fille du héros assassiné déclame :

> Certains disent que je ne connais rien à la politique birmane. En réalité j'en sais beaucoup trop !

Et de mettre en garde les politiciens qui tenteraient de la manipuler. « Si vous le faites, je vous dénoncerai », prévient-elle. La foule galvanisée a trouvé enfin son héroïne. Aris affirme :

> Elle a apporté l'unité à une révolte spontanée, qui était sans tête.

Elle proclame son patriotisme viscéral, en dépit de son mariage avec un étranger, qui plus est britannique – une tare aux yeux de la junte. Dans cette terre ancestrale, cette union mixte ne va pas de soi : elle a toujours taraudé l'héritière, qui n'a jamais renoncé à sa nationalité, même en Angleterre. La future « Constitution » écrite en 2008 à dessein par les militaires lui barrera précisément l'accès à la présidence du pays sous ce prétexte.

La longue marche

En Asie, le devoir filial dévore les filles des héros nationaux, de Indira Gandhi, l'héritière de Nehru, à Benazir Bhutto[3], toutes deux assassinées, en passant par Park Guen Hye[4], la fille de l'autocrate sud-coréen Park Chung hee, élue à la Maison Bleue avant d'être jetée en prison. Impossible de se dérober sous peine d'être dévorée par la culpabilité intérieure, semblent dire ces destins tragiques d'héritières politiques. À l'école, Suu Kyi la bonne élève est la fille d'un mythe qui la poursuit. Son mari analysera :

> Tout ce qu'elle a appris à son sujet l'a inclinée à croire en son courage sans bornes et en sa vision d'une Birmanie libre et démocratique. Certains diront qu'elle était devenue obsédée par l'image de ce père qu'elle n'a jamais connu.

Cet appel atavique, on l'a dit, tiraille la jeune femme jusque dans la verdoyante Angleterre, alors qu'elle construit une vie de famille tranquille, loin de l'oppression du delta de l'Irrawaddy. L'étudiante modèle a vécu à New York, travaillé aux Nations unies et profite de la liberté des années 1960 dans l'Occident prospère, mais elle semble minée par le complexe de la dérobade.

---

3. Fille du Premier ministre du Pakistan Zulfikar Bhutto, déposé et exécuté par les militaires, Benazir Bhutto reprend les rênes du pouvoir entre 1988 et 1996, avant d'être assassinée à son tour. Elle fut la première femme Premier ministre de ce pays musulman.

4. Fille de l'autocrate sud-coréen, Park Guen Hye a vu ses deux parents être successivement assassinés. Elle retrouve le palais présidentiel par la voie des urnes en 2013 en championne du conservatisme, avant d'être rattrapée par un scandale politique entraînant sa destitution en 2017 et sa condamnation à la prison.

Quand elle rencontre Michael, cet universitaire attentionné qui lui fait la cour, elle pose ses conditions. Avant leur union en 1972, elle écrit avec prémonition à son futur mari :

> Je te demande seulement une chose : si mon peuple a besoin de moi, il faudra que tu m'aides à accomplir mon devoir.

Le devoir, encore et toujours. Son époux joue le jeu, sans faillir. Le couple ne se reverra qu'une poignée de fois, à mesure que la junte use de tous les moyens pour faire fléchir son adversaire, assignée à résidence, refusant d'accorder des visas de visite à sa famille. Leur dernière rencontre date de la journée de Noël 1995 pour des retrouvailles aussi délicieuses que déchirantes à University Road. Un ultime piège cynique du pouvoir, qui espère que le mari convaincra son épouse rebelle de choisir l'exil. Mauvais calcul : ce dernier ne soulèvera même pas cette option, tant il connaît la détermination sans faille de Suu Kyi, pointant son « inflexible sens du devoir ». Un lourd fardeau « pour certains, mais qu'elle porte avec tant de grâce », ajoute-t-il, fidèle jusque dans la mort. Lorsque, deux ans plus tard, Michael est dévoré par un cancer, elle résiste à la tentation de voler à son chevet pour un ultime adieu, de peur de ne pouvoir jamais revenir en Birmanie. Même l'instinct maternel semble passer après la « mission » au service de son peuple. Suu Kyi n'a revu ses deux enfants qu'au cours de rares visites durant ses décennies de combat. Dans un entretien à la BBC en 2012, elle confie avec pudeur :

> J'ai des regrets personnels : j'aurais voulu passer plus de temps avec ma famille. Mais je n'ai pas de doute qu'il fallait que je reste ici avec mon peuple.

Propulsée à la tête du mouvement démocratique en 1988 dans la foulée de la révolution de safran[5] menée par les moines bouddhistes, Suu Kyi organise l'opposition en fondant la Ligue nationale pour la démocratie (NLD). L'objectif est de conquérir le pouvoir par les urnes. Elle préside déjà une « cour », apprenant la politique sur le tas, surplombant les débats avec l'autorité naturelle d'une Jeanne d'Arc. Cette bouddhiste puise dans la non-violence de Gandhi et les droits de l'homme hérités des Lumières occidentales les fondamentaux idéologiques pour organiser une révolution pacifique. Kim Sang-woo la décrit ainsi :

> Elle était idéaliste et sans expérience. Elle était entourée de conseillers pour l'essentiel universitaires et intellectuels. Elle croyait à ces valeurs.

Les visiteurs du monde entier affluent, conquis, et porteurs de conseils. « Daw Suu » écoute, prend note, engrange les soutiens. Un apprentissage politique progressif, couronné par la victoire de la NLD aux premières élections en 1990, aussitôt annulée par les militaires, qui enferment l'égérie dans sa résidence d'University Road, verdoyante avenue dont le macadam est ombragé par une végétation luxuriante.

Prisonnière de ce sanctuaire, la quadragénaire s'endurcit, s'imposant une discipline de fer, entre méditation, leçons de piano et longues lectures, entrecoupées de rares visites. Dans l'épreuve, elle forge sa relation charnelle avec son peuple, par des apparitions régulières à son portail, transformé en tribune politique. Sa silhouette mince surgit par-delà les grilles surmontant les portes grises de son jardin prison, telle celle d'une madone. Ses serviteurs empressés la soutiennent, lui tendent un parapluie pour la protéger de la mousson :

5. Le surnom donné à la révolte 8888 (8 aout 1988), en référence à la couleur de la robe des moines.

là, micro à la main, la femme aux grands yeux noirs se lance dans des harangues passionnées, face à la foule qui vient s'abreuver d'espoir. Le magnétisme opère. On lui tend des fleurs, on crie son nom sous les flashs des photographes. Michael Aris explique :

> Elle a parlé aux gens du peuple d'une façon qu'ils n'avaient pas entendue depuis longtemps : comme à des individus qui méritent l'amour et le respect.

Elle est gracieuse, charismatique, et elle a un nom. Un atout capital dans cette terre encore pauvre, émergeant de siècles de féodalisme, où l'éducation politique des foules est balbutiante. Comme Louis-Napoléon Bonaparte fut élu premier président de l'éphémère IIe République dans la France rurale de 1848 grâce au patronyme de son oncle, le nom totémique d'Aung San parle au petit peuple des villes et des rizières, en quête de développement. Après quarante ans d'oppression et de misère autarcique, elle reprend le flambeau de la promesse de libération nationale portée par son ancêtre. Ce magnétisme irrésistible enflamme la foule et tétanise la junte qui n'ose même pas prononcer le nom de son adversaire. Face aux baïonnettes, une héroïne fine comme une brindille se dresse, imperturbable.

La légende est en marche. L'Occident va fondre pour cette femme de tête, aussi belle que déterminée. Une héroïne exotique, télégénique, nouveau fer de lance de la démocratie dans une Asie émergente enfiévrée d'avenir, dans la foulée de la chute du mur de Berlin. Francis Fukuyama proclame alors la « fin de l'histoire ». Suu Kyi incarne cette nouvelle génération de leaders idéalistes, comme Nelson Mandela, portant haut le flambeau de la liberté, défiant l'oppression autoritaire, vouée aux oubliettes de l'histoire, veut-on croire.

Elle est le fanal éclairant le peuple, face au SLORC[6], le nom de la nouvelle junte aux relents orwelliens. Même le cinéma s'en empare, sous la caméra de Luc Besson, qui immortalise *The Lady* sous les traits de l'actrice malaisienne Michelle Yeoh, star de Hollywood. Le groupe de rock irlandais U2 consacre même un hymne messianique, « Walk On », à la nouvelle lauréate du prix Nobel de la paix en 1991. Cette consécration internationale accentue la pression sur la junte militaire qui contrôle tous les leviers du pouvoir, en plein bras de fer avec la communauté internationale.

Mais, sous couvert d'idylle, le malentendu avec l'Occident s'installe. À New York, Londres ou Paris, les élites bien-pensantes voient en elle le porte-drapeau des valeurs des Lumières occidentales triomphantes. À Yangon, elle est d'abord la « mère » protectrice révérée comme une sainte par le petit peuple bamar, l'ethnie majoritaire de la plaine centrale, portant les espoirs de jours meilleurs face à la misère et l'oppression d'une junte brutale et autarcique qui a privé le pays du décollage économique de l'Asie-Pacifique. Une idole dont la légitimité vient du sang et de la geste nationaliste du père. Un leader opposé au joug colonial, retournant contre lui ses propres principes d'émancipation, à l'instar d'Hô Chi Minh, Nehru ou Deng Xiaoping.

L'apprentissage du pouvoir

Son combat solitaire dure une vingtaine d'années et prend fin en 2009, lorsque la junte lui rend une liberté sous condition, desserrant l'étau politique. Une nouvelle fois, la roue de l'histoire tourne, et Suu Kyi saisit sa chance. Sous la pression

6. Les militaires fondent le State Law and Order Restoration Countrol (SLORC) en 1988, prolongeant la mainmise autoritaire de l'ère Ne Win.

internationale, les militaires ont entamé un virage stratégique pour mieux assurer leur mainmise. Tactiquement, ils jouent la carte de l'ouverture, autorisant une réforme démocratique mesurée, en écrivant une Constitution à leur main qui doit leur permettre de garder les clés du pouvoir, tout en offrant des gages à l'Occident, et aguicher les investisseurs. La manœuvre a pour but de lever progressivement les sanctions qui entravent le décollage économique du pays, mais aussi de prendre ses distances avec le voisin chinois devenu envahissant. Pris en tenaille entre l'immense empire du Milieu et l'Inde voisine, les élites du Myanmar naviguent entre les grandes puissances pour assurer l'indépendance du pays, comme leurs intérêts sonnants et trébuchants. Après de longues hésitations, la dirigeante de la NLD accepte de relever le défi, avec l'espoir d'imposer petit à petit une démocratie irréversible dont elle se sent la représentante naturelle.

La marche vers le pouvoir par les urnes s'accélère, marquée par une participation aux élections de 2012. Libérée, l'icône s'embarque en campagne et est élue députée. Sa popularité rayonne et son ascension paraît irrésistible, en dépit des multiples chausse-trapes semées par les militaires sur son chemin. Méthodiquement, elle s'imprègne du terrain, sillonnant le pays jusqu'au triomphe des premières élections libres de 2015, que la NLD remporte haut la main[7]. L'égérie descend de l'Olympe des idées pour se frotter à la dure réalité. Un diplomate explique :

> Contrairement à Mandela, elle a glissé vers le pouvoir progressivement, apprenant pas à pas.

---

7. La NLD remporte plus de 80 % des sièges parlementaires en jeu.

Dame de fer

Propulsée au pouvoir dans la liesse, elle doit se contenter du titre de « conseillère spéciale », du fait des contraintes constitutionnelles. *De facto* chef du gouvernement et ministre des Affaires étrangères, elle commence en 2015 une délicate cohabitation avec les militaires qui gardent toujours les clés du pouvoir grâce à une Constitution à leur main, leur assurant 25 % des sièges et les trois ministères régaliens clés. Dans ce cadre contraint, ce héraut de la démocratie se raidit pour mieux s'imposer. L'égérie se mue en Machiavel. Un expert commente :

> Sa priorité a été de centraliser les décisions pour assurer son autorité face à une administration longtemps au service du régime. Elle a dû reprendre en main un appareil d'État jugé hostile, à l'image de la gauche de François Mitterrand lorsqu'elle arrive aux affaires en 1981.

Aung San Suu Kyi impose des *chief ministers* à sa main aux postes clés du gouvernement. Elle se replie sur un cercle restreint de conseillers, pour la plupart de sa génération, qu'elle toise du haut de son aura. Sous couvert de collégialité, c'est elle qui a le dernier mot et rares sont ceux qui osent défier l'impérieuse dirigeante au ton parfois cassant. Le même diplomate témoigne :

> Elle offre sa confiance à très peu de personnes, afin d'accélérer la prise de décision.

Ironie cruelle, la championne du « printemps démocratique birman » impose une manière de gouverner pyramidale, aux relents monarchiques. La dirigeante place d'office U Htin Kyaw, un camarade d'enfance qui fut son chauffeur, à la présidence du pays – faute de pouvoir y accéder elle-même, toujours du fait de la Constitution écrite par les militaires. Un « clone » de confiance, qui ne peut lui faire de l'ombre.

Un style de gouvernement vertical, laissant peu de place à la délibération, mue par le désir d'efficacité et la méfiance à l'encontre de l'adversaire atavique, Tatmadaw, toujours en embuscade dans les couloirs de Naypidiyaw, la nouvelle capitale administrative, où elle a pris ses quartiers.

L'image de la fraîche héroïne idéaliste laisse progressivement la place à celle d'une sexagénaire rouée, adepte du contrôle absolu. « Son statut d'icône pose un problème, car personne n'ose la contredire », pointe un ambassadeur sur place. Le risque est que, détachée des réalités du terrain, elle s'enferme dans sa tour d'ivoire et empêche l'émergence de toute relève. La figure de Suu Kyi, portée par un culte de la personnalité spontané, écrase toute autre figure de poids dans le camp démocratique, laissant la NLD sans successeur en cas de disparition brutale. Pointant du doigt les militaires, la cheffe de l'opposition avait écrit :

> Ce n'est pas le pouvoir qui corrompt, mais la peur. La peur de le perdre.

Son exercice solitaire du pouvoir finit même par écœurer certains compagnons de route qui osent élever la voix, ou même quitter le navire, comme Khin Zaw Win. « Elle n'écoute personne, c'est son tempérament », assène cet ancien prisonnier politique de la junte, déçu par le tournant autoritaire de la dirigeante depuis son accession au pouvoir, et désormais directeur du centre de recherche Tampadipa Institute. Impérieuse, celle-ci balaie d'un revers de main ces rares voix dissonantes. Son style n'entame toutefois pas sa popularité auprès des masses, qui voient toujours en elle la seule figure capable d'emmener le pays vers le développement, comme en témoigne le raz de marée « rouge » aux élections de novembre 2020, en pleine pandémie. À cette occasion, la NLD rafle de nouveau plus de 80 % des sièges en jeu, pendant que le parti des militaires subit une humiliante déroute. La nouvelle « dame de fer » assume crânement sa conversion à la realpolitik. « Je suis une politicienne. Je ne suis pas Margaret Thatcher, mais pas mère Teresa non plus », se justifie la dirigeante, qui soigne ses relations avec la Chine communiste voisine, en quête d'investissements.

Un silence assourdissant

Le drame des Rohingyas va en offrir une tragique illustration. À partir de la fin août 2017, Tatmadaw orchestre une répression féroce contre cette minorité musulmane dans l'Arakan, à l'ouest du pays, à la suite d'attaques lancées par des insurgés de l'Armée arakanaise du salut rohingya[8] (ARSA). L'armée et des milices bouddhistes commettent des massacres contre les villages peuplés de « Bengalis » – comme on désigne ces populations – qui n'ont jamais été reconnus comme des citoyens à part entière depuis l'indépendance. Hommes, femmes, enfants sont tués, brûlés vifs ou violés à l'aveugle sous couvert d'une opération menée au nom de la « sécurité nationale ». L'Onu dénonce un « nettoyage ethnique » à grande échelle. Plus de 10 000 civils succombent en quelques semaines, et 700 000 d'entre eux s'enfuient en catastrophe à travers les rizières pour rejoindre le Bangladesh voisin lors de cette sanglante mousson. La boueuse rivière Naf, qui fait office de frontière, charrie des corps inanimés. Et dans la boue rouge des camps de réfugiés, les familles s'entassent sous le regard effrayé de la

8. L'ARSA a été fondée en 2012.

communauté internationale. « Comme nos ancêtres, je subissais des discriminations, mais jamais je n'avais pensé qu'ils s'en prendraient à nos vies », raconte Sadek Hussen, 24 ans, frappé d'une balle dans le genou alors qu'il s'échappait de sa maison en flammes attaquée par des militaires.

Face à ces tempêtes de protestations, la « conseillère spéciale » se mure dans un silence assourdissant. Elle dénonce même un « iceberg de désinformation », détournant les yeux face à la tragédie. Même le Secrétaire général de l'Onu, António Guterres, la supplie d'élever la voix face au général Min Aung Hlaing, le puissant chef de l'armée, jugé responsable des exactions. À la veille de l'Assemblée générale des Nations unies, le Portugais déclare :

> Si elle ne renverse pas la situation maintenant, alors je pense que la tragédie deviendra absolument horrible.

En vain. Deux journalistes birmans de Reuters enquêtant sur le drame sont condamnés à sept ans de prison, et la dirigeante ignore les appels internationaux à la clémence en leur faveur, piétinant au passage la liberté d'information.

Dès lors, le divorce entre *the Lady* et l'Occident est consommé. Les bonnes consciences planétaires se succèdent pour interpeller avec vigueur leur ancienne héroïne, la suppliant de sortir de sa passivité jugée coupable. De l'archevêque africain Desmond Tutu à Bernard Kouchner, chacun affiche son amère déception, et les appels pour la déchoir de son prix Nobel de la paix se multiplient. Une opération impossible, fait savoir l'organisation du Nobel à Oslo. Mais la statue est égratignée à jamais. Khin Zaw Win fulmine :

> Le monde découvre le véritable visage d'Aung San Suu Kyi : une dirigeante autocratique, vaine et égocentrique.

Mais en Asie, beaucoup jugent injuste ce torrent d'accusations, dernière salve d'un Occident corrompu, longtemps colonisateur et toujours donneur de leçons. Yeo Lay Hwee, chercheuse au Singapore Institute of International Affairs, juge par exemple :

> Les Occidentaux ont projeté sur elle d'immenses attentes, et maintenant ils la flagellent sans ménagement. C'est une vision très idéologique qui ne prend pas en compte la réalité complexe du terrain.

« Gouverner, c'est déchoir », rappelle de son côté le journaliste Bruno Philip. Et le rapport de force politique l'emporte souvent sur les grands principes. Le drame rohingya expose les limites de son pouvoir, malgré son triomphe électoral de 2015. Selon les règles constitutionnelles, les généraux gardent le contrôle sur les trois ministères régaliens clés, l'Intérieur, la Défense et les Frontières, et un quart des sièges au Parlement. Cela leur donne les mains libres pour mener la répression dans l'Arakan au nom de la sécurité nationale. « Les militaires ont toujours la mainmise », reconnaît Guterres. Surtout, ils demeurent les garants de l'unité nationale dans ce pays mosaïque, composé de cent trente-cinq groupes ethniques, toujours menacé d'éclatement par des forces centrifuges, déchiré par une guerre civile endémique sur les confins face aux armées rebelles Shan ou Karen. Moe Thuzar, chercheuse à l'Institute of South East Asian Studies basé à Singapour, analyse :

> Le silence d'Aung San Suu Kyi signale les contraintes politiques toujours très fortes auxquelles elle doit faire face.

Quant à l'ancien Premier ministre australien Kevin Rudd, il rappelle dans une tribune :

> Beaucoup de commentateurs semblent oublier que les généraux ont le droit constitutionnel de prendre le contrôle du gouvernement par un coup d'État légal, s'ils considèrent que l'ordre doit être rétabli.

Une épée de Damoclès qui ne va pas tarder à s'abattre sur la conseillère spéciale.

Les yeux rivés sur son destin national, à l'écoute de « son peuple », elle ne craint pas de dilapider son prestige international au profit de son assise politique nationale, chez elle, poursuivant son bras de fer musclé avec l'armée. Alors que l'Occident brûle son idole, les foules birmanes offrent toujours un soutien aveugle à la septuagénaire qui marche sur la corde raide face à une junte à l'affût du moindre de ses faux pas. Moe Thuzar souligne :

> L'opinion semble largement suivre le discours sécuritaire dominant sur la question des Rohingyas.

En effet, les « Bengalis » sont perçus par la majorité bouddhiste comme des immigrés de dernière heure « importés » des Indes par le colon britannique au XIXe siècle, et leur sort n'émeut guère les foules de la plaine bamar.

Suu Kyi ira même jusqu'à la Cour pénale internationale de La Haye en 2019 pour réfuter les accusations de « génocide » portées contre la Birmanie. Emmitouflée dans un grand foulard, « l'icône fracassée » assume pleinement son rôle de « mère de la patrie », refusant de laisser cette place au général Min Aung Hlaing. Elle s'affirme là une nouvelle fois en digne héritière de son père, qui s'allia en son temps avec l'envahisseur japonais pour se débarrasser du joug colonial occidental. La boucle est bouclée.

Coup d'État

Au crépuscule d'une vie de combat, la dirigeante reste au pied d'une ultime marche. Le poste de « présidente » de la nation lui échappe du fait d'une ultime chausse-trape posée par la junte. La Constitution lui interdit le poste suprême à cause de son mariage avec un étranger. Pour modifier cette règle d'airain, un appui de plus de 75 % des voix au Parlement est nécessaire, qui neutraliserait le quart contrôlé par la junte. Le nouveau raz de marée électoral dont elle bénéficie en novembre 2020 la rapproche de ce Graal, mais la fait entrer directement en collision avec le chef de l'armée proche de la retraite militaire, Min Aung Hlaing, qui convoite le poste suprême.

Est-ce la raison du coup d'État du 1er février qui a pris de court la planète entière ? Nul ne sait les calculs du nouvel homme fort qui a imposé l'état d'urgence, entraînant une répression féroce. Mais à l'heure où nous écrivons ces lignes, son coup de force rencontre une résistance populaire plus farouche que prévu, enlisant le pays dans une guerre civile au long cours. Chong Jia Ian, chercheur à la National University of Singapore (NUS), prédit un long affrontement :

> L'armée a fait une erreur de calcul et sous-estimé la résistance.

Emprisonnée dans sa résidence, l'héroïne impuissante voit son œuvre balayée par ce grand bond en arrière vers les heures les plus sombres du pays, pendant qu'une nouvelle génération d'opposants convertis à la lutte armée prend le relais. Mais son ombre tutélaire plane toujours sur les foules de fidèles à Shwedagon. Un ambassadeur note :

Sa place dans le paysage politique s'estompe pas à pas, mais elle reste la seule figure capable de renouer le dialogue politique.

La dirigeante déchue, à la santé fragilisée par les années, risque de finir ses jours en captivité, ce qui ferait d'elle de nouveau une martyre. Un ultime casse-tête pour la junte. Puisqu'elle est privée de parole, nul ne connaît son état d'esprit. Mais elle affiche toujours cette droiture inflexible, même dans le box des accusés, assumant crânement sa trajectoire. Résumant le combat d'une vie, elle a confié :

> Je ne crois pas au destin. J'ai exercé ma volonté pour ce qui me paraissait juste. Je n'ai aucune raison de me plaindre.

Bibliographie sélective

AUNG SAN Suu Kyi, *Freedom from Fear*, Londres, Penguin, 1991.
—, *Letters from Burma*, Londres, Penguin, 1996.
FALISE Thierry, *Aung San Suu Kyi. Le jasmin ou la lune*, Paris, Florent Massot, 2007.
PHILIP Bruno, *Aung San Suu Kyi. L'icône fracassée*, Paris, Équateurs, 2017.
POPHAM Peter, *The Lady and the Peacock: the Life of Aung San Suu Kyi*, Londres, Penguin, 2011.
—, *The Lady and the Generals: Burma's Struggle for Freedom*, Londres, Rider, 2016.

20

Angela Merkel (née en 1954), une chancelière allemande

PAR VIVIANE CHOCAS

Première femme élue chancelière (elle le reste de 2005 à 2021), Angela Merkel imprime sa marque et son mode original d'exercice du pouvoir dans une Allemagne rehaussée, durant ses quatre mandats, au rang de première puissance économique d'un continent tourmenté.

Tacticienne, scientifique, politique de bout en bout, passée d'Est en Ouest dans un parcours singulier, elle incarne magistralement le virage de l'Europe du XXe au XXIe siècle, et plus particulièrement la consécration de l'Allemagne réunifiée, pacifique, prospère et libérale. Mais si la chancelière est unanimement saluée à son départ, l'invasion de l'Ukraine par la Russie à partir de fin février 2022 conduit l'Allemagne à repenser dans l'urgence sa politique d'énergie et de défense.

Elle les a coiffés au poteau. De ce marathon sur les routes du pouvoir qu'elle foule avec une endurance hors norme depuis seize ans, la chancelière allemande, en cette fin août 2021, arrive en tête. Sa victoire, ce jour-là ? Obtenir le meilleur score pour sa gestion de l'économie et de la politique auprès de populations sondées dans cinq nations européennes et aux États-Unis. L'institut d'études Yougov[1] a demandé aux Français, aux Espagnols, aux Allemands, aux Italiens, aux Britanniques et aux Américains leur opinion, favorable ou défavorable, sur plusieurs leaders en place : Emmanuel Macron, Boris Johnson, Angela Merkel, Joe Biden, Justin Trudeau, Narendra Modi, Vladimir Poutine et Xi Jinping. La chancelière recueille les plus hautes notes (49 % d'opinions favorables en France, 61 % en Espagne, par exemple), loin devant Joe Biden et Emmanuel Macron (lesquels obtiennent, dans ces mêmes pays, respectivement les scores de + 26 % et + 27 % ; et – 29 % et + 20 %).

Quelle empreinte s'apprête alors à laisser Merkel, à quelques mois de quitter la scène ? Sans aucun doute, la dirigeante qui, en seize ans d'exercice du pouvoir, a travaillé avec quatre présidents américains et français, cinq Premiers ministres britanniques et huit chefs de gouvernement italiens est parvenue à reformuler une image très positive de l'Allemagne à l'international. Ce n'est qu'un sondage parmi d'autres, pourtant ce tour de force statistique témoigne, une nouvelle fois, de l'aura d'Angela Merkel dans le monde.

Dans cette première partie du XXIe siècle, la chancellerie allemande a traversé quatre déflagrations majeures : la crise financière (2008), la crise des réfugiés (2015), le vote du Brexit (2016) et la pandémie de Covid-19 (2020). Affrontant ces fractures d'envergure, Angela Merkel a manœuvré avec un style constant, caractérisé par un quadrillage des forces et facteurs en présence, une discussion n'excluant personne, une pondération stratégique. Au terme de quatre mandats, à l'automne 2021, sa cote de popularité affiche près de 80 % auprès de ses concitoyens ; elle n'est jamais descendue sous

1. Angela Merkel Survey Results. Enquête réalisée entre le 9 juillet et le 10 août 2021 auprès d'échantillons nationaux représentatifs de plus de 1 000 personnes chaque fois.

les 52 %. Les yeux clairs et le « casque d'or » de la chancelière auront éclairé les unes d'innombrables magazines, son nom aura occupé les premières places de multiples palmarès. « *Leader of the free world* » (*New York Times*), « *Second most powerful person in the world* », ou « *Most powerful woman* » (*Forbes Magazine*)... Les plus grands caricaturistes de presse ont confessé avoir adoré la dessiner.

Ces habits de lumière, démultipliés par le miroir médiatique, provoquent un certain vertige. C'est le vertige du succès. Et le cœur du « mystère Merkel » : une puissance intellectuelle hors pair, une popularité record, une activité inépuisable, des talents éprouvés de tacticienne, et... cette voix si neutre qui jure avec tout le reste. Écouter Angela Merkel parler à une tribune, année après année, c'est prendre l'habitude d'un long fleuve sonore qui se déverse, incolore et imperturbable. « Merkel n'a pas de charisme », « sa voix ne porte pas », ont souvent dit d'elle ses détracteurs... autant que ses admirateurs, ce qui ne manque pas d'ajouter au paradoxe. Mary Beard[2], professeur spécialiste de l'Antiquité gréco-romaine à Cambridge, explique :

> Dans le champ lexical, depuis l'épopée d'Ulysse, le grave, le profond ont toujours été associés aux hommes, à l'autorité, au charisme; mais le mince, l'étroit, l'aigu, liés aux femmes [...] Margaret Thatcher a raconté comment elle prit un coach vocal pour faire descendre dans les graves le timbre de sa voix. Tous les programmes pour femmes à haut potentiel font travailler la voix.

Celle de Merkel ne change pas. Mais si ses discours ont assoupi plus d'un auditoire, n'y aurait-il pas là une ruse de plus, subtile, matrice de son incroyable longévité politique ?

---

2. Interview *Madame Figaro*, octobre 2018. Mary Beard est l'auteure du best-seller *Women & Power. A Manifesto* (*Les Femmes et le pouvoir. Un manifeste*, Perrin, 2018).

Car, avec sa voix fade, Angela Merkel ne lâche rien. Et sait exactement où elle va.

Les faits, les chiffres, abondent en sa faveur : Merkel a régné sur un pays qu'elle a hissé au rang de première économie européenne et puissance centrale du Vieux Continent. C'est même la première fois, depuis la création de l'Allemagne (et après sept prédécesseurs mâles), que le chancelier sortant part de sa propre volonté au terme de son mandat. Dans une longue note intitulée *Quelle Allemagne après Merkel ?* (septembre 2021), l'Institut Montaigne résume :

> Angela Merkel restera dans l'histoire la chancelière de la stabilité et de l'unité allemandes, elle qui s'efforça inlassablement de gouverner au centre.

Les experts poursuivent :

> De l'abolition du service militaire à la révision de la politique familiale, de la sortie du nucléaire à la politique d'accueil des réfugiés, de l'adoption du mariage homosexuel à la création d'une capacité européenne d'endettement, Angela Merkel est parvenue à transformer l'Allemagne.

Née un 17 juillet 1954 à Hambourg en République fédérale allemande, élevée à Templin en République démocratique allemande au sein d'une famille protestante, physicienne, députée (1990), ministre (1991), cheffe de parti (2000), chancelière (2005)… On peut prendre une première mesure de son ascension exceptionnelle en juxtaposant deux photographies que vingt-quatre années séparent. Voici la première image : en décembre 1991, à 37 ans, au Congrès de la CDU, elle est une débutante en politique, vêtue d'une chemise blanche à col pointu et d'un large gilet lui conférant une allure d'écolière, et elle se penche pour s'adresser à son mentor, l'imposant Helmut Kohl, qui la surnomme partout *das Mädchen* (la jeune fille). Sur la seconde, au sommet du G7 en Bavière en juin 2015, Merkel rutile en veste rouge vermillon, debout face au président américain Barack Obama nonchalamment assis (et de dos, donc) sur un banc d'extérieur : deux leaders surpuissants embrassent les problématiques du monde, leurs bras s'ouvrant de concert dans un décor de montagnes propice à l'affirmation de leur autorité légitime…

Quelle est donc la vraie nature d'Angela Merkel ? Pour tenter d'y répondre, rejoignons une troisième scène. Nous sommes cette fois au théâtre de Düsseldorf, le 8 septembre 2021. Angela Merkel partage l'affiche avec l'écrivaine nigériane et icône féministe mondiale Chimamanda Ngozi Adichie[3]. Le public est jeune, le cadre peu formel, les deux invitées sont chaleureusement applaudies. L'écrivaine avance, sculpturale, dans sa longue robe rouge et argent, la chancelière trottine sur ses talons plats, portant une veste bleue boutonnée au centre et un pantalon noir. La journaliste interroge : « Madame la chancelière, être souvent *la première*, ça fait quoi ? » Merkel donne alors cette réponse :

> Grandir dans une grande proximité avec des enfants handicapés a eu une forte influence sur moi. À l'âge des études supérieures, j'ai choisi la physique, convaincue qu'il s'agissait d'une discipline que la politique et les gens au pouvoir en RDA ne pourraient pas manipuler. Comprenez-moi : une masse est une masse, point. Enfin, je viens d'une famille très ouverte : à la maison, nous discutions sans cesse, avec des points de vue très différents.

Quelques phrases, prononcées à l'automne de son départ, résumèrent soudain trois fondamentaux de la chancelière : la

3. Auteure du best-seller *We Should All Be Feminists* (*Nous sommes tous des féministes*, Paris, Gallimard, 2015).

solidarité avec les plus faibles, la lucidité du courage, le sens du dialogue.

Angela Merkel est « la seule dirigeante d'un pays occidental ayant passé la première trentaine d'années de sa vie sous la dictature communiste et dans un pays qui n'existe plus, puis une autre trentaine d'années au cœur de la vie politique de l'Allemagne réunifiée », rappelle l'Institut Montaigne. Merkel est unique, Merkel est un phénomène politique, une femme moderne au pouvoir. Et, au bout du chemin, une femme libre ?

Est-Ouest, le « en même temps » de l'enfance

Berlin-Est, 9 novembre 1989, 19 heures. En conférence de presse transmise en direct à la radio et à la télévision, Günter Schabowski, secrétaire pour l'Information du Comité central du SED[4], cerné par les micros, est sommé de répondre : quand entrera en vigueur la réglementation dont tout le monde parle, qui permettra aux Allemands de l'Est de voyager sans conditions vers l'ouest ? Quand ? Maniant fébrilement des notes qui ne contiennent pas la réponse, Schabowski tranche : *Ab sofort, unverzüglich* (« Immédiatement »). La suite est connue, mythique. Des centaines de Berlinois de l'Est marchent vers le Mur et pressent les gardes-frontières pour qu'une barrière rouge et blanc se lève enfin, ouvrant le passage vers la liberté.

Angela Merkel (née Kasner) a 35 ans. Elle vit avec Joachim Sauer, un physicien comme elle, dans un appartement du quartier de Prenzlauer Berg (en 1998, il deviendra le second mari d'Angela, qui avait scellé une première union de 1977 à 1982 avec Ulrich Merkel, camarade d'université et physicien

4. Ou Parti socialiste unifié d'Allemagne, principal parti de la République démocratique allemande (RDA).

lui aussi, et dont elle conserva le nom). Le couple habite près du poste frontière de Bornholmer Straße, le premier checkpoint déverrouillé. Vers 23 h 30, au milieu de la foule, la jeune femme emprunte le pont en acier, et s'échappe avec quelques amis… pour boire une bière à l'ouest. Avant de rentrer dormir chez elle, calmement.

Chez elle, plus de trente années durant, ce fut à l'est. Son enfance et son adolescence sont figées dans cette République démocratique allemande où elle n'est pas née, mais où son père, le pasteur Horst Kasner, entraîna en 1957 femme et bébé jusqu'à la petite ville de Templin, au nord de Berlin. Là, en zone soviétique, l'Église protestante manque d'hommes pour former les séminaristes. Le mur n'est pas encore construit (août 1961), mais l'Allemagne est déjà divisée. Avec ce voyage, le banal se détourne du destin d'Angela. Le père porte en lui un idéal communiste ; sa femme, Herlind Jentzsch, professeur d'anglais, prend le parti de le suivre, bientôt mère de deux autres petits, Marcus et Irene. Leur enfance est joyeuse et cultivée. Le centre de formation jouxte une ferme, une institution pour personnes handicapées, des forêts où jouent les enfants valides et non valides. Peu sportive, Angela excelle aux Olympiades de mathématiques et de russe, première de classe ou « pionnière » jamais prétentieuse. À table, en famille, on parle sciences, langues, littérature, philosophie… La curiosité s'aiguise, le rêve singulier d'une ambition personnelle couve dans un climat où l'école traite à égalité filles et garçons, mais où exprimer une opinion différente du régime peut se révéler dangereux. Elle apprend d'emblée à se protéger, par la réserve, le travail. Des notes maximales au bac, la physique à l'université de Leipzig, des valeurs morales – « Aime ton prochain comme toi-même » – couplées à une rigueur scientifique fondée sur l'observation des faits : Angela Merkel forge sa personnalité dans l'épreuve et la discrétion.

Résumons : naître à l'ouest et grandir à l'est. Se fondre dans la foule et s'imaginer un destin. Maîtriser la prudence et oser le risque : Merkel est d'abord là où on ne l'attend pas. En décembre 1989, à Berlin toujours, elle pousse la porte du petit parti Renouveau démocratique, un mouvement d'opposition est-allemand proche des démocrates-chrétiens de l'Ouest. Portant grandes jupes et sandales plates, cette scientifique manie le langage émergent des ordinateurs. On l'engage. Lothar de Maizière, dirigeant chargé en RDA de préparer la réunification en soutien du chancelier Helmut Kohl en RFA (le traité est signé le 12 septembre 1990), apprécie son esprit de synthèse. À ses côtés, elle découvre l'Ouest, rencontre Margaret Thatcher et François Mitterrand. Merkel a 37 ans quand elle obtient son premier poste de députée de la CDU (Union chrétienne-démocrate) en décembre 1990. Un an plus tard, Kohl pense tirer habilement les ficelles en plaçant une femme de l'Est dans son équipe. Travailleuse, protestante : au sein de la catholique et conservatrice CDU, « la fille de la zone » (soviétique), n'est pas perçue comme inquiétante. Angela devient ministre de la Jeunesse et des Femmes (1991-1994), puis ministre de l'Environnement, de la Protection de la nature et de la Sécurité nucléaire (1994-1998). Elle est lancée.

Entre le fer et le velours

Certains êtres ont la capacité de véritablement participer à l'écriture de l'histoire. Merkel est de ceux-là. Il faut se souvenir qu'en 1991, deux mondes qui partagent la même langue, mais qui ont vécu quarante années durant dans l'hostilité réciproque, se rejoignent, mais ne se reconnaissent pas. L'Ouest avale l'Est, c'est une absorption plus qu'une réunification qui s'opère, et Merkel sait parfaitement ce qui se joue. La RDA qu'a connue la jeune Angela est un régime de surveillance et d'arrestations sinistre et abject, mais ses systèmes de santé et d'éducation sont relativement égalitaires, permettant aux femmes d'élever leurs enfants et de travailler plus facilement qu'en RFA. Son vécu à l'est lui donne des convictions et de l'assurance ; la certitude, aussi, de ne jamais mépriser les uns au profit des autres.

Le système politique allemand élaboré après 1945 pour prévenir tout risque d'individualisation du pouvoir est singulier. Il impose au chancelier de toujours convaincre la majorité du puissant Bundestag ; à l'exécutif de déléguer une part importante de son pouvoir aux ministres-présidents des Länder (on parle aussi de régions allemandes, au nombre de seize, qui ont un gouvernement, une Assemblée, et des pouvoirs). Au XXIe siècle, les Allemands voient encore dans ce fédéralisme une garantie démocratique ; et la chancelière s'en délecte particulièrement. Aller d'un groupe d'opposants à un autre, confronter les points de vue, faire valoir son analyse technique et imposer la déclaration finale par son talent de négociatrice : c'est ainsi que Merkel s'épanouit. Sur la scène nationale, elle s'entoure de peu de conseillers, à qui elle demande loyauté et fidélité, précise la journaliste Marion Van Renterghem dans sa biographie qui fait référence. À l'étage de son vaste bureau ultra moderne aux tons de gris clair et de beige, au septième niveau de l'imposant bâtiment de la chancellerie, doté d'une terrasse qui domine Berlin, le vouvoiement est d'usage au sein d'une équipe relativement réduite qui démarre les réunions entre 7 h 45 et 8 h 30 chaque matin. Spécificité allemande : directeur de la chancellerie, directeur adjoint, porte-parole et proches conseillers sont toujours accompagnés d'un représentant de la CDU et du Bundestag. Tout au long de sa carrière, deux femmes catholiques de l'Ouest, Beate Baumann et Eva Christiansen, respectivement cheffe de bureau et cheffe de la stratégie, ont accompagné Angela Merkel, sans jamais entrer dans sa vie privée. Elles ont sa confiance absolue.

Une seule fois, spectaculairement, plutôt que chercher le compromis Merkel a rompu : en 1999, avec son mentor, Helmut Kohl. Cette rupture a inscrit sa force sur l'échiquier politique. Fin 1998, elle est secrétaire générale de la CDU quand un scandale éclabousse son parti : financements illégaux, comptes bancaires en Suisse et dons cachés, effectués avant sa nomination. Kohl, qui a cédé sa place de chancelier au social-démocrate Gerhard Schröder mais conserve une influence sur le parti, nie être au courant, puis se dédit. À la surprise générale, Angela Merkel fait publier le 22 décembre 1999 dans le quotidien conservateur *Frankfurter Allgemeine Zeitung* une tribune exhortant sa famille politique à prendre son indépendance d'avec son leader historique, l'homme de la réunification. Elle tue le père. Prise de risque inconsidérée ? Acte d'indépendance remarquablement maîtrisé ? Les experts en débattent sans fin. Mais Merkel, élue en 2000 à la présidence de la CDU avec 96 % des voix, engage alors une transformation du parti (assortie d'un renouvellement des équipes) qui élargit considérablement sa route vers le pouvoir.

Le 22 novembre 2005, succédant à Gerhard Schröder, elle prête serment. Sa main droite levée, première femme accédant, à 51 ans, à la fonction de chancelier, Angela Merkel, en tailleur-pantalon noir, mocassins plats, est émue, et cela se voit. « Je jure que je consacrerai mes forces au bien du peuple allemand », récite-t-elle. Soit quelque 83 millions d'habitants (ce qui en fait le pays le plus peuplé d'Europe), dont plusieurs millions ont migré d'Est en Ouest depuis quinze ans ; surtout des jeunes, des femmes, des diplômés.

L'Allemagne réunifiée est déjà la première puissance du continent, Merkel la consolide « sans grandiloquence, sans discours flamboyant, mais avec un sens éminent des intérêts de la diplomatie allemande », résume toujours l'Institut Montaigne. La cheffe de l'exécutif a par ailleurs maintenu un lien privilégié avec les États-Unis en dépit des années

Trump (2017-2021), comme avec le Kremlin malgré le soutien de Moscou aux sécessionnistes du Donbass en Ukraine dès 2014 et la question toujours pendante des Droits de l'homme.

Dans un pays foncièrement attaché à l'orthodoxie budgétaire, Merkel s'adapte à la force du réel, y compris sur le plan économique. Elle reste celle qui, quand la zone euro tangue après la crise des *subprimes*, demeure intransigeante (et fort critiquée), rejetant par exemple, entre 2009 et 2012, toute annulation de la dette grecque. Mais, en 2020, elle opère un virage stratégique. Dans un monde ébranlé par la Covid-19, pour éviter le risque d'explosion du marché unique, la chancelière et le président Macron annoncent que la Commission européenne va emprunter de l'argent sur les marchés pour un plan de relance de 500 milliards d'euros environ, mis à la disposition des États les plus touchés et remboursés par l'ensemble des Vingt-Sept. Il s'agit bel et bien d'une mutualisation des dettes… soit ce que l'Allemagne avait toujours refusé à l'Europe. « C'est dans l'intérêt de l'Allemagne que l'Europe ne s'effondre pas », justifie-t-elle, orchestrant sa capacité à évoluer sur les dossiers sensibles, faisant preuve d'un pragmatisme qui est une autre clé de son historique popularité.

Mais l'histoire du leadership de Merkel est inséparable de son appel, en août 2015, à accueillir les réfugiés syriens dont le pays est déchiré par une guerre civile. Contre son parti, elle ouvre les frontières à des dizaines de milliers de migrants, d'abord bloqués en Hongrie, puis regroupés en Autriche. *Wir schaffen das !* (« Nous allons y arriver ! ») est le slogan qui marque sa décision. Fin 2015, l'Allemagne a intégré 890 000 migrants. Six ans plus tard, sur la scène du théâtre de Düsseldorf, elle revisite l'événement en ces termes :

> Ça n'était pas une invitation à faire venir les réfugiés en masse. Il faut comprendre qu'ils ne viennent pas volontiers. Fuir, c'est dur. Ils étaient déjà en Europe. On ne pouvait pas claquer cette porte sur eux.

Puis, elle poursuit par cette phrase, à laquelle le drame ukrainien donne toute sa résonance :

> Dans la démocratie, s'engager, ça compte.

Au passage, notent les plus fins observateurs, elle tire alors son parti du centre droit vers la gauche, prenant de vitesse ses opposants sociaux-démocrates. Car voici une autre de ses habiletés : savoir couper l'herbe sous le pied de ses adversaires. Quand elle choisit brutalement de rompre avec la production d'énergie nucléaire en 2011, elle semble agir contre son camp politique. En réalité, elle prend les Verts de vitesse. Lorsqu'elle permet en 2017 la légalisation du mariage pour tous (même si personnellement elle vote contre), la chancelière, restée conservatrice, prive soudain l'opposition de gauche d'une de ses « causes » sociétales.

Un quatrième mandat en 2017 ? Merkel, fatiguée, n'en avait pas forcément envie. Mais, après le vote favorable au Brexit le 24 juin 2016 et l'élection de Donald Trump en novembre de cette même année, elle rempile, inquiète pour la stabilité de l'Europe. Ce dernier mandat renforce sa stature internationale. Solide, courageuse, butée pour certains, Merkel ne se plaint jamais. « Est-ce difficile d'avoir une vie privée quand on exerce le pouvoir ? » l'interroge-t-on en septembre 2021 : « Oui, ça l'est. Mais ça vient avec le job », répond-elle.

Lorsqu'elle quitte le pouvoir en 2021, l'Allemagne demeure pourtant le premier pays émetteur de gaz à effet de serre de l'Union. D'où la colère d'une partie de la jeunesse, qui juge que la scientifique n'a pas fait assez pour le climat, quand bien même elle salue le sang-froid de la physicienne lors de la crise inédite, anxiogène et mondiale de la Covid-19.

Pas plus que les autres gouvernants européens et la majorité des experts, Angela Merkel n'avait anticipé la brutale invasion de l'Ukraine par la Russie de Vladimir Poutine à partir du 24 février 2022. Or, la guerre entraîne en quelques jours seulement une redéfinition en profondeur de la politique étrangère et de défense de l'Allemagne, sous la conduite du nouveau chancelier Scholz. Une enveloppe de 100 milliards d'euros est accordée au budget de la Défense, un impensé sous l'ère Merkel. Scholz met également à l'arrêt le gazoduc Nord Stream 2, projet d'approvisionnement de gaz russe validé de longue date par celle qui le précéda à la chancellerie pendant seize ans. Dans une césure d'envergure commandée par la brutalité des circonstances, l'Allemagne rompt avec le dogme d'une grande puissance économique et industrielle fondamentalement pacifiste pour laquelle les questions de défense restaient à l'arrière-plan. Quatre jours après le début de l'invasion, Angela Merkel, depuis sa retraite, déclare :

> Cette guerre déclenchée par l'agression russe marque un tournant majeur et déterminant dans l'histoire de l'Europe depuis la fin de la guerre froide.

La fin d'une longue période, pacifique et prospère, qu'elle aura incarnée de bout en bout et qui fait déjà figure d'âge d'or.

Une proximité désarmante

Omniprésente, peu lyrique, bûcheuse, Merkel a du style, et il est… extrêmement personnel. La question vestimentaire ? Un non-sujet. La féminité ? Une affaire d'efficience et d'égalité. L'argent et le luxe ? Pas ses éléments. L'esbroufe ? Pas son fonctionnement. Sa feuille de route ? Observation, travail, solutions. Par l'adoption d'un vestiaire sobre – le tailleur-pantalon à la veste de trois ou quatre boutons, sans col, de différentes couleurs –, elle donne de l'aisance autant que de la simplicité à sa fonction, seule femme souvent à la table des puissants de la planète. C'est ainsi qu'ils prennent l'habitude de la voir, d'une réunion internationale à l'autre, multipliant les apartés pour orchestrer le consensus. Merkel tape sur l'épaule, avale son schnaps. Et ceux qui la croient discrète découvrent son endurance XXL.

La femme d'État, probablement pour donner à sa posture plus de charisme, invente, dès 1998, le fameux « losange » des mains, « marque de fabrique » de ses allocutions : les mains se rejoignent à hauteur du nombril, pouces accolés en haut, doigts reliés en bas. Repris sur des affiches, des tee-shirts, des mugs, le losange devient formidablement populaire. Merkel aime montrer qu'elle a « du plaisir à faire ». Antisnob, de ses trente ans passés à l'est elle conserve une petite datcha près de Templin, « un pavillon blanc au toit rouge, simple, entouré juste d'une palissade », précise Marion Van Renterghem qui est allée sur place. Les journaux l'ont raconté maintes fois : la chancelière n'a jamais cessé de faire ses courses à la supérette, elle aime nager, cuisiner… L'été, avec son mari, elle se rend depuis une maison d'hôtes à la campagne au festival de Bayreuth (l'opéra est un des seuls endroits où elle ose des étoffes miroitantes, voire de francs décolletés). Dès son premier mandat, le surnom bienveillant de Mutti, « maman », lui est attribué, alors qu'elle n'a pas eu d'enfant. À Berlin, le couple habite non pas à la chancellerie, mais au quatrième étage d'un petit immeuble au bord de la Spree. La croiser à l'heure du dîner dans une brasserie est chose facile, racontent les journalistes qui la suivent. Outre-Rhin, il ne viendrait à l'idée de personne de lui demander un selfie. Elle pratique sans faux-semblant cette proximité simple, désarmante pour un Français, par exemple. Rare exception, à l'été 2019 : à trois reprises, son corps est secoué de tremblements lors de cérémonies publiques. Les caméras exportent les images, cruelles. Aucune explication « officielle » ne sera donnée, même si Merkel assure, stoïque, avoir été « déshydratée ».

À la différence de ses homologues, Merkel peut surprendre en assumant sa faute. Ainsi, en mars 2021 à la télévision, dit-elle aux Allemands :

> Cette erreur est mon erreur, et mon erreur à moi seule…. Je [la] regrette profondément et je demande pardon aux concitoyennes et concitoyens pour la confusion qu'elle a pu causer.

La chancelière, en pleine crise de Covid-19, venait de renoncer à instaurer un week-end de Pâques « sous cloche sanitaire » (commerces fermés, offices religieux annulés). En juillet de la même année, auprès des survivants de graves inondations en Rhénanie-Palatinat, elle confesse :

> Je dirais presque que la langue allemande n'a pas les mots pour décrire la dévastation qui a été causée.

La scientifique qui aime la rectitude des chiffres et la neutralité des résultats fait preuve d'une modestie pleine d'humanité, d'une empathie rarement soulignée. Ces détracteurs parlent d'un manque d'éclat. Ils ont tort. Ou méconnaissent les (pas si rares) moments où elle laisse éclater sa joie. Le 17 mai 2017, elle remet un prix national à Maren Heinzerling, une brillante ingénieure de 79 ans qui a enseigné la physique à des enfants réfugiés. Voulant expliquer au public les effets de la force centrifuge, la professeure saisit sans la prévenir les mains de la chancelière, l'entraîne dans une ronde tourbillonnante. Loin du protocole, Merkel s'abandonne, radieuse. « Elle était totalement dans le moment présent », témoigne Maren Heizerling dans le quotidien britannique *The Guardian*. Le philosophe Clément Rosset[5] écrit :

> La joie constitue la force par excellence, la seule disposition permettant de concilier l'exercice de la vie avec la connaissance de la vérité.

Il est fascinant de voir combien la supposée « fade » Angela en détient.

Angela Merkel est-elle une féministe ?

À l'automne 2021, la militante et journaliste célèbre Alice Schwarzer s'exprime ainsi :

> Pour elle, qui a grandi en Allemagne de l'Est, l'égalité hommes-femmes allait de soi. Mais Merkel est devenue par son existence même un modèle dans le monde entier. Sa vie, son parcours, ses succès sont du pur féminisme[6].

Elle connaît Merkel depuis 1991 et son premier portefeuille au ministère de la Jeunesse et des Femmes. Marion Van Renterghem raconte ainsi leurs liens :

> Elles se plaisent et ça dérange, cette figure féministe de gauche qui s'entend avec une ministre de la conservatrice CDU !

Certes, mais pas seulement. Car, au-delà de cette amitié singulière et fidèle, il est intéressant de voir combien, sur la

---

5. Dans son ouvrage *La Force majeure*, Éditions de Minuit, 1983.
6. Interviewée dans *L'Express*, 23 septembre 2021.

question des femmes, Angela Merkel varie entre positions tantôt progressistes, tantôt conservatrices, dans une volonté de toujours « passer à la suite » en écoutant ce qu'en dit la société. « Avançons ! » pourrait être sa devise. Quitte à perdre parfois en lisibilité. Au début des années 1990, la ministre, qui défend des projets de lois destinés à sanctionner le harcèlement au travail ou à améliorer la parité dans le service public, rencontre l'indifférence des barons du Parti. Elle cherche l'appui des féministes. Or, cette même année 1991, la question de l'IVG agite la société allemande nouvellement réunifiée (à l'est l'avortement avait été rendu légal dès 1972, à l'ouest son recours demeurait extrêmement restreint). Merkel propose un compromis selon lequel l'avortement sera dépénalisé, mais soumis à conditions. Lors du vote, elle s'abstient, au nom de sa conviction religieuse. Quand elle quitte le pouvoir en 2021, le débat reste vif dans un pays où il reste difficile d'avoir accès à une interruption de grossesse, rarement remboursée par ailleurs. En 2017, la chancelière fait soudain accélérer le débat sur le mariage entre personnes du même sexe au Bundestag, mais vote contre. Là encore, elle sent le pouls, favorable, de la société, mais ménage sa famille politique. Ces oscillations expliquent pourquoi Angela Merkel nourrit la critique des féministes, autant qu'elle suscite leur admiration. Comme lors du G7 2018 au Canada, où une photo l'immortalisera, au milieu d'une assemblée de leaders masculins, épaules en avant, presque pour contrer physiquement Donald Trump, qui ne l'a jamais épargnée.

« Mutti » a accompagné bien des alliées, la première étant Ursula von der Leyen qui, entre 2005 et 2019, fut sa ministre de la Famille, du Travail et enfin de la Défense, avant de prendre la présidence de la Commission européenne. Très différentes – l'une n'a pas eu d'enfant, l'autre en a mis sept au monde –, elles défendront ensemble le travail des femmes, la multiplication des places en crèche, un salaire parental et un congé pour les pères… Néanmoins, l'écart de rémunération entre les deux sexes reste élevé – 19 % en 2019 –, et c'est timidement (entre 2016 et 2020) que le gouvernement accepte la mise en place progressive de quotas de femmes dans les conseils d'administration des entreprises.

Figure majeure de l'exercice du pouvoir au féminin, Angela Merkel a longtemps récusé le qualificatif de « féministe ». Jusqu'à cette fameuse soirée du 8 septembre 2021, à Düsseldorf, aux côtés de l'écrivaine Chimamanda Ngozi Adichie. « Êtes-vous féministe ? » lui demande l'intervieweuse. Avant de répondre, Merkel observe un silence. Tandis que l'électricité est palpable dans l'air, la chancelière parle enfin :

> Quelque chose a changé. Il y a vingt ans, je n'aurais pas fait attention s'il n'y avait eu que des hommes invités à discuter sur un plateau. Aujourd'hui, je considère que ça n'est plus possible. Pour moi, ce terme était lié aux mouvements des années 1960. Mais aujourd'hui, oui, je peux le dire. S'il s'agit de voir advenir l'égalité réelle entre les hommes et les femmes, je suis féministe !

Il y a une vie après la chancellerie…

Sans surprise, la voix est plate, dénuée de passion, terne presque. Pourtant, la presse politique allemande et européenne est suspendue à ses lèvres :

> Monsieur le chancelier, cher Olaf Scholz[7]… Prenez possession de cette maison et travaillez pour le bien de notre pays.

---

7. Le social-démocrate est un ancien avocat, âgé de 63 ans lorsqu'il devient chancelier, et le chef d'une coalition qui compte alors aussi les Verts et les libéraux du FDP. Maire de Hambourg

À 15 heures, le 8 décembre 2021, au premier étage du numéro 1 de la Willy-Brandt Straße à Berlin, le bâtiment monumental qui abrite la chancellerie, Angela Merkel cède la place à son successeur, dans une allocution de trois minutes à peine. Elle reçoit un bouquet de fleurs, les applaudissements de ses collaborateurs, et les remerciements de celui qui, quelques heures plus tôt, était encore son ministre des Finances et vice-chancelier. Un lien de confiance les unit, comme le goût de la sobriété et du pragmatisme. Ce même jour, au Bundestag, elle fait l'objet d'une *standing ovation*, à laquelle tous les députés participent, sauf les membres de l'extrême droite. Voilà comment, un jour d'hiver, s'engouffrant calmement à l'arrière d'une Audi noire, disparaît de la scène publique et médiatique cette figure centrale de la politique européenne contemporaine. Clin d'œil à ses trente années passées à l'est, lors de son adieu aux forces armées, elle a fait jouer à la fanfare de la Bundeswehr une chanson de l'icône punk Nina Hagen, *Du hast den Farbfilm vergessen* (« Tu as oublié la pellicule couleur »), très appréciée dans les Länder de l'Est. « Cette chanson a été un moment fort de ma jeunesse », glisse-t-elle. Au micro, la chancelière s'inquiète :

> Les deux années de pandémie ont montré l'importance de la confiance dans la politique, la science et le discours social, mais aussi la fragilité de cette confiance.

Ce jour-là, elle est émue comme rarement.

Son départ va-t-il changer la politique allemande ? Marchant dans ses pas, Olaf Scholz a prévu de maintenir « le frein à l'endettement » inscrit dans la Constitution, qui empêche l'État de dépenser plus d'argent qu'il n'en

---

de 2011 à 2018, il fut sous Angela Merkel ministre du Travail, puis ministre des Finances.

récolte par les impôts. Mais les lignes d'alliance pourraient se fracturer, compte tenu de la rupture consécutive à l'invasion de l'Ukraine déjà mentionnée. Élu à la tête de l'Union chrétienne-démocrate en janvier 2022, Friedrich Merz[8] n'était pas un proche. Et si Merkel a manœuvré plusieurs fois pour absorber les priorités des écologistes (arrêt du nucléaire, lancement de grands chantiers d'infrastructures liés aux énergies renouvelables), les Verts de retour dans la coalition gouvernementale ont repris de la voix. Dans le pays, les inégalités hommes-femmes, renforcées par la gestion de la crise Covid 2020-2021, ont fait basculer vers la pauvreté un nombre important de femmes retraitées. Les années Merkel sont aussi celles où un parti d'extrême droite, l'AfD, est revenu au Bundestag pour la première fois depuis la fin de la Seconde Guerre, témoin d'une radicalité née de la crise de l'euro et renforcée par celle des réfugiés, puis de la pandémie. Enfin, le numérique reste un parent pauvre, dans un pays au 25e rang mondial pour le développement de son administration en ligne en 2020.

Merkel laisse donc derrière elle un bilan riche, singulier, salué mais inachevé. Où iront ses priorités après autant d'années sur les plus hautes marches du pouvoir ? Invitée du théâtre de Düsseldorf à l'automne 2021, la chancelière a confessé :

> Quand je pense à moi enfant, nous parlions beaucoup, nous avions envie d'être ensemble. Aujourd'hui… les gens sont dans des bulles. Si l'on veut préserver la démocratie, je pense que nous avons besoin de plus que du politique. On a besoin d'histoire, de philosophie, de récit. De créer un sentiment collectif d'appartenance.

---

8. Ex-Avocat d'affaires, catholique originaire de Rhénanie du Nord-Westphalie, il incarne une ligne à la fois plus conservatrice et plus frontale.

Dès janvier 2022, sa conseillère Beate Baumann annonçait qu'Angela Merkel entamait la rédaction de ses mémoires. Voilà pour le récit. Écoutons s'exprimer un dernier instant la femme publique :

> J'ai atteint 67 ans. Avec ce qu'il me reste de temps… Je vais voir. Écrire, marcher dans la nature… Je vais m'écouter.

Comme si pouvait enfin éclore la femme privée.

Bibliographie sélective

CHAPOUTOT Johann, *Histoire de l'Allemagne, de 1806 à nos jours*, Paris, PUF, « Que sais-je ? », 2017.

COLIN Nicolas, VITAUD Laëtitia, podcast « Nouveau Départ », nouveaudepart.substack

KOEBL Herlinde, *Angela Merkel. Portraits, 1991-2021*, Paris, Taschen, 2021.

LORRAIN Sophie, *Une histoire de l'Allemagne au fil des textes. De Luther à Helmut Kohl*, Paris, Perrin, 2021.

RESING Volker, *Angela Merkel, une femme de conviction,* Paris, Empreinte, 2010.

VAN RENTERGHEM Marion, *C'était Merkel*, Paris, Les Arènes, 2021.

Notices biographiques des auteurs

Professeur d'histoire médiévale à l'université de Poitiers et directeur du Centre d'études supérieures de civilisation médiévale (UMR 7302), **Martin Aurell** est spécialiste de l'aristocratie et de la culture littéraire autour de la Méditerranée et dans l'empire Plantagenêt. Il a été membre de l'Institut universitaire de France et de l'Institute for Advanced Study (Princeton). Il a écrit douze livres, dont *L'Empire Plantagenêt* et *La Légende du roi Arthur* parus chez Perrin, et publié vingt-quatre ouvrages collectifs, pour la plupart issus de colloques qu'il a organisés. Il dirige la revue *Cahiers de civilisation médiévale*.

Ancien diplomate et universitaire, désormais avocat, **Georges Ayache** a déjà consacré plusieurs ouvrages à la politique américaine, aux relations internationales et au conflit israélo-palestinien. Il a publié chez Perrin *Joe Kennedy* (2018), *Les Douze Piliers d'Israël* (2019), *La Chute de Nixon* (2020) et *Moshé Dayan* (2021).

On ne présente plus **Simone Bertière** dont l'œuvre, couronnée par de nombreux prix, a renouvelé en profondeur nos connaissances sur l'histoire des femmes et de l'Ancien Régime (biographies référentes de Retz, Mazarin, Condé notamment), tout en abordant avec succès l'Antiquité (*Apologie pour Clytemnestre*, *Le Roman d'Ulysse*) et l'histoire littéraire (*Dumas et les* Mousquetaires *: histoire d'un chef-d'œuvre*).

Jean-Paul Bled est professeur émérite à l'université de Paris IV-Sorbonne. Il a notamment publié les biographies de référence de François-Joseph et Bismarck, ainsi que celles de Sophie de Habsbourg et de Marlène Dietrich.

Professeure émérite des Universités, **Sophie Brouquet** a publié plusieurs ouvrages, dont, chez Perrin, *Chevaleresses. Une chevalerie au féminin* (2013) et *Isabelle de France, reine d'Angleterre* (2020).

Historienne, diplômée de Paris IV-Sorbonne, **Joëlle Chevé** se consacre à l'étude des femmes dans le champ du pouvoir et de la sexualité. Après *Les Grandes Courtisanes* (First Histoire, 2012), son dernier ouvrage, *L'Élysée au féminin de la IIe à la Ve République* (Le Rocher, 2017), explore le destin des « premières dames » de France. Journaliste professionnelle pour les revues *Historia*, *Point de Vue* et *Secrets d'histoire*, elle est également conférencière et chroniqueuse pour les émissions de radio « Entrez dans l'Histoire » (RTL), « Historiquement vôtre » (Europe 1), et les émissions télévisées « Secrets d'histoire » et « Laissez-vous guider ».

Journaliste, rédactrice en chef de *Madame Figaro*, **Viviane Chocas** est l'auteure de *Bazar magyar* (2006) et de *Je vais beaucoup mieux que mes copains morts* (2012), tous deux publiés aux éditions Héloïse d'Ormesson.

Hélène Delalex est conservatrice du patrimoine « Mobilier et objets d'art » au musée national des Châteaux de Versailles et de Trianon, en charge des appartements intérieurs de Marie-Antoinette. Elle a été commissaire de grandes expositions, en France comme à l'étranger, dont *Louis XV. Goûts et passions d'un roi* (Château de Versailles, 2022) et *Versailles & le Monde* (Louvre Abu Dhabi, 2022). Spécialiste de Marie-Antoinette, elle a récemment publié *Marie-Antoinette. La légèreté et la constance* (Perrin/BnF, 2021), *Un jour avec Marie-Antoinette* (Flammarion, 2015), ainsi que de nombreux ouvrages historiques et biographiques dont *Le Carrousel du Roi-Soleil* (Gallimard, 2016), *Louis XIV intime* (Gallimard, 2015). Elle est également chargée de cours d'histoire de l'art à la classe préparatoire aux concours du patrimoine de Sorbonne Université

Bruno Dumézil est professeur d'histoire médiévale à Sorbonne Université. Ses travaux portent sur le haut Moyen Âge occidental, à travers l'histoire des migrations, des réseaux sociaux et du personnel dirigeant. Il a publié plusieurs ouvrages, dont *Les Racines chrétiennes de l'Europe. Conversion et liberté dans les royaumes barbares, v^e^-viiie siècle* (Fayard, 2005), *La Reine Brunehaut* (Fayard, 2008), *Les Royaumes barbares d'Occident* (PUF, 2010), *Servir l'État dans la Gaule franque* (Tallandier, 2013), *Les Barbares* (PUF, 2016) et *Le Baptême de Clovis* (Gallimard, 2019). Il a également participé à l'organisation d'expositions : « Nos ancêtres les barbares » (2008) et « L'Austrasie, le royaume mérovingien oublié » (2016) en collaboration avec le musée d'Archéologie nationale de Saint-Germain-en-Laye.

Professeur à l'université de Bourgogne-Franche-Comté (Besançon), membre du Centre Lucien-Febvre, **Edmond Dziembowski** est spécialiste de la culture politique du xviiie siècle. Son livre *La Guerre de Sept Ans, 1756-1763* (Perrin/Ministère de la Défense, 2015) a été couronné par le prix Chateaubriand et le prix Guizot de l'Académie française. Il a également publié *Le Siècle des Révolutions, 1660-1789* (2019), qui a été distingué par *Le Point* dans sa sélection annuelle et a reçu le prix du livre d'Histoire 2020 du château de Versailles.

Sébastien Falletti est le correspondant du *Figaro* en Asie. Il sillonne la région depuis plus d'une décennie, basé successivement à Séoul, Shanghai, puis Pékin. Agrégé d'histoire, il est notamment l'auteur de *Corée du Sud. Le goût du Miracle* (Nevicata, 2016), *La Piste Kim. Voyage au cœur de la Corée du Nord* (Équateurs, 2018) et *Alfred Dreyfus* (Hatier, 2002).

Archiviste paléographe et docteur en histoire de l'art à l'université Paris-I, **Guillaume FRANTZWA** est conservateur du patrimoine au Centre des archives diplomatiques. Il est l'auteur, chez Perrin, de *1520. Au seuil d'un monde nouveau*, qui a reçu un excellent accueil public et critique, et du *Rêve brisé de Charles Quint. 1525-1545 : un empire universel ?*.

Anne FULDA est grand reporter et responsable de la rubrique « Portraits » au *Figaro*. Elle anime l'émission « L'Heure des livres » sur CNews. Elle a publié *Un président très entouré* (Grasset, 1997), *François Baroin, le faux discret* (JC Lattès, 2012), *Portraits de femmes* (Plon, 2016) et *Emmanuel Macron, un jeune homme si parfait* (Plon, 2017).

Écrivain et journaliste, **François GAUTIER** est le rédacteur en chef de *La Nouvelle Revue de l'Inde*. Il est l'auteur d'*Un autre regard sur l'Inde* (Éditions du Tricorne, 1999), de *Swami, P-DG et moine hindou* (Jean-Pierre Delville éditeur, 2003), de *La Caravane intérieure* (Les Belles Lettres, 2005), *Les Français en Inde* (France Loisirs, 2008), *Quand l'Inde s'éveille, la France est endormie* (Éditions du Rocher, 2012), *Une nouvelle histoire de l'Inde* (L'Archipel, 2017).

Journaliste, historien et éditeur, **Emmanuel HECHT** a notamment dirigé *La Russie des tsars* et *Le Siècle de sang*, avec Pierre Servent (Perrin/*L'Express*, 2014). Il est directeur de la collection « Vérités et légendes » chez Perrin.

Vincent HUGEUX est, dans l'espace médiatique français, l'un des meilleurs connaisseurs de l'Afrique et le référent journalistique en la matière. Après trois décennies passées au service « Monde » de *L'Express*, il officie pour de nombreux médias, dont LCI, et enseigne à Sciences-Po. Il a publié chez Perrin le remarqué *Reines d'Afrique* (2016), *Tyrans d'Afrique* (2021) et la biographie référente de Kadhafi en 2017.

Lorraine DE MEAUX, agrégée et docteure en histoire, spécialiste de la Russie moderne et contemporaine, a notamment publié *Une grande famille russe : les Gunzburg. Paris / Saint-Pétersbourg, XIXe-XXe siècle* (Perrin, 2018), *La Russie et la tentation de l'Orient* (Fayard, 2010). Elle a dirigé *Saint-Pétersbourg. Histoire, promenades, anthologie, dictionnaire* (Robert Laffont, « Bouquins », 2003) et codirigé avec Patrice Gueniffey *Les Couples illustres de l'histoire de France* (Perrin, 2017).

Valérie NIQUET est responsable du pôle Asie à la Fondation pour la recherche stratégique (FRS). Elle a été directrice du Centre Asie de l'IFRI, où elle a créé plusieurs programmes d'études sur la Chine, l'Inde et le Japon. Elle est la traductrice de deux œuvres majeures de la stratégie chinoise (*L'Art de la guerre* de Sun Zi et le *Traité militaire* de Sun Bin). Ses deux derniers ouvrages, *La Chine en 100 questions* (2021) et *Taiwan face à la Chine* (2022), ont été publiés chez Tallandier.

Né au Caire, longtemps journaliste au *Monde*, chroniqueur à l'hebdomadaire *Le 1*, **Robert SOLÉ** a publié sept romans aux Éditions du Seuil et consacré de nombreux essais à son pays d'origine. Unanimement salué par la critique, son *Sadate* a reçu le prix de la biographie de la ville d'Hossegor. Il a également signé, chez Perrin, *Ils ont fait l'Égypte moderne* (2017), *La Grande Aventure de l'égyptologie* (2019) et *Ismaïl Pacha* (2021).

Jean-François SOLNON, professeur émérite d'histoire moderne à l'université de Besançon, est l'un des meilleurs spécialistes de l'Ancien Régime. Il est notamment l'auteur chez Perrin de *Catherine de Médicis* (Tempus, 2009), *Les Couples royaux dans l'histoire. Le pouvoir à quatre mains* (Tempus, 2012) et *Anne d'Autriche* (Perrin, 2022).

Pour en savoir plus
sur les Éditions Perrin
vous pouvez consulter notre site Internet

www.editions-perrin.fr

lisez!

et nous suivre sur les réseaux sociaux

Editions Perrin

@EditionsPerrin

@editionsperrin

MIXTE
Papier issu de sources responsables
FSC® C003309
FSC
www.fsc.org

L'éditeur de cet ouvrage s'engage dans une démarche
de certification FSC® qui contribue à la préservation
des forêts pour les générations futures.

Pour en savoir plus :
www.editis.com/engagement-rse/

Cet ouvrage
a été achevé d'imprimer sur Roto-Page
par l'Imprimerie Floch à Mayenne
pour le compte des Éditions Perrin
5, rue Olivier Messiaen
Paris 13e
en août 2022

N° d'impression : 100819
Imprimé en France